汽车制造试验和售后服务技术人员能力标准

赵计平　李　雷　著

重庆大学出版社

内容提要

本书是“中国特色高水平‘汽车检测与维修技术’专业群建设”和重庆市教学改革重大项目“‘四新’视域下中国特色高水平专业群逻辑理路构建与实证研究”的重要研究成果。本书按照“产业链—岗位链—专业链—标准链—课程链—资源链—人才链”的逻辑理路，依托汽车行业和11家龙头企业，针对中国特色高水平汽车专业群人才培养定位和专业群职业面向，共同研制岗位群能力标准，开发出汽车试验和售后服务技术人员的8个能力领域、26个能力模块、103个能力单元，形成汽车产业链整车试验、产品检测、性能检测、汽车销售、售后服务岗位链能力领域构架。书中每个能力单元均由某一工作任务所涉及的具体能力要素、实作指标、必要技能和知识、鉴定证据指南、适用范围陈述组成。

本书是高职汽车类相关专业建设和教学改革的纲领性技术文件，为专业教学标准、课程标准的制订，教学材料、教学方案、实训资源的选择，以及实操技能的鉴定提供了依据。本书可作为各类职业院校汽车相关专业的课程开发、教材编写、技能鉴定、实训基地建设等的标准参考书，也可作为汽车行业相关岗位从业人员培训的必备参考书。

图书在版编目(CIP)数据

汽车制造试验和售后服务技术人员能力标准 / 赵计平，李雷著. -- 重庆：重庆大学出版社，2023.9

ISBN 978-7-5689-4035-1

Ⅰ. ①汽… Ⅱ. ①赵… ②李… Ⅲ. ①汽车—车辆制造—实验—高等职业教育—教材②汽车—售后服务—高等职业教育—教材 Ⅳ. ①U463②F407.471.5

中国国家版本馆CIP数据核字(2023)第129079号

汽车制造试验和售后服务技术人员能力标准

QICHE ZHIZAO SHIYAN HE SHOUHOU FUWU JISHU RENYUAN NENGLI BIAOZHUN

赵计平　李　雷　著

策划编辑：鲁　黎

责任编辑：张红梅　　版式设计：鲁　黎

责任校对：刘志刚　　责任印制：张　策

*

重庆大学出版社出版发行

出版人：陈晓阳

社址：重庆市沙坪坝区大学城西路21号

邮编：401331

电话：(023)88617190　88617185(中小学)

传真：(023)88617186　88617166

网址：http://www.cqup.com.cn

邮箱：fxk@cqup.com.cn(营销中心)

全国新华书店经销

重庆巍承印务有限公司印刷

*

开本：787mm×1092mm　1/16　印张：25.75　字数：630千

2023年9月第1版　2023年9月第1次印刷

ISBN 978-7-5689-4035-1　定价：68.00元

前 言

自“十三五”以来，我国经济由高速增长转向高质量发展，汽车产业向着电气化、网络化、智能化、共享化不断迈进，云计算、车联网、大数据、人工智能技术催生了新能源汽车、智能网联汽车，形成了汽车产业新增长点。中国特色高水平“汽车检测与维修技术专业群”针对汽车产品新生命周期，围绕新能源与智能网联汽车“研发、试验、制造、销售、服务”产业链五大领域，聚焦整车试验、产品检测、性能检测、汽车销售、售后服务岗位链，“行校企”协同优化专业群布局结构，以汽车新能源技术专业对接新能源汽车研发试验与检修领域，以智能网联汽车对接智能装载设备性能、行驶场景和车路协同试验领域，以汽车电子技术专业对接新能源和智能汽车零部件试验领域，以汽车制造与试验技术专业对接汽车装调和总成性能测试领域，以汽车营销与服务专业对接新能源汽车智慧服务领域，以汽车检测与维修技术专业对接新能源汽车售后服务领域，使专业链与产业链形成“绿色减排、智能技术、智慧服务”的对接格局。重庆工业职业技术学院对应产业的跨界性、工作环境的多变性、岗位能力的综合性，“行校企”合作开发岗位群高素质技能型人才能力标准，为汽车产业转型升级培养高素质技能型人才提供了能力基准。

2019 年，中华人民共和国人力资源和社会保障部（以下简称“人社部”）开始建立科学的技能型人才评价制度，这是实现“科教兴国、人才强国”战略的重要举措，也是我国人力资源开发的一项战略措施，对提高劳动者素质，促进劳动力市场建设，深化国有企业改革，促进职业教育和经济社会发展，构建和谐社会都具有重要意义。然而，在《国家职业资格目录（2021 年版）》的 72 项职业资格中，与汽车相关的只有“机动车检测维修专业技术人员职业资格”水平评价，无法覆盖汽车产业链相关岗位群的职业资格水平评价。根据《关于分类推进人才评价机制改革的指导意见》，这就需要校企合作依据汽车行业企业评价规范，对职业院校培养的高素质技能型人才进行专项职业能力考核。但是现有的企业规范主要突出岗位技术人员的实际操作能力评价，忽略了岗位技术人员的职业品德和业绩评价。为此，重庆市教学改革重大项目“‘四新’视域下中国特色高水平专业群逻辑理路构建与实证研究项目组（以下简称“项目组”）依托重庆智能制造职教集团，在分析、归纳行业调研数据的基础上，围绕汽车高新技术发展需要，突出实际操作能力和解决关键生产技术难题要求，以及掌握多项技能、从事多工种多岗位复杂工作要求，构建了汽车制造试验和售后服务技术人员岗位群能力框架，即 8 个能力领域、26 个能力模块、103 个能力单元。同时，项目组还坚持以能力、业绩、贡献为导向，对每个工作任务中涉及的具体能力要素、实作指标、必要技能和知识、鉴定证据指南、适用范围进行详细的描述，并注重对岗位工作绩效、生产服务成果、创新成果和实际贡献的考核，从而推动汽车行业企业评价规范和专项职业能力考核规范上升为职业院校职业技能标准。

本书是汽车产业“研发、试验、制造、销售、服务”五大领域从业者应具备的专业知识、技能和职业素质的整合，反映了特定的职业标准和规范，以及劳动者从事该职业所能达到的实际能力水平。能力标准是高职汽车类相关专业建设和教学改革的纲领性技术文件，为专业教学标准、课程标准的制订，教学材料、教学方案、实训资源的选择，以及实操技能的鉴定提供了标准依据。职业院校课程开发者依据能力标准，针对不同学习者先前的能力，选择、确认、整合能力模块，开发“职群化”课程体系，确定培养目标能力层次的教学内容，并依据每一个能力单元中的能力要素对知识体系进行解构和重组，按照能力实作指标设置技能项目培训，按照适用范围确定教学环境和教学资源，按照鉴定证据指南开展教学鉴定，有效地落实“岗课赛证”一体化教学，实现专业与产业对接、课程内容与职业标准对接、教学过程与生产过程对接、学历证书与职业资格证书对接，从而真正实现职业教育体系与职业资格证书培训体系的融合，实现长短期课程开发和弹性教学，促进我国公民终身教育体系的可持续发展。

目前，项目组在《汽车制造试验和售后服务技术人员能力标准》的基础上，已开发出相应的企业技术人员职业资格培训和职业院校人才培养课程框架，其课程文本和能力标准得到了重庆市教育委员会和重庆市人力资源和社会保障局的认可，已于 2021 年开始实施。秉承信息共享的原则，现将《汽车制造试验和售后服务技术人员能力标准》推荐给大家。

著　者

2022 年 9 月

目　录

汽车制造试验和售后服务技术人员能力标准说明

0.1 汽车制造试验和售后服务岗位群能力领域与能力特征

汽车制造试验和售后服务岗位群能力领域分为:汽车产品和整车试验岗位、智能网联汽车试验岗位、新能源汽车测试与检修岗位、汽车售后服务岗位、汽车维修技术岗位、汽车车身维修技术岗位等六大领域。每个岗位领域对应的能力特征见下表。

汽车制造试验和售后服务岗位群能力领域与能力特征对应表

岗位群能力领域	能力特征
汽车产品和整车试验岗位	汽车电子产品样品试制、试验,燃油整车性能试验,汽车总成性能试验及数据标定
智能网联汽车试验岗位	智能车载设备功能性试验、智能网联汽车场景试验、车路协同系统试验、售前售后技术支持
新能源汽车测试与检修岗位	新能源汽车整车及其关键零部件试制、试验,装调,质量检验,生产现场管理,新能源汽车服务
汽车售后服务岗位	汽车销售市场营销策划、汽车销售、客户服务、汽车售后服务、配件管理、事故车查勘定损、二手车鉴定评价
汽车维修技术岗位	汽车维护、汽车机电维修、汽车服务顾问、汽车性能检测
汽车车身维修技术岗位	车身钣金、车身涂装

0.2　汽车制造试验和售后服务技术人员能力标准概述

1. 能力

能力是指行业从业人员所具备的专业知识、专业技能和职业素质,并且将这些知识、技能、素质在工作中应用的能力。

2. 能力标准

能力标准由规范的知识、技能和素质以及将它们应用在职场中所必须达到的标准构成。它是在国家经济发展趋势下进行广泛咨询调查后开发和建立的,是行业根据职场工作岗位对员工的知识、技能和素质的规范要求。

3. 能力标准作用

由于能力的定义关注了一个员工在工作中所期望达到的能力,并且该能力能够迁移到新的工作环境中。因此,能力标准具有以下作用:

- 能力标准清楚地描述了工作场所中必要的技能。
- 能力标准将技能培训与技能鉴定相连接。
- 能力标准所陈述的能力、能力要素与列举的鉴定证据一致。
- 能力标准反映了当前新技术在行业中的应用。
- 能力标准应用于较为广泛的行业范围中。

4. 能力标准组成

针对新能源与智能网联汽车"研发、试验、制造、销售、服务"产业链五大领域,聚焦产业链整车试验、产品检测、性能检测、汽车销售、售后服务岗位链,汽车制造试验和售后服务技术人员能力标准由1个职业核心领域能力、1个行业通用领域能力和6个岗位领域能力,26个能力模块,103个能力单元构成。能力标准分为职业核心领域能力标准、行业通用领域能力标准、汽车产品和整车试验岗位领域能力标准、智能网联汽车试验岗位领域能力标准、新能源汽车测试与检修岗位领域能力标准、汽车售后服务岗位领域能力标准、汽车维修技术岗位领域能力标准、汽车车身维修技术岗位领域能力标准等8个领域能力标准。其中,职业核心领域能力标准由3个能力模块、8个能力单元组成;行业通用领域能力标准由4个能力模块、13个能力单元组成;汽车产品和整车试验岗位领域能力标准由4个能力模块、12个能力单元组成;智能网联汽车试验岗位领域能力标准由1个能力模块、3个能力单元组成;新能源汽车测试与检修岗位领域能力标准由2个能力模块、5个能力单元组成;汽车售后服务岗位领域能力标准由7个能力模块、22个能力单元组成;汽车维修技术岗位领域能力标准由3个能力模块、29个能力单元组成;汽车车身维修技术岗位领域能力标准由2个能力模块、11个能力单元组成。汽车制造试验和售后服务技术人员能力标准框架见下图。

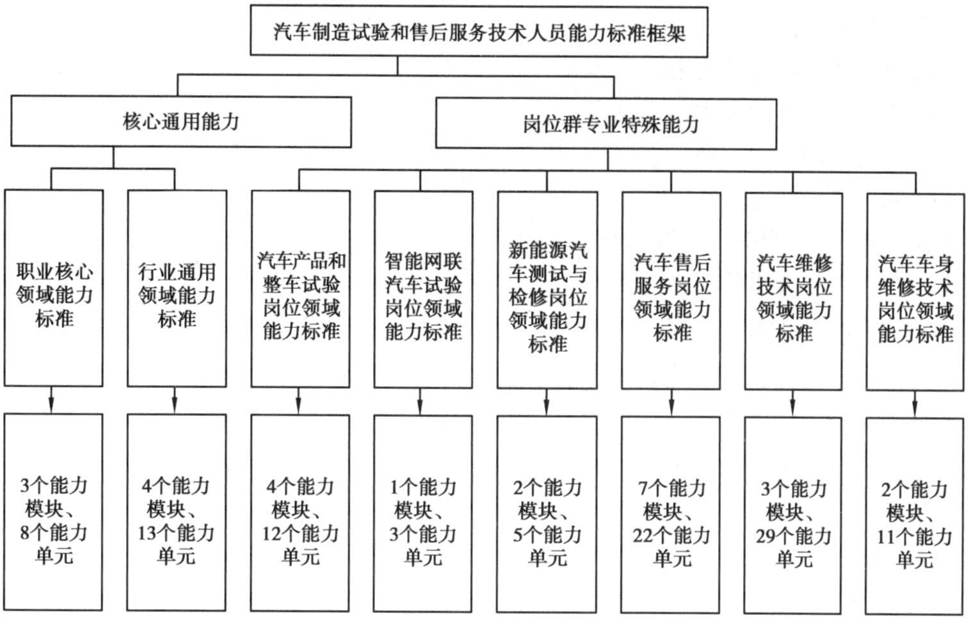

汽车制造试验和售后服务技术人员能力标准构架

0.3　汽车制造试验和售后服务技术人员能力标准单元结构

汽车制造试验和售后服务技术人员能力标准中的103个能力单元由能力单元描述、能力要素、实作指标、必要技能和知识、鉴定证据指南、适用范围陈述构成。能力单元中每个结构元素具体描述如下。

1. 能力单元名称

能力单元名称是定义工作岗位中实施某一具体工作任务的能力名称。

2. 能力单元描述

能力单元描述是对本能力单元具体工作任务的能力构成进行清楚具体的叙述。

3. 能力要素

能力要素是指获得该能力所必须完成的工作程序，即确认在具体的职场中，实施与该单元目标相关的工作过程顺序和应取得何种成果才能达到该能力的标准。

4. 实作指标

实作指标是指通过列出一系列所要完成的工作活动来显示在能力要素中完成每个工作程序所需获得的专业技能，确认展示工作任务所获得的业绩水平。

5. 必要技能和知识

必要技能和知识描述了完成能力单元任务必须具备的技能和知识。必要知识描述了每个工作任务所具备的专业知识要求。必要技能是指工作任务在迁移工作场所中所具备的通用能力，描述了每一能力单元实作指标在通用能力中所期望达到的水平。通用能力主要包括：

①计划和组织能力；

②交流想法和信息的能力；

③使用相关设备的能力；

④解决问题的能力；

⑤团队合作的能力；

⑥运用数学知识和技巧的能力；

⑦搜集、组织、分析问题的能力。

6. 鉴定证据指南

鉴定证据指南确认了收集鉴定该能力单元的关键知识和技能证据，描述了该能力单元具备的鉴定环境和鉴定资源，提供了收集关键证据的鉴定方式。关键证据是指必备的能力可以迁移到变化的工作情况中作出反应的证据。关键证据包含了能力展示的具体内容、范围和成果，即：

①具体的、特殊的专业技术能力；

②对职场中的工作任务的处理能力；

③在具体的工作岗位上和工作角色中，以及工作环境下的工作责任心和团队合作精神；

④在无人直接指导的情况下获得的规定应取得的成果；

⑤依据相应的资格证书内容来鉴定该能力。

鉴定证据指南为鉴定提供建议，这部分必须与能力实作指标、必要知识和技能、适用范围和鉴定指南结合起来阅读。

7. 适用范围陈述

适用范围陈述是为了确定能力单元的整体性，全面开展本单元能力鉴定。考虑到不同的工作场所存在的差异，适用范围陈述对实作指标中相关的术语作出详细说明，也包括了培训以及鉴定可以呈现的必要操作条件，如对工作任务具体操作的工作环境、被鉴定人的需求、可获得的工作设备设施和当地的行业环境等说明。

0.4　汽车制造试验和售后服务技术人员能力标准代码说明

1. 汽车制造试验和售后服务技术人员能力标准代码的组成

汽车制造试验和售后服务技术人员能力标准代码由5位英文字母和2位阿拉伯数字组成，见下图。

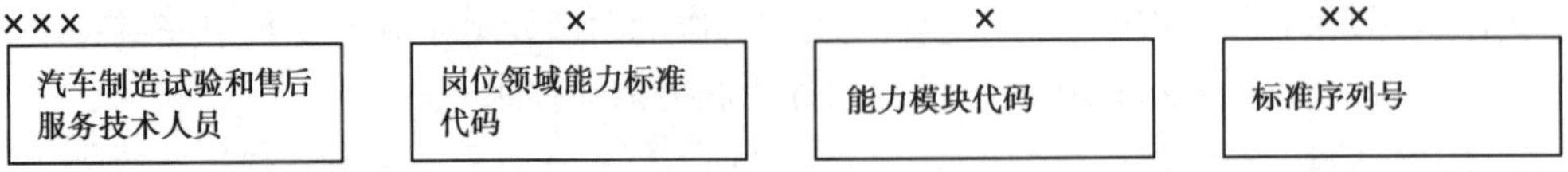

汽车制造试验和售后服务技术人员能力标准代码

2. 汽车制造试验和售后服务技术人员能力标准代码的含义

(1)汽车制造试验和售后服务技术人员能力标准代码前3位英语字母的含义如下：

Q——汽车制造试验和售后服务；

P——技术人员；

B——能力标准。

（2）岗位领域能力标准代码由第4位英文字母表示，其含义如下：

H——职业核心领域能力标准；

T——行业通用领域能力标准；

P——汽车产品和整车试验岗位领域能力标准；

Z——智能网联汽车试验岗位领域能力标准；

X——新能源汽车测试与检修岗位领域能力标准；

S——汽车售后服务岗位领域能力标准；

W——汽车维修技术岗位领域能力标准；

C——汽车车身维修技术岗位领域能力标准。

（3）能力模块代码由第5位英文字母表示，其含义如下：

A——职场健康与安全能力模块；

B——职场信息与数据能力模块；

C——职场交流能力模块；

D——整车拆卸和标记能力模块；

E——仪器工具设备使用和维护能力模块；

F——装配图和电路图阅读与制作能力模块；

G——企业质量管理能力模块；

H——汽车测试前准备工作能力模块；

I——汽车电子产品试验能力模块；

J——燃油整车性能试验能力模块；

K——汽车总成性能试验及数据标定能力模块；

L——智能网联汽车试验岗位能力模块；

M——纯电动汽车测试与检修能力模块；

N——混合动力汽车测试与检修能力模块；

O——汽车销售市场营销策划能力模块；

P——汽车销售能力模块；

Q——客户服务能力模块；

R——汽车维修服务能力模块；

S——汽车配件管理能力模块；

T——事故车损查勘定损能力模块；

U——二手车鉴定评价能力模块；

V——汽车总成机械维修能力模块；

W——汽车电控系统检测、诊断和维修能力模块；

X——汽车复杂故障检测诊断能力模块；

Y——车身钣金能力模块；

Z——车身涂装能力模块。

(4)标准序列号由第6、7位阿拉伯数字组成,主要表示能力单元的顺序。

3.汽车制造试验和售后服务技术人员能力标准代码分解举例

例1:QPBPI01 汽车电子产品盐雾试验——含义是:

QPB	P	I	01
汽车产品和整车试验岗位领域能力标准	汽车电子产品试验能力模块	汽车制造试验和售后服务技术人员能力标准	标准序列1号

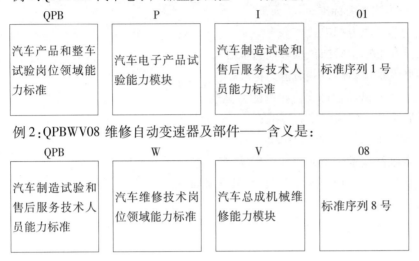

例2:QPBWV08 维修自动变速器及部件——含义是:

QPB	W	V	08
汽车制造试验和售后服务技术人员能力标准	汽车维修技术岗位领域能力标准	汽车总成机械维修能力模块	标准序列8号

0.5 《汽车制造试验和售后服务技术人员能力标准》的使用

在推行以能力为本位的职业教育和培训体系中,参与职业教育的学校或培训机构可以依照本书开设相关的专业课程或培训课程,开发学习鉴定工具,使用相关的学习资源来保证教学和培训质量;职业资格鉴定机构可以使用本书来鉴定学习者具有的知识、技能和素质的水平;各企业人力资源部门可以依据本书的鉴定证据指南,认可已经通过鉴定的员工的技术水平,从而提升从业者的就业能力和竞争力,增强行业员工的职业素质和职业能力,满足我国汽车产业技术升级转型对高素质技能型人才的需要,促进国家的经济增长和社会发展。

1

职业核心领域能力标准

1.1　职场健康与安全能力模块

QPBHA01　运用安全工作条例

能力单元描述

本能力单元涵盖了工作场地的工作人员在国家的安全工作指南下应用基本的安全和紧急处理规程为员工、客户和他人维持一个安全场所应具备的能力。

能力要素和实作指标

能力要素	实作指标
1　应用基本安全规程	1.1　依据相关管理制度，遵守安全工作环境规程并维护职场健康与安全法规。 1.2　依据工作场地的相关管理制度，识别并报告工作场所的所有不安全因素。 1.3　向相关管理者或指定人员报告与机器和设备有关的所有故障。 1.4　根据工作场地的管理规程，确认安全隐患，向上级报告，并采取预防措施。 1.5　根据工作场地的管理规程、职场健康与安全要求，确认、储存和处理危险货物及物品。 1.6　遵守工作场地关于手动搬运的操作规程。 1.7　参与公司为职场健康与安全安排的练习、咨询
2　应用紧急程序	2.1　确认工作场地疾病事件或意外事故管理规程。 2.2　识别安全警报。 2.3　客户或员工一旦发生意外或疾病，应联系具备相关资质的人员，根据工作场地事故和伤害处理程序详细记录事故过程。 2.4　确认工作场地的疏散规程

必要技能和知识

必要技能
1. 收集和理解信息的技能用于： • 理解、识别，并报告相关工作情况的信息。 2. 口头沟通的技能用于： • 使用口头或书面的方式交流看法和信息，并执行报告程序。 3. 计划技能用于： • 计划、组织，并贯彻执行和遵循标准规程的活动。 4. 团队合作的技能用于： • 与他人一起工作，在团队中与其他成员互相帮助与合作。 5. 计算技能用于： • 使用数学的理念和技巧做记录； • 报告紧急情况，并处理规程数字。 6. 解决问题的技能用于： • 建立符合职场健康与安全规范的故障诊断流程。 7. 技术技能用于： • 使用职场安全工作实践技术
必要知识
1. 职场健康与安全中与员工工作效率的相关因素。 2. 通用的汽车术语。 3. 职场健康与安全法规和要求，设备、材料和个人安全防护要求。 4. 安全手动操作的理论和实践。 5. 灭火装置的选择和使用。 6. 危险物品和有害化学品的处理程序。 7. 工作场所的报告规程

鉴定证据指南

鉴定概述	具体描述
本单元鉴定的关键方面和展示能力的必要证据	本单元必要的能力应被充分观察到，并且可以将能力迁移到变化的工作情况中，能够对以下关键方面的异常情况做出反应： 1. 与涉及工作或对工作有影响的人员有效地交流。 2. 确认和评估危险情况并整改，或报告给相关人员。 3. 操作灭火装置。 4. 安全处理和存储危险或有害物品。 5. 应用安全手动搬运操作规程。 6. 在工作场所承担全部职责范围内的工作，安全有效地操作设备和使用材料。 7. 遵守工作场所的疏散流程

续表

鉴定概述	具体描述
鉴定的环境和资源	以下环境和资源可用于本单元的鉴定： 1. 真实或模拟的工作环境。 2. 安全的工作实践环境。 3. 工作场所或与安全工作条例相当的指令。 4. 有害化学品或危险物品信息。 5. 材料、工具和设备。 6. 灭火设备和着火测试设备
鉴定方法	应该使用一系列鉴定方法来鉴定实践技能和知识，以下方法的组合适用于本单元的鉴定： 1. 能力鉴定能准确地反映在真实的工作环境或模拟的工作环境中的工作绩效上。 2. 直接观察任务的必要技能。 3. 对必要的知识提问，以确保正确理解和应用。 4. 本单元的能力可以与其他能力单元组成一个完整的工作任务进行鉴定。 5. 在适当的情形下进行合理的调整，必须使工作环境和培训情景适应多样化的客户需求。 6. 遵从已达成一致的真实安排，实作的证据可以由客户，团队领导、成员或其他合适人员提供

适用范围陈述

危　险	不安全的情况可包括但不局限于： 1. 锋利的切割工具和设备、电和水、有毒物质。 2. 受损的包装材料或容器、已坏的或被损坏的设备。 3. 易燃材料和火灾。 4. 举升操作，润滑油泄漏在地面上
紧急程序	紧急程序可包括： 疾病、事故、火灾或存储，包括员工或客户的疏散
政策和规程	工作场所的政策和规程可包括： 1. 应对危险的策略和规程。 2. 紧急情况、火灾和突发事故的规程。 3. 个人安全规程，以及使用个人防护服和设备的规程。 4. 使用机动车辆的规程。 5. 解决问题的规程、工作岗位规程和操作指令
法律要求	法律要求可包括： 1. 国家及地方性的职场健康和安全法规。 2. 国家及地方性的职场健康和安全法规实施条例

续表

职场健康与安全规程	职场健康与安全可包括： 安全的手动操作和举升、客户、员工、设备、工具，经营工作场所的房屋和存储
交　流	交流可包括： 口头交流、书面交流、电话或其他方式的交流
信息与文件	信息与文件可包括： 工作场所的职场健康和安全文件，常规的关照义务，紧急处理规程，安全工作条例，企业操作程序，客户要求和行业职场实施条例

QPBHA02　维护职场安全

能力单元描述

本单元能力涵盖了员工与管理者在工作团队中实施和监测职场健康与安全规程所具备的法律要求的职场健康与安全职责。

能力要素和实作指标

能力要素	实作指标
1　促进职场健康与安全政策及规程融入工作团队中	1.1　在适当的职责领域内展示职场健康与安全法律对工作团队的要求。 1.2　提供信息并向工作团队清楚地解释企业的职场健康与安全政策、规程和程序。 1.3　定时提供信息并向工作团队清楚地解释关于确认危险和风险评估结果的信息
2　支持参与职场健康与安全的管理安排	2.1　实施和监测企业的咨询规程，以促进工作团队参与工作区域危险的管理。 2.2　依据企业职场健康与安全管理规程，通过咨询和讨论迅速地处理出现的问题。 2.3　鼓励和帮助团队成员对职场健康与安全管理作出贡献。 2.4　吸引个人和团队来确认和实施在改进职场健康与安全管理方面的反馈意见
3　支持企业提供职场健康与安全培训的规程	3.1　提供关于个人和工作团队对职场健康与安全培训需求的建议。 3.2　提供关于工作团队与职场健康安全相关的提高能力的策略和机会。 3.3　提供对团队成员的培训和帮助来支持个人和小组有效地提高职场健康与安全能力
4　参与对工作区域危险的确认和评估，并控制风险	4.1　依据企业的职场健康与安全制度和规程，提供关于避免工作区域危险的建议。 4.2　使用控制等级并实施企业风险控制规程。 4.3　依据企业的风险控制等级，确认和报告现有风险控制措施的不足之处。 4.4　依据企业的职场健康与安全法律要求，准确记录工作区域职场健康与安全事故以及实施和监控过程

必要技能和知识

必要技能
1. 读写技能用于： • 理解职场健康与安全规程和工作指令； • 确认和报告危险； • 解释说明职场健康与安全标示及符号。 2. 分析技能用于： • 确认工作区域中的危险和评估风险； • 数据分析，包括事件(意外事故)监测、环境监测、风险控制措施的有效性评估。 3. 评估技能用于： • 风险控制措施所必需的资源评估。 4. 技术技能用于： • 操作和关闭工作场所设备。 5. 员工训导和辅导技能用于： • 为同事提供支持； • 与来自不同社会阶层、不同文化和民族背景、拥有不同身体状况和心智能力的人相处的能力
必要知识
1. 来自各个层面影响商业运作，特别是与职场健康与安全、环境问题、平等机会、行业关系和反歧视相关的法律。 2. 危险和存在于工作场所的相关风险。 3. 与风险管理、火灾、紧急情况、疏散、事件(事故)调查和报告相关的企业制度和规程。 4. 其他的组织系统和规程的职场健康与安全管理。 5. 工作团队的特点和组成

鉴定证据指南

鉴定概述	具体描述
本单元鉴定及展示能力的必要证据的关键方面	本单元必要的能力应被充分观察到，并且可以将能力迁移到变化的工作情况中，能够对以下关键方面的异常情况做出反应： 1. 在工作团队中，企业的职场健康与安全管理系统和规程。 2. 职场健康与安全的法律和企业的要求。 3. 确认工作区域危险的规程。 4. 根据控制等级，评估、控制和职场健康与安全风险相关的危险的规程。 5. 就职场危险为工作团队提供具体、清楚和精确的信息及建议。 6. 工作团队的恰当监督管理

续表

鉴定概述	具体描述
鉴定的环境和资源	以下环境和资源可用于本单元的鉴定： 1. 有权使用安全程序，获知与工作区域相关的危险和风险。 2. 有权获取、使用有关遵守要求的信息和文件，如： • 企业的制度、标准操作规程和计划； • 相关的法律、法规、证件要求，条例守则，标准。 3. 有权获取并使用内部和外部的相关数据文件。 4. 在确认和改正违反职场健康与安全的规则时，有权使用适当的办公室设备和资源
鉴定方法	应该使用一系列鉴定方法来鉴定实践技能和知识。以下方法的组合适用于本单元鉴定： 1. 直接提问与证据文件包回顾和由第三方提供被鉴定人在岗工作绩效报告相结合。 2. 回顾已开发的和职场健康与安全的法律、条例、标准及规程相关的文件，并与员工沟通交流。 3. 对案例研究和方案分析的回应。 4. 在工作中展示对职业健康与安全法律的应用。 5. 用口头或书面问题来鉴定、获得职场健康与安全法律的证据和收集数据方法。 6. 关照职责安排的评估。 7. 可以与其他所建议的相关行业领域、职场和工作职责的能力单元一道开展整体鉴定

适用范围陈述

职场健康与安全法律	职场健康与安全法律可包括： 1. 与工作场所、职业和行业相关的法律，如机械安全、有关电气的法律。 2. 与国家职场健康与安全相关的具体法律、法规，比如： •《中华人民共和国宪法修正案(2018 年)》； •《中华人民共和国劳动法》； •《中华人民共和国安全生产法》； •《中华人民共和国职业病防治法》； •《危险化学品安全管理条例》； • 职业健康安全地方性法规和地方政府规章； • 行业企业职业健康安全标准； • 国际公约。

续表

企业的职场健康与安全规程和程序	企业的职场健康与安全规程和程序可包括： 1. 危险确认的规程。 2. 风险评估，选择和控制风险措施的实施规程。 3. 事故调查。 4. 职场健康安全审核和安全设备检查。 5. 对工作区域内员工的安全安排。 6. 危险报告规程。 7. 安全操作规程和操作说明及指令。 8. 个人防护设备的使用和维护。 9. 紧急情况和疏散规程。 10. 采购制度和规程。 11. 重型机械及设备的维护和使用。 12. 危险物质的使用和存储。 13. 危险商品的运输和存储。 14. 现场承包商、参观者和社会公共人员的职场健康与安全。 15. 急救条款、执业医生的联系方式。 16. 现场的通道
确认危险和风险评估的结果	危险和风险评估的结果可通过以下活动确认： 1. 在责任区域的现场检查。 2. 咨询工作团队成员。 3. 整理。 4. 在工作前和工作期间检查设备。 5. 回顾记录，如伤害、危险物质，包括标签分类和材料安全数据清单登记、危险商品存储清单、培训、重型机械和设备维护等
与职场健康安全相关的培训	与职场健康安全相关的培训需求可包括： 1. 训导、辅导或监督。 2. 正式的和非正式的学习项目。 3. 内部的和外部的培训条款。 4. 个人学习
企业的咨询规程	企业的咨询规程可包括： 1. 正式的和非正式的会议。 2. 健康安全委员会。 3. 参加管理会议的健康安全代表。 4. 其他委员会，如计划和采购委员会。 5. 对员工提交给管理层的建议、要求、报告和关注作出的回应。 6. 咨询建议、惩罚的程序

续表

训导和辅导帮助	训导和辅导帮助可包括： 1. 解释和澄清。 2. 尊重全体参与者的贡献并对所取得的成绩给予认可。 3. 展现和促进一个安全工作场所的建立。 4. 解决问题。 5. 提供鼓励。 6. 对其他的团队成员提供反馈
工作区域的危险	工作区域的危险可包括： 1. 被阻塞的出口。 2. 滑溜和不平整的地面。 3. 杂乱和嘈杂的工作场所。 4. 缺乏充足的存储。 5. 期望以低位控制措施(如个人防护装置)降低暴露出的工作风险代替控制危险本身。 6. 无防护的和低劣的机器和设备维护。 7. 无标记的化学制品和化学物质。 8. 不适合人体工程学的工作站位和任务设计，如重复性的工作、采光差或眩目刺眼的表面、不可调节的工作面和座椅等。 9. 内部的或外部的职业暴力或恃强凌弱的威胁
控制风险的规程	控制风险的规程可包括的行动： 1. 控制等级的应用，即： • 消除风险。 2. 通过以下方法降低风险至最小： • 工程控制； • 行政管理控制； • 个人防护设备。 3. 与员工进行常规的定期讨论、咨询

QPBHA03　在职场中应用环境法规

能力单元描述

本单元能力涵盖了管理者确认和应用环境法规消除工作场所潜在危害的能力。

能力要素和实作指标

能力要素	实作指标
1　确认并应用环境保护的法规	1.1　确认工作场所中符合人文伦理的环境条例的原因。 1.2　确认工作场所中员工的环境保护责任。 1.3　确认个人违反破坏法规的处罚使浪费减至最少

续表

能力要素	实作指标
2 确认和避免雨水污染	2.1 禁止废水或污染物进入雨水排放系统。 2.2 含有危害环境的污染物质的零部件应密封，以堤围埋藏或排干处理区域储存。 2.3 液体废物应排入存储区或再循环容器。 2.4 安放和使用必要的泄漏处置包，防止雨水污染。 2.5 泄漏、溢出的液体应立即打扫清洗并保持工作场所的清洁，防止无意的雨水污染
3 确认并避免空气质量污染	3.1 确认、减少和遏制空气中的有害颗粒物。 3.2 确认、减少和遏制空气中的有害气体和烟雾
4 确认并避免噪声危害	4.1 将产生噪声的活动减至最少并在规定时间内进行此类活动

必要技能和知识

必要技能
1. 收集和理解信息的技能用于： • 理解与环境保护规程相关的法律、法规、政策、工作场所指南和条例的信息。 2. 口头交流的技能用于： • 交流想法和信息，能够依据环境保护最佳实践条例开展工作； • 与管理者和其他工作人员协调工作； • 报告工作的结果和问题。 3. 计划和组织的技能用于： • 计划并组织活动，包括准备设备和材料、选择工作场所以避免环境污染、回溯跟踪、工作流程中断和浪费。 4. 团队合作的技能用于： • 与他人一起工作并在团队中通过认可依赖关系，使用合作方式最大限度减少浪费、优化工作流程和工作效率。 5. 计算技能用于： • 正确完成计算和评估材料需求。 6. 技术技能用于： • 使用与环境保护设备相关的职场技术； • 使用计划、检查和审查技术避免环境污染和浪费
必要知识
1. 环境法律方面及其对正在进行的工作的影响。 2. 在企业中使用的产品的特点及其对环境的潜在影响。 3. 预防、重新使用、减少、循环利用的经营理念。 4. 机械故障和材料缺陷的报告规程。 5. 在工作场所发生的重要环境损害的内部报告程序

鉴定证据指南

鉴定概述	具体描述
本单元鉴定能力展示的关键方面和必要证据	本单元必要的能力应被充分观察到，并且可以将能力迁移到变化的工作情况中，能够对以下关键方面的异常情况做出反应： 1. 根据法律责任、环境保护法规、健康规程、手动搬运操作程序、机构的保险要求开展工作。 2. 设备、产品、材料的应用按安全操作的要求进行，包括使用个人防护设备。 3. 应用环境法规和最佳的实践。 4. 确认在企业中使用的材料并评估它们对环境的影响。 5. 遵守工作指令、操作程序和检查程序进行工作
鉴定的环境和资源	以下环境和资源可用于本单元的鉴定： 1. 真实或模拟的工作场所和设施。 2. 真实的汽车工作场所，可以不包括车身修理、装有油类或其他液体部件的拆卸
鉴定方法	应该使用一系列鉴定方法来鉴定实践技能和知识。以下方法的组合适用于本单元鉴定： 1. 能力鉴定能准确地反映在真实的职场环境或模拟职场环境的工作绩效中。 2. 直接观察工作任务的必要技能，工作要求个人展示在保证符合环境保护工作条例时，具有谨慎的思考力、敏锐的判断力和问题解决能力。 3. 对必要知识提问以确保能正确理解和应用。 4. 本单元的能力可以与其他能力单元组成一个完整的工作任务进行鉴定

适用范围陈述

工作场所活动	工作场所活动可包括： 1. 工作涉及汽车企业的常规活动。 2. 装配玻璃、加装附件、玻璃贴膜、装饰工作
环境法规	环境法规可包括： 1.《中华人民共和国大气污染防治法》； 2.《中华人民共和国水污染防治法》； 3.《中华人民共和国固体废物污染环境防治法》； 4.《中华人民共和国环境影响评价法》。

续表

遵守工作指令、操作程序和检查程序	遵守工作指令、操作程序和检查程序进行以下工作： 1. 把对自己和他人的危害和伤害降至最低。 2. 预防对物品、设备、产品的损坏和浪费。 3. 维持必要的产量、产品和服务质量。 4. 实施操作者维护工具和设备，确保环境保护的有效性。 5. 与他人有效地合作。 6. 根据工作场所的背景和外界环境的变化更改活动内容。 7. 使用防泄漏、溢出工具包
工具和设备	工具和设备可包括： 防泄漏、溢出的工具包和回收容器
材　料	材料可包括： 物料安全数据表(MSDS)
废　料	废料可包括： 1. 对固体、油污沉淀物和生物材料分类。 2. 对可循环使用或废弃处理的材料物品使用容器分类储存分类。 3. 处理已被认可的商品包装
个人防护设备	个人防护设备可包括： 相关的法律、法规和企业政策条例规定的内容
信息、文档	信息、文档可包括： 1. 环境保护法律、法规和建议。 2. 与使用工具和设备有关的职场规程。 3. 工作指令，包括工作单或表。 4. 工作现场的环境保护政策。 5. 与报告、环境问题沟通交流相关的职场规程。 6. 制造商或零件供应商的说明和操作规程

1.2　职场信息与数据能力模块

QPBHB01　职场阅读

能力单元描述

本单元能力涵盖了职场技术人员和管理人员阅读和解释商业文本与手册，并依据条款解决问题所具备的能力。

能力要素和实作指标

能力要素	实作指标
1 阅读包含专业知识和可能由多种版式构成的文本	1.1 理解并正确描述文本意图。 1.2 描述文本中体现的主要观点和想法。 1.3 理解、领悟新的技术术语。 1.4 解释关键词和词组的意思。 1.5 评定文本说明的有效性

必要技能和知识

必要技能
1. 收集和阅读技能用于： • 收集和阅读职场阅读相关信息。 2. 口头交流技能用于： • 在职场阅读中与顾客、相关的管理者交流想法和信息。 3. 计划和组织技能用于： • 计划和组织与职场阅读相关的活动。 4. 团队合作技能用于： • 与他人一起寻找和传送与工作计划、完成任务相关的信息。 5. 计算技能用于： • 计算和测量； • 建立和确认职场计算程序。 6. 技术技能用于： • 使用与职场阅读相关的职场技术
必要知识
1. 职场阅读和解释的技能。 2. 企业文本、办公用品。 3. 企业对必要行动的政策和规程

鉴定证据指南

鉴定概述	具体描述
本单元鉴定展示能力的必要证据和关键方面	本单元必要的能力应被充分观察到，并且可以将能力迁移到变化的工作情况中，能够对以下关键方面的异常情况做出反应： 1. 阅读和解释职场的文本。 2. 执行书面文本中描述的行动。 3. 评价作为文本使用说明的适用性。 4. 与参与工作或对工作有影响的人有效地交流

续表

鉴定概述	具体描述
鉴定的环境和资源	以下环境和资源可用于本单元的鉴定： 1. 书面的文本。 2. 与任务相关的设备、材料。 3. 企业特定的文件（股票记录、工作卡片、行情修改、员工记录、时间表、金融汇票和会议摘要）。 4. 操作表格、备忘录、信息、传真。 5. 计算机手册。 6. 设备手册。 7. 内、外部的商业通信或备忘录。 8. 服务合同。 9. 字典和其他语言帮助
鉴定方法	应该使用一系列的鉴定方法来鉴定实践技能和知识，以下方法的组合适用于本单元的鉴定： 1. 阅读并正确解释商业文本和文件，采取行动。 2. 执行书面文本所描述的任务。 3. 阅读设备手册，为操作和维护安排提供帮助。 4. 评定文本使用说明的适用性

适用范围陈述

职场阅读	职场阅读可包括： 1. 阅读和理解职场文本。 2. 阅读和解释具体商业详细资料和文件（如服务手册和服务合同）。 3. 阅读和解释内外部通信并采取行动。 4. 执行书面文本中描述的任务。 5. 评价文本使用说明的适用性。 6. 特殊要求可包括只用于非常规的操作信息。 7. 解释书面文本，使要采取的行动得以开展
信　息	信息可包括： 1. 企业操作规程。 2. 产品生产商、配件供应商的说明书。 3. 客户的需求。 4. 行业职场实施守则条例
职场健康安全	职场健康安全可包括： 1. 国家的、地方性的职场健康安全法律法规。 2. 合同规定条款

QPBHB02 收集、评价和使用信息

能力单元描述

本单元能力涵盖了技术人员通过各种渠道获取信息，分析、理解信息，得出有用结论并为客户和管理者提供建议的能力。

能力要素和实作指标

能力要素	实作指标
1 阐明工作需要的信息	1.1 阐明所需信息的范围和目的。 1.2 确定信息的收集和情况介绍的时间表
2 收集和整理信息	2.1 确定信息来源。 2.2 遵循相关法律要求，获得适当的记录信息或数据。 2.3 核实信息或数据，以确保信息或数据是最新的、准确的、全面的。 2.4 组织、整理信息和数据以便使用
3 如有必要，分析信息和数据并得出结论	3.1 解读并分析信息和数据。 3.2 通过与适当的人员共同讨论，确定信息和数据的重要性。 3.3 如有需要，基于信息、数据得出结论
4 以适当的形式介绍、展示信息	4.1 按照企业规程，以适当的形式介绍展示信息。 4.2 评估信息和数据的完整性、准确性并得出结论的理由。 4.3 明确信息介绍展示的最后期限

必要技能和知识

必要技能
1. 口头沟通技能用于： • 根据需要，应用询问和积极倾听的方式确认信息； • 与他人保持联系，分享信息，倾听和理解； • 根据不同的文化差异使用恰当的语言和观念。 2. 计算技能用于： • 根据工作需要完成数字结果的计算； • 根据工作任务的要求，使用计算机应用软件（如文字处理器、电子表格、数据库，以及具备某种特定功能的计算机系统）。 • 访问和更新电子记录； • 使用网络信息。 3. 读写技能用于： • 阅读并解释不同来源的文件资料，并从中记录、合并相关有用信息； • 适当的数据展示（书面或口头）； • 适当的书面和口头沟通。 4. 分析技能用于： • 收集、获取相关数据、信息； • 理解和解释有关信息。 5. 技术技能用于： • 制订计划，并组织相关人员按流程完成工作； • 文件管理和组织

续表

必要知识
1. 调查研究方法。 2. 与企业制度和程序有关的知识。 3. 与企业产品和服务有关的知识。 4. 与信息技术和通信系统有关的知识。 5. 相关立法报告要求的有关知识

鉴定证据指南

鉴定概述	具体描述
本单元展示能力的必要证据和鉴定的关键方面	本单元必备的能力应被充分观察到,并且能力可以迁移到变化的工作情况中,能够对以下关键方面的异常情况作出反应: 1. 阐明信息收集的要求。 2. 收集和组织相关的信息。 3. 分析信息并得出结论。 4. 以适当的形式展示、介绍信息。 5. 利用组织的技术
鉴定的环境和具体的资源	1. 在真实或模拟的环境中,在规定的条件下进行鉴定。 2. 有权获得和使用各种办公设备、技术、软件及耗材。 3. 有权获得和使用组织相关的记录文件。 4. 有权获得和使用企业政策和规程
鉴定方法	应能使用一系列方法来鉴定实践技能和知识,以下方法的组合适用于本单元的鉴定: 1. 设置和审核职场项目、商务模拟场景以及情景介绍方案。 2. 观察职场中被鉴定者的工作进程和执行规程的表现。 3. 获取和验证第三方报告的有效性。 4. 用书面或口头问题鉴定对必要知识的理解。 5. 回顾证据文件包和在岗工作绩效的第三方职场报告。 6. 可以结合相关行业领域、职场和工作任务的能力单元开展整体的鉴定

适用范围陈述

相关信息	相关信息可包括: 1. 管理工作所需的基本信息。 2. 监管机构或政府的报告。 3. 常规例行的统计报告

续表

信息来源	信息来源可包括： 1. 国家统计机构。 2. 政府相关部门。 3. 互联网。 4. 图书馆(企业图书室或其他图书馆,如公共图书馆、大学图书馆)。 5. 专业团体。 6. 职场文件
相关法律要求	相关法律要求可包括： 《中华人民共和国劳动法》(2018 年修订) 《中华人民共和国安全生产法》(2021 年修订) 《中华人民共和国职业病防治法》 《职业健康安全管理体系规范》 职业健康安全管理体系要求及使用指南 职业健康安全地方性法规和地方政府规章 国际公约 行业企业职业健康与安全规定

QPBHB03　使用职场数据

能力单元描述

本单元能力涵盖了职场工作人员收集、计算、估计数据并准备各种数据报告以确认在企业活动中的有效性所具备的能力。

能力要素和实作指标

能力要素	实作指标
1　收集和组织数据的信息	1.1　建立收集和组织数据信息的规程。 1.2　收集数据信息。 1.3　监控其他来源提供的数据信息,检查其准确性并做校正。 1.4　比较不同来源的数据信息
2　解释并提交数据及相关的信息	2.1　建立解释数据信息的规程。 2.2　确认、解释和操作数据信息。 2.3　检查数据信息的精确性。 2.4　提交数据和相关信息。 2.5　提交结果解释说明的证据
3　应用数据及相关信息	3.1　估算职场中必要的工程量和资源。 3.2　估算完成任务的必要时间。 3.3　估算和调整设备和机器的设置

必要技能和知识

必要技能
1. 收集和理解信息的技能用于： • 理解和核对数据； • 计算数据和分析相关的信息。 2. 口头交流技能用于： • 交流想法和信息，能够依据环境保护最佳实践条例开展工作； • 与管理者和其他工作人员协调工作； • 报告工作的结果和问题。 3. 计划和组织技能用于： • 在计划和预算中使用数据计算的活动。 4. 团队合作技能用于： • 与团队中的其他成员一起工作并与团队成员一起提交报告。 5. 计算技能用于： • 选择和应用的数学处理流程，包括加法、减法、乘法和除法； • 在准备预算时建立使用数字、计算、估算的诊断程序。 6. 技术技能用于： • 使用计算器或计算机
必要知识
1. 法律和法规要求，包括职场健康和安全的基本知识。 2. 收集、存储、应用数据信息的相关企业政策和程序的基本知识。 3. 基本的数学概念。 4. 加法、减法、乘法、除法和百分比的计算。 5. 整数和分数的计算

鉴定证据指南

鉴定概述	具体描述
本单元鉴定展示能力的必要证据和关键方面	本单元必要的能力应被充分观察到，并且可以将能力迁移到变化的工作情况中，能够对以下关键方面的异常情况做出反应： 1. 收集工作场所中的文档数据。 2. 依据产品、工序和规程，使用计算设备计算职场数据，判断正误
鉴定的环境和资源	以下环境和资源可用于本单元的鉴定： 1. 真实的或模拟的职场环境。 2. 文档，如企业或样本文档、发票、报表、股票记录、工作卡、维修价目单、员工记录、时间表和供应报价单。 3. 计算设备，如计算器或计算机。 4. 具备资格的职场鉴定师

续表

鉴定概述	具体描述
鉴定方法	应该使用一系列的鉴定方法来鉴定实践技能和知识。以下方法的组合适用于本单元的鉴定： 1. 能力鉴定能准确地反映真实的职场环境或模拟职场环境中的工作绩效。 2. 直接观察任务的必要技能。 3. 对必要的知识提问,确保正确理解和应用。 4. 本单元的能力可以与其他能力单元组成一个完整的工作任务进行鉴定。 5. 遵从已达成一致的真实安排,实作的证据可以由客户,团队领导、成员或其他合适人员提供

适用范围陈述

企业类型	企业可能有不同的规模和定位,不同的经营时间以及不同数量和类型的员工,可开展一系列多样化的工作活动
应　用	应用可包括但不局限于： 参与预算准备、涉及发票或订单表格的计算、销售计算、成本计算、企业财政关税,计算或估算工程量、材料、设备设置或时间要求、工资和可享有的假期
法律要求	法律要求可包括： 与职场健康安全相关的国家法律、地方性法规和企业规定条款
政策和规程	政策和规程可包括： 有关隐私和保密性的企业政策和规程
信息、文件	信息、文件可包括： 1. 生产商、配件供应商的说明书、企业操作程序、顾客要求、行业或职场守则条例。 2. 数字信息来源包括企业特定的文档、发票、报表、股票记录、工作卡、维修报价单、员工记录、时间表、计算机记录、设备或材料供应商报价单、供应商的发票或报表

1.3　职场交流能力模块

QPBHC01　在工作场所有效地交流

能力单元描述

本单元能力涵盖职场工作人员在职场通过口头、书面和电子的方式进行沟通交流所具备的能力。

能力要素和实作指标

能力要素	实作指标
1　书写日常例行文本	1.1　根据职场要求，使用一个或多个句子组成日常例行文本。 1.2　根据职场要求，完成日常例行表格。 1.3　遵循拼写、标点和语法规则。 1.4　自我检查文本的准确性，并将文本提交给相关人员作进一步的检查
2　阅读日常例行文件	2.1　理解并描述文本的目的。 2.2　描述文件的主要观点或想法。 2.3　理解新的专业术语。 2.4　解释关键词或短语的意思
3　有助于交流	3.1　当传递或接收信息时，确保有效沟通交流以获取信息。 3.2　在工作场所为同事提供帮助，培养共同的理解能力。 3.3　满足从同事处得到所需信息的要求。 3.4　根据工作场所、企业制度和政府法规保存、维护文档
4　使用基本的计算机技能	4.1　根据制造商、零部件供应商提供的使用说明或职场规程打开计算机。 4.2　在开始菜单中选择运行，可以打开应用程序。 4.3　确认和选择文件，或建立新文件。 4.4　使用输入设备输入、编辑或删除信息，并达到规定的速度和准确率。 4.5　定期保存文件，避免信息丢失。 4.6　校对文件并对其精确性作出修改。 4.7　根据必要的风格和格式建立文件。 4.8　打印文件。 4.9　根据制造商、零部件供应商提供的使用说明或职场规程，保存、关闭文件以及关闭或退出程序。 4.10　根据制造商、零部件供应商提供的使用说明或职场规程，关闭计算机。 4.11　遵守显示屏设备使用和计算机工作岗位的相关职场健康与安全指南
5　操作职场的电话系统	5.1　根据企业政策，使用电话系统功能。 5.2　根据制造商提供的使用说明和企业制度、规程，完成去电呼叫。 5.3　根据企业制度和规程，应答来电呼叫。 5.4　转移电话呼叫或暂时搁置等待。 5.5　呼叫者得到延迟和正在采取的行动通知。 5.6　获得并记录呼叫者的详细资料和呼叫的目的。 5.7　记录信息，如有必要，立即回电

必要技能和知识

必要技能
1. 收集理解信息技能用于： • 输入信息到计算机，并解释相关信息。 2. 口头交流技能用于： • 使用通俗易懂的语言交流想法及信息； • 口头交流所接收的相关信息。 3. 读写技能用于： • 书写、阅读和理解职场文件。 4. 计划和组织技能用于： • 计划和组织获得交流对象的信息活动。 5. 团队合作技能用于： • 在团队中向团队成员发布信息，并与他人一起工作。 6. 计算技能用于： • 使用数学逻辑确保文件和文档的版本控制； • 建立诊断程序来识别和明晰信息。 7. 技术技能用于： • 正确操作基本的计算机键盘，如打开、编辑、关闭和打印基本文本文档； • 操作计算机硬件和电话设备
必要知识
1. 通用知识包括： • 企业的表格、文件和办公文具用品。 2. 相关的企业政策和规程包括： • 职场文件的风格、格式和版面设计； • 职场交流的规程； • 职场文档； • 电话礼仪和操作程序； • 计算机系统操作程序。 3. 与职场健康和安全相关的法律法规，尤其是以屏幕为基础的设备和符合人体工程学的计算机工作台的使用

鉴定证据指南

鉴定概述	具体描述
本单元鉴定的关键方面和展示能力的必要证据	本单元必要的能力应被充分观察到，并且可以将能力迁移到变化的工作情况中，能够对以下关键方面的异常情况做出反应： 1. 使用正确的拼写、标点和语法书写简短的日常例行文本。 2. 阅读、解释和应用日常例行文本。 3. 解释和传递工作信息。 4. 维护工作交流沟通，包括文档。 5. 应用键盘技能，能使用计算机编辑简单的文档。 6. 在文档风格设计和格式中应用企业要求。 7. 应用企业对电子文档存储和检索的要求。 8. 应用企业对传进和传出电话的规程
鉴定的环境和资源	以下环境和资源可用于本单元的鉴定： 1. 真实的或模拟的工作环境。 2. 文件，如工作文件文体、格式和设计版面，工作交流规程、文件、电话礼仪和操作程序、与计算机系统操作程序相关的制度样本和规程手册。 3. 企业的产品样本说明书、办公文具用品、文件和既定格式。 4. 有权使用企业或类似企业的计算机硬件和软件。 5. 有权使用企业或类似企业的通信系统
鉴定方法	应该使用一系列方法来鉴定实践技能和知识。以下方法的组合适用于本单元的鉴定： 1. 直接观察任务的必要技能。 2. 对必要知识提问以确保正确理解和应用。 3. 本单元的能力可以与其他组成能力单元组成一个完整的工作任务进行鉴定。 4. 最佳的证据收集是将个人在工作场所中的产品、工序和规程作为被鉴定人达到行业能力标准的方式。 5. 遵从已达成一致的真实安排，实作的证据可以由客户，团队领导、成员或其他合适人员提供

适用范围陈述

企业类型	企业可以具有不同规模、类型和定位，开展多样化的不同范围的工作活动、多样化的经营时间以及多样化的员工数量和类型
员　工	员工可以包括： 全职、兼职或临时的，并在培训、产品知识和员工水平方面有多种差异。在日常工作或者交易中，员工可能面对来自不同社会阶层、不同文化和民族背景，拥有不同身体状况及智力能力的客户

续表

交　流	交流可包括： 面对面交流，通过电话、文件或电子工具交流
法律要求	法律要求可包括： 1. 职场健康与安全的法律、法规，以及企业实施条例。 2. 计算机显示屏使用一定要符合人体工程学中的相关规定
政策和规程	企业政策和程序可与以下内容相关： • 职场表格和文档、计算机系统操作规程、电话使用和系统操作规程

QPBHC02　建立有效的工作关系

能力单元描述

本单元能力涵盖了一线经理收集、分析和交流信息并使用信息培养和维护有效的工作关系和网络，领导团队和指导他人工作的能力。

能力要素和实作指标

能力要素	实作指标
1　收集、分析、交流信息和观点	1.1　从适当的资料来源收集和分析相关信息，并与工作团队分享以提高工作绩效。 1.2　采取恰当、灵活的方式交流想法和信息，满足受众文化多元化差异的要求以及其他特殊需求。 1.3　实施鼓励员工提出与自身工作相关的问题的流程，并及时转达给与其相关的工作团队。 1.4　在发展和提炼新的创意和方法时，从内部和外部寻求有价值的贡献。 1.5　实施流程确保及时解决出现的问题或及时提交给有关人员
2　培养信任和信心	2.1　对所有内部和外部的联系人都要诚实，尊重别人并感同身受。 2.2　使用与企业相关的社会、道德和商业标准，开发和维护有效的关系。 2.3　通过有能力的表现获得并维持同事、客户和供应商的信任。 2.4　调整人际交流方式和方法，满足企业的场地环境和文化环境。 2.5　根据企业制度和程序鼓励工作团队的其他成员向榜样学习
3　开发和维护网络和人际关系	3.1　使用网络确定和建立工作关系。 3.2　使用网络和其他工作关系为团队和企业提供可确定的利益
4　设法让困难变成积极的结果	4.1　确认和分析企业的困难，并在企业的要求和相关法律的规定下采取行动，扭转局面。 4.2　指导和支持同事解决工作的困难。 4.3　与相关人员进行协商，定期回顾和改善工作关系。 4.4　在企业的流程中处理不良工作表现。 4.5　在企业的流程内建设性地处理冲突

必要技能和知识

必要技能
1. 辅导技能用于： ● 对同事提供辅导的支持。 2. 读写技能用于： ● 研究、分析、解释和报告信息。 3. 口头交流技能用于： ● 坦率、公正地对待他人； ● 与内部或外部人员建立有效的关系，并培养和维护这些关系网络； ● 获得同事的信任； ● 应对各种意想不到的要求； ● 使用有效的支持和咨询过程
必要知识
1. 关于商务运营的相关法律，特别是关于职场健康与安全（WHS）、环境问题、平等机会、行业关系和消费者权益保护的相关法律、法规。 2. 与管理工作相关的理论： ● 培养团队信心及人员之间的信任； ● 在工作中保持一致的行为； ● 理解文化环境和场地环境； ● 确认和评估人际交流风格； ● 建立、构建和维护工作关系网络； ● 确认并解决问题； ● 解决冲突； ● 管理不良工作表现； ● 用监测、分析和介绍的方法改善工作关系

鉴定证据指南

鉴定概述	具体描述
本单元能力鉴定的关键方面及展示能力的必要证据	本单元必要的能力应被充分观察到，并且可以将能力迁移到变化的工作情况中，能够对以下关键方面的异常情况做出反应： 1. 与众多利益相关者交流信息和想法的方法和技巧。 2. 在团队中培养积极的工作关系，建立信任和信心的方法和技巧。 3. 获取和分析信息以取得计划的结果。 4. 解决问题和冲突以及处理不良表现的技巧。 5. 与管理工作相关的理论知识
鉴定的环境和资源	以下鉴定的环境和资源可用于本单元的鉴定： 1. 一个真实的或模拟的职场环境。 2. 有权在工作场所使用适当的文档和资源

续表

鉴定概述	具体描述
鉴定方法	应该使用一系列的鉴定方法来鉴定实践技能和知识,以下方法的组合适用于本单元的鉴定: 1. 展示处理不良表现并有效沟通的技巧。 2. 直接提问与证据文件包回顾和由第三方提供的被鉴定人在岗工作绩效的报告相结合。 3. 观察承担工作任务的表现。 4. 对陈述的观察。 5. 以口头或书面提问的方式鉴定相关法律知识的掌握情况。 6. 回顾鼓励员工提出与自己工作相关的问题所应用的咨询流程。 7. 回顾工作场所结果概述文件

适用范围陈述

信　息	信息包括适当的工作任务和共享的、书面的或口头的、电子的或手动检索的企业制度的数据,比如: 1. 已归档、存档的表明历史背景情况的数据。 2. 个人和团队的业绩数据。 3. 市场营销和客户相关的数据。 4. 企业文件,包括持续改进的结果和质量保证。 5. 政策和程序
咨询进程	咨询进程可包括: 1. 对工作团队和与咨询过程相关的人员的反馈。 2. 所有员工对企业的问题提出想法和信息的机会
确保迅速提交或解决问题的流程	确保迅速提交或解决问题的流程可包括: 1. 进行非正式会议。 2. 协调调查或问卷调查。 3. 发布通信或报告。 4. 与相关人员进行非正式对话交流。 5. 参与计划的企业活动
有关人员	有关人员可包括: 1. 经理。 2. 职场健康与安全委员会和其他的专业责任人。 3. 其他员工。 4. 管理者。 5. 工会代表与团体

续表

机构的社会、道德和商业准则	机构的社会、道德和商业准则可包括： 1. 隐含的标准，如在较广泛的社区内诚实守信、尊重他人，并普遍接受相关机构的文化。 2. 奖励和认可高效的员工。 3. 法律、法规中明示的相关标准。 4. 书面标准在以下表述中体现： ● 职场行为守则； ● 着装规定； ● 职场规定； ● 工作场所价值观的陈述； ● 愿景和使命陈述
同事、顾客和供应商	同事、顾客和供应商可包括： 1. 内部和外部联系。 2. 同一层级的员工和较高级别的经理。 3. 来自不同社会阶层、不同文化背景和种族背景的人。 4. 团队成员
机构的政策和程序	机构的政策和程序可包括： 1. 材料安全数据表。 2. 开始进行的企业任务和活动满足绩效结果。 3. 机构批准的可以接受的整套行动。 4. 标准操作规程
网　络	网络可包括： 1. 建立企业或非企业化的安排并可包括商业或专业协会。 2. 正式或非正式的个人或团体。 3. 内部的或外部的
职场结果	职场结果可包括： 1. 职场健康安全流程和规程。 2. 工作团队的绩效
不良工作表现	不良工作表现可包括： 1. 个别的团队成员。 2. 作为一个整体的企业。 3. 自身。 4. 整个工作团队

2

行业通用领域能力标准

2.1 整车拆卸和标记能力模块

QPBTD01 拆卸与标记整车总成和部件

能力单元描述

本单元能力涵盖了汽车生产和机电维修技术人员拆卸与标记整车总成和部件应具备的能力。

能力要素和实作指标

能力要素	实作指标
1 准备拆卸和标记整车总成和部件	1.1 确定工作要求和范围。 1.2 工作中应遵守职场健康与安全法规,包括个人保护要求。 1.3 根据生产技术标准,机动车生产企业提供的维修手册、使用说明书确定、选择、准备拆卸部件的工具和设备。 1.4 注意拆卸、标记整车总成和部件中存在的危险
2 拆卸整车总成和部件	2.1 识别整车总成和部件。 2.2 按照制造厂、零部件供应商说明书要求进行拆卸和标记。 2.3 在无损坏的情况下拆卸部件。 2.4 对部件进行检查。 2.5 按照要求完成作业记录
3 标记整车总成和部件	3.1 确认标记方法。 3.2 确认标记需求的资源,选择和准备部件、工具及设备。 3.3 在无损坏的情况下标记部件

必要技能和知识

必要技能
1. 收集和理解信息技能用于： ● 解释制造厂、零部件供应商说明书和维修工作程序； ● 对技术信息进行判断和分析。 2. 口头交流技能用于： ● 应用简明的汉语文字和交流技巧与顾客和团队成员交流； ● 应用询问和主动倾听的技巧从顾客处获取信息； ● 应用口头交流技巧向顾客传递信息和设想。 3. 计划和组织技能用于： ● 应用组织和计划技能，充分利用时间和资源、区分重点和监督自己的工作绩效。 4. 团队合作技能用于： ● 在团队工作中，理解和响应顾客需求，与他人有效互动，共同完成工作目标。 5. 计算技能用于： ● 根据测量计算误差，建立质量检验的基本概念。 6. 解决问题技能用于： ● 建立安全有效的工作过程，系统地制订停工期问题的解决方案，避免重复工作，减小耗损。 7. 技术技能用于： ● 应用工具、测量仪器、数字显示测量技术和呼叫装置； ● 拆卸、标记整车总成和部件相关的职场技术； ● 书写作业记录
必要知识
1. 有关职场健康与安全、环境保护的法律规范，以及设备、材料和个人安全要求。 2. 车辆总成、零部件名称。 3. 每一个总成和部件的作用。 4. 各总成和部件之间的关系。 5. 拆卸步骤。 6. 标记方法。 7. 企业质量检查程序。 8. 工作组织和计划步骤

鉴定证据指南

鉴定综述	具体描述
本单元展示能力的必要证据和鉴定的关键方面	本单元必备的能力应被充分观察到，并且能力可以迁移到变化的工作情况中，能够对以下关键方面的异常情况做出反应： 1. 遵守安全操作规范。 2. 有效地与相关工作人员和客户交流。 3. 选择适合情况的方法和技能。 4. 完成一系列的工作准备。 5. 按照名称和应用识别、拆卸和标记部件。 6. 在不损坏部件、工具和设备的情况下进行拆卸和标记

续表

鉴定综述	具体描述
鉴定的环境和资源	以下环境和资源应该可以获得和使用: 1. 在职场环境或模拟职场环境中进行。 2. 生产技术标准、安全操作规范、职场健康与安全法规、环境保护法。 3. 符合法律法规的要求。 4. 符合生产技术标准和安全操作规范。 5. 拆卸、标记整车总成和部件相关材料。 6. 适用于拆卸、标记整车总成和部件的设备、手动工具、电动工具。 7. 指定工作任务要求的活动。 8. 操作规范和工作指令
鉴定方法	应该使用一系列方法来鉴定实践技能和知识,以下方法的组合适用于本单元的鉴定: 1. 鉴定符合生产技术标准和安全操作规范。 2. 鉴定方法必须确认必要知识和技能的一致性和准确性。 3. 鉴定中必须直接观察工作任务的完成情况,询问基础知识的方法,考察关键知识和技能的结合。 4. 鉴定必须在项目相关的状况下进行,要求提供两种以上的鉴定环境工作过程证据。 5. 鉴定必须确认适当的推断结果,即技能不仅在特定环境完成,而且能转移到其他环境下完成。 6. 鉴定的证据可由参与鉴定的顾客、小组长、小组成员提供

适用范围陈述

车辆类型	车辆类型可包括: 1. 轻型车辆。 2. 重型车辆。 3. 新能源汽车。 4. 智能网联汽车
标记方法	标记方法可包括: 对整车总成和部件名称和作用标记
职场健康与安全	职场健康与安全包含以下条例: 1. 国家法律、职场健康与安全法规、生产技术标准、安全操作规范,包括:劳动保护规定用品、工具设备的使用;职场环境安全;材料搬运;灭火器使用;急救;风险控制、危险材料的使用和存储。 2. 个人保护用品包括国家法律、生产技术标准、安全操作规范中所规定的保护用品。 3. 安全操作步骤包括(但不限于)车辆移动、危险物质、电气安全、手工搬运、相邻工人和现场参观者的操作过程和风险控制。 4. 紧急事件处理包括(但不限于)发生火灾时,紧急关闭设备和隔离设备的程序、灭火程序、现场撤离程序和企业急救要求

续表

环境要求	环境要求可包括但不限于： 1.“三废”的处理。 2. 噪声和灰尘的控制。 3. 清洁管理
质量要求	质量要求可包括但不限于： 1. 国家质量标准。 2. 公司内部质量规定。 3. 生产技术标准。 4. 安全操作规范
法律、法规、规章	法律、法规、规章依据可包括： 1. 国家法律和法规。 2. 企业管理制度。 3. 安全操作规范
工具和设备	工具和设备可包括： 1. 手动工具。 2. 电动工具。 3. 气动工具
材　料	材料可包括： 1. 标签。 2. 清洁材料
交　流	交流可包括但不限于： 1. 口头或视觉的指示和故障报告。 2. 现场具体指示、书面指示、计划。 3. 与工作任务有关的电话、呼机指令
信　息	信息资源可包括但不限于： 1. 口头信息、图形、标志、工作进程表、计划、说明、工作公告、备忘录、材料合格证、材料使用方法和储存要求、图样和草图。 2. 有关拆卸、标记整车总成和部件的安全工作步骤。 3. 汽车生产技术标准和安全操作规范

QPBTD02　汽车电路测试与检修

能力单元描述

本单元能力涵盖了汽车生产和机电检修技术人员在汽车装调、零售、维护和检修中，测试汽车电路、进行电路检修应具备的能力。

能力要素和实作指标

能力要素	实作指标
1　准备工作	1.1　使用工作指令确定工作范围,包括方法、过程和设备。 1.2　阅读和理解工作要求指令。 1.3　工作中应遵守职场健康与安全法规,包括个人保护要求。 1.4　确认工具和设备,检查是否安全工作。 1.5　确定维护和检修程序,使所需的工作时间最短
2　测试电路、部件及识别故障	2.1　从制造厂和零部件供应商说明书中获取正确信息,并理解信息。 2.2　应用工具和测量技术完成测试,确定故障。 2.3　根据法律、检修技术标准、安全操作规范,在不损害部件和系统的情况下完成电路、电气元件的测试。 2.4　确认故障,确定检修活动
3　完成电路电线检修	3.1　从制造厂和零部件供应商说明书获取正确信息,并理解信息。 3.2　应用工具、技术和材料更换和调整电气元件,完成检修。 3.3　根据法律、检修技术标准、安全操作规范,在不损害部件和系统的情况下完成电路电线检修。 3.4　完成拆装
4　清洁工作区域、完成设备维护	4.1　收集和储存可以再利用的原材料。 4.2　遵循检修工作程序,清理垃圾。 4.3　清洁和整理工作区域。 4.4　将不能使用的设备进行标记,确认故障。 4.5　对工具和设备进行日常维护

必要技能和知识

必要技能
1. 收集和理解信息的技能用于: • 收集、分析、理解有关电路和元件测试、检修和更换元件的工作秩序计划和安全步骤的信息; • 应用交流技巧,理解和应用常用术语、技术资料和说明书; • 查询、理解和应用操作和安全信息。 2. 口头交流技能用于: • 与相关负责人、其他员工和顾客交流想法和信息,确认检修技术标准,汇报工作中的成果和问题; • 应用简明的汉语文字和交流技巧与顾客和团队成员交流; • 采用提问和主动倾听的技能,从顾客那里获取信息。 3. 计划和组织技能用于: • 计划组织工作活动,包括工作现场准备和布置、获取设备和材料,避免返工、工作流程中断和浪费。 4. 团队合作技能用于: • 通过信任与他人相互协作工作,优化工作流程和生产效率。 5. 计算技能用于: • 正确完成相关测试和测量,以确定电路及元件的检修和更换要求。

续表

必要技能
6. 解决问题的技能用于： ●使用核对和检查技能，预测工作计划和进程中的问题，避免时间和材料的浪费； ●熟练地完成电气测试、检修和更换操作步骤； ●应用检修程序解决问题。 7. 技术技能用于： ●应用工具、测量仪器、数字显示测量技术和呼叫装置； ●检修汽车电路技术； ●书写作业记录
必要知识
1. 有关职场健康与安全、环境保护的法规，以及设备、材料和个人安全要求。 2. 电气原理（包括电流、电压、电阻、导体、绝缘体）。 3. 电路类型、电路图、符号。 4. 电气测量和测试步骤。 5. 检修步骤。 6. 避免损坏电气系统元件的措施。 7. 企业质量检查程序。 8. 工作组织和计划步骤

鉴定证据指南

鉴定综述	具体描述
本单元展示能力的必要证据和鉴定的关键方面	本单元必备的能力应被充分观察到，并且能力可以迁移到变化的工作情况中，能够对以下关键方面的异常情况做出反应： 1. 遵守安全操作规范。 2. 有效地与相关工作人员和客户进行交流。 3. 选择适合情况的方法和技能。 4. 完成一系列工作的准备活动。 5. 完成电路短路、断路和搭铁检修。 6. 安全正确使用工具、设备。 7. 断开元件电源。 8. 测试和确认故障。 9. 电气连接方法包括捆扎和钎焊操作。 10. 电气检修要求
鉴定的环境和资源	以下环境和资源应该可以获得和使用： 1. 职场环境或模拟职场环境。 2. 检修技术标准、安全操作规范、职场健康与安全法规、环境保护法。 3. 有关检修电路的材料。 4. 适合检修电路的设备、手动工具和电动工具。 5. 指定工作任务要求的活动。 6. 操作规范和工作指令

续表

鉴定综述	具体描述
鉴定方法	应该使用一系列方法来鉴定实践技能和知识，以下方法的组合适用于本单元的鉴定： 1. 鉴定符合检修技术标准和安全操作规范。 2. 鉴定方法必须确认必要知识和技能的一致性和准确性。 3. 鉴定中必须直接观察工作任务的完成情况，询问基础知识的方法，考察关键知识和技能的结合。 4. 鉴定必须在项目相关的状况下进行，要求提供两种以上的鉴定环境工作过程证据。 5. 鉴定必须确认适当的推断结果，即技能不仅在特定环境完成，而且能转移到其他环境下完成。 6. 鉴定的证据可由参与鉴定的顾客、小组长、小组成员提供

适用范围陈述

车辆类型	车辆类型可包括： 1. 轻型车辆。 2. 重型车辆。 3. 新能源汽车。 4. 智能网联汽车
职场健康与安全	职场健康与安全包含以下条例： 1. 国家法律、职场健康与安全法规、检修技术标准、安全操作规范，包括：劳动保护规定用品、工具设备的使用；职场环境安全；材料搬运；灭火器使用；急救；风险控制；危险材料的使用和存储。 2. 个人保护用品，包括国家法律、检修技术标准、安全操作规范中所规定的保护用品。 3. 安全操作步骤包括但不限于涉及车辆移动、危险物质、电气安全、手工搬运、相邻工人和现场参观者的操作过程和风险控制。 4. 紧急事件处理包括但不限于发生火灾时，紧急关闭设备和隔离设备的程序、灭火程序、现场撤离程序和企业急救要求
环境要求	环境要求可包括但不限于： 1. “三废”处理。 2. 噪声和灰尘的控制。 3. 清洁管理
质量要求	质量要求可包括但不限于： 1. 国家质量标准。 2. 公司内部质量规定。 3. 检修技术标准。 4. 安全操作规范

续表

法律、法规、规章	法律、法规、规章依据可包括： 1. 国家法律法规。 2. 企业管理制度。 3. 安全操作规范
工具和设备	工具和设备可包括： 1. 手动工具。 2. 专用测试设备、测试灯、万用表。 3. 电动、气动工具拆卸、更换专用工具。 4. 钎焊设备
材　料	材料可包括： 1. 汽车元件备件。 2. 钎焊耗材。 3. 清洁材料
交　流	交流可包括但不限于： 1. 口头或视觉的指示和故障报告。 2. 现场具体指示、书面指示、计划。 3. 与工作任务有关的电话、呼机的指令
信　息	信息资源可包括但不限于： 1. 口头、书面、图形、标志、工作进程表、计划、说明、工作公告、备忘录、材料合格证、材料使用方法和储存要求、图样和草图。 2. 有关检修电路的安全工作步骤。 3. 汽车检修技术标准和安全操作规范。 4. 法律法规要求

2.2 仪器工具设备使用和维护能力模块

QPBTE01 使用和维护基本的测量仪器

能力单元描述

本单元能力涵盖了汽车生产和机电维修技术人员使用和维护测量仪器所应具备的能力。

能力要素和实作指标

能力要素	实作指标
1 准备实施测量	1.1 工作中遵守职场健康与安全法规，包括个人保护要求。 1.2 程序和信息来自技术标准和测量仪器使用说明书、工具等资源。 1.3 分析、选择和准备最适合现场情况的测量方法。 1.4 确认和准备测量设备，进行测量工具的操作或校正。 1.5 遵守使用精密测量仪器相关的注意事项。 1.6 实施测量前，学会正确和安全地使用维护测量仪器的方法

续表

能力要素	实作指标
2　实施测量并分析结果	2.1　根据生产或维修工作程序,以及制造商、零部件供应商的说明书实施测量。 2.2　测量结果与制造商、零部件供应商说明书允许或不允许的结果进行比较。 2.3　记录测量结果作为证据信息,做出相应的建议。 2.4　将维修方案交付给具体执行人
3　维护测量仪器	3.1　从制造商、零部件供应商的说明书中获取必要的维护仪器信息。 3.2　根据制造商、零部件供应商的说明书实施常规测量仪器的维护和保存。 3.3　在不损坏部件或系统的情况下完成检查。 3.4　根据维修工作程序填写作业记录

必要技能和知识

必要技能
1. 收集和理解信息技能用于: • 定位、解释、应用制造商、零部件供应商的说明书和维修工作程序; • 判断技术信息。 2. 口头交流技能用于: • 应用提问和主动倾听的能力,从顾客处获得信息; • 充分应用口头交流技巧向顾客传达信息和理念。 3. 计划和组织技能用于: • 应用计划和组织技能,包括合理使用时间和资源,对操作做出优先的选择和控制。 4. 团队合作技能用于: • 在团队工作中,理解和响应顾客需求,与他人有效互动,共同完成工作目标。 5. 计算技能用于: • 根据测量计算误差,建立质量检验的基本概念。 6. 解决问题的技能用于: • 建立安全有效的工作过程,系统地制订停工期问题的解决方案,避免重复工作,减小耗损。 7. 技术技能用于: • 运用数字显示测量技术和通信设施技术; • 维护测量工具; • 书写测量记录,报告结果
必要知识
1. 有关职场健康与安全、环境保护的法规,以及设备、材料和个人安全要求。 2. 常用的汽车专业术语。 3. 应用各种非专业的测量仪器。 4. 测量程序。 5. 企业质量检查程序。 6. 工作组织和计划步骤

鉴定证据指南

鉴定综述	具体描述
本单元展示能力的必要证据和鉴定的关键方面	本单元必备的能力应被充分观察到，并且能力可以迁移到变化的工作情况中，能够对以下关键方面的异常情况做出反应： 1. 遵守安全操作规范。 2. 有效地与相关工作人员和客户进行交流。 3. 选择适合具体情况的方法和技能。 4. 完成一系列工作的准备活动。 5. 理解测量尺寸。 6. 维护测量仪器。 7. 以技术标准为依据实施测量。 8. 精确地理解测量。 9. 在规定的时间内完成测量
鉴定的环境和资源	环境和资源应该可以获得和使用： 1. 真实或模拟职场环境。 2. 按照维修技术标准、安全操作规范、职场健康与安全法规、环境保护法的要求进行鉴定。 3. 使用测量仪器相关的材料。 4. 使用和维护测量仪器的设备、手动和动力工具。 5. 指定工作任务要求的活动。 6. 操作规范和工作指令
鉴定方法	应该使用一系列方法来鉴定实践技能和知识，以下方法的组合适用于本单元的鉴定： 1. 鉴定符合生产技术标准和安全操作规范。 2. 鉴定方法必须确认必要知识和技能的一致性和准确性。 3. 鉴定中必须采用直接观察工作任务的完成情况、询问基础知识的方法，考察关键知识和技能的结合。 4. 鉴定必须在项目相关的状况下进行，要求提供两种以上的鉴定环境工作过程证据。 5. 鉴定必须确认适当的推断结果，即技能不仅在特定环境完成，而且能转移到其他环境下完成。 6. 鉴定的证据可由参与鉴定的顾客、小组长、小组成员提供证据

适用范围陈述

车辆类型	车辆类型可包括： 1. 轻型车辆。 2. 重型车辆。 3. 新能源汽车。 4. 智能网联汽车

续表

职场健康与安全	职场健康与安全包含以下条例： 1. 国家法律、职场健康与安全法规、生产技术标准、安全操作规范，包括：劳动保护规定用品、工具设备的使用；职场环境安全；材料搬运；灭火器使用；急救；风险控制；危险材料的使用和存储。 2. 个人保护用品，包括国家法律、生产技术标准、安全操作规范中所规定的保护用品。 3. 安全操作步骤包括但不限于涉及车辆移动、危险物质、电气安全、手工搬运、相邻工人和现场参观者的操作过程和风险控制。 4. 紧急事件处理包括但不限于发生火灾时，紧急关闭设备和隔离设备的程序、灭火程序、现场撤离程序和企业急救要求
质量要求	质量要求包括但不限于： 1. 国家质量标准。 2. 公司内部质量规定。 3. 生产技术标准。 4. 安全操作规范
法律、法规、规章	法律、法规、规章依据可包括： 1. 国家法律和法规。 2. 企业管理制度。 3. 安全操作规范
测量仪器	测量仪器可包括： 1. 水平仪、深度仪、钢尺、卷尺、T形角尺和直尺。 2. 使用英制和公制测量长度、宽度、面积、平面和深度的仪器
交　流	交流包括但不限于： 1. 口头或视觉的指示和故障报告。 2. 现场具体指示、书面指示、计划。 3. 与工作任务有关的电话、呼机的指令
信　息	信息资源包括但不限于： 1. 口头、书面、图形、标志、工作进程表、计划、说明、工作公告、备忘录、材料合格证、材料使用方法和储存要求、图样和草图。 2. 使用和维护测量仪器相关的安全工作步骤。 3. 汽车技术标准和安全操作规范，包括汽车排放限制标准。 4. 法律法规要求

QPBTE02　使用和维护测量工具

能力单元描述

本单元能力涵盖了汽车生产和机电维修技术人员在汽车试验、生产、零售、维护和维修中使用和维护测量工具所应具备的能力。

能力要素和实作指标

能力要素	实作指标
1 准备进行测量	1.1 根据工作指令确认工作范围,包括方法、过程和设备。 1.2 在工作中遵守职场健康与安全法规,包括个人保护要求。 1.3 阅读理解具体工作任务。 1.4 分析、选择和准备适合现场情况的测量方法。 1.5 确认和准备测量工具。 1.6 遵守有关精密测量工具的注意事项
2 实施测量并分析结果	2.1 根据维修工作程序和制造商、零部件供应商的说明书实施测量。 2.2 测量结果与制造商、零部件供应商的说明书结果进行比较。 2.3 记录作为证据和支持信息的结果,并给出建议。 2.4 将生产或维修方案交付给具体执行人
3 维护测量工具	3.1 从制造商、零部件供应商的说明书中获取必要的维修信息。 3.2 根据制造商、零部件供应商的说明书实施常规测量工具的维护和存放。 3.3 在不损坏部件或系统的情况下完成检查。 3.4 根据生产或维修工作程序填写测量记录

必要技能和知识

必要技能
1. 收集和理解信息的技能用于: • 定位、解释、应用制造商、零部件供应商的说明书和维修工作程序; • 判断技术信息。 2. 口头交流技能用于: • 与顾客和团队成员交流; • 从顾客处获得信息; • 向顾客传达信息和理念。 3. 计划和组织技能用于: • 充分利用时间和资源、区分重点和监督自己的工作绩效。 4. 团队合作技能用于: • 在团队工作中, 理解和响应顾客需求,与他人有效互动,共同完成工作目标。 5. 计算技能用于: • 根据测量计算误差,建立质量检验的基本概念。 6. 解决问题技能用于: • 建立安全有效的工作过程,系统地制订停工期问题的解决方案,避免重复工作,减小耗损。 7. 技术技能用于: • 使用和维护测量工具技术; • 维护测量工具; • 书写测量报告和归档

续表

必要知识
1. 有关职场健康与安全、环境保护的法规,以及设备、材料和个人安全要求。 2. 常用的汽车测量工具名称。 3. 应用各种非专业的测量工具。 4. 测量程序。 5. 测量工具维护程序。 6. 企业质量检查程序。 7. 工作组织和计划步骤

鉴定证据指南

鉴定综述	具体描述
本单元展示能力的必要证据和鉴定的关键方面	本单元必备的能力应被充分观察到,并且能力可以迁移到变化的工作情况中,能够对以下关键方面的异常情况做出反应: 1. 遵守安全操作规范。 2. 有效地与相关工作人员和客户进行交流。 3. 选择合适的方法和技能。 4. 完成一系列工作的准备活动。 5. 使用“适用范围”中的工具测量尺寸和变量。 6. 维护测量工具。 7. 以技术标准为依据实施测量。 8. 精确地理解测量。 9. 在规定的时间要求内完成测量
鉴定的环境和资源	以下环境和资源应该可以获得和使用: 1. 真实或模拟的职场环境。 2. 按照维修技术标准、安全操作规范、职场健康与安全法规、环境保护法的要求进行鉴定。 3. 使用测量工具相关的材料。 4. 使用和维护测量工具的设备、手动和动力工具。 5. 指定工作任务要求的活动。 6. 操作规范和工作指令
鉴定方法	应该使用一系列鉴定方法来鉴定实践技能和知识,以下方法的组合适用于本单元的鉴定: 1. 鉴定符合生产技术标准和安全操作规范。 2. 鉴定方法必须确认必要知识和技能的一致性和准确性。 3. 鉴定中必须采用直接观察工作任务的完成情况、询问基础知识的方法,考察关键的知识和技能的结合。

续表

鉴定综述	具体描述
鉴定方法	4. 鉴定必须在项目相关的状况下进行，要求提供两种以上的鉴定环境工作过程证据。 5. 鉴定必须确认适当的推断结果，即技能不仅在特定环境完成，而且能转移到其他环境下。 6. 鉴定的证据可由参与鉴定的顾客、小组长、小组成员提供证据

适用范围陈述

车辆类型	车辆类型可包括： 1. 轻型车辆。 2. 重型车辆。 3. 新能源汽车。 4. 智能网联汽车
职场健康与安全	职场健康与安全包含以下条例： 1. 国家法律、职场健康与安全法规、生产技术标准、安全操作规范，包括：劳动保护规定用品、工具设备的使用；职场环境安全；材料搬运；灭火器使用；急救；风险控制；危险材料的使用和存储。 2. 个人保护用品，包括国家法律、生产技术标准、安全操作规范中所规定的保护用品。 3. 安全操作步骤包括但不限于涉及车辆移动、危险物质、电气安全、手工搬运、相邻工人和现场参观者的操作过程和风险控制。 4. 紧急事件处理包括但不限于发生火灾时，紧急关闭设备和隔离设备的程序、灭火程序、现场撤离程序和企业急救要求
质量要求	质量要求包括但不限于： 1. 国家质量标准。 2. 公司内部质量规定。 3. 生产技术标准。 4. 安全操作规范
法律、法规、规章	法律、法规、规章依据可包括： 1. 国家法律和法规。 2. 企业管理制度。 3. 安全操作规范
测量工具	测量工具可包括： 1. 内外径千分尺、游标卡尺、跳动表、深度尺、钢直尺、丁字尺、直角尺、卡钳、分规、量角尺、塞尺。 2. 欧姆表、电压表、安培计（自动稳压器和万用表）、温度计、压力表

续表

测量工作	测量工作可包括： 1. 使用英制和公制测量长度、宽度、面积、不平度、角度、圆度、深度、间隙、跳动、电阻、电流、电压、压力、温度。 2. 使用模拟和数字装置进行的测量
交　流	交流包括但不限于： 1. 口头或视觉的指示和故障报告。 2. 现场具体指示、书面指示、计划。 3. 与工作任务有关的电话、呼机的指令
信　息	信息资源包括但不限于： 1. 口头、书面、图形、标志、工作进程表、计划、说明、工作公告、备忘录、材料合格证、材料使用方法和储存要求、图样和草图。 2. 使用和维护测量工具的安全工作步骤。 3. 汽车技术标准和安全操作规范，包括汽车排放限制标准。 4. 法律法规要求

QPBTE03　使用和维护工具设备

能力单元描述

本单元能力涵盖了汽车生产和机电维修技术人员确认选择、安全使用和维护工具设备所应具备的能力。

能力要素和实作指标

能力要素	实作指标
1　正确选择工具设备	1.1　根据工作要求选择工具设备。 1.2　在许可范围内选择、使用适当的工具设备。 1.3　根据维修工作程序选择工具设备
2　使用工具设备	2.1　安全使用工具设备，防止伤害自己和他人。 2.2　安全使用工具设备，防止其他设备损坏。 2.3　在工具设备使用中，必须遵守相关规定
3　维护工具设备	3.1　参照厂商和部件供应商的说明书定期检查工具设备，确保操作安全。 3.2　标记损坏和磨损的工具设备并清理出来，进行维修更换，根据企业要求报损。 3.3　根据厂商和部件供应商的说明书，维护、调校工具设备，确保安全正确地使用。 3.4　根据技术标准、职场健康与安全法规、法律和维护操作程序进行维护
4　安全存放工具设备	4.1　清洁、检查和存放工具设备。 4.2　安全存放工具设备。 4.3　根据企业规章和程序完成文件并归档

必要技能和知识

必要技能
1. 收集和理解信息的技能用于： • 定位、解释、应用制造商、零部件供应商的说明书和维修工作程序； • 判断技术信息。 2. 口头交流技能用于： • 从顾客处获得信息； • 向顾客传达信息和理念。 3. 计划和组织技能(包括合理使用时间和资源)用于： • 对操作做出优先的选择和控制。 4. 团队合作技能用于： • 在团队工作中，理解和响应顾客需求，与他人有效互动，共同完成工作目标。 5. 计算技能用于： • 根据测量计算误差，建立质量检验的基本概念。 6. 解决问题技能用于： • 建立安全有效的工作过程，系统地制订停工期问题的解决方案，避免重复工作，减小耗损。 7. 技术技能用于： • 有关装配和测试工具、设备的技能； • 应用检测设备、数字显示测量技术和呼叫装置； • 书写生产或维修报告和归档
必要知识
1. 有关职场健康与安全、环境保护的法规，以及设备、材料和个人安全要求。 2. 工具设备选择步骤。 3. 工具设备基本维护程序。 4. 工具设备安全操作步骤。 5. 手动工具类型、特点和使用限制。 6. 动力工具类型、特点和使用限制。 7. 职场设备类型、特点和使用限制。 8. 常用的汽车专业术语。 9. 企业质量检查程序。 10. 工作组织和计划步骤

鉴定证据指南

鉴定综述	具体描述
本单元展示能力的必要证据和鉴定的关键方面	本单元必备的能力应被充分观察到，并且能力可以迁移到变化的工作情况中，能够对以下关键方面的异常情况做出反应： 1. 遵守安全操作规范。 2. 选择和安全使用手动工具。 3. 选择和安全使用设备。 4. 对工具设备的基本维护。 5. 选择和安全使用个人保护用品

续表

鉴定综述	具体描述
鉴定的环境和资源	以下环境和资源应该可以获得和使用： 1. 真实或模拟职场环境。 2. 按照维修技术标准、安全操作规范、职场健康与安全法规、环境保护法的要求进行鉴定。 3. 有关维护工具设备的材料。 4. 使用和维护手动和动力工具设备。 5. 指定工作任务要求的活动。 6. 操作规范和工作指令
鉴定方法	应该使用一系列鉴定方法来鉴定实践技能和知识，以下方法的组合适用于本单元的鉴定： 1. 鉴定符合生产技术标准和安全操作规范。 2. 鉴定方法必须确认必要知识和技能的一致性和准确性。 3. 鉴定中必须采用直接观察工作任务的完成情况、询问基础知识的方法，考察关键知识和技能的结合。 4. 鉴定必须在项目相关的状况下进行，要求提供两种以上的鉴定环境工作过程证据。 5. 鉴定必须确认适当的推断结果，即技能不仅在特定环境完成，而且能转移到其他环境下完成。 6. 鉴定的证据可由参与鉴定的顾客、小组长、小组成员提供证据

适用范围陈述

车辆类型	车辆类型可包括： 1. 轻型车辆。 2. 重型车辆。 3. 新能源汽车。 4. 智能网联汽车
职场健康与安全	职场健康与安全包含以下条例： 1. 国家法律、职场健康安全法规、生产技术标准、安全操作规范，包括：劳动保护规定用品、工具设备的使用；职场环境安全；材料搬运；灭火器使用；急救；风险控制；危险材料的使用和存储。 2. 个人保护用品，包括国家法律、生产技术标准、安全操作规范中所规定的保护用品。 3. 安全操作步骤包括但不限于涉及车辆移动、危险物质、电气安全、手工搬运、相邻工人和现场参观者的操作过程和风险控制。 4. 紧急事件处理包括但不限于发生火灾时，紧急关闭设备和隔离设备的程序、灭火程序、现场撤离程序和企业急救要求

续表

质量要求	质量要求可包括但不限于： 1. 国家质量标准。 2. 公司内部质量规定。 3. 生产技术标准。 4. 安全操作规范
法律、法规、规章	法律、法规、规章依据可包括： 1. 国家法律和法规。 2. 企业管理制度。 3. 安全操作规范
工具设备	工具设备可包括： 1. 计算机硬件、软件。 2. 通用办公设备、计算器。 3. 手工和动力工具、拆卸、调整专用工具、液压冲击工具。 4. 液压千斤顶、安全气囊、举升重型设备的起重机。 5. 存放架、保护罩。 6. 测量装置、加载试验器。 7. 塑料维修设备、密封设备、粘接设备、加热设备、样板、油漆搅拌器。 8. 焊接设备，包括氧焊、弧焊、金属惰性气体保护焊、钨极保护焊。 9. 车辆清洗设备。 10. 发电机和起动机试验台。 11. 切割器、制动鼓车床、喷油器清洁器、点火模式测试仪。 12. 加油枪、过滤器和仪表、万用表。 13. 维护手册、产品手册
仓储设备	仓储设备可包括： 移动拣选机、托盘装运机、条形码打印和扫描机、皮带运输机、剪刀、箱包、封箱机、计算机、叉车、充电器、拖板、手推车、洒水系统、打包机、灭火器、急救箱、安全标志、安全警报、消火栓、纸箱破碎机、废物箱、密封胶带、热缩塑料包
工具设备维护方法	工作设备维护方法可包括： 1. 工具设备日常维护。 2. 标记故障工具设备。 3. 小修工具设备。 4. 保持机器设备平稳
交　流	交流包括但不限于： 1. 现场具体指示、书面指示、计划。 2. 与工作任务有关的电话、呼机指令
信　息	信息资源包括但不限于： 1. 口头、书面、图形、标志、工作进程表、计划、说明、工作公告、备忘录、材料合格证、材料使用方法和储存要求、图样和草图。 2. 使用和维护职场工具设备的安全工作步骤。 3. 汽车技术标准和安全操作规范。 4. 法律法规要求

2.3　装配图和电路图阅读及制作能力模块

QPBTF01　阅读理解汽车零件装配图

能力单元描述

本单元能力涵盖了汽车生产和机电维修技术人员确认阅读理解汽车零件装配图所应具备的能力。

能力要素和实作指标

能力要素	实作指标
1　准备工作	1.1　根据工作指令确认工作范围,包括方法、过程和设备。 1.2　阅读并理解具体工作任务。 1.3　识别需改进的产品、系统、部件、零件。 1.4　选择有关零件装配图纸获取信息。 1.5　在工作中遵守职场健康安全法规,包括个人保护要求。 1.6　检查并确认设备安全
2　阅读理解零件装配图	2.1　正确认识图纸上的符号、代码、文字说明和图形的含义。 2.2　确认材料规格、粗糙度和尺寸公差。 2.3　正确理解图中表示的产品、系统、部件、零件
3　清洁工作区域、维护设备	3.1　根据生产或维修工作程序清洁和检查设备和工作区域,确保设备正常使用状况。 3.2　根据生产或维修工作程序,标记故障设备并确认故障。 3.3　根据制造商、零部件供应商说明书和生产或维修工作程序,完成设备维护工作

必要技能和知识

必要技能
1. 收集和理解信息技能用于: • 收集、分析、理解有关阅读零部件装配图的工作程序、计划和安全步骤的信息; • 阅读、理解汽车零件装配图和改进零件图; • 理解零部件制造、改进零部件结构要求的说明。 2. 口头交流技能用于: • 与相关负责人、其他员工和顾客交流想法和信息; • 确认技术标准,汇报工作中成果和问题。 3. 计划和组织技能用于: • 计划和组织活动,包括现场准备、布置、获取设备和图样; • 避免返工、工作干扰和时间浪费。 4. 团队合作技能用于: • 相互协助和合作,优化工作流程和提高效率。

续表

5. 计算技能用于： • 正确理解图样说明。 6. 解决问题技能用于： • 使用预测技能，预测计划和进程中的问题，避免时间的浪费。 7. 技术技能用于： • 使用阅读和理解零部件装配图技术； • 应用专用工具设备和数字显示测量技术； • 绘制零件图和归档
必要知识
1. 有关职场健康与安全、环境保护的法规以及设备、材料和个人安全要求。 2. 常用的汽车名称、符号、代码、文字说明和图形的含义。 3. 设计标准和零件设计手册、设备安全要求。 4. 设计理论及其在职场的应用。 5. 零部件装配图绘制步骤。 6. 企业质量检查程序。 7. 工作组织和计划步骤

鉴定证据指南

鉴定综述	具体描述
本单元展示能力的必要证据和鉴定的关键方面	本单元必备的能力应被充分观察到，并且能力可以迁移到变化的工作情况中，能够对以下关键方面的异常情况做出反应： 1. 遵守安全操作规范。 2. 有效地与相关工作人员和客户进行交流。 3. 选择适合情况的方法和技能。 4. 完成一系列工作的准备活动。 5. 阅读理解零件图和装配图，包括部件制造和改进的图样
鉴定的环境和具体资源	以下环境和资源应该可以获得和使用： 1. 职场环境或模拟职场环境。 2. 有关阅读和理解零件图的材料。 3. 适合阅读装配图的工具。 4. 指定工作任务要求的活动。 5. 操作规范和工作指令

续表

鉴定综述	具体描述
鉴定方法	应该使用一系列方法来鉴定实践技能和知识，以下方法的组合适用于本单元的鉴定： 1. 鉴定符合生产技术标准和安全操作规范。 2. 鉴定方法必须确认必要知识和技能的一致性和准确性。 3. 鉴定中必须采用直接观察工作任务的完成情况、询问基础知识的方法，考察关键知识和技能的结合。 4. 鉴定必须在项目相关的状况下进行，要求提供两种以上的鉴定环境工作过程证据。 5. 鉴定必须确认适当的推断结果，即技能不仅在特定环境完成，而且能转移到其他环境。 6. 鉴定的证据可由参与鉴定的顾客、小组长、小组成员提供

适用范围陈述

车辆类型	车辆类型可包括： 1. 轻型车辆。 2. 重型车辆。 3. 新能源汽车。 4. 智能网联汽车
职场健康与安全	职场健康与安全包含以下条例： 1. 国家法律、职场健康与安全法规、生产技术标准、安全操作规范，包括：劳动保护规定用品、工具设备的使用；职场环境安全；材料搬运；灭火器使用；急救；风险控制；危险材料的使用和存储。 2. 个人保护用品，包括国家法律、生产技术标准、安全操作规范中所规定的保护用品。 3. 安全操作步骤包括但不限于涉及车辆移动、危险物质、电气安全、手工搬运、相邻工人和现场参观者的操作过程和风险控制。 4. 紧急事件处理包括但不限于发生火灾时，紧急关闭设备和隔离设备的程序、灭火程序、现场撤离程序和企业急救要求
质量要求	质量要求包括但不限于： 1. 国家质量标准。 2. 公司内部质量规定。 3. 生产技术标准。 4. 安全操作规范

续表

法律、法规、规章	法律、法规、规章依据可包括： 1. 国家法律和法规。 2. 企业管理制度。 3. 安全操作规范
阅读方法	阅读方法可包括： 理解符号、代码、文字说明和图形的代表含义
工具和设备	工具和设备可包括： 1. 人工制图设备和工具。 2. 电子制图设备和工具
交　流	交流包括但不限于： 1. 口头或视觉的指示和故障报告。 2. 现场具体指示、书面指示、计划。 3. 与工作任务有关的电话、呼机指令
信　息	信息资源包括但不限于： 1. 口头、书面、图形、标志、工作进程表、计划、说明、工作公告、备忘录、材料合格证、材料使用方法和储存要求、图样和草图。 2. 汽车技术标准和安全操作规范。 3. 法律法规要求

QPBTF02　测绘零件图

能力单元描述

本单元能力涵盖了汽车生产技术人员测绘汽车零件图所应具备的能力。

能力要素和实作指标

能力要素	实作指标
1　准备测绘零部件工作	1.1　根据技术标准确定工作需求，包括作业单、测绘步骤、制造厂和零部件供应商说明书。 1.2　阅读并理解具体的工作说明。 1.3　在工作中遵守职场健康与安全法规，包括个人保护要求。 1.4　确认需要测绘的零部件。 1.5　确认测绘仪器
2　测绘零件图	2.1　从制造厂和零部件供应商说明书中获取和理解正确的信息。 2.2　选择满足要求的绘图仪器、设备和材料。 2.3　正确使用符号、代号、说明、图解表达。 2.4　使用正确的尺寸、公差和材料说明。 2.5　完成零件图测绘，检查其精确度。 2.6　根据技术标准、职场健康与安全法律、安全操作规范，完成测绘活动

续表

能力要素	实作指标
3　清洁工作区域、维护设备	3.1　根据工作程序处理废物和废料。 3.2　根据工作程序清洁和检查设备和工作区域,确保正常使用状况。 3.3　根据工作程序标记故障设备并确认故障。 3.4　根据工作程序维护和存放仪器

必要技能和知识

必要技能
1. 收集和理解信息的技能用于: • 收集、分析、理解有关测绘零件图的工作程序和安全信息。 2. 口头交流技能用于: • 与相关负责人、其他工作人员和顾客交流想法和信息; • 确认技术标准,汇报工作成果和问题。 3. 计划和组织技能用于: • 计划和组织活动,包括现场准备、布置、获取设备和图样; • 避免返工、工作干扰和时间浪费。 4. 团队合作技能用于: • 相互协助和合作,优化工作流程和提高效率。 5. 计算技能用于: • 正确表示单位、物体的尺寸和公差。 6. 解决问题技能用于: • 使用预测技能,预测计划和进程中的问题,避免时间的浪费。 7. 技术技能用于: • 测绘零件图技术; • 应用专用工具设备和数字显示测量技术; • 绘制零件图和归档
必要知识
1. 有关职场健康与安全、环境保护的法规,以及设备、材料和个人安全要求。 2. 理解制造和修改说明。 3. 设备运转步骤。 4. 零件设计手册。 5. 技术信息,包括符号、代号、文字说明和图式表达。 6. 计算机辅助设计技术和应用。 7. 机械制图步骤。 8. 企业质量检查程序。 9. 工作组织和计划步骤

鉴定证据指南

鉴定综述	具体描述
本单元展示能力的必要证据和鉴定的关键方面	本单元必备的能力应被充分观察到,并且能力可以迁移到变化的工作情况中,能够对以下关键方面的异常情况做出反应: 1. 遵守安全操作规范。 2. 有效地与相关工作人员和客户进行交流。 3. 选择适合情况的方法和技能。 4. 完成一系列工作的准备活动。 5. 使用手工或计算机方法绘制三种产品制造或修改的零件图。 6. 提供测绘的零件图,满足顾客和企业要求
鉴定的环境和具体资源	以下环境和资源应该可以获得和使用: 1. 真实或模拟职场环境。 2. 有关测绘零件图的材料。 3. 适合测绘零件图的测量设备、手动和动力工具、绘图仪器。 4. 指定工作任务要求的活动。 5. 操作规范和工作指令
鉴定方法	应该使用一系列方法来鉴定实践技能和知识,以下方法的组合适用于本单元的鉴定: 1. 鉴定符合生产的技术标准和安全操作规范。 2. 鉴定方法必须确认必要知识和技能的一致性和准确性。 3. 鉴定中必须采用直接观察工作任务的完成情况、询问基础知识的方法,考察关键知识和技能的结合。 4. 鉴定必须在项目的相关状况下进行,要求提供两种以上的鉴定环境工作过程证据。 5. 鉴定必须确认适当的推断结果,即技能不仅在特定环境完成,而且能转移到其他环境。 6. 鉴定的证据可由参与鉴定的顾客、小组长、小组成员提供

适用范围陈述

车辆类型	车辆类型可包括: 1. 轻型车辆。 2. 重型车辆。 3. 新能源汽车。 4. 智能网联汽车

续表

职场健康与安全	职场健康与安全包含以下条例： 1. 国家法律、职场健康与安全法规、生产技术标准、安全操作规范，包括：劳动保护规定用品、工具设备的使用；职场环境安全；材料搬运；灭火器使用；急救；风险控制；危险材料的使用和存储。 2. 个人保护用品，包括国家法律、生产技术标准、安全操作规范中所规定的保护用品。 3. 安全操作步骤包括但不限于涉及车辆移动、危险物质、电气安全、手工搬运、相邻工人和现场参观者的操作过程和风险控制。 4. 紧急事件处理包括但不限于发生火灾时，紧急关闭设备和隔离设备的程序、灭火程序、现场撤离程序和企业急救要求
质量要求	质量要求包括但不限于： 1. 国家质量标准。 2. 公司内部质量规定。 3. 生产技术标准。 4. 安全操作规范
法律、法规、规章	法律、法规、规章依据可包括： 1. 国家法律和法规。 2. 企业管理制度。 3. 安全操作规范
阅读方法	阅读方法可包括： 理解符号、代码、文字说明和图形的代表含义
测量与绘制	测量与绘制可包括： 测量与绘制产品制造和修改的汽车零件图
工具和设备	工具和设备可包括： 1. 人工制图设备和工具：绘图板、绘图仪器、绘图尺和纸、丁字尺、测量工具、钢笔和铅笔。 2. 电子制图设备和工具：计算机、计算机辅助设计软件
交　流	交流包括但不限于： 1. 口头或视觉的指示和故障报告。 2. 现场具体指示、书面指示、计划。 3. 与工作任务有关的电话、呼机的指令
信　息	信息资源包括但不限于： 1. 口头、书面、图形、标志、工作进程表、计划、说明、工作公告、备忘录、材料合格证、材料使用方法和储存要求、图样和草图。 2. 汽车技术标准和安全操作规范。 3. 法律法规要求

QPBTF03　汽车电子线路辅助设计

能力单元描述

本单元能力涵盖了印制电路(PCB)板辅助设计人员的读图、画图、制图职责和所需具备的能力。

能力要素和实作指标

能力要素	实作指标
1　印制电路板设计软件的安装	1.1　知道印制电路板设计所需要的软件。 1.2　知道印制电路板设计软件的安装环境。 1.3　知道印制电路板设计软件的安装方法。 1.4　能够安装印制电路板的设计软件
2　电路原理图的设计	2.1　能够分析和读懂电路原理图,若不清楚原理图,具有学习和寻求设计工程师帮助的能力。 2.2　知道印制电路板原理图设计的常规环境参数设定。 2.3　知道工作区、项目以及文件的创建和保存方法。 2.4　知道如何添加和使用元件库。 2.5　知道原理图绘制过程中常见的命令及使用方法。 2.6　知道常见命令的快捷键。 2.7　能够按照提供的原理图准确地在软件中绘制原理图
3　新建电子元件库	3.1　知道自建元件库的操作方法。 3.2　知道元件库添加新元件的方法。 3.3　知道元件库元件设计的常见命令及使用方法。 3.4　能够根据电子元件说明书将元件绘制到元件库中。 3.5　知道如何将新添加的元件应用到原理图的绘制中
4　封装的设计	4.1　知道电子元件封装的定义及在印制电路板中的作用。 4.2　知道如何在电路设计软件中设计元件封装。 4.3　知道封装设计的常见命令及使用方法。 4.4　能够根据电子元件说明书绘制元件封装。 4.5　能够将设计的封装添加到原理图的绘制中
5　文件的编译及网络文件的生成	5.1　知道文件的编译意义及编译方法。 5.2　知道编译后信息的读取并能根据信息对原理图进行修改。 5.3　知道网络表的生成方法。 5.4　知道材料表格的生成并管理材料表。 5.5　能够编译原理图文件
6　印制电路板的设计	6.1　能够根据要求完成印制电路板设计的环境参数。 6.2　知道印制电路板形状及层面的设计方法。 6.3　知道从原理图导入印制电路板的设计方法。 6.4　知道印制电路板常见的命令及使用方法。 6.5　能够根据要求完成印制电路板的设计

必要技能和知识

必要技能
1. 学习技能用于： • 理解和解释与印制电路板相关的信息； • 收集、整理并理解与电路原理图相关的信息； • 收集和理解电路设计软件等相关信息。 2. 阅读技能用于： • 询问电路设计工程师关于电路的原理和功能； • 与电路设计工程师探讨 PCB 板元件的布局方法； • 向电路设计工程师解释绘制过程。 3. 写作技能用于： • 清晰、准确地填写工作场所文件； • 撰写电路设计绘制过程。 4. 口头沟通技能用于： • 和项目组人员探讨电路设计过程； • 和项目组人员探讨 PCB 板的应用环境； • 和电路设计工程师探讨 PCB 板设计的合理性。 5. 计算技能用于： • 电路简单的仿真分析。 6. 计划和组织技能用于： • 规划电路设计的过程； • 优化电路的设计方法并分工； • 追踪印制电路板的制作过程并确定是否满足工作条件。 7. 技术技能用于： • 准备电路设计的硬件和软件； • 设计电路原理以及完成 PCB 板的设计
必要知识
1. 企业的一系列商品和服务，部门/区域的地点位置和电话分机。 2. 与汽车电子零部件印制电路板设计相关的行业/职场行为实施条例。 3. 印制电路板设计操作方法。 4. 设计软件需要的硬件和软件环境。 5. 电器部件原理图分析。 6. PCB 电路板所需要达到的功能。 7. PCB 电路板的设计流程和设计方法。 8. 简单的仿真分析方法

鉴定证据指南

鉴定综述	具体描述
本单元展示能力的必要证据和鉴定的关键方面	本单元必备的能力应被充分观察到,并且能力可以迁移到变化的工作情况中,能够对以下关键方面的异常情况做出反应: 1. 原理图的设计方法。 2. 元件库的建立及设计方法。 3. 文件的编译过程。 4. 封装的设计方法。 5. PCB 板的设计方法
鉴定的环境和具体资源	以下环境和资源应该可以获得和使用: 1. 带有设计软件的计算机。 2. 提供合理的电气原理图
鉴定方法	在工作场所或模拟环境中对能力进行鉴定,以准确反映实际工作场所环境中的绩效: 1. 鉴定必须包括对任务的直接观察。 2. 如果能力鉴定包括第三方证据,则个人必须提供证据,证明其与 PCB 板设计有关联,例如 PCB 设计工作单。 3. 鉴定人员必须通过对技能和知识的提问来验证实做技能,以确保正确的解释和应用。 4. 遵从已达成一致的真实安排,实作的证据可以由客户,团队领导、成员或其他适当人员提供

适用范围陈述

企业类型	企业可能在规模、类型和位置以及所提供的商品、产品和服务等范围是多样化的
部件设施	系统硬件、软件可包括: 1. 计算机的性能参数。 2. 软件的环境设定
常见的问题	关于常见问题类型的必要建议可包括与以下试验设施及过程相关: 1. 原理,如设计是否准确并达到电路功能要求。 2. 是否需要增加新的元件到元件库中。 3. 是否需要自行设计原理图中涉及的元件封装。 4. PCB 板的安装尺寸和工作环境是否有要求。 5. PCB 的层面是否达到电气功能要求。 6. PCB 的强度、散热及汽车电子电磁兼容(EMC)是否达到要求

续表

项目团队	项目团队可能： 1. 是本单位或其他单位 PCB 设计项目。 2. 有新的或特殊的 PCB 设计要求。 3. 项目团队应受欢迎、尊重，而且在 EMC 试验服务流程结束时感到满意。 4. 与项目团队交往可以是： • 面对面； • 通过电话； • 使用电子或书面的方式
给项目团队的建议	提供给项目团队的 PCB 设计是符合法规或组织的强制要求和法律责任要求
员　工	员工可包括： 全职的、兼职的或临时受雇的员工。员工可能在常规工作或忙碌工作条件下操作
法律要求	法律要求可包括： 1. 职场健康与安全以及客户所在国家的法律或地方法规。 2. 行业实施守则条例
信息、文件	信息、文件可包括： 企业制度和规程，设备和产品制造商、部件供应商说明书，企业操作程序，行业、职场实施条例和客户的询问、请求

2.4　企业质量管理能力模块

QPBTG01　确认技术标准和安全操作规范

能力单元描述

本单元能力涵盖了汽车生产和机电维修技术人员确认汽车生产或维修技术标准和安全操作规范，避免潜在危险所应具备的能力。

能力要素和实作指标

能力要素	实作指标
1　确认技术标准和安全操作规范	1.1　确认汽车生产或维修中必须采取的环境保护措施。 1.2　确认汽车生产或维修职场工作人员的职责。 1.3　确认违反安全操作规范的个人惩处措施。 1.4　确认汽车生产废弃物最少，并将其分类、再循环使用或处置、存放的规定。 1.5　确认对已收到的商品包装进行分类与处置的方法

续表

能力要素	实作指标
2 确认对水源系统的危害	2.1 采取措施,确保无废水进入水源系统。 2.2 确认贮存危险材料的器皿和方法。 2.3 确认液态废物的再利用和储存方法。 2.4 确认使用沉降井、水处理设备,防止污物进入下水道系统的措施。 2.5 保持维修工作场所的环境清洁,预防非故意的水污染
3 确认对空气质量的危害	3.1 确认空气中尘埃的危害和使其最小化的方法。 3.2 确认排放污染物的危害和使其最小化的方法
4 确认噪声危害	4.1 确认产生噪声危害的工作和使其最小化的方法

必要技能和知识

必要技能
1. 收集和理解信息技能用于: • 从法律、技术标准和规范中收集、分析、理解有关信息。 2. 口头交流技能用于: • 与相关负责人、其他员工和顾客交流想法和信息,确认技术标准和规范; • 协调工作和汇报工作中的成果和问题。 3. 计划和组织技能用于: • 准备工作场所、设备和材料,避免返工或干扰工作流程。 4. 团队合作技能用于: • 确认工作角色,运用合作的方法优化工作流程和生产效率,达到团队合作的目的。 5. 计算技能用于: • 正确实施测量和估算消耗材料的需求量。 6. 解决问题技能用于: • 运用预算、核对和检查的技能,避免污染和材料的浪费。 7. 技术技能用于: • 运用设备保护技术
必要知识
1. 有关职场健康与安全、环境保护的法规,以及设备、材料和个人安全要求。 2. 有关汽车生产或维修行业的法律知识。 3. 汽车生产或维修行业产品的使用特点,以及对维修场所环境的潜在影响。 4. 预防、再利用、分类、循环使用物质的基本原理。 5. 清理及防止污物进入水源系统的设备与使用程序。 6. 噪声污染的影响,以及使噪声最小化的方法

鉴定证据指南

鉴定综述	具体描述
本单元展示能力的必要证据和鉴定的关键方面	本单元必备的能力应被充分观察到,并且能力可以迁移到变化的工作情况中,能够对以下关键方面的异常情况做出反应: 1. 适用于汽车生产或维修行业的技术标准和安全操作规范的相关知识。 2. 确认汽车生产或维修行业使用的原材料,并鉴定其对职场健康与安全的影响
鉴定的环境和具体资源	以下环境和资源应该可以获得和使用: 1. 职场环境或模拟职场环境。 2. 法律、法规、技术标准和安全操作规范
鉴定方法	应该使用一系列方法来鉴定实践技能和知识,以下方法的组合适用于本单元的鉴定: 1. 鉴定符合生产的技术标准和安全操作规范。 2. 鉴定方法必须确认必要知识和技能的一致性和准确性。 3. 鉴定中必须采用直接观察工作任务的完成情况、询问基础知识的方法,考察关键知识和技能的结合。 4. 鉴定必须在项目相关的状况下进行,要求提供两种以上的鉴定环境工作过程证据。 5. 鉴定必须确认适当的推断结果,即技能不仅在特定环境完成,而且能转移到其他环境。 6. 鉴定的证据可由参与鉴定的顾客、小组长、小组成员提供。 7. 在规定的工作环境中鉴定

适用范围陈述

车辆类型	车辆类型可包括: 1. 轻型车辆。 2. 重型车辆。 3. 新能源汽车。 4. 智能网联汽车
职场健康与安全	职场健康与安全包含以下条例: 1. 国家法律、职场健康与安全法规、生产技术标准、安全操作规范,包括:劳动保护规定用品、工具设备的使用;职场环境安全;材料搬运;灭火器使用;急救;风险控制;危险材料的使用和存储。 2. 个人保护用品,包括国家法律、生产技术标准、安全操作规范中所规定的保护用品。 3. 安全操作步骤包括但不限于涉及车辆移动、危险物质、电气安全、手工搬运、相邻工人和现场参观者的操作过程和风险控制。 4. 紧急事件处理包括但不限于发生火灾时,紧急关闭设备和隔离设备的程序、灭火程序、现场撤离程序和企业急救要求

续表

环境要求	环境要求可包括但不限于： 1. 废物处理。 2. 噪声和灰尘的控制。 3. 清洁管理
质量要求	质量要求可包括但不限于： 1. 国家质量标准。 2. 公司内部质量规定。 3. 生产技术标准。 4. 安全操作规范。 5. 手动操作程序。 6. 机构安全保障措施
法律、法规、规章	法律、法规、规章依据： 1. 国家法律和法规。 2. 企业管理制度。 3. 安全操作规范
工具和设备	工具和设备没有具体要求
材　料	材料可包括： 材料的合格证、使用方法和存储要求
交　流	交流包括但不限于： 1. 现场具体指示、书面指示、计划。 2. 与工作任务有关的电话、呼机的指令
信　息	信息资源包括但不限于： 1. 汽车生产或维修技术标准和安全操作规范。 2. 典型的行业管理制度。 3. 典型的制造商、零部件供应商的说明书和设备操作程序

QPBTG02　提供技术指导

能力单元描述

本单元能力涵盖了汽车生产和机电检修技术人员获取、解释技术信息，协助员工进行生产或维修工作，向员工提供技术信息并确认技术培训项目所应具备的能力。

能力要素和实作指标

能力要素	实作指标
1　协助员工进行生产或维修工作	1.1　确定生产或维修方法时，向员工提供适合技能水平和需求的技术指导。 1.2　向掌握先进技术的员工请教。 1.3　向员工提供技术帮助，确认困难问题和故障，以确保满足技术要求。 1.4　确认潜在问题，采取防护措施。 1.5　说明在维修过程中产生的问题

续表

能力要素	实作指标
2　向员工提供技术信息	2.1　使员工能够获得技术信息。 2.2　定期与员工交流当前的技术信息。 2.3　向员工演示获取、解释及应用技术信息的方法。 2.4　从网络上获取各种信息
3　确认自身和他人的技术培训项目	3.1　鼓励分享信息和知识，扩大个人和团队的知识量。 3.2　提高自身及员工的技术能力，提供技术培训机会，满足专业技术需要。 3.3　为满足目前及将来的技术工作要求，向管理层获取参加技术培训的机会

必要技能和知识

必要技能
1. 收集和理解信息技能用于： ●收集、分析、理解专业技术指导的相关信息。 2. 口头交流技能用于： ●与顾客和管理者交流有关专业技术指导的意见和信息。 3. 计划和组织技能用于： ●计划和组织有关专业技术的活动。 4. 团队合作技能用于： ●查阅和传递有关工作计划、安排和工作实施的信息，进行团队合作。 5. 计算技能用于： ●运用数学思想和方法计算、测量和处理工作中的数据。 6. 解决问题技能用于： ●建立质量诊断程序，确定专业技术指导方式。 7. 技术技能用于： ●运用提供专业技术指导技术
必要知识
1. 企业文件表格的相关知识。 2. 应具备企业有关工作程序的操作知识，包括职场文件的文体、格式和计划方案；职场交流程序；职场文件起草程序；计算机系统操作程序。 3. 有关职场健康与安全，特别是屏显设备和计算机操作涉及人体生理舒适度要求的职场健康与安全法规的知识

鉴定证据指南

鉴定综述	具体描述
本单元展示能力的必要证据和鉴定的关键方面	本单元必备的能力应被充分观察到，并且能力可以迁移到变化的工作情况中，能够对以下关键方面的异常情况做出反应： 1. 鉴定及解释技术信息，帮助员工进行维护、维修工作，提供技术信息，促进继续培训。 2. 培训的原则。 3. 技术信息的来源。 4. 向员工提供专业技术培训或技术教育，员工应具有选择权。 5. 促进员工所在行业部门的专业技术及综合技术的发展
鉴定的环境和资源	以下环境和资源应该可以获得和使用： 1. 真实场景或模拟场景。 2. 具备质量要求的安全工作环境。 3. 技术标准和安全操作规范的说明。 4. 检测设备。 5. 技术信息
鉴定方法	应该使用一系列方法来鉴定实践技能和知识，以下方法的组合适用于本单元的鉴定： 1. 理论知识和技能的鉴定可在岗或脱岗进行。 2. 技能的鉴定必须在经过一段时间的练习及反复操作后进行，如果不具备职场的条件，鉴定可在模拟的工作场所中进行。 3. 工作成果必须是在没有相关人员的直接指导下取得。 4. 在岗实作鉴定。 5. 与员工有效交流。 6. 针对一系列的专业技术问题，确认专业技术信息。 7. 确认自己和员工的培训、教育机会。 8. 鉴定的证据可由参与鉴定的顾客、小组长、小组成员提供

适用范围陈述

车辆类型	车辆类型可包括： 1. 轻型车辆。 2. 重型车辆。 3. 新能源汽车。 4. 智能网联汽车

续表

职场健康与安全	职场健康与安全包含以下条例： 1. 国家法律、职场健康与安全法规、检修技术标准、安全操作规范，包括：劳动保护规定用品、工具设备的使用；职场环境安全；化学物品材料搬运；灭火器使用；急救；风险控制；危险材料的使用和存储。 2. 个人保护用品，包括国家法律、检修技术标准、安全操作规范中所规定的保护用品。 3. 安全操作步骤包括（但不限于）涉及车辆移动、危险物质、电气安全、手工搬运、燃料与油类的搬运和存放、相邻工人和现场参观者的操作过程和风险控制。 4. 紧急事件处理包括（但不限于）发生火灾时，紧急关闭设备和隔离设备的程序、灭火程序、现场撤离程序和企业急救要求
环境要求	环境要求包括但不限于： 1. 废物管理和处理。 2. 噪声与振动控制。 3. 粉尘控制。 4. 水质控制。 5. 废水管理。 6. 清洁管理
质量要求	质量要求包括但不限于： 1. 国家质量标准。 2. 公司内部质量规定。 3. 检修技术标准。 4. 安全操作规范
法律、法规、规章	法律、法规、规章依据： 1. 国家法律和法规。 2. 企业管理制度。 3. 安全操作规范
职场危险控制措施	职场危险控制措施可包括： 1. 化学物品的管理。 2. 粉尘抑制。 3. 水处理。 4. 废水处置。 5. 材料的运用。 6. 符合噪声、振动标准。 7. 废物处理程序
事　故	事故可包括： 1. 人员受伤。 2. 工厂、设备和材料的损失和损坏

续表

企业质量检查程序	企业质量检查程序可包括： 企业质量检查系统和程序文件、工作指令、安全工作程序、生产规格、设备维护日程、维修技术程序、不同类别的技术标准中含有的质量检查程序
先进的机械技术领域	先进的机械技术领域可包括： 1. 发动机控制系统。 2. 自动变速器控制。 3. 空调系统（包括空气调节）。 4. 电子控制制动系统（包括重型车辆检测）。 5. 液压系统。 6. 电子控制转向定位系统（前轮定位、后轮定位及四轮定位）
先进的车身技术领域	先进的车身技术领域可包括： 1. 车身电子技术。 2. 先进的焊接技术。 3. 先进的调色技术、车身修复、车身调整。 4. 空气调节系统（排气和进气）、安全气囊
交　流	交流包括但不限于： 1. 口头或视觉的指示和故障报告。 2. 现场具体指示、书面指示、计划。 3. 与工作任务有关的电话、呼机指令
信　息	信息资源包括但不限于： 1. 行业标准（电子式或书面文本式的）。 2. 团队中其他人的工作经验。 3. 其他行业联系（网络）。 4. 零件样品展示。 5. 零件设计手册。 6. 制造商、零部件供应商的信息，产品说明书、零部件供应商的专业技术培训项目。 7. 技术信息可包括设计手册、维修手册、出版物、预防措施和注意事项

QPBTG03　检查工作技术质量

能力单元描述

本单元能力涵盖了汽车生产和机电检修技术人员在工作中运用质量标准，检查员工的工作质量所应具备的能力。

能力要素和实作指标

能力要素	实作指标
1　集信息来实施检查	1.1　工作进程中遵守职场健康与安全法规，包括个人防护要求。 1.2　获取信息，如零件设计手册、维修手册。 1.3　选择适合环境的工作方法，准备工作。 1.4　获取专业技术标准，准备和确认相关设备

续表

能力要素	实作指标
2　检查工作技术质量	2.1　按照质量检查程序实施检查，确保质量。 2.2　实施的检验标准应符合员工的技术工作。 2.3　将确认的质量问题报告给相关负责人，以引起注意
3　在工作中应用质量标准	3.1　质量检查贯穿整个工作过程，以确保质量标准。 3.2　在工作结束时应用质量标准，保证顾客的财产和利益。 3.3　遵循维修工作程序，实施工作技术质量检查活动。 3.4　填写质量检查单
4　完成质量检查工作	4.1　确保员工在维修、维护活动中遵循质量检查程序，使用防护材料，避免对顾客的财产造成损害。 4.2　按照工作程序和顾客要求，交流质量改进建议

必要技能和知识

必要技能
1. 收集和理解信息技能用于： • 收集、分析、理解质量检查程序、企业管理制度和安全操作规范的相关信息； • 运用分析技能对技术信息进行分析和确认。 2. 口头交流技能用于： • 运用简明易懂的读写技能和交流能力与相关人员交流想法和信息； • 采用询问和主动倾听的技能获取有关产品特点和工作条例等信息。 3. 计划和组织技能用于： • 计划和组织活动，包括有效利用时间和资源、分清工作程序和监督个人工作。 4. 团队合作技能用于： • 以个人或小组的形式与他人进行有效交流； • 理解顾客需求，做出回应，团队有效合作达到共同目标。 5. 计算技能用于： • 具备数字、空间、预测和概算等技能。 6. 解决问题技能用于： • 在面临问题需要确定解决方案的情况下，果断地应用战略规划，采用决定性的见解和灵活性的方法来解决问题。 7. 技术技能用于： • 理解系统检测原理，结合实作技能操作设备
必要知识
1. 企业目前实施的工作进程和程序。 2. 企业的质量体系。 3. 通用的汽车名称。 4. 车辆安全要求。

续表

必要知识
5. 工作的计划进程。 6. 职场健康安全法规,包括对设备、材料及人员的安全要求。 7. 企业的质量体系和检查程序。 8. 工作环境的管理措施。 9. 工作质量汇报程序

鉴定证据指南

鉴定综述	具体描述
本单元展示能力的必要证据和鉴定的关键方面	本单元必备的能力应被充分观察到,并且能力可以迁移到变化的工作情况中,能够对以下关键方面的异常情况做出反应: 1. 查阅安全程序和要求。 2. 与工作伙伴或相关人员有效交流。 3. 确认及评估职场危险环境和工作条件,改正并报告给相关人员。 4. 应用职场健康与安全法规和安全操作规范。 5. 确认质量检查程序。 6. 检查他人承担的工作。 7. 在工作中实施质量标准。 8. 交流需要改善的环境和条件,提出改进的建议
鉴定的环境和具体资源	以下环境和资源应该可以获得和使用: 1. 职场或具备质量程序模拟的工作场所。 2. 真实或模拟的职场环境。 3. 检查技术质量的各项质量标准。 4. 质量检查程序。 5. 计算机硬、软件,以及能够使用电子交流方式。 6. 车辆技术状况信息
鉴定方法	应该使用一系列方法来鉴定实践技能和知识,以下方法的组合适用于本单元的鉴定: 1. 理论知识和技能的鉴定可在岗或脱岗进行。 2. 技能的鉴定必须在经过一段时间的练习及反复操作后进行,如果不具备职场的条件,鉴定可在模拟的工作场所中进行。 3. 工作成果必须在没有相关人员直接指导下取得。 4. 在岗实作鉴定。 5. 与员工有效交流。 6. 针对一系列专业技术问题,确认专业技术信息。 7. 确认自己和员工的培训、教育机会。 8. 鉴定的证据收集可由参与鉴定的顾客、小组长、小组成员提供证据

适用范围陈述

车辆类型	车辆类型可包括： 1. 轻型车辆。 2. 重型车辆。 3. 新能源汽车。 4. 智能网联汽车
职场健康与安全	职场健康与安全包含以下条例： 1. 国家法律、职场健康与安全法规、检修技术标准、安全操作规范，包括：劳动保护规定用品、工具设备的使用；职场环境安全；化学物品材料搬运；灭火器使用；急救；风险控制；危险材料的使用和存储。 2. 个人保护用品，包括国家法律、检修技术标准、安全操作规范中所规定的保护用品。 3. 安全操作步骤包括但不限于涉及车辆移动、危险物质、电气安全、手工搬运、燃料与油类的搬运和存放、相邻工人和现场参观者的操作过程和风险控制。 4. 紧急事件处理包括但不限于发生火灾时，紧急关闭设备和隔离设备的程序、灭火程序、现场撤离程序和企业急救要求
环境要求	环境要求包括但不限于： 1. 废物管理和处理。 2. 噪声与振动控制。 3. 粉尘控制。 4. 水质控制。 5. 废水管理。 6. 清洁管理
质量要求	质量要求包括但不限于： 1. 国家质量标准。 2. 公司内部质量规定。 3. 检修技术标准。 4. 安全操作规范
法律、法规、规章	法律、法规、规章依据： 1. 国家法律和法规。 2. 企业管理制度。 3. 安全操作规范
事　故	事故可包括： 1. 人员受伤。 2. 工厂、设备和材料的损失和损坏

续表

工作质量体系文件	工作质量体系文件可包括： 1. 工作说明。 2. 安全操作规范。 3. 生产规格。 4. 设备维护日程。 5. 技术标准。 6. 已采用的、准备采用的标准中含有的质量检验程序
企业质量检查程序	企业质量检查程序可包括： 企业质量检查系统和程序文件、工作指令、安全工作程序、生产规格、设备维护日程、维修技术程序、不同类别的技术标准中含有的质量检查程序
质量检查工作	质量检查工作可包括： 1. 对整个工作过程进行定期检查。 2. 对完成的工作进行检查，确保所有购置的零件得到安装。 3. 使用的零部件符合制造商、零部件供应商的规格要求。 4. 开具的发票应符合维护、维修、零件购置的要求(使用的零部件详细说明)。 5. 在符合制造商和维修技术标准的情况下，将出现的质量问题纳入检测程序中，从而修改工作要点
质量检查实作指标	质量检查实作指标需要考虑： 1. 时间、数量、质量和支出等要素。 2. 确立个人任务的完成时间，确定评估个人工作成果的合理指标。 3. 拟订避免浪费措施。 4. 建立合理的指标推断企业内部和外部客户的满意度，同时建立程序确保一次完成工作
交　流	交流包括但不限于： 1. 口头或视觉的指示和故障报告。 2. 现场具体指示、书面指示、计划。 3. 与工作任务有关的电话、呼机指令
信　息	信息资源包括但不限于： 1. 制造商、部件供应商的说明书。 2. 技术标准。 3. 安全操作规范。 4. 供应商电话号码簿。 5. 零件目录。 6. 产品定单。 7. 材料合格证

QPBTG04　估算复杂任务工作成本

能力单元描述

本单元能力涵盖了汽车生产管理技术人员预计完成复杂任务所需时间，根据外购服务人员获得书面报价单预算工作成本所应具备的能力。

能力要素和实作指标

能力要素	实作指标
1　预计完成复杂任务所需工时	1.1　根据维修任务、员工人数、服务标准、维修工时、维修等级，预计完成复杂任务所需的时间。 1.2　为保证维修工作的可行性，估计生产工作时间，与书面估算相比较。 1.3　各转包商的工作完成时间需估算计入总时间内
2　估算零件需求量	2.1　确保更换的零件比采用修复的零件更耐用，符合质量标准。 2.2　确认对零件的需求量，确保符合估算范围。 2.3　订购维修工作所需的零件和其他消耗品。 2.4　当内部库存不能满足顾客需求时，需从外部订购零件
3　确定在总的支出预算中计入了转包商的检测、维修、维护工作支出预算	3.1　有条理地将维修、维护要求，程序和支出预算书面化。 3.3　将生产或维修要求详细地写下来。 3.4　预算要与确定的生产或维修要求对应。 3.5　在预算中要注明潜在的可变因素
4　估计复杂任务总开销	4.1　给采购服务人员一份清楚的任务和时间需求概要说明。 4.2　将任务支出预算书面化，并与采购服务人员协商一致。 4.3　零部件和相关材料的购买价格应遵循行业的价格标准。 4.4　增补的费用应征得客户同意，以便实施额外的维修服务。 4.5　将最终的预算结果书面化。 4.6　在得到顾客同意的情况下开始工作，或进行增补工作
5　向顾客汇报估算情况	5.1　在企业格式化文件上书写完成所有的预算报告。 5.2　向客户告知预算情况。 5.3　制作完成派工单或作业单并分发给相应的工作人员

必要技能和知识

必要技能
1. 收集和理解信息技能用于： • 确认、解释、应用制造商、零件供应商说明书和维修工作程序； • 确认和分析技术信息。 2. 口头交流技能用于： • 应用简明的汉语文字和交流技巧与顾客和团队成员交流； • 应用提问和主动倾听的技巧获取专业技术质量信息； • 充分应用口头交流技巧向顾客传达信息和理念。 3. 计划和组织技能用于： • 充分利用时间和资源、区分重点和监督自己的工作绩效。 4. 团队合作技能用于： • 与他人和小组中有效工作； • 对顾客需求的理解和响应，作为小组成员有效工作完成共同目标。 5. 计算技能用于： • 具备数字和空间概念、具备预测和概算的技能。 6. 解决问题技能用于： • 诊断故障的判断力和解决问题的灵活方法。 7. 技术技能用于： • 理解系统检测原理，理论与技能结合操作设备的能力
必要知识
1. 职场健康与安全法规，包括对设备、材料和人员保护的安全要求。 2. 工作经费的预算和支出原则。 3. 企业的质量程序。 4. 工作组织和计划进程。 5. 民法典。 6. 应用书面交流和报告书写格式。 7. 应用口头交流技巧程序

鉴定证据指南

鉴定综述	具体描述
本单元展示能力的必要证据和鉴定的关键方面	本单元必备的能力应被充分观察到,并且能力可以迁移到变化的工作情况中,能够对以下关键方面的异常情况做出反应: 1. 仔细阅读安全操作规范和维修技术标准。 2. 与工作伙伴或有关人员进行有效的交流。 3. 选择适用于维修的方法和技术。 4. 收集、解释和应用维护信息。 5. 确认工作预算与支出估算的程序。 6. 正确预算工作所需时间,该工作涉及生产或维修。 7. 预算各种工作成本,包括非常规化的工作成本。 8. 说明维修工作包含许多变化因数,预算根据工作支出的变化而变化。 9. 有条理地准备工作。 10. 结合维修要求进行预算。 11. 按照制造商、零部件供应商的价格要求实施预算。 12. 在规定的时间框架内,完成工作预算。 13. 将预算报告交给顾客
鉴定的环境和资源	以下环境和资源应该可以获得和使用: 1. 真实或模拟职场环境。 2. 企业文件、表格及专业文件。 3. 定单、派工单或作业单,报价单和预算表。 4. 计算机、软件、计算器。 5. 手动工具、设备。 6. 能够获取信息
鉴定方法	应该使用一系列方法来鉴定实践技能和知识,以下方法的组合适用于本单元的鉴定: 1. 理论知识和技能的鉴定可在岗或脱岗进行。 2. 技能的鉴定必须在经过一段时间的指导练习及反复操作后进行,如果不具备职场的条件,鉴定可在模拟的工作场所中进行。 3. 工作成果必须在没有相关人员直接指导下取得。 4. 在岗实作鉴定。 5. 与员工有效交流。 6. 针对一系列的专业技术问题,确认专业技术信息。 7. 确认自己和员工的培训、教育机会。 8. 鉴定的证据可由参与鉴定的顾客、小组长、小组成员提供

适用范围陈述

车辆类型	车辆类型可包括： 1. 轻型车辆。 2. 重型车辆。 3. 新能源汽车。 4. 智能网联汽车
职场健康与安全	职场健康与安全包含以下条例： 1. 国家法律、职场健康与安全法规、检修技术标准、安全操作规范，包括：劳动保护规定用品、工具设备的使用；职场环境安全；化学物品材料搬运；灭火器使用；急救；风险控制；危险材料的使用和存储。 2. 个人保护用品，包括国家法律、检修技术标准、安全操作规范中所规定的保护用品。 3. 安全操作步骤包括但不限于涉及车辆移动、危险物质、电气安全、手工搬运、燃料与油类的搬运和存放、相邻工人和现场参观者的操作过程和风险控制。 4. 紧急事件处理包括但不限于发生火灾时，紧急关闭设备和隔离设备的程序、灭火程序、现场撤离程序和企业急救要求
环境要求	环境要求可包括但不限于： 1. 废物管理和处理。 2. 噪声与振动控制。 3. 粉尘控制。 4. 水质控制。 5. 废水管理。 6. 清洁管理
质量要求	质量要求包括但不限于： 1. 国家质量标准。 2. 公司内部质量规定。 3. 检修技术标准。 4. 安全操作规范
法律、法规、规章	法律、法规、规章依据： 1. 国家法律和法规。 2. 企业管理制度。 3. 安全操作规范
职场危险控制措施	职场危险控制措施可包括： 1. 化学物品的管理。 2. 粉尘抑制。 3. 水处理。 4. 废水处置。 5. 材料的运用。 6. 符合噪声、振动标准。 7. 废物处理程序

续表

事　故	事故可包括： 1. 人员受伤。 2. 工厂、设备和材料的损失和损坏
企业质量检查程序	企业质量检查程序可包括： 企业质量检查系统和程序文件、工作指令、安全工作程序、生产规格、设备维护日程、维修技术程序、不同类别的技术标准中含有的质量检查程序
变化因素	变化因素可包括： 1. 涉及转包商的工作。 2. 涉及不同专业的工作(如机械、车身和电气)，涉及非常规性工作
交　流	交流包括但不限于： 1. 口头或视觉的指示和故障报告。 2. 现场具体指示、书面指示、计划。 3. 与工作任务有关的电话、呼机指令。 4. 零部件购买来源，预算成本
信　息	信息资源包括但不限于： 1. 行业标准(电子式或书面文本式的)。 2. 团队中其他人的工作经验。 3. 其他行业联系(网络)。 4. 维修工时核算标准。 5. 零件样品展示。 6. 行业机构、联盟，零件设计手册。 7. 制造商、零部件供应商的信息，产品说明书、零部件供应商的专业技术培训项目。 8. 技术信息可包括设计手册、维修手册、出版物、预防措施和注意事项

QPBTG05　实施企业的不断改进提高

能力单元描述

本单元能力涵盖了一线管理者实施企业持续改进系统制度和流程所应具备的能力。工作涉及在不断改善、提高以达到企业目标的过程中，使用系统的制度和策略来积极地鼓励团队成员参与改善的过程、检查和回顾工作业绩并确认进一步改善提高的机会。

能力要素和实作指标

能力要素	实作指标
1　实现持续改进系统制度和进程	1.1　通过执行系统制度确保团队及团队成员被积极地鼓励和支持参与决策过程，并承担责任和运用创新。 1.2　与团队及团队成员就企业的持续改善提高的进程进行交流，并获得反馈。 1.3　通过有效的培训辅导，使团队及团队成员能够实施企业的持续改善提高进程

续表

2 监控和回顾工作绩效	2.1 使用企业的系统制度和技术来监管和回顾工作进展并确认在计划和操作方面能够改善的方法。 2.2 通过不断改进技巧和流程提高客户服务水平。 2.3 明确表达和交流对那些在其开发和执行某种职责的人员的调整建议
3 为进一步的提升改善提供机会	3.1 告知团队成员在实现商务计划中有关节约和生产率、服务改进的计划。 3.2 记录工作绩效表现来帮助确认进一步改善提高机遇。 3.3 在企业的制度系统和规程范围内管理记录、报告和改善提高的建议

必要技能和知识

必要技能
1. 口头沟通技能用于： ● 辅导和指导团队成员； ● 获得个人和团队关于不断改进的承诺。 2. 创新技能用于： ● 设计更好完成工作的方式
必要知识
1. 参照基准。 2. 最佳实践。 3. 变革的管理。 4. 持续性的改进制度系统和规程。 5. 质量管理系统

鉴定证据指南

鉴定概述	具体描述
本单元展示能力的必要证据和鉴定的关键方面	本单元必要的能力应被充分观察到，并且可以将能力迁移到变化的工作情况中，能够对以下关键方面的异常情况做出反应： 1. 采取积极的步骤来实施、监控和调整工作计划、流程，以提高工作业绩。 2. 帮助他人执行持续改进制度系统/规程，确认并记录进一步改进的机会。 3. 与持续改进系统和流程有关的原理和技术知识
鉴定的环境和资源	以下鉴定的环境和资源可用于本单元的鉴定： 1. 具备工作场所使用的常规文件和资源。 2. 不同车辆制造、销售、维修工作场所。 3. 相关的法律法规政策，包括国家相关的标准、法规要求、行业实施条例。 4. 使用标准的职场条例和规程，遵守安全要求，应用环境保护的限制性条例。 5. 相关的职场健康与安全材料

续表

鉴定概述	具体描述
鉴定方法	应该使用一系列方法来鉴定实践技能和知识，以下方法的组合适用于本单元的鉴定： 1. 书面报告的鉴定。 2. 将直接提问、审核证据文件包和第三方对其在职表现的评价相结合。 3. 观察展示过程的表现。 4. 通过口头或书面提问的方式考察与灵活管理相关的原理和技术知识。 5. 对与团队或个人交流企业持续改进流程的方法进行审查。 6. 审查工作业绩的相关记录文件

适用范围陈述

系　统	系统可包括： 1. 论坛、会议。 2. 时事通信和报道。 3. 企业的政策和规程。 4. 网络通信交流设备装置
参与决策的过程	参与决策的过程可包括： 1. 与咨询协商的结果有关的反馈。 2. 确保所有的员工都有机会为企业问题的解决做出贡献
持续的改进过程	持续的改进过程可包括： 1. 定期循环审计和回顾工作场所、团队和个人的业绩表现。 2. 评估和监测效果。 3. 质量系统的实施，如国际标准化组织（ISO）的质量标准。 4. 对系统、流程、服务和产品的条款修订和改进提高。 5. 允许并认可企业系统地回顾并改进提高其产品的质量、服务和流程的政策和规程。 6. 从一系列利益相关者处获取并考虑他们的反馈
辅导、教练指导的内容	辅导、教练指导的内容可包括： 1. 提供帮助或解决问题。 2. 提供反馈、支持和鼓励。 3. 通常针对某一具体的工作任务或技能指导团队中的其他成员
技　术	技术可包括： 1. 计算机化的系统和软件，如数据库、工程项目管理和文字处理。 2. 电信设备。 3. 用于实施完成工作任务和职责的任何其他技术

续表

客户服务	客户服务可包括： 1. 企业内部或外部的客户。 2. 新、老客户或潜在的客户
确保团队成员获得节约和生产率、服务改进的信息进程	确保团队成员获得节约和生产率、服务改进的信息进程可包括： 1. 电子邮件和网络、时事通信或其他的通信设备。 2. 时事通信、公告。 3. 员工奖励机制。 4. 团队会议

3

汽车产品和整车试验岗位领域能力标准

3.1 汽车测试前准备工作能力模块

QPBPH01 零部件及总成试验前准备

能力单元描述

本单元能力涵盖了汽车零部件及总成试验前技术人员所应具备的前期准备能力。

能力要素和实作指标

能力要素	实作指标
1 准备试验样件	1.1 认识汽车零部件及总成,能够正确选择试验样件。 1.2 能够正确拆解各个汽车零部件,分离线束。 1.3 能够正确地对拆好的样件进行标记和清洁。 1.4 能够正确使用汽车维修类工具
2 样件预处理,确认样件状态正常	2.1 能够正确使用高度尺、游标卡尺对样件进行测量。 2.2 能够正确使用钢直尺、塞尺、段差仪、推拉力计对样件进行测量。 2.3 能够根据测量结果准确判断样件状态是否正常
3 设备检查	3.1 能够正确操作设备进行额外的加工和处理。 3.2 能够判断准备间设备运行是否良好。 3.3 能够对准备间设备进行维护
4 安装试验	4.1 能够正确解读安全操作要领,安全操作试验设备。 4.2 能够正确判断样件的工作状态,知道其工作原理及极限行程。 4.3 能够正确解读样件坐标图和样件安装参数。 4.4 能够正确使用常用的汽车维修类工具。 4.5 具备操作汽车的能力并持证上岗

必要技能和知识

必要技能
1. 学习技能用于： • 理解和解释与零部件及总成测试相关的信息； • 收集、整理并理解与待测部件工作原理及性能相关的信息； • 收集和理解零部件及总成测试设备安全操作要领及检查、安装等相关信息。 2. 阅读技能用于： • 询问开发工程师关于试验的要求和目的； • 与测试设备供应商探讨设备检查和安装调试以及设备操作方法； • 向开发工程师解释试验过程和试验数据分析； • 完成试验报告并提交。 3. 口头沟通技能用于： • 与实验室人员探讨试验计划和过程； • 与项目组人员探讨试验方法和试验目的； • 与实验室团队成员探讨设备检查、安装和调试方法。 4. 计算技能用于： • 测量零部件关键尺寸和参数； • 利用数理知识对试验数据进行分析。 5. 计划和组织技能用于： • 待测部件选取、拆卸、清洁及标记； • 测试设备检查、安装及调试和维修。 6. 技术技能用于： • 待测部件的准备和拆装； • 测试设备操作和测试数据处理
必要知识
1. 企业的一系列商品和服务，部门/区域的地点位置和电话分机。 2. 与零部件及总成测试相关的行业/职场行为实施条例。 3. 零部件及总成（底盘、车身、电器元件）的主要部件的功能。 4. 底盘系统的结构和原理。 5. 车身及电器系统的工作原理。 6. 测试用传感器的工作原理。 7. 测试用传感器的安装方法。 8. 零部件及总成测试设备（台架）的操作方法。 9. 零部件及总成测试设备、维护、保养方法。 10. 测试设备的操作方法。 11. 测试设备的维护和保养方法。 12. 零部件及总成的测试方法和流程。 13. 零部件及总成测试数据的处理

鉴定证据指南

鉴定综述	具体描述
本单元展示能力的必要证据和鉴定的关键方面	本单元必备的能力应被充分观察到，并且能力可以迁移到变化的工作情况中，能够对以下关键方面的异常情况做出反应： 1. 使用提问、倾听和观察的技能，与试验团队、项目团队沟通并获取试验的相关信息。 2. 确认零部件及总成是否满足试验要求。 3. 确定零部件及总成试验设备和辅助设施是否满足试验要求。 4. 待测零部件及总成安装。 5. 零部件及总成试验设备安全操作要领及试验设备检查调试。 6. 与参与工作或对工作有影响的人进行有效的交流
鉴定的环境和具体资源	以下环境和资源应该可以获得和使用： 1. 零部件及总成实验室。 2. 与零部件及总成试验相关的国家行业标准及流程。 3. 试验团队与项目团队
鉴定方法	应该使用一系列方法来鉴定实践技能和知识，以下方法的组合适用于本单元的鉴定： 1. 鉴定必须包括对任务的直接观察。 2. 如果能力鉴定包括第三方证据，则个人必须提供证据，证明其与零部件及总成试验有关联，如测试准备工单。 3. 鉴定人员必须通过对技能和知识的提问来验证实做技能，以确保正确的解释和应用

适用范围陈述

企业类型	企业可能在规模、类型和位置以及所提供的商品、产品和服务等范围是多样化的
部件设施	1. 汽车系统、部件可包括： • 底盘零部件、总成及电子管理系统； • 车身零部件、总成及电子管理系统。 2. 试验设施、设备、部件可包括： • 满足零部件及总成测试的实验室； • 零部件及总成测试设备（台架等）； • 试验用传感器
常见的问题	关于常见问题类型的必要建议可包括与以下试验设施及过程相关： 1. 试验环境安全性未达到试验要求。 2. 试验总成部件不能满足试验要求。 3. 传感器安装位置无效。 4. 传感器信号干扰。 5. 测试设备异常，不能满足运行要求。 6. 其他辅助试验设施故障。 7. 测试过程中待测总成及设备出现异常。 8. 测试数据未能有效采集和保存

续表

项目团队	项目团队可包括： 1. 本单位项目或其他单位项目。 2. 有新的或特殊的要求。 3. 项目团队应感到受欢迎、尊重，而且在服务流程结束时感到满意。 4. 与项目团队交往可以是： ● 面对面； ● 通过电话； ● 使用电子或书面的方式
给项目团队的建议	给项目团队的建议可包括： 符合法规或组织的强制要求和法律责任要求
员　工	员工可包括： 全职的、兼职的或临时受雇的员工。员工可能在常规工作或忙碌工作条件下操作
法律要求	法律要求可包括： 1. 与职场健康和安全以及客户相关的国家/地方法律、法规。 2. 行业实施守则条例
信息、文件	信息、文件可包括： 企业政策和规程，设备和产品制造商、部件供应商说明书，企业操作程序，行业、职场实施条例和客户的询问、请求

QPBPH02　整车试验前准备

能力单元描述

本单元能力涵盖了汽车整车试验前试技术人员的职责和所应具备的前期准备能力。

能力要素和实作指标

能力要素	实作指标
1　整车清洁作业	1.1　能够正确使用车辆清洁设备。 1.2　按照要求清洗测试样车
2　检查样车	2.1　操作车辆各种开关，检查开关工作是否正常。 2.2　检查车辆异响情况并判断其来源。 2.3　具备驾驶各种车辆（手动挡和自动挡）能力。 2.4　判断车辆运行状态是否达到测试要求
3　排油操作（所有需要进环境舱的样车都需要排油操作，以确保安全）	3.1　知道燃油继电器的作用、安装位置和汽车燃油油路布置。 3.2　按照操作规程完成燃油压力释放。 3.3　知道燃油压力释放的正确位置。 3.4　会使用灭火器及通风装置

鉴定证据指南

能力要素	实作指标
4　测量整车参数	4.1　会根据试验要求使用各种测量工具。 4.2　能正确测量间隙、段差、操作力、电动车窗的升降时间
5　安装布置必需的测试传感器	5.1　能根据试验要求选择传感器及安装位置。 5.2　能根据试验要求安装布置测试需要的传感器
6　检查测试设备	6.1　能够按照设备操作规程操作设备。 6.2　能进行测试设备的基本状态检查
7　安装试验	7.1　能安全驾驶车辆。 7.2　能正确连接测试传感器

必要技能和知识

必要技能
1. 学习技能用于： • 理解和解释整车试验前准备相关的信息； • 收集、整理并理解与待测部件工作原理及性能相关的信息； • 收集和理解整车测试设备操作流程及维护保养等相关信息。 2. 阅读技能用于： • 询问开发工程师关于试验的要求和目的； • 与测试设备供应商探讨设备维护和维修以及设备操作方法； • 向开发工程师解释试验准备过程。 3. 口头沟通技能用于： • 与实验室人员探讨试验计划和过程； • 与项目组人员探讨试验方法和试验目的； • 与实验室团队成员探讨设备维修和维护方法。 4. 计算技能用于： • 测量数据处理。 5. 计划和组织技能用于： • 计划待测整车故障分析及排除的优先顺序； • 规划测试设备故障分析及排除的优先顺序。 6. 技术技能用于： • 待测整车的准备和清洗检查； • 测试设备操作调试

续表

必要知识
1. 企业的一系列商品和服务,部门/区域的地点位置和电话分机。 2. 与整车测试相关的行业或职场行为的实施条例。 3. 整车的主要部件的功能。 4. 整车各种开关系统。 5. 整车测试用传感器的工作原理。 6. 整车测试用传感器的安装方法。 7. 整车测试设备(台架)的安装调试方法。 8. 整车测试设备的维护方法。 9. 整车测试的方法和流程

鉴定证据指南

鉴定综述	具体描述
本单元展示能力的必要证据和鉴定的关键方面	本单元必备的能力应被充分观察到,并且能力可以迁移到变化的工作情况中,能够对以下关键方面的异常情况做出反应: 1. 使用提问、倾听和观察的技能,与试验团队、项目团队沟通并获取试验的相关信息。 2. 确认整车系统和部件是否满足试验要求。 3. 确认整车试验设备和辅助设施是否满足试验要求。 4. 待测整车测试装置安装。 5. 整车试验设备安全操作及试验设备维护。 6. 整车试验流程。 7. 与参与工作或对工作有影响的人进行有效的交流
鉴定的环境和具体资源	以下环境和资源应该可以获得和使用: 1. 整车测试实验室。 2. 与整车试验相关的国家和行业标准及流程。 3. 试验团队与项目团队
鉴定方法	在工作场所或模拟环境中对能力进行鉴定,以准确反映实际工作场所环境中的绩效: 1. 鉴定必须包括对任务的直接观察。 2. 如果能力鉴定包括第三方证据,则个人必须提供证据,证明其与整车试验前准备有关联,如测试准备工作单。 3. 鉴定人员必须通过对技能和知识的提问来验证实做技能,以确保正确的解释和应用。 4. 遵从已达成一致的真实安排,实作的证据可以由客户,团队领导、成员或其他合适人员提供

适用范围陈述

企业类型	企业可能在规模、类型和位置以及所提供的商品、产品和服务范围等方面是多样化的
部件设施	1. 试验车辆。 2. 试验设施、设备、部件可以包括： ● 满足整车测试的实验室； ● 整车测试设备； ● 试验用传感器
常见的问题	关于常见问题类型的必要建议可包括与以下试验设施及过程相关： 1. 试验环境安全性未达到试验要求。 2. 试验总成部件不能满足试验要求。 3. 传感器安装位置无效。 4. 传感器信号干扰。 5. 测试设备异常不能满足运行要求。 6. 其他辅助试验设施故障。 7. 测试过程中待测总成及设备出现异常。 8. 测试数据未能有效采集和保存
项目团队	项目团队可包括： 1. 本单位项目或其他单位项目。 2. 有新的或特殊的要求。 3. 项目团队应感到受欢迎、尊重，而且在服务流程结束时感到满意。 4. 与项目团队交往可以是： ● 面对面； ● 通过电话； ● 使用电子或书面的方式
给项目团队的建议	给项目团队的建议可包括： 符合法规或组织的强制要求和法律责任要求
员　工	员工可包括： 全职的、兼职的或临时的受雇的员工。员工可能在常规工作或忙碌工作条件下操作
法律要求	法律要求可包括： 1. 与职场健康与安全以及客户所在国家法律或地方法规。 2. 行业实施守则条例
信息、文件	信息、文件可包括： 企业政策和规程，设备和产品制造商、部件供应商说明书，企业操作程序，行业、职场实施条例和客户的询问、请求

3.2　汽车电子产品试验能力模块

QPBPI01　汽车电子产品盐雾试验

能力单元描述

本单元能力涵盖了汽车电子产品盐雾试验技术人员所应具备的能力。

能力要素和实作指标

能力要素	实作指标
1　准备盐雾试验样件	1.1　知道汽车电子产品零部件及总成工作原理,能正确选择试验样件。 1.2　拆解各个汽车电子产品零部件,能正确分离线束。 1.3　对拆好的样件进行标记和清洁。 1.4　使用常用的汽车维修及测量工具
2　样件预处理,确认样件状态正常	2.1　使用万用表对汽车电子产品零部件盐雾试验进行正确的测量。 2.2　根据测量结果准确判断汽车电子产品盐雾试验状态是否正常
3　检查盐雾试验设备	3.1　按照设备操作规程操作盐雾试验设备。 3.2　测试前对设备进行检查(油位、螺丝状态、压力读数)。 3.3　判断盐雾试验设备状态是否良好
4　安装和测试盐雾试验	4.1　牢记安全操作要领,能熟练操作盐雾试验设备及对突发事件进行处理。 4.2　正确判断汽车电子产品的工作状态,熟知其工作原理。 4.3　正确解读汽车电子产品坐标图,安装参数。 4.4　使用常用的汽车盐雾试验测量工具。 4.5　正确地喷洒盐水。 4.6　在测试过程中熟练盐雾试验操作测试系统软件。 4.7　在测试过程中自动或手动记录盐雾试验测试数据。 4.8　测试过程中关注待测部件运行情况,并能对盐雾试验中突发事件进行处理。 4.9　具备操作行车的能力并持证上岗
5　处理盐雾试验数据	5.1　整理盐雾试验测试数据。 5.2　分析盐雾试验测试结果,提交盐雾试验报告

必要技能和知识

必要技能
1.学习技能用于: • 理解和解释与零部件及总成盐雾试验测试相关的信息; • 收集、整理并理解与待测部件工作原理及性能相关的信息; • 收集和理解汽车电子产品零部件及总成盐雾试验测试设备安全操作要领及检查、安装等相关信息。

续表

必要技能
2. 阅读技能用于： • 询问开发工程师关于盐雾试验的要求和目的； • 与测试设备供应商探讨盐雾试验设备检查和安装调试以及设备操作方法； • 向开发工程师解释盐雾试验试验过程和试验数据分析。 3. 写作技能用于： • 清晰准确地填写工作场所文件； • 撰写盐雾试验报告。 4. 口头沟通技能用于： • 与实验室人员探讨盐雾试验计划和过程； • 与项目组人员探讨盐雾试验方法和试验目的； • 与实验室团队成员探讨盐雾试验设备检查、安装和调试方法。 5. 计算技能用于： • 盐雾试验数据分析。 6. 计划和组织技能用于： • 规划待测汽车电子产品盐雾试验部件选取、拆卸、清洁及标记流程； • 组织盐雾试验测试设备检查、安装及调试。 7. 技术技能用于： • 准备和拆装待测盐雾试验的汽车电子产品部件； • 操作盐雾试验测试设备和处理测试数据
必要知识
1. 企业的一系列商品和服务、部门/区域的地点位置和电话分机。 2. 与零部件及总成盐雾试验测试相关的行业/职场行为实施条例。 3. 汽车电子产品零部件及总成(电动车窗、电动后视镜、电动背门、电动天窗等)的主要部件的功能。 4. 底盘电器系统。 5. 车身及电器系统。 6. 用于盐雾试验测试传感器工作原理。 7. 用于盐雾试验测试传感器安装方法。 8. 汽车电子产品零部件及总成盐雾试验测试设备(台架)操作方法。 9. 汽车电子产品零部件及总成盐雾试验测试设备维护方法。 10. 盐雾试验测试设备操作方法。 11. 盐雾试验测试设备维护方法。 12. 汽车电子产品零部件及总成盐雾试验测试方法和流程。 13. 汽车电子产品零部件及总成盐雾试验测试数据处理

鉴定证据指南

鉴定综述	具体描述
本单元展示能力的必要证据和鉴定的关键方面	本单元必备的能力应被充分观察到，并且能力可以迁移到变化的工作情况中，能够对以下关键方面的异常情况做出反应： 1. 安装待测盐雾试验的汽车电子产品零部件及总成。 2. 汽车电子产品零部件盐雾试验
鉴定的环境和资源	以下环境和资源应该可以获得和使用： 1. 汽车电子产品零部件及总成盐雾实验室。 2. 与汽车电子产品零部件及总成盐雾试验相关的国家行业标准及流程。 3. 盐雾试验团队与项目团队
鉴定方法	在工作场所或模拟环境中对能力进行鉴定，以准确反映实际工作场所环境中的绩效： 1. 鉴定必须包括对任务的直接观察。 2. 如果能力鉴定包括第三方证据，则个人必须提供证据，证明其与盐雾试验有关联，例如盐雾试验工作单。 3. 鉴定人员必须通过对技能和知识的提问来验证实做技能，以确保正确地解释和应用。 4. 遵从已达成一致的真实安排，实作的证据可以由客户，团队领导、成员或其他合适人员提供

适用范围陈述

企业类型	企业可能在规模、类型和位置以及所提供的商品、产品和服务范围等方面是多样化的
部件设施	1. 汽车系统、部件可包括： • 底盘电子管理系统； • 车身电器及管理系统。 2. 盐雾试验设施、设备、部件可包括： • 满足汽车电子产品零部件及总成测试的盐雾实验室； • 汽车电子产品零部件及总成测试盐雾试验设备（台架等）； • 盐雾试验用传感器
常见的问题	关于常见问题类型的必要建议可包括与以下盐雾试验设施及过程相关： 1. 盐雾试验环境安全性未达到试验要求。 2. 盐雾试验总成部件不能满足试验要求。 3. 盐雾试验传感器安装位置无效。 4. 盐雾试验传感器信号干扰。 5. 盐雾试验测试设备异常，不能满足运行要求。 6. 盐雾试验其他辅助试验设施故障。 7. 盐雾试验测试过程中待测总成及设备出现异常。 8. 盐雾试验测试数据未能有效采集和保存

续表

项目团队	项目团队可包括： 1. 本单位或其他单位盐雾试验项目。 2. 有新的或特殊的盐雾试验要求。 3. 项目团队应感到受欢迎、尊重，而且在盐雾试验服务流程结束时感到满意。 4. 与项目团队交往可以是： • 面对面； • 通过电话； • 使用电子或书面的方式
给项目团队的建议	给项目团队的建议可包括： 符合法规或组织的强制要求和法律责任要求
员　工	员工可包括： 全职的、兼职的或临时受雇的员工。员工可能在常规工作或忙碌工作条件下操作
法律要求	法律要求可包括： 1. 职场健康与安全以及客户所在国家法律或地方法规。 2. 行业实施守则条例
信息、文件	信息、文件可包括： 企业政策和规程，设备和产品制造商、部件供应商说明书，企业操作程序，行业、职场实施条例和客户的询问、请求

QPBPI02　汽车电子产品耐久性试验

能力单元描述

本单元能力涵盖了汽车电子产品耐久性试验技术人员所应具备的能力。

能力要素和实作指标

能力要素	实作指标
1　准备耐久性试验样件	1.1　知道汽车电子产品零部件及总成的工作原理，能正确地选择试验样件。 1.2　拆解各个汽车电子产品零部件，能正确分离线束。 1.3　对拆好的样件进行标记和清洁。 1.4　使用常用的汽车维修及测量工具
2　样件预处理，确认样件状态正常	2.1　使用万用表对汽车电子产品零部件耐久性试验进行正确的测量。 2.2　根据测量结果准确判断汽车电子产品耐久性试验状态是否正常
3　检查耐久性试验设备	3.1　按照设备操作规程操作耐久性试验设备。 3.2　测试前对设备进行检查(油位、螺丝状态、压力读数)。 3.3　判断耐久性试验设备状态是否良好

续表

能力要素	实作指标
4 安装和测试耐久性试验	4.1 牢记安全操作要领,能够熟练地操作耐久性试验设备及对突发事件进行处理。 4.2 正确判断汽车电子产品的工作状态,熟知其工作原理。 4.3 正确解读汽车电子产品坐标图,安装参数。 4.4 使用常用的汽车耐久性试验测量工具。 4.5 正确地喷洒盐水。 4.6 在测试过程中熟练耐久性试验操作测试系统软件。 4.7 在测试过程中自动或手动记录耐久性试验测试数据。 4.8 测试过程中关注待测部件运行情况,并能对耐久性试验中突发事件进行处理。 4.9 具备操作行车的能力并持证上岗
5 处理耐久性试验数据	5.1 整理耐久性试验测试数据。 5.2 分析耐久性试验测试结果,提交耐久性试验报告

必要技能和知识

必要技能
1. 学习技能用于: • 理解和解释与零部件及总成耐久性试验测试相关的信息; • 收集、整理并理解与待测部件工作原理及性能相关的信息; • 收集和理解汽车电子产品零部件及总成耐久性试验测试设备安全操作要领及检查、安装等相关信息。 2. 阅读技能用于: • 询问开发工程师关于耐久性试验的要求和目的; • 与测试设备供应商探讨耐久性试验设备检查和安装调试以及设备操作方法; • 向开发工程师解释耐久性试验过程和试验数据分析。 3. 写作技能用于: • 清晰准确地填写工作场所文件; • 撰写耐久性试验试验报告。 4. 口头沟通技能用于: • 与实验室人员探讨耐久性试验计划和过程; • 与项目组人员探讨耐久性试验方法和试验目的; • 与实验室团队成员探讨耐久性试验设备检查、安装和调试方法。 5. 计算技能用于: • 耐久性试验数据分析。 6. 计划和组织技能用于: • 规划待测汽车电子产品耐久性试验部件选取、拆卸、清洁及标记流程; • 组织耐久性试验测试设备检查、安装及调试。 7. 技术技能用于: • 准备和拆装待测耐久性试验的汽车电子产品部件; • 操作耐久性试验测试设备和处理测试数据

续表

必要知识
1. 企业的一系列商品和服务,部门/区域的地点位置和电话分机。 2. 与零部件及总成耐久性试验测试相关的行业/职场行为实施条例。 3. 汽车电子产品零部件及总成(电动车窗、电动后视镜、电动背门、电动天窗等)的主要部件功能。 4. 底盘电器系统。 5. 车身及电器系统。 6. 用于耐久性试验测试传感器工作原理。 7. 用于耐久性试验测试传感器安装方法。 8. 汽车电子产品零部件及总成耐久性试验测试设备(台架)操作方法。 9. 汽车电子产品零部件及总成耐久性试验测试设备维护方法。 10. 耐久性试验测试设备操作方法。 11. 耐久性试验测试设备维护方法。 12. 汽车电子产品零部件及总成耐久性试验测试方法和流程。 13. 汽车电子产品零部件及总成耐久性试验测试数据处理

鉴定证据指南

鉴定综述	具体描述
本单元展示能力的必要证据和鉴定的关键方面	本单元必备的能力应被充分观察到,并且能力可以迁移到变化的工作情况中,能够对以下关键方面的异常情况做出反应: 1. 安装待测耐久性试验的汽车电子产品零部件及总成。 2. 汽车电子产品零部件耐久性试验
鉴定的环境和资源	以下鉴定的环境和资源应该可以获得和使用: 1. 汽车电子产品零部件及总成耐久性实验室。 2. 与汽车电子产品零部件及总成耐久性试验相关的国家行业标准及流程。 3. 耐久性试验团队与项目团队
鉴定方法	在工作场所或模拟环境中对能力进行鉴定,以准确反映实际工作场所环境中的绩效。 1. 鉴定必须包括对任务的直接观察。 2. 如果能力鉴定包括第三方证据,则个人必须提供证据,证明其与耐久性试验有关联,例如耐久性试验工作单。 3. 鉴定人员必须通过对技能和知识的提问来验证实作技能,以确保正确的解释和应用。 4. 遵从已达成一致的真实安排,实作的证据可以由客户,团队领导、成员或其他合适人员提供

适用范围陈述

企业类型	企业可能在规模、类型和位置以及所提供的商品、产品和服务范围等放慢是多样化的
部件设施	1. 汽车系统、部件可包括： ●底盘电子管理系统； ●车身电器及管理系统。 2. 试验设施、设备、部件可包括： ●满足汽车电子产品零部件及总成测试的耐久性实验室； ●汽车电子产品零部件及总成测试耐久性试验设备(台架等)； ●耐久性试验用传感器
常见的问题	关于常见问题类型的必要建议可包括与以下耐久性试验设施及过程相关： 1. 耐久性试验环境安全性未达到试验要求。 2. 耐久性试验总成部件不能满足试验要求。 3. 耐久性试验传感器的安装位置无效。 4. 耐久性试验传感器信号干扰。 5. 耐久性试验测试设备异常，不能满足运行要求。 6. 耐久性试验其他辅助试验设施故障。 7. 耐久性试验测试过程中待测总成及设备出现异常。 8. 耐久性试验测试数据未能有效地采集和保存
项目团队	项目团队可包括： 1. 本单位或其他单位耐久性试验项目。 2. 有新的或特殊的耐久性试验要求。 3. 项目团队应感到受欢迎、尊重，而且在耐久性试验服务流程结束时感到满意。 4. 与项目团队交往可以是： ●面对面； ●通过电话； ●使用电子或书面的方式
给项目团队的建议	给项目团队的建议可包括： 符合法规或组织的强制要求和法律责任要求
员　工	员工可包括： 全职的、兼职的或临时受雇的员工。员工可能在常规工作或忙碌工作条件下操作
法律要求	法律要求可包括： 1. 职场健康与安全以及客户所在国家法律或地方法规。 2. 行业实施守则条例
信息、文件	信息、文件可包括： 企业政策和规程，设备和产品制造商、部件供应商说明书，企业操作程序，行业、职场实施条例和客户的询问、请求

QPBPI03　汽车整车及电子零部件电磁兼容性试验

能力单元描述

本单元能力涵盖了汽车整车及电子零部件电磁兼容性（Electromagnetic Compatibility，EMC）试验技术人员的职责和应具备的能力。

能力要素和实作指标

能力要素	实作指标
1　检查与准备EMC试验待测车辆或电子部件	1.1　确认EMC试验待测车辆或电子零部件良好。 1.2　根据EMC试验要求对待测车辆及电子零部件进行检查。 1.3　知道EMC试验待测电器部件工作参数。 1.4　检测干扰源工作是否正常。 1.5　检查EMC实验室（半电波暗室）是否满足要求。 1.6　知道整车及电器零部件辐射抗干扰度和传导抗干扰度标准。 1.7　知道整车及电器零部件辐射发射和传导发射标准
2　检查与准备EMC试验设备	2.1　确认EMC试验环境达到要求。 2.2　确认EMC试验过程中安全达到要求。 2.3　确认EMC试验设备运行良好。 2.4　填写EMC试验设备运行维护记录。 2.5　对EMC试验使用的简单设备故障进行维修，就复杂设备故障寻求专家帮助
3　处理EMC试验过程及数据	3.1　在EMC试验过程中熟练地操作试验系统软件。 3.2　在EMC试验过程中自动或手动记录试验数据。 3.3　在EMC试验过程中关注待测部件运行情况，并对突发事件进行处理。 3.4　在EMC试验过程中关注设备运行情况，并对突发事件进行处理。 3.5　整理EMC试验数据，分析试验结果，提交EMC试验报告
4　恢复EMC试验的车辆、总成部件及试验设备和试验环境	4.1　按照工作要求将车辆或总成部件从设备上拆下。 4.2　正确利用工具拆卸EMC试验测量用传感器。 4.3　清洁EMC试验车辆及总成部件。 4.4　清洁EMC试验设备。 4.5　清洁EMC试验实验室

必要技能和知识

必要技能
1. 学习技能用于： • 理解和解释与汽车整车及电子零部件EMC试验相关的信息； • 收集、整理并理解与待测部件工作原理及性能相关的信息； • 收集和理解EMC试验设备操作流程及维护等相关信息。 2. 阅读技能用于： • 询问开发工程师关于EMC试验的要求和目的； • 与EMC试验设备供应商探讨设备维护以及设备操作方法；

续表

必要技能
• 向开发工程师解释 EMC 试验过程和试验数据分析。 3. 写作技能用于: • 清晰、准确地填写工作场所文件; • 撰写 EMC 试验报告。 4. 口头沟通技能用于: • 与实验室人员探讨 EMC 试验计划和过程; • 与项目组人员探讨 EMC 试验方法和试验目的; • 与实验室团队成员探讨 EMC 试验设备维护方法。 5. 计算技能用于: • EMC 试验数据分析。 6. 计划和组织技能用于: • 规划待测部件故障分析及排除的优先项; • 组织试验设备故障分析及排除; • 分析试验数据及判断试验结果。 7. 技术技能用于: • 准备和分析待测汽车电子零部件及性能; • 操作 EMC 试验设备和处理试验数据
必要知识
1. 企业的一系列商品和服务、部门/区域的地点位置和电话分机。 2. 与汽车电子零部件 EMC 试验相关的行业/职场行为实施条例。 3. EMC 试验安全操作方法。 4. 车辆功能参数。 5. 待测汽车电子零部件的功能。 6. 整车及电子零部件电磁兼容性抗干扰能力试验标准。 7. 干扰源安全操作方法。 8. 检波器等电子零部件工作监测仪器的使用方法。 9. 汽车整车或电子零部件 EMC 抗干扰试验的方法和流程。 10. 汽车整车或电子零部件 EMC 干扰试验的方法和流程。 11. 汽车整车或电子零部件 EMC 抗干扰试验数据的处理。 12. 汽车整车或电子零部件 EMC 干扰试验数据的处理

鉴定证据指南

鉴定综述	具体描述
本单元展示能力的必要证据和鉴定的关键方面	本单元必备的能力应被充分观察到,并且能力可以迁移到变化的工作情况中,能够对以下关键方面的异常情况做出反应: 1. 汽车整车或电子零部件电磁抗干扰试验。 2. 汽车整车或电子零部件电磁干扰试验

续表

鉴定综述	具体描述
鉴定的环境和具体资源	以下环境和资源应该可以获得和使用： 1. EMC 半波暗室。 2. 与汽车整车或电子零部件 EMC 试验相关的国家行业标准及流程。 3. EMC 试验团队与项目团队
鉴定方法	在工作场所或模拟环境中对能力进行鉴定，以准确反映实际工作场所环境中的绩效： 1. 鉴定必须包括对任务的直接观察。 2. 如果能力鉴定包括第三方证据，则个人必须提供证据，证明其与 EMC 试验有关联，如 EMC 试验工作单。 3. 鉴定人员必须通过对技能和知识的提问来验证实作技能，以确保正确的解释和应用。 4. 遵从已达成一致的真实安排，实作的证据可以由客户，团队领导、成员或其他合适人员提供

适用范围陈述

企业类型	企业可能在规模、类型和位置以及所提供的商品、产品和服务范围等方面是多样化的
部件设施	1. 汽车系统、部件可包括： • 整车功能参数； • 汽车电子零部件。 2. EMC 试验试验设施、设备、部件可包括： • 满足 EMC 试验的实验室（半波暗室）； • 干扰源； • 检波器等试验装置
常见的问题	关于常见问题类型的必要建议可包括与以下试验设施及过程相关： 1. EMC 试验环境安全性未达到试验要求。 2. EMC 试验用汽车整车或电子零部件不能满足试验要求。 3. EMC 试验设备异常不能满足运行要求。 4. EMC 试验其他辅助试验设施故障。 5. EMC 试验过程中汽车整车或电子零部件出现异常。 6. EMC 试验数据未能有效采集和保存

续表

项目团队	项目团队可包括： 1. 本单位或其他单位 EMC 试验项目。 2. 有新的或特殊的 EMC 试验要求。 3. 项目团队应感到受欢迎、尊重，而且在 EMC 试验服务流程结束时感到满意。 4. 与项目团队交往可以是： • 面对面； • 通过电话； • 使用电子或书面的方式
给项目团队的建议	给项目团队的建议可包括： 符合法规或组织的强制要求和法律责任要求
员　工	员工可包括： 全职的、兼职的或临时受雇的员工。员工可能在常规工作或忙碌工作条件下操作
法律要求	法律要求可包括： 1. 职场健康与安全以及客户所在国家法律或地方法规。 2. 行业实施守则条例
信息、文件	信息、文件可包括： 企业政策和规程，设备和产品制造商、部件供应商说明书，企业操作程序，行业、职场实施条例和客户的询问、请求

3.3　燃油整车性能试验能力模块

QPBPJ01　整车高低温试验

能力单元描述

本单元能力涵盖了整车高低温试验技术人员的职责和所应具备的能力。

能力要素和实作指标

能力要素	实作指标
1　清洁待测车辆	1.1　使用洗车设备，清洁样车（包含外观、底盘，车内的保护膜、座椅保护套均需清除）。 1.2　驾驶车辆到规定地点
2　检查车辆基本状态	2.1　操作车辆各种开关。 2.2　检查车辆有无异响，若有，确定其来源。 2.3　辨识车辆外观状态是否正常

续表

能力要素	实作指标
3　放置车辆进环境舱并进行排油操作	3.1　知道燃油继电器的作用、位置以及汽车燃油的油路布置。 3.2　检查排油位置(油轨、燃油滤清器、油泵)。 3.3　正确使用灭火器。 3.4　正确对油路进行泄压
4　测量整车外观参数	4.1　使用各种测量工具进行测量(高度尺、游标卡尺、钢直尺、塞尺、段差仪、推拉力计等)。 4.2　测量零部件间间隙、段差、操作力、电动车窗升降时间等。 4.3　正确记录测量参数
5　布置试验传感器	5.1　正确查找传感器的布置位置。 5.2　正确布置、安装传感器
6　检查设备	6.1　按照规程操作设备并根据需要热机。 6.2　检查试验设备(油位、紧固件、压力读数)工作正常
7　开启高低温试验	7.1　驾驶车辆进入环境仓并设置温度。 7.2　正确操作设备,会做色标并正确安装传感器
8　监控高低温试验运行状态	8.1　正确调节设备参数,能判断并通报试验故障。 8.2　知道车辆各开关的操作方法,能判断车辆是否出现异常并能准确描述故障。 8.3　高低温测试过程中关注待测部件运行情况,并能对突发事件进行处理。 8.4　高低温测试过程中关注设备运行情况,并能对突发事件进行处理
9　恢复高低温试验后的车辆设备和试验间	9.1　拆除高低温试验传感器。 9.2　使用基本的测量工具对要求测量外观部位进行测量。 9.3　知道整车的结构,能判断车辆是否出现异常,能准确描述车辆的故障。 9.4　按照规程维护高低温试验设备。 9.5　对高低温试验间执行5S操作

必要技能和知识

必要技能
1. 学习技能用于: ● 理解和解释整车高低温试验前准备相关的信息; ● 收集、整理并理解与待测部件工作原理及性能相关的信息; ● 收集和理解整车高低温试验测试设备操作流程及维护等相关信息。 2. 阅读技能用于: ● 询问开发工程师关于高低温试验的要求和目的;

续表

必要技能
● 与测试设备供应商探讨高低温设备维护以及设备操作方法； ● 向开发工程师解释高低温试验过程。 3. 写作技能用于： ● 清晰准确地填写工作场所文件； ● 撰写高低温试验报告。 4. 口头沟通技能用于： ● 和实验室人员探讨高低温试验计划和过程； ● 和项目组人员探讨高低温试验方法和试验目的； ● 和实验室团队成员探讨高低温设备维护方法。 5. 计算技能用于： ● 测量高低温试验相关参数； ● 分析高低温试验数据。 6. 计划和组织技能用于： ● 规划待测整车故障分析及排除的优先项； ● 组织测试设备故障分析及排除。 7. 技术技能用于： ● 对待测整车的高低温试验； ● 高低温试验测试设备调试操作
必要知识
1. 企业的一系列商品和服务、部门/区域的地点位置和电话分机。 2. 与整车高低温测试相关的行业/职场行为实施条例。 3. 整车的主要部件功能。 4. 整车各种开关系统。 5. 整车高温/低温试验用传感器工作原理。 6. 整车高温/低温试验用传感器安装方法。 7. 整车高温/低温试验设备(台架)安装调试方法。 8. 整车高温/低温试验设备维护方法。 9. 整车高温/低温试验方法和流程

鉴定证据指南

鉴定综述	具体描述
本单元展示能力的必要证据和鉴定的关键方面	本单元必备的能力应被充分观察到，并且能力可以迁移到变化的工作情况中，能够对以下关键方面的异常情况做出反应： 1. 安装待测整车高温/低温试验装置。 2. 整车高温/低温试验设备安全操作及试验设备维护。 3. 整车高温/低温试验流程

续表

鉴定综述	具体描述
鉴定的环境和资源	以下环境和资源应该可以获得和使用： 1. 整车高温/低温试验实验室。 2. 与整车高温/低温试验相关的国家行业标准及流程。 3. 试验团队与项目团队
鉴定方法	在工作场所或模拟环境中对能力进行鉴定，以准确反映实际工作场所环境中的绩效： 1. 鉴定必须包括对任务的直接观察。 2. 如果能力鉴定包括第三方证据，则个人必须提供证据，证明其与高低温试验有关联，如高低温试验工作单。 3. 鉴定人员必须通过对技能和知识的提问来验证实作技能，以确保正确的解释和应用。 4. 遵从已达成一致的真实安排，实作的证据可以由客户，团队领导、成员或其他合适人员提供

适用范围陈述

企业类型	企业可能在规模、类型和位置以及所提供的商品、产品和服务范围等方面是多样化的
部件设施	1. 试验车辆。 2. 试验设施、设备、部件可包括： ● 满足整车高低温试验的实验室； ● 整车高温试验设备； ● 试验用传感器
常见的问题	关于常见问题类型的必要建议可包括与以下试验设施及过程相关： 1. 高低温试验环境安全性未达到要求。 2. 高低温试验总成部件不能满足试验要求。 3. 高低温试验传感器安装位置无效。 4. 高低温试验传感器信号干扰。 5. 高低温试验设备异常不能满足运行要求。 6. 高低温试验其他辅助试验设施故障。 7. 高低温试验过程中待测总成及设备出现异常。 8. 高低温试验数据未能有效采集和保存

续表

项目团队	项目团队可包括： 1. 本单位或其他单位高低温试验项目。 2. 有新的或特殊的高低温试验要求。 3. 项目团队应感到受欢迎、尊重，而且在高低温试验服务流程结束时感到满意。 4. 与项目团队交往可以是： ● 面对面； ● 通过电话； ● 使用电子或书面的方式
给项目团队的建议	给项目团队的建议可包括： 符合法规或组织的强制要求和法律责任要求
员　工	员工可包括： 全职的、兼职的或临时受雇的员工。员工可能在常规工作或忙碌工作条件下操作
法律要求	法律要求可包括： 1. 职场健康与安全以及客户所在国家法律或地方法规。 2. 行业实施守则条例
信息、文件	信息、文件可包括： 企业政策和规程，设备和产品制造商、部件供应商说明书，企业操作程序，行业、职场实施条例和客户的询问、请求

QPBPJ02　燃油车排放试验

能力单元描述

本单元能力涵盖了燃油车常温排放和 −7 ℃排放试验测试技术人员的职责和所应具备的能力。

能力要素和实作指标

能力要素	实作指标
1　检查与准备待测部件	1.1　确认排放试验测试部件和测试车辆性能良好。 1.2　根据排放试验测试要求对待测部件和车辆检查以下项目。 ● 检查油、水、电； ● 检查管路无泄漏、干涉； ● 检查发动机工作正常； ● 检查车辆运行是否正常； ● 车辆测试前静置 8 h 以上。 1.3　知道测试待测部件和车辆排放控制系统工作原理。 1.4　将待测部件安装在排放测试设备上： ● 发动机固定在测功机上或将车辆固定安装在底盘测功机上； ● 连接尾气排放管。

续表

能力要素	实作指标
1　检查与准备待测部件	1.5　合理布置排放试验传感器在待测部件上： • 安装相关零件温度传感器； • 安装发动机水流量传感器； • 安装发动机进气系统温度、压力传感器； • 合理排布传感器线束； • 连接数据采集设备
2　检查与准备排放试验设备	2.1　确认排放试验测试环境达到要求。 2.2　确认排放试验过程中安全达到要求。 2.3　确认排放试验设备运行良好。 2.4　填写排放试验设备运行保养记录。 2.5　对排放试验设备的简单故障进行维修，对复杂设备故障寻求专家帮助
3　执行排放试验程序	3.1　在排放试验过程中熟练操作测试系统软件。 3.2　在排放试验过程中自动或手动记录测试数据。 3.3　排放试验过程中关注待测部件运行情况，并对突发事件进行处理。 3.4　排放试验过程中关注设备运行情况，并对突发事件进行处理
4　处理排放试验数据	4.1　整理排放试验数据。 4.2　分析排放试验测试结果，提交排放试验报告

必要技能和知识

必要技能
1. 学习技能用于： • 理解和解释与燃油车常温排放和 -7 ℃排放试验相关的信息； • 收集、整理并理解与待测部件和车辆排放控制系统工作原理及性能相关的信息； • 收集和理解常温排放和 -7 ℃排放试验设备操作流程及维护保养等相关信息。 2. 阅读技能用于： • 询问开发工程师关于排放试验要求和目的； • 与排放测试设备供应商探讨设备维护以及设备操作方法； • 向开发工程师解释排放试验过程和试验数据分析。 3. 写作技能用于： • 清晰准确地填写工作场所文件； • 撰写排放试验报告。 4. 口头沟通技能用于： • 与实验室人员探讨排放试验计划和过程； • 与项目组人员探讨排放试验方法和试验目的； • 与实验室团队成员探讨排放设备维护方法。

续表

必要技能
5. 计算技能用于： ● 测量排放试验各种参数； ● 分析排放试验数据。 6. 计划和组织技能用于： ● 规划待测部件故障分析及排除的优先选项； ● 规划测试设备故障分析及排除的顺序； ● 组织分析测试数据及判断测试结果。 7. 技术技能用于： ● 准备和拆装待测排放试验的部件； ● 操作排放试验设备和处理测试数据
必要知识
1. 企业的一系列商品和服务，部门/区域的地点位置和电话分机。 2. 与燃油车常温排放和 -7 ℃排放试验相关的行业/职场行为实施条例。 3. 动力总成（发动机及传动系统、电机）及车辆排放控制系统的主要部件功能。 4. 发动机机械及管理系统。 5. 燃油车常温排放和 -7 ℃排放试验用传感器工作原理。 6. 燃油车常温排放和 -7 ℃排放试验用传感器安装方法。 7. 动力总成测试设备（台架）和底盘测功机操作方法。 8. 动力总成测试设备和底盘测功机、维护、保养方法。 9. 燃油车常温排放和 -7 ℃排放试验设备、操作方法。 10. 燃油车常温排放和 -7 ℃排放试验设备、维护方法。 11. 燃油车常温排放和 -7 ℃排放试验、方法和流程。 12. 燃油车常温排放和 -7 ℃排放试验、数据处理

鉴定证据指南

鉴定综述	具体描述
本单元展示能力的必要证据和鉴定的关键方面	本单元必备的能力应被充分观察到，并且能力可以迁移到变化的工作情况中还能够对以下关键方面的异常情况做出反应： 1. 燃油车常温排放和 -7 ℃排放试验流程。 2. 燃油车常温排放和 -7 ℃排放试验数据处理
鉴定的环境和具体资源	以下环境和资源应该可以获得和使用： 1. 燃油车常温排放和 -7 ℃排放实验室。 2. 与燃油车常温排放和 -7 ℃排放试验相关的国家行业标准及流程。 3. 试验团队与项目团队

续表

鉴定综述	具体描述
鉴定方法	在工作场所或模拟环境中对能力进行鉴定，以准确反映实际工作场所环境中的绩效： 1. 鉴定必须包括对任务的直接观察。 2. 如果能力鉴定包括第三方证据，则个人必须提供证据，证明其与排放试验有关联，例如排放试验工作单。 3. 鉴定人员必须通过对技能和知识的提问来验证实作技能，以确保正确的解释和应用。 4. 遵从已达成一致的真实安排，实作的证据可以由客户，团队领导、成员或其他合适人员提供

适用范围陈述

企业类型	企业可能在规模、类型和位置以及所提供的商品、产品和服务等范围是多样化的
部件设施	1. 汽车系统、部件可包括： 发动机机械及电子管理系统和排放控制系统。 2. 试验设施、设备、部件可包括： • 满足燃油车常温排放和 −7 ℃排放实验室； • 汽车动力总成测试设备（测功机等）； • 底盘测功机； • 排放试验使用传感器； • 燃油车常温排放和 −7 ℃排放试验设备
常见的问题	关于常见问题类型的必要建议可包括与以下试验设施及过程相关： 1. 排放试验环境安全性未达到试验要求。 2. 排放试验总成部件不能满足试验要求。 3. 排放试验传感器的安装位置无效。 4. 排放试验传感器信号受到干扰。 5. 排放测试设备异常，不能满足运行要求。 6. 排放试验其他辅助试验设施故障。 7. 排放测试过程中待测总成及设备出现异常。 8. 排放测试数据未能有效采集和保存
项目团队	项目团队可包括： 1. 本单位或其他单位排放试验项目。 2. 有新的或特殊的排放试验要求。 3. 项目团队应感到受欢迎、尊重，而且在排放试验服务流程结束时感到满意。 4. 与项目团队交往可以是： • 面对面； • 通过电话； • 使用电子或书面的方式

续表

给项目团队的建议	提供给项目团队的排放试验建议是符合法规或组织的强制要求和法律责任要求
员　工	员工可包括： 全职的、兼职的或临时受雇的员工。员工可能在常规工作或忙碌工作条件下操作
法律要求	法律要求可包括： 1. 职场健康与安全以及客户所在国家法律或地方法规。 2. 行业实施守则条例
信息、文件	信息、文件可包括： 企业政策和规程，设备和产品制造商、部件供应商说明书，企业操作程序，行业、职场实施条例和客户的询问、请求

QPBPJ03　动力总成及整车噪声、振动与声振粗糙度试验

能力单元描述

本单元能力涵盖了汽车整车及动力总成噪声、振动与声振粗糙度（Noise、Vibration、Harshness，NVH）测试技术人员的职责和所应具备的能力。

能力要素和实作指标

能力要素	实作指标
1　检查与准备待测整车或动力总成部件	1.1　按照 NVH 试验测试要求确认车辆或动力总成部件性能良好。 1.2　根据 NVH 试验测试要求对待测车辆或动力总成进行检查。 1.3　知晓待测车辆或动力总成的工作原理。 1.4　合理布置 NVH 试验传感器在待测车辆或动力总成上。 1.5　按照要求将 NVH 试验待测车辆或动力总成安装在测试设备上
2　检查与准备 NVH 试验设备	2.1　确认 NVH 试验环境达到测试要求，记录各种环境参数。 2.2　确认 NVH 试验测试过程中安全是否达到要求。 2.3　确认 NVH 试验设备运行良好。 2.4　填写 NVH 试验设备运行维护记录。 2.5　对 NVH 试验的简单设备故障进行维修，对复杂设备故障寻求专家帮助
3　执行 NVH 试验程序	3.1　在 NVH 试验过程中熟练操作测试系统软件。 3.2　在 NVH 试验过程中自动或手动记录测试数据。 3.3　NVH 试验过程中关注待测车辆或动力总成运行情况，并能对突发事件进行处理。 3.4　NVH 试验过程中关注设备运行情况，并能对突发事件进行处理
4　处理 NVH 试验数据	4.1　整理 NVH 试验数据。 4.2　分析 NVH 试验测试结果，提交 NVH 试验报告

必要技能和知识

必要技能
1. 学习技能用于： ●理解和解释与车辆或动力总成 NVH 试验相关的信息； ●收集、整理并理解与待测车辆或动力总成工作原理及性能相关的信息； ●收集和理解整车或动力总成 NVH 试验设备操作流程及设备维护等相关信息。 2. 阅读技能用于： ●询问开发工程师关于 NVH 试验要求和目的； ●与 NVH 试验设备供应商探讨设备维护以及设备操作方法； ●向开发工程师解释 NVH 试验过程和试验数据分析。 3. 写作技能用于： ●清晰准确地填写工作场所文件； ●撰写 NVH 试验报告。 4. 口头沟通技能用于： ●与实验室人员探讨 NVH 试验计划和过程； ●与项目组人员探讨 NVH 试验方法和试验目的； ●与实验室团队成员探讨 NVH 试验设备维护方法。 5. 计算技能用于： ●测量 NVH 试验各种参数； ●分析 NVH 试验数据。 6. 计算技能用于： ●规划 NVH 试验待测部件故障分析及排除的优先选项； ●规划测试设备故障分析及排除的顺序； ●组织分析测试数据及判断测试结果。 7. 技术技能用于： ●准备和拆装 NVH 试验待测部件； ●操作 NVH 试验设备和处理测试数据
必要知识
1. 企业的一系列商品和服务、部门/区域的地点位置和电话分机。 2. 与整车或动力总成 NVH 试验相关的行业/职场行为实施条例。 3. 整车或动力总成 NVH 试验评价标准。 4. 动力总成(发动机及传动系统、电机)主要部件的功能。 5. 发动机机械及管理系统。 6. 传动和驱动系统。 7. NVH 试验用传感器工作原理。 8. NVH 试验用传感器安装方法。 9. 动力总成测试设备(台架)操作方法。 10. 动力总成测试设备维护方法。 11. NVH 试验设备操作方法。 12. NVH 试验设备维护方法。 13. 动力总成 NVH 试验方法和流程。 14. 动力总成 NVH 试验数据处理

鉴定证据指南

鉴定综述	具体描述
本单元展示能力的必要证据和鉴定的关键方面	本单元必备的能力应被充分观察到,并且能力可以迁移到变化的工作情况中,能够对以下关键方面的异常情况做出反应: 1. 整车或动力总成 NVH 试验流程。 2. 整车或动力总成 NVH 试验数据处理
鉴定的环境和资源	以下环境和资源应该可以获得和使用: 1. 整车或动力总成 NVH 实验室。 2. 与整车或动力总成 NVH 试验相关的国家行业标准及流程。 3. 试验团队与项目团队
鉴定方法	在工作场所或模拟环境中对能力进行鉴定,以准确反映实际工作场所环境中的绩效: 1. 必须包括对任务的直接观察。 2. 如果能力鉴定包括第三方证据,则个人必须提供证据,证明其与排放试验 NVH 试验有关联,如 NVH 试验工作单。 3. 鉴定人员必须通过对技能和知识的提问来验证实作技能,以确保正确的解释和应用。 4. 遵从已达成一致的真实安排,实作的证据可以由客户,团队领导、成员或其他合适人员提供

适用范围陈述

企业类型	企业可能在规模、类型和位置以及所提供的商品、产品和服务等范围是多样化的。
部件设施	1. 汽车系统、部件可包括: • 待测车辆; • 发动机机械及电子管理系统; • 传统汽车传动系统; • 电机及电机管理系统。 2. 试验设施、设备、部件可包括: • 满足 NVH 试验的实验室; • 整车或动力总成测试设备(测功机等); • 试验用传感器; • NVH 整车或动力总成测试设备
常见的问题	关于常见问题类型的必要建议可包括与以下试验设施及过程相关: 1. NVH 试验环境安全性未达到试验要求。 2. NVH 试验车辆或动力总成不能满足试验要求。 3. NVH 试验传感器安装位置无效。 4. NVH 试验传感器信号受到干扰。 5. NVH 试验设备异常,不能满足运行要求。 6. NVH 试验其他辅助试验设施故障。 7. NVH 试验过程中待测车辆或动力总成出现异常。 8. NVH 试验数据未能有效采集和保存

续表

项目团队	项目团队可包括： 1. 本单位或其他单位 NVH 试验项目。 2. 有新的或特殊的 NVH 试验要求。 3. 项目团队应感到受欢迎、尊重，而且在 NVH 试验服务流程结束时感到满意。 4. 与项目团队交往可以是： • 面对面； • 通过电话； • 使用电子或书面的方式
给项目团队的建议	提供给项目团队的 NVH 试验建议是符合法规或组织的强制要求和法律责任要求
员　工	员工可包括： 全职的、兼职的或临时受雇的员工。员工可能在常规工作或忙碌工作条件下操作
法律要求	法律要求可包括： 1. 与职场健康和安全以及客户相关的国家/地方法律、法规。 2. 行业实施守则条例
信息、文件	信息、文件可包括： 企业政策和规程，设备和产品制造商、部件供应商说明书，企业操作程序，行业、职场实施条例和客户的询问、请求

QPBPJ04　整车耐久试验

能力单元描述

本单元能力涵盖了汽车整车耐久试验技术人员的职责和所应具备的前期准备能力。

能力要素和实作指标

能力要素	实作指标
1　清洁待测车辆	1.1　使用洗车设备清洗待测车辆。 1.2　驾驶车辆到指定地点
2　检查耐久试验样车	2.1　操作并检查待检车辆各种开关。 2.2　判断车辆有无异响及其来源。 2.3　安全驾驶操控车辆。 2.4　记录车辆外观状态
3　拆解耐久试验样车	3.1　知道车辆底盘构造及其功能，各个零部件的工作状态。 3.2　安全使用汽车拆装工具（扭力扳手、基本的维修工具、千斤顶）。 3.3　按照操作流程操作举升机。 3.4　拆解底盘相关零部件
4　粘贴应变片	4.1　安全使用各种焊装设备。 4.2　按照耐久试验流程安装贴片传感器

续表

能力要素	实作指标
5 对粘贴有应变片的样件进行标定工作	5.1 按照规程操作数据采集设备。 5.2 识别数据并进行正确的判断。 5.3 安装样件到台架上。 5.4 按照规程操作试验台架。 5.5 记录标定数据
6 恢复耐久试验车辆	6.1 知道车辆底盘构造及其功能、各个零部件的正常工作状态。 6.2 安全使用汽车拆装工具。 6.3 安全操作举升机。 6.4 装配底盘零部件,按规定扭力打紧螺栓,做好标记
7 布置信号线和传感器	7.1 知道底盘各个零部件的工作状态,为布线做准备。 7.2 正确布置信号线和传感器
8 换装轮胎到指定工装上(部分试验需要)	8.1 安全操作轮胎换装机。 8.2 正确进行轮胎动平衡操作
9 连接数据采集设备、调试整车数据	9.1 安全操作驾驶车辆。 9.2 按照规程操作数据采集设备。 9.3 判断信号状态是否正常
10 采集整车路谱数据	10.1 按照规程操作数据采集设备。 10.2 在特定的道路上正确采集整车路谱数据,保证数据完整有效。 10.3 具备数据的识别能力,能判断其好坏。 10.4 正确操作数据分析软件。 10.5 正确有效地分析路谱数据并截取数据
11 准备耐久性台架测试	11.1 操作洗车设备,清洁路试试验的样车。 11.2 正确布置传感器。 11.3 根据试验要求正确布置配重
12 排油操作(进环境舱测试的样车都需要此操作)	12.1 知道燃油继电器的作用、安装位置。 12.2 知道汽车燃油油路布置。 12.3 辨识并正确选择排油位置。 12.4 正确进行燃油压力的释放并排除燃油
13 安装样车到试验台架上	13.1 连接传感器,进行路谱迭代。 13.2 正确连接传感器
14 测量样车台架试验参数	14.1 安全操作试验台架设备。 14.2 在试验台架上安全驾驶车辆。 14.3 使用各种测量工具。 14.4 正确记录测量数据,完成道路路面谱(路谱)迭代

续表

能力要素	实作指标
15　恢复耐久试验后的车辆设备和试验间	15.1　拆除加速度传感器。 15.2　使用基本的测量工具对要求测量外观部位进行测量。 15.3　知道整车的结构，能判断车辆是否出现异常，能准确描述车辆的故障。 15.4　按照规程维护耐久试验设备。 15.5　对耐久试验车间执行5S操作

必要技能和知识

必要技能
1. 学习技能用于： • 理解和解释整车耐久试验前准备相关的信息； • 收集、整理并理解与待测部件工作原理及性能相关的信息； • 收集和理解整车测试设备操作流程及维护等相关信息。 2. 阅读技能用于： • 询问开发工程师关于整车耐久试验要求和目的； • 与整车耐久试验设备供应商探讨设备维护以及设备操作方法； • 向开发工程师解释整车耐久试验准备过程。 3. 写作技能用于： • 清晰准确地填写工作场所文件； • 撰写整车耐久试验报告。 4. 口头沟通技能用于： • 与实验室人员探讨整车耐久试验计划和过程； • 与项目组人员探讨整车耐久试验方法和试验目的； • 与实验室团队成员探讨整车耐久试验设备维护方法。 5. 计算技能用于： • 测量整车耐久试验相关参数； • 分析整车耐久试验数据。 6. 计划和组织技能用于： • 规划待测整车故障分析及排除的优先项； • 组织整车耐久试验设备故障分析及排除顺序。 7. 技术技能用于： • 对待测整车的耐久试验； • 整车耐久试验测试设备调试操作
必要知识
1. 企业的一系列商品和服务、部门/区域的地点位置和电话分机。 2. 与动整车耐久测试相关的行业/职场行为实施条例。 3. 整车的主要部件的功能。 4. 整车各种开关系统。

续表

必要知识
5. 整车耐久测试用传感器工作原理。 6. 整车耐久测试用传感器安装方法。 7. 整车耐久测试设备(台架)安装调试方法。 8. 整车耐久测试设备维护方法。 9. 整车耐久测试方法和流程

鉴定证据指南

鉴定综述	具体描述
本单元展示能力的必要证据和鉴定的关键方面	本单元必备的能力应被充分观察到,并且能力可以迁移到变化的工作情况中,能够对以下关键方面的异常情况做出反应: 1. 安装待测整车耐久试验装置。 2. 执行整车试验流程。 3. 操作整车耐久试验设备安全及维护试验设备
鉴定的环境和具体资源	以下环境和资源应该可以获得和使用: 1. 整车耐久实验室。 2. 与整车耐久试验相关的国家行业标准及流程。 3. 试验团队与项目团队
鉴定方法	在工作场所或模拟环境中对能力进行鉴定,以准确反映实际工作场所环境中的绩效: 1. 鉴定必须包括对任务的直接观察。 2. 如果能力鉴定包括第三方证据,则个人必须提供证据,证明其与整车耐久试验有关联,如整车耐久试验工作单。 3. 鉴定人员必须通过对技能和知识的提问来验证实作技能,以确保正确的解释和应用。 4. 遵从已达成一致的真实安排,实作的证据可以由客户,团队领导、成员或其他合适人员提供

适用范围陈述

企业类型	企业可能在规模、类型和位置以及所提供的商品、产品和服务等范围是多样化的
部件设施	1. 耐久试验车辆。 2. 试验设施、设备、部件可包括: • 满足整车耐久试验的实验室; • 整车耐久试验设备; • 耐久试验用传感器

续表

常见的问题	关于常见问题类型的必要建议可包括与以下试验设施及过程相关： 1. 整车耐久试验环境安全性未达到试验要求。 2. 整车耐久试验总成部件不能满足试验要求。 3. 整车耐久试验传感器安装位置无效。 4. 整车耐久试验传感器信号受到干扰。 5. 整车耐久试验设备异常，不能满足运行要求。 6. 整车耐久试验其他辅助试验设施故障。 7. 整车耐久试验过程中待测总成及设备出现异常。 8. 整车耐久试验数据未能有效采集和保存
项目团队	项目团队可包括： 1. 本单位或其他单位整车耐久试验项目。 2. 有新的或特殊的整车耐久试验要求。 3. 项目团队应感到受欢迎、尊重，而且在整车耐久试验服务流程结束时感到满意。 4. 与项目团队交往可以是： • 面对面； • 通过电话； • 使用电子或书面的方式
给项目团队的建议	提供给项目团队的耐久试验建议是符合法规或组织的强制要求和法律责任要求
员　工	员工可包括： 全职的、兼职的或临时受雇的员工。员工可能在常规工作或忙碌工作条件下操作
法律要求	法律要求可包括： 1. 职场健康与安全以及客户国家/地方法律、法规。 2. 行业实施守则条例
信息、文件	信息、文件可包括： 企业政策和规程，设备和产品制造商、部件供应商说明书，企业操作程序，行业、职场实施条例和客户的询问、请求

QPBPJ05　整车道路试验

能力单元描述

本单元能力涵盖了汽车整车道路试验技术人员的职责和所应具备的能力。

能力要素和实作指标

能力要素	实作指标
1　检查车辆基本状态	1.1　知道汽车零部件工作原理。 1.2　使用胎压表检查胎压。 1.3　使用万用表检查蓄电池电压。 1.4　能采取适当方法切断轮速传感器信号。 1.5　安全使用举升机。 1.6　拆装汽车零部件。 1.7　具有试验车驾驶资格及安全意识
2　预处理道路试验车辆	2.1　按照试验规范安全操纵驾驶车辆。 2.2　按照操作规程操作底盘测功机。 2.3　按照试验规程进行油耗排放试验。 2.4　判断预跑过程中的异常情况并能处理设备的常见故障
3　执行道路试验程序	3.1　连接测试设备。 3.2　安全操控驾驶车辆。 3.3　采集道路试验数据
4　处理道路试验数据	4.1　整理道路试验数据。 4.2　分析道路试验测试结果，提交道路试验报告

必要技能和知识

必要技能
1. 学习技能用于： ●理解和解释整车道路试验前准备相关的信息； ●收集、整理并理解与待测部件工作原理及性能相关的信息； ●收集和理解整车道路试验设备操作流程及维护等相关信息。 2. 阅读技能用于： ●询问开发工程师关于道路试验要求和目的； ●与道路测试设备供应商探讨设备维护以及设备操作方法； ●向开发工程师解释道路试验过程。 3. 写作技能用于： ●清晰准确地填写工作场所文件； ●撰写道路试验报告。 4. 口头沟通技能用于： ●与实验室人员探讨道路试验计划和过程； ●与项目组人员探讨道路试验方法和试验目的； ●与实验室团队成员探讨道路试验设备维护方法。 5. 计算技能用于： ●测量道路试验各种参数； ●分析道路试验数据。

续表

必要技能
6. 计划和组织技能用于： • 规划待测部件故障分析及排除的优先选项； • 规划道路试验设备故障分析及排除的顺序； • 组织分析道路试验测试数据及判断测试结果。 7. 技术技能用于： • 准备和拆装待道路试验的部件； • 操作道路试验设备和处理测试数据
必要知识
1. 企业的一系列商品和服务、部门/区域的地点位置和电话分机。 2. 与整车道路测试相关的行业/职场行为实施条例。 3. 整车主要部件的功能。 4. 整车各种开关系统。 5. 整车道路试验用传感器工作原理。 6. 整车道路试验用传感器安装方法。 7. 整车道路试验设备(台架)安装调试方法。 8. 整车道路试验设备维护方法。 9. 整车道路试验方法和流程

鉴定证据指南

鉴定综述	具体描述
本单元展示能力的必要证据和鉴定的关键方面	本单元必备的能力应被充分观察到，并且能力可以迁移到变化的工作情况中，能够对以下关键方面的异常情况做出反应： 1. 安装待测整车道路试验装置。 2. 整车道路试验设备安全操作及试验设备维护。 3. 执行整车道路试验流程
鉴定的环境和具体资源	以下环境和资源应该可以获得和使用： 1. 整车道路试验测试场地。 2. 与整车道路试验相关的国家行业标准及流程。 3. 试验团队与项目团队
鉴定方法	在工作场所或模拟环境中对能力进行鉴定，以准确反映实际工作场所环境中的绩效： 1. 鉴定必须包括对任务的直接观察。 2. 如果能力鉴定包括第三方证据，则个人必须提供证据，证明其与道路试验有关联，如道路试验工作单。 3. 鉴定人员必须通过对技能和知识的提问来验证实作技能，以确保正确的解释和应用。 4. 遵从已达成一致的真实安排，实作的证据可以由客户，团队领导、成员或其他合适人员提供

适用范围陈述

企业类型	企业可能在规模、类型和位置以及所提供的商品、产品和服务等范围是多样化的
部件设施	1. 试验车辆。 2. 试验设施、设备、部件可包括： ● 满足整车道路测试的场地； ● 整车道路试验设备； ● 道路试验使用的传感器
常见的问题	关于常见问题类型的必要建议可包括与以下试验设施及过程相关： 1. 整车道路试验环境安全性未达到试验要求。 2. 整车道路试验总成部件不能满足试验要求。 3. 整车道路试验传感器安装位置无效。 4. 整车道路试验传感器信号受到干扰。 5. 整车道路试验设备异常，不能满足运行要求。 6. 整车道路试验其他辅助试验设施故障。 7. 整车道路试验过程中待测总成及设备出现异常。 8. 整车道路试验数据未能有效采集和保存
项目团队	项目团队可包括： 1. 本单位或其他单位整车道路试验项目。 2. 有新的或特殊的整车道路试验要求。 3. 项目团队应感到受欢迎、尊重，而且在整车道路试验服务流程结束时感到满意。 4. 与项目团队交往可以是： ● 面对面； ● 通过电话； ● 使用电子或书面的方式
给项目团队的建议	提供给项目团队的道路试验建议是符合法规或组织的强制要求和法律责任要求
员　工	员工可包括： 全职的、兼职的或临时受雇的员工。员工可能在常规工作或忙碌工作条件下操作
法律要求	法律要求可包括： 1. 职场健康与安全以及客户国家/地方法律、法规。 2. 行业实施守则条例
信息、文件	信息、文件可包括： 企业政策和规程，设备和产品制造商、部件供应商说明书，企业操作程序，行业、职场实施条例和客户的询问、请求

3.4 汽车总成性能试验及数据标定能力模块

QPBPK01 燃油汽车动力总成性能试验及数据标定

能力单元描述

本单元能力涵盖了燃油汽车动力总成性能试验及数据标定技术人员的职责和所应具备的能力。

能力要素和实作指标

能力要素	实作指标
1 检查与准备待测燃油汽车动力总成	1.1 确认测试燃油汽车动力总成达到性能测试要求。 1.2 根据燃油汽车性能测试要求对待测总成进行检查。 1.3 知道待测燃油汽车的工作原理。 1.4 合理地将性能试验传感器布置在待测燃油汽车动力总成上。 1.5 将待测部件安装在燃油汽车动力总成性能测试设备上
2 检查与准备燃油汽车动力总成性能测试设备	2.1 确认燃油汽车动力总成性能试验环境达到测试要求。 2.2 确认燃油汽车动力总成性能测试设备安全是否达到要求。 2.3 确认燃油汽车动力总成性能测试设备(测功机及相应辅助测试设备)运行良好。 2.4 填写燃油汽车动力总成性能试验设备运行维护记录。 2.5 对简单的燃油汽车动力总成性能试验设备故障进行维修,复杂设备故障寻求专家帮助
3 执行燃油汽车动力总成性能试验及数据标定程序	3.1 在燃油汽车动力总成性能试验中熟练地操作性能测试系统软件。 3.2 在燃油汽车动力总成性能试验中自动或手动记录性能测试数据。 3.3 燃油汽车动力总成性能试验中关注待测总成的运行情况,并对突发事件进行处理。 3.4 燃油汽车动力总成性能试验中关注设备的运行情况,并对突发事件进行处理
4 处理燃油汽车动力总成性能试验数据	4.1 整理燃油汽车动力总成性能试验数据。 4.2 分析燃油汽车动力总成性能试验测试结果,提交性能试验报告

必要技能和知识

必要技能
1. 学习技能用于: ● 理解和解释与燃油汽车动力总成性能测试相关的信息; ● 收集、整理并理解与待测燃油汽车动力总成工作原理及性能相关的信息; ● 收集和理解燃油汽车动力总成性能测试设备操作流程及维护等相关信息。 2. 阅读技能用于: ● 询问开发工程师关于燃油汽车动力总成性能试验要求和目的; ● 与燃油汽车动力总成性能试验设备供应商探讨设备维护以及设备操作方法; ● 向开发工程师解释燃油汽车动力总成性能试验过程和试验数据分析。

续表

必要技能
3. 写作技能用于： • 清晰准确地填写工作场所文件； • 撰写燃油汽车动力总成性能试验报告。 4. 口头沟通技能用于： • 与实验室人员探讨燃油汽车动力总成性能试验计划和过程； • 与项目组人员探讨燃油汽车动力总成性能试验方法和试验目的； • 与实验室团队成员探讨燃油汽车动力总成性能试验设备维护方法。 5. 计算技能用于： • 测量燃油汽车动力总成性能试验各种参数； • 分析燃油汽车动力总成性能试验数据。 6. 计划和组织技能用于： • 规划待测部件故障分析及排除的优先选项； • 规划燃油汽车动力总成性能试验设备故障分析及排除的顺序； • 组织分析燃油汽车动力总成性能试验测试数据及判断测试结果。 7. 技术技能用于： • 准备和拆装待性能试验的部件； • 操作燃油汽车动力总成性能试验设备和处理测试数据
必要知识
1. 企业的一系列商品和服务、部门/区域的地点位置和电话分机。 2. 与燃油汽车动力总成性能测试及数据标定相关的行业/职场行为实施条例。 3. 燃油汽车动力总成主要部件的功能。 4. 发动机机械及电子管理系统。 5. 燃油汽车动力总成的输出功率和扭矩测试、油耗、排放及发动机耐久测试等测试方法和流程。 6. 燃油汽车动力总成性能测试用传感器工作原理。 7. 燃油汽车动力总成性能测试用传感器安装方法。 8. 燃油汽车动力总成测试设备(台架)操作方法。 9. 燃油汽车动力总成台架标定等测试方法和流程。 10. 燃油汽车动力总成标定过程用传感器工作原理。 11. 燃油汽车动力总成标定过程用传感器安装方法。 12. 燃油汽车动力总成测试设备维护、保养方法。 13. 燃油汽车动力总成测试数据处理

鉴定证据指南

鉴定综述	具体描述
本单元展示能力的必要证据和鉴定的关键方面	本单元必备的能力应被充分观察到,并且能力可以迁移到变化的工作情况中,能够对以下关键方面的异常情况做出反应: 1. 安装待测燃油汽车动力总成。 2. 执行燃油汽车动力总成性能试验流程。 3. 执行燃油汽车动力总成数据标定试验流程。 4. 执行燃油汽车动力总成性能试验数据处理。 5. 协助标定工程师完成燃油汽车动力总成标定数据处理
鉴定的环境和资源	以下环境和资源应该可以获得和使用: 1. 燃油汽车动力总成性能测试实验室。 2. 与燃油汽车动力总成性能试验及数据标定相关的国家行业标准及流程。 3. 试验团队与项目团队
鉴定方法	在工作场所或模拟环境中对能力进行鉴定,以准确地反映实际工作场所环境中的绩效: 1. 鉴定必须包括对任务的直接观察。 2. 如果能力鉴定包括第三方证据,则个人必须提供证据,证明其与燃油汽车动力总成性能试验有关联,如燃油汽车动力总成性能试验与数据标定工作单。 3. 鉴定人员必须通过对技能和知识的提问来验证实作技能,以确保正确的解释和应用。 4. 遵从已达成一致的真实安排,实作的证据可以由客户,团队领导、成员或其他合适人员提供

适用范围陈述

企业类型	企业可能在规模、类型和位置以及所提供的商品、产品和服务范围等方面是多样化的
部件设施	1. 汽车系统、部件可包括: ● 发动机机械及电子管理系统。 2. 试验设施、设备、部件可以包括: ● 满足燃油汽车动力总成性能测试的实验室; ● 汽车燃油动力总成性能试验设备(测功机等); ● 燃油汽车动力总成性能试验用传感器; ● 燃油汽车动力总成标定用仪器设备
常见的问题	关于常见问题类型的必要建议可包括与以下试验设施及过程相关: 1. 燃油汽车动力总成性能试验环境安全性未达到试验要求。 2. 性能试验燃油汽车动力总成部件不能满足试验要求。 3. 燃油汽车动力总成性能试验传感器安装位置无效。 4. 燃油汽车动力总成性能试验传感器信号受到干扰。 5. 燃油汽车动力总成性能试验设备异常,不能满足运行要求。 6. 燃油汽车动力总成性能试验其他辅助试验设施故障。 7. 燃油汽车动力总成性能试验中待测总成及设备出现异常。 8. 燃油汽车动力总成性能试验数据未能有效采集和保存

续表

项目团队	项目团队可能： 1. 是本单位或其他单位燃油汽车动力总成性能试验项目。 2. 有新的或特殊的燃油汽车动力总成性能试验要求。 3. 项目团队应感到受欢迎、尊重，而且在燃油汽车动力总成性能试验服务流程结束时感到满意。 4. 与项目团队交往可以是： • 面对面； • 通过电话； • 使用电子或书面的方式
给项目团队的建议	提供给项目团队的燃油汽车动力总成性能试验建议是符合法规或组织的强制要求和法律责任要求
员　工	员工可包括： 全职的、兼职的或临时受雇的员工。员工可能在常规工作或忙碌工作条件下操作
法律要求	法律要求可包括： 1. 与职场健康和安全以及客户相关的国家/地方法律、法规。 2. 行业实施守则条例
信息、文件	信息、文件可包括： 企业政策和规程，设备和产品制造商、部件供应商说明书，企业操作程序，行业、职场实施条例和客户的询问、请求

QPBPK02　新能源汽车动力总成性能试验及数据标定

能力单元描述

本单元能力涵盖了新能源汽车动力总成性能测试及标定技术人员的职责和所应具备的能力。

能力要素和实作指标

能力要素	实作指标
1　检查与准备待测新能源汽车动力总成	1.1　确认测试新能源动力总成达到测试要求。 1.2　根据新能源动力总成的性能测试要求对待测总成进行检查。 1.3　知晓测试待测新能源汽车动力总成的工作原理。 1.4　合理布置传感器在待测新能源汽车动力总成上。 1.5　将待测部件安装在新能源汽车动力性能测试设备上

续表

能力要素	实作指标
2　检查与准备新能源汽车动力性能试验设备	2.1　确认新能源汽车动力性能试验环境达到测试要求。 2.2　确认新能源汽车动力性能试验安全是否达到要求。 2.3　确认新能源汽车动力性能试验设备(测功机及相应辅助测试设备)运行良好。 2.4　填写新能源汽车动力性能试验设备运行维护记录。 2.5　对简单的新能源汽车动力性能试验设备故障进行维修,复杂的设备故障寻求专家帮助
3　执行新能源汽车动力性能试验及数据标定程序	3.1　在新能源汽车动力性能试验中熟练地操作测试系统软件。 3.2　在新能源汽车动力性能试验中自动或手动记录需要测试数据。 3.3　新能源汽车动力性能试验中关注待测总成的运行情况,并对突发事件进行处理。 3.4　新能源汽车动力性能试验中关注设备的运行情况,并对突发事件进行处理
4　处理新能源汽车动力性能试验数据	4.1　整理新能源汽车动力性能试验数据。 4.2　分析新能源汽车动力性能试验测试结果,提交性能试验报告

必要技能和知识

必要技能
1. 学习技能用于: • 理解和解释与新能源汽车动力总成性能测试相关的信息; • 收集、整理并理解与待测总成工作原理及性能相关的信息; • 收集和理解新能源汽车动力性能试验设备操作流程及维护等相关信息。 2. 阅读技能用于: • 询问开发工程师关于新能源汽车动力性能试验要求和目的; • 与新能源汽车动力性能试验设备供应商探讨设备维护以及设备操作方法; • 向开发工程师解释新能源汽车动力性能试验过程和试验数据分析。 3. 写作技能用于: • 清晰准确地填写工作场所文件; • 撰写新能源汽车动力性能试验报告。 4. 口头沟通技能用于: • 与实验室人员探讨新能源汽车动力性能试验计划和过程; • 与项目组人员探讨新能源汽车动力性能试验方法和试验目的; • 与实验室团队成员探讨新能源汽车动力性能试验设备维护方法。 5. 计算技能用于: • 测量新能源汽车动力性能试验各种参数; • 分析新能源汽车动力性能试验数据。 6. 计划和组织技能用于: • 规划待测部件故障分析及排除的优先选项; • 规划新能源汽车动力性能试验设备故障分析及排除的顺序; • 组织分析新能源汽车动力性能试验测试数据及判断测试结果。

续表

必要技能
7. 技术技能用于： ● 准备和拆装待性能试验的部件； ● 操作新能源汽车动力性能试验设备和处理测试数据
必要知识
1. 企业的一系列商品和服务、部门/区域的地点位置和电话分机。 2. 与新能源汽车动力总成性能测试相关的行业/职场行为实施条例。 3. 新能源汽车动力总成主要部件的功能。 4. 电机及电机驱动管理系统。 5. 新能源汽车动力总成的输出功率和扭矩测试、耐久测试等测试方法和流程。 6. 新能源汽车动力总成性能测试用传感器工作原理。 7. 新能源汽车动力总成性能测试用传感器安装方法。 8. 新能源汽车动力总成台架标定等测试方法和流程。 9. 新能源汽车动力总成标定过程用传感器工作原理。 10. 新能源汽车动力总成标定过程用传感器安装方法。 11. 新能源汽车动力总成测试设备(台架)操作方法。 12. 新能源汽车动力总成测试设备维护方法。 13. 新能源汽车动力总成测试数据处理

鉴定证据指南

鉴定综述	具体描述
本单元展示能力的必要证据和鉴定的关键方面	本单元必备的能力应被充分观察到，并且能力可以迁移到变化的工作情况中，能够对以下关键方面的异常情况做出反应： 1. 安装待测新能源汽车动力总成。 2. 执行新能源汽车动力总成性能试验流程。 3. 执行新能源汽车动力总成数据标定试验流程。 4. 执行新能源汽车动力总成性能试验数据处理。 5. 协助标定工程师完成新能源汽车动力总成标定数据处理
鉴定的环境和资源	以下环境和资源应该可以获得和使用： 1. 新能源汽车动力总成性能测试实验室。 2. 与新能源汽车动力总成性能试验相关的国家行业标准及流程。 3. 试验团队与项目团队
鉴定方法	在工作场所或模拟环境中对能力进行鉴定，以准确反映实际工作场所环境中的绩效： 1. 必须包括对任务的直接观察。 2. 如果能力鉴定包括第三方证据，则个人必须提供证据，证明其与新能源汽车动力总成性能试验有关联，如新能源汽车动力总成性能试验与数据标定工作单。 3. 鉴定人员必须通过对技能和知识的提问来验证实作技能，以确保正确的解释和应用。 4. 遵从已达成一致的真实安排，实作的证据可以由客户，团队领导、成员或其他合适人员提供

适用范围陈述

企业类型	企业可能在规模、类型和位置以及所提供的商品、产品和服务等范围是多样化的
部件设施	汽车系统、部件可包括： 1. 电机及电机驱动管理系统。 2. 试验设施、设备、部件可以包括： • 满足新能源汽车动力总成性能测试的实验室； • 汽车新能源动力总成测试设备(测功机等)； • 汽车新能源动力总成试验用传感器
常见的问题	关于常见问题类型的必要建议可包括与以下试验设施及过程相关： 1. 新能源汽车动力总成性能试验环境安全性未达到试验要求。 2. 性能试验新能源汽车动力总成部件不能满足试验要求。 3. 新能源汽车动力总成性能试验传感器安装位置无效。 4. 新能源汽车动力总成性能试验传感器信号受到干扰。 5. 新能源汽车动力总成性能试验设备异常,不能满足运行要求。 6. 新能源汽车动力总成性能试验其他辅助试验设施故障。 7. 新能源汽车动力总成性能试验中待测总成及设备出现异常。 8. 新能源汽车动力总成性能试验数据未能有效采集和保存
项目团队	项目团队可能： 1. 是本单位或其他单位新能源汽车动力总成性能试验项目。 2. 有新的或特殊的新能源汽车动力总成性能试验要求。 3. 项目团队应感到受欢迎、尊重,而且在新能源汽车动力总成性能试验服务流程结束时感到满意。 4. 与项目团队交往可以是： • 面对面； • 通过电话； • 使用电子或书面的方式
给项目团队的建议	提供给项目团队的新能源汽车动力总成性能试验建议是符合法规或组织的强制要求和法律责任要求
员　工	员工可包括： 全职的、兼职的或临时受雇的员工。员工可能在常规工作或忙碌工作条件下操作
法律要求	法律要求可包括： 1. 与职场健康和安全以及客户相关的国家/地方法律、法规。 2. 行业实施守则条例
信息、文件	信息、文件可包括： 企业政策和规程,设备和产品制造商、部件供应商说明书,企业操作程序,行业、职场实施条例和客户的询问、请求

4

智能网联汽车试验岗位领域能力标准

QPBZL01　智能车载设备功能性试验

能力单元描述

本单元能力涵盖了智能车载设备功能性试验技术人员的职责和所应具备的能力。

能力要素和实作指标

能力要素	实作指标
1　检查与准备待测智能车载设备样件	1.1　根据智能车载设备的零部件及总成知识储备,选择试验样件。 1.2　拆装智能车载设备的各个零部件,正确插拔线束。 1.3　标记、清洁拆卸的样件。 1.4　使用常用的汽车维修类工具。 1.5　理解智能车载设备功能性测试标准
2　检查与准备用于智能车载设备的测试设备	2.1　确认智能车载设备功能性试验环境是否达到要求。 2.2　确认智能车载设备功能性试验安全是否达到要求。 2.3　检查与标定智能车载设备功能性试验系统。 2.4　连接智能车载设备功能性测试系统线束与接口。 2.5　设置智能车载设备功能性测试系统的测试参数。 2.6　维护和简单维修智能车载设备功能性测试设备
3　执行智能车载设备功能性测试试验程序	3.1　在智能车载设备功能性试验中熟练操作测试系统软件。 3.2　在智能车载设备功能性试验中自动或手动记录需要测试的数据。 3.3　智能车载设备功能性试验中关注待测总成运行情况,并处理突发事件。 3.4　智能车载设备功能性试验中关注设备运行情况,并处理突发事件
4　处理智能车载设备功能性试验数据	4.1　整理智能车载设备功能性试验数据。 4.2　分析智能车载设备功能性试验测试结果,提交试验报告

必要技能和知识

必要技能
1. 学习技能用于： • 理解和解释与智能车载设备零部件及总成测试相关的信息； • 收集、整理并理解与待测部件工作原理及性能相关的信息； • 收集和理解智能车载设备测试设备的安全操作要领及检查、安装等相关信息。 2. 阅读技能用于： • 询问开发工程师关于智能车载设备功能性试验要求和目的； • 与智能车载设备功能性测试设备供应商探讨设备检查和安装调试以及设备操作方法； • 向开发工程师解释智能车载设备功能性试验过程和试验数据分析。 3. 写作技能用于： • 清晰、准确地填写工作场所文件； • 撰写智能车载设备功能性试验报告。 4. 口头沟通技能用于： • 与实验室人员探讨智能车载设备功能性试验计划和过程； • 与项目组人员探讨智能车载设备功能性试验方法和试验目的； • 与实验室团队成员探讨智能车载设备功能性试验设备维护方法。 5. 计算技能用于： • 测量智能车载设备功能性试验各种参数； • 分析智能车载设备功能性试验数据。 6. 计划和组织技能用于： • 规划待测部件故障分析及排除的优先选项； • 规划智能车载设备功能性试验设备故障分析及排除的顺序； • 组织分析智能车载设备功能性试验数据及判断测试结果。 7. 技术技能用于： • 准备和拆装待性能试验的部件； • 操作智能车载设备功能性试验设备和处理测试数据
必要知识
1. 企业的一系列商品和服务、部门/区域的地点位置和电话分机。 2. 与零部件及总成测试相关的行业/职场行为实施条例。 3. 智能车载设备零部件及总成的结构与功能。 4. 智能传感器系统操作方法。 5. 智能计算平台操作方法。 6. 底盘线控执行系统操作方法。 7. 智能座舱系统操作方法。 8. 智能车载设备功能性试验用传感器工作原理。 9. 智能车载设备功能性试验用传感器安装方法。 10. 智能车载设备零部件及总成测试设备（台架）操作方法。 11. 智能车载设备零部件及总成测试设备维护方法。 12. 零部件及总成测试方法和流程。 13. 零部件及总成测试数据处理

鉴定证据指南

鉴定综述	具体指南
本单元展示能力的必要证据和鉴定的关键方面	本单元必备的能力应被充分观察到，并且能力可以迁移到变化的工作情况中，能够对以下关键方面的异常情况做出反应： 1. 拆装待测智能车载设备零部件及总成。 2. 安全操作、检查、调试智能车载设备功能性试验设备。 3. 执行智能车载设备功能性试验流程
鉴定的环境和资源	以下环境和资源应该可以获得和使用： 1. 智能车载设备零部件及总成实验室。 2. 与智能车载设备零部件及总成试验相关的国家行业标准及流程。 3. 试验团队与项目团队
鉴定方法	在工作场所或模拟环境中对能力进行鉴定，以准确反映实际工作场所环境中的绩效： 1. 鉴定必须包括对任务的直接观察。 2. 如果能力鉴定包括第三方证据，则个人必须提供证据，证明其与智能车载设备功能性试验有关联，如智能车载设备功能性试验工作单。 3. 鉴定人员必须通过对技能和知识的提问来验证实作技能，以确保正确的解释和应用。 4. 遵从已达成一致的真实安排，实作的证据可以由客户，团队领导、成员或其他合适人员提供

适用范围陈述

企业类型	企业可能在规模、类型和位置以及所提供的商品、产品和服务等范围是多样化的
部件设施	1. 智能车载设备可包括： ● 环境感知系统； ● 车载计算平台； ● 底盘线控执行系统； ● 智能座舱系统。 2. 试验设施、设备、部件可包括： ● 满足智能车载设备零部件及总成测试的实验室； ● 智能车载设备零部件及总成测试设备（台架、传感器、CAN 分析仪等）； ● 控制软件、测试软件

续表

常见的问题	关于常见问题类型的必要建议可包括与以下试验设施及过程相关： 1. 智能车载设备功能性试验环境安全性未达到试验要求。 2. 功能性试验智能车载设备不能满足试验要求。 3. 智能车载设备功能性试验传感器安装位置无效。 4. 智能车载设备功能性试验传感器信号受到干扰。 5. 智能车载设备功能性试验设备异常，不能满足运行要求。 6. 智能车载设备功能性试验其他辅助试验设施故障。 7. 智能车载设备功能性试验中待测总成及设备出现异常。 8. 智能车载设备功能性试验数据未能有效采集和保存
项目团队	项目团队可能： 1. 是本单位或其他单位智能车载设备功能性试验项目。 2. 有新的或特殊的智能车载设备功能性试验要求。 3. 项目团队应感到受欢迎、尊重，而且在智能车载设备功能性试验服务流程结束时感到满意。 4. 与项目团队交往可以是： ● 面对面； ● 通过电话； ● 使用电子或书面的方式
给项目团队的建议	提供给项目团队的智能车载设备功能性试验建议是符合法规或组织的强制要求和法律责任要求
员　工	员工可包括： 全职的、兼职的或临时受雇的员工。员工可能在常规工作或忙碌工作条件下操作
法律要求	法律要求可包括： 1. 与职场健康和安全以及客户相关的国家/地方法律、法规。 2. 行业实施守则条例
信息、文件	信息、文件可包括： 企业政策和规程，设备和产品制造商、部件供应商说明书，企业操作程序，行业、职场实施条例和客户的询问、请求

QPBZL02　智能网联汽车场景试验

能力单元描述

本单元能力涵盖了智能网联汽车场景试验技术人员的职责和所需具备的能力。

能力要素和实作指标

能力要素	实作指标
1 检查与整备试验整车	1.1 根据智能车载设备的零部件及总成知识储备，正确选择被测车辆。 1.2 拆装智能网联汽车的零部件及总成，插拔线束。 1.3 检查车辆状态，完成车辆测试前的整备。 1.4 正确使用常用的汽车维修类工具。 1.5 理解智能网联汽车场景测试标准
2 搭建与准备试验场景	2.1 确认智能网联汽车场景试验测试环境、路况是否达到要求。 2.2 确认智能网联汽车场景试验测试场景安全是否达到要求。 2.3 正确选择智能网联汽车场景试验测试场景，布置场景元素。 2.4 维护和简单维修智能网联汽车场景试验场景元素
3 检查与准备场景试验设备	3.1 检查与标定智能网联汽车场景试验测试系统。 3.2 连接智能网联汽车场景试验测试系统线束与接口。 3.3 设置智能网联汽车场景试验测试系统的测试参数。 3.4 维护和简单维修智能网联汽车场景试验测试设备
4 执行智能网联汽车场景试验程序	4.1 在智能网联汽车场景试验中熟练地操作测试系统软件。 4.2 在智能网联汽车场景试验中自动或手动记录需要测试的数据。 4.3 智能网联汽车场景试验中关注待测总成运行情况，并处理突发事件。 4.4 智能网联汽车场景试验中关注设备运行情况，并处理突发事件
5 处理智能网联汽车场景试验数据	5.1 整理智能网联汽车场景试验数据。 5.2 分析智能网联汽车场景试验测试结果，提交试验报告

必要技能和知识

必要技能
1. 学习技能用于： ●理解和解释与智能网联汽车场景测试相关的信息； ●收集、整理并理解与待测车辆工作原理及性能相关的信息； ●收集和理解智能网联汽车场景测试设备安全操作要领及检查、安装等相关信息。 2. 阅读技能用于： ●询问开发工程师关于智能网联汽车场景测试要求和目的； ●与场景元素供应商探讨设施检查和安装调试以及设施操作方法； ●与测试设备供应商探讨设备检查和安装调试以及设备操作方法； ●向开发工程师解释智能网联汽车场景测试过程和试验数据分析。 3. 写作技能用于： ●填写工作场所文件； ●撰写智能网联汽车场景测试报告。

续表

必要技能
4. 口头沟通技能用于： • 与实验室人员探讨智能网联汽车场景试验计划和过程； • 与项目组人员探讨智能网联汽车场景试验方法和试验目的； • 与实验室团队成员探讨智能网联汽车场景测试设备维护方法。 5. 计算技能用于： • 测量智能网联汽车场景测试各种参数； • 分析智能网联汽车场景测试数据。 6. 计划和组织技能用于： • 规划待测车辆选取、整备、清洁及标记流程； • 组织场景元素检查、安装及调试； • 组织测试设备检查、安装及调试。 7. 技术技能用于： • 整备待测车辆； • 搭建测试场景； • 操作智能网联汽车场景测试设备和处理测试数据
必要知识
1. 企业的一系列商品和服务、部门/区域的地点位置和电话分机。 2. 智能网联汽车场景测试相关的行业/职场行为实施条例。 3. 智能网联汽车主要部件的功能。 4. 测试场景的布置和安装方法。 5. 测试场景元素的维护方法。 6. 测试设备的工作原理。 7. 测试设备(台架)的操作方法。 8. 测试设备的维护方法。 9. 智能网联汽车场景测试的方法和流程。 10. 智能网联汽车场景测试数据处理零部件及总成测试数据处理

鉴定证据指南

鉴定综述	具体描述
本单元展示能力的必要证据和鉴定的关键方面	本单元必备的能力应被充分观察到，并且可以将能力迁移到变化的工作情况中，能够对以下关键方面的异常情况做出反应： 1. 拆装待测智能网联汽车零部件及总成。 2. 安全操作、检查、调试场景元素。 3. 安全操作、检查、调试零部件及总成试验设备。 4. 执行智能网联汽车场景测试流程

续表

鉴定综述	具体描述
鉴定的环境和资源	以下环境和资源应该可以获得和使用： 1. 智能网联汽车场景测试场。 2. 与智能网联汽车场景测试相关的国家行业标准及流程。 3. 试验团队与项目团队
鉴定方法	在工作场所或模拟环境中对能力进行鉴定，以准确反映实际工作场所环境中的绩效： 1. 鉴定必须包括对任务的直接观察。 2. 如果能力鉴定包括第三方证据，则个人必须提供证据，证明其与智能网联汽车场景试验有关联，如智能网联汽车场景试验工作单。 3. 鉴定人员必须通过对技能和知识的提问来验证实作技能，以确保正确的解释和应用。 4. 遵从已达成一致的真实安排，实作的证据可以由客户，团队领导、成员或其他合适人员提供

适用范围陈述

企业类型	企业可能在规模、类型和位置以及所提供的商品、产品和服务等范围是多样化的
部件设施	1. 智能网联汽车部件可包括： ● 环境感知系统； ● 车载计算平台； ● 底盘线控执行系统； ● 智能座舱系统。 2. 试验设施、设备、部件可包括： ● 满足智能网联汽车场景测试场； ● 智能网联汽车场景测试的场景元素和测试设备控制软件、测试软件
常见的问题	关于常见问题类型的必要建议可包括与以下试验设施及过程相关： 1. 智能网联汽车场景测试环境安全性未达到试验要求。 2. 智能网联汽车场景测试设备不能满足试验要求。 3. 智能网联汽车场景测试传感器安装位置无效。 4. 智能网联汽车场景试验传感器信号受到干扰。 5. 智能网联汽车场景试验设备异常，不能满足运行要求。 6. 智能网联汽车场景试验其他辅助试验设施故障。 7. 智能网联汽车场景试验中待测总成及设备出现异常。 8. 智能网联汽车场景试验数据未能有效采集和保存

续表

项目团队	项目团队可能： 1. 是本单位或其他单位智能网联汽车场景试验项目。 2. 有新的或特殊的智能网联汽车场景试验要求。 3. 项目团队应感到受欢迎、尊重，而且在智能网联汽车场景试验服务流程结束时感到满意。 4. 与项目团队交往可以是： • 面对面； • 通过电话； • 使用电子或书面的方式
给项目团队的建议	提供给项目团队的智能网联汽车场景试验建议是符合法规或组织的强制要求和法律责任要求
员　工	员工可包括： 全职的、兼职的或临时受雇的员工。员工可能在常规工作或忙碌工作条件下操作
法律要求	法律要求可包括： 1. 与职场健康和安全以及客户相关的国家/地方法律、法规。 2. 行业实施守则条例
信息、文件	信息、文件可包括： 企业政策和规程，设备和产品制造商、部件供应商说明书，企业操作程序，行业、职场实施条例和客户的询问、请求

QPBZL03　车路协同系统试验

能力单元描述

本单元能力涵盖了车路协同系统通信试验技术人员的职责和所应具备的能力。

能力要素和实作指标

能力要素	实作指标
1　检查与准备车路协同系统试验	1.1　根据智能车载设备的零部件及总成知识储备，正确选择被测部件。 1.2　拆装车路协同系统的零部件及总成，插拔线束。 1.3　检查车路协同系统状态，完成测试前的准备工作。 1.4　使用常用的汽车维修类工具。 1.5　理解车路协同系统测试标准
2　检查与准备通信设备	2.1　确认车路协同系统试验环境是否达到要求。 2.2　确认车路协同系统试验场地安全是否达到要求。 2.3　布置整车与场地内的通信设备。 2.4　对通信设备进行维护和简单维修

续表

能力要素	实作指标
3　检查与准备车路协同系统试验测试设备	3.1　检查与标定车路协同系统试验测试系统。 3.2　连接车路协同系统试验测试系统线束与接口。 3.3　设置车路协同系统试验测试系统的测试参数。 3.4　维护和简单维修车路协同系统试验测试设备
4　执行车路协同系统试验程序	4.1　在车路协同系统试验中操作测试系统软件。 4.2　在车路协同系统试验中自动或手动记录需要测试的数据。 4.3　车路协同系统试验中关注待测总成运行情况，并处理突发事件。 4.4　车路协同系统试验中关注设备运行情况，并处理突发事件
5　处理车路协同系统试验数据	5.1　整理车路协同系统试验数据。 5.2　分析车路协同系统试验测试结果，提交试验报告

必要技能和知识

必要技能
1. 学习技能用于： • 理解和解释与车路协同系统通信试验相关的信息； • 收集、整理并理解和待测部件工作原理及性能相关的信息； • 收集和理解车路协同系统通信测试设备安全操作要领及检查、安装等相关信息。 2. 阅读技能用于： • 询问开发工程师关于车路协同系统试验要求和目的； • 与车路协同系统试验设备供应商探讨设备检查和安装调试以及设备操作方法； • 向开发工程师解释车路协同系统试验过程和试验数据分析。 3. 写作技能用于： • 清晰准确地填写工作场所文件； • 撰写车路协同系统试验报告。 4. 口头沟通技能用于： • 与实验室人员探讨车路协同系统试验计划和过程； • 与项目组人员探讨车路协同系统试验方法和试验目的； • 与实验室团队成员探讨车路协同系统试验设备的维护、安装、调整方法。 5. 计算技能用于： • 测量车路协同系统试验各种参数； • 分析车路协同系统试验数据。 6. 计划和组织技能用于： • 规划待测部件选取、拆卸、清洁及标记流程； • 组织车路协同系统试验设备检查、安装及调试。 7. 技术技能用于： • 准备和拆装待性能试验的部件； • 操作车路协同系统试验设备和处理测试数据

续表

必要知识
1. 企业的一系列商品和服务、部门/区域的地点位置和电话分机。 2. 与车路协同通信测试相关的行业/职场行为实施条例。 3. 车路协同系统主要部件的功能。 4. 车辆信息和定位传输系统(Telematics BOX,T-BOX)操作方法。 5. 路侧单元(Road Side Unit,RSU)操作方法。 6. 测试用传感器工作原理。 7. 测试用传感器安装方法。 8. 车路协同通信测试设备(台架)操作方法。 9. 车路协同通信测试设备维护、保养方法。 10. 测试设备操作方法。 11. 测试设备维护方法。 12. 车路协同通信测试方法和流程。 13. 车路协同通信测试数据处理

鉴定证据指南

鉴定综述	具体描述
本单元展示能力的必要证据和鉴定的关键方面	本单元必备的能力应被充分观察到,并且能力可以迁移到变化的工作情况中,能够对以下关键方面的异常情况做出反应: 1. 拆装待测车路协同系统零部件及总成。 2. 安全操作、检查、调试车路协同系统试验设备。 3. 执行智能车载设备功能性试验流程
鉴定的环境和资源	以下环境和资源应该可以获得和使用: 1. 车路协同系统通信测试试验场。 2. 与车路协同系统通信试验相关的国家行业标准及流程。 3. 试验团队与项目团队
鉴定方法	在工作场所或模拟环境中对能力进行鉴定,以准确反映实际工作场所环境中的绩效: 1. 鉴定必须包括对任务的直接观察。 2. 如果能力鉴定包括第三方证据,则个人必须提供证据,证明其与车路协同系统试验有关联,如车路协同系统试验工作单。 3. 鉴定人员必须通过对技能和知识的提问来验证实作技能,以确保正确的解释和应用。 4. 遵从已达成一致的真实安排,实作的证据可以由客户,团队领导、成员或其他合适人员提供

适用范围陈述

企业类型	企业可能在规模、类型和位置以及所提供的商品、产品和服务等范围是多样化的
部件设施	1. 车路协同系统可包括： • 车载单元(On Board Unit,OBU)或T-Box； • 路侧单元RSU； • 辅助基站及通信设备。 2. 试验设施、设备、部件可包括： • 满足车路协同系统通信测试的实验室； • 车路协同系统通信测试设备(台架等)； • 试验用传感器
常见的问题	关于常见问题类型的必要建议可包括与以下试验设施及过程相关： 1. 车路协同系统试验环境安全性未达到试验要求。 2. 车路协同系统试验设备不能满足试验要求。 3. 车路协同系统试验传感器安装位置无效。 4. 车路协同系统试验传感器信号受到干扰。 5. 车路协同系统试验设备异常,不能满足运行要求。 6. 车路协同系统试验其他辅助试验设施故障。 7. 车路协同系统试验中待测总成及设备出现异常。 8. 车路协同系统试验数据未能有效采集和保存
项目团队	项目团队可能： 1. 是本单位或其他单位车路协同系统试验项目。 2. 有新的或特殊的车路协同系统试验要求。 3. 项目团队应感到受欢迎、尊重,而且在车路协同系统试验服务流程结束时感到满意。 4. 与项目团队交往可以是： • 面对面； • 通过电话； • 使用电子或书面的方式
给项目团队的建议	提供给项目团队的车路协同系统试验建议是符合法规或组织的强制要求和法律责任要求
员　工	员工可包括： 全职的、兼职的或临时受雇的员工。员工可能在常规工作或忙碌工作条件下操作
法律要求	法律要求可包括： 1. 与职场健康与安全以及客户相关的国家/地方法律、法规。 2. 行业实施守则条例
信息、文件	信息、文件可包括： 企业政策和规程,设备和产品制造商、部件供应商说明书,企业操作程序,行业、职场实施条例和客户的询问、请求

5

新能源汽车测试与检修岗位领域能力标准

5.1 纯电动汽车测试与检修能力模块

QPBXM01 纯电动汽车高压电池与充电系统测试与检修

能力单元描述

本单元能力涵盖了纯电动汽车(Battery Electric Vehicles,BEV)高压电池与充电系统故障测试与检修技术人员的职责和所需具备的能力。

能力要素和实作指标

能力要素	实作指标
1 准备测试高压系统	1.1 根据工作环境场所确定工作目标。 1.2 根据控制器或控制单元读取并处理诊断信号(故障代码)。 1.3 分析测试选项并选择最适合情况的选项。 1.4 根据安全要求和电动汽车操作装备要求,识别与工作相关的危险。 1.5 选择并测试与检查工具和设备
2 测试高压电池与充电系统	2.1 根据制造商规范、工作场所程序和安全要求进行测试试验。 2.2 从测试结果中识别故障并确定故障原因。 2.3 根据工作场所程序测试报告诊断结果提出所需检查或调整的建议

续表

能力要素	实作指标
3　检修高压电池与充电系统	3.1　读取并处理测试信息(故障代码)。 3.2　分析测试选项并选择最适合情况的选项。 3.3　选择并检查、测试和维修的工具、设备和材料。 3.4　根据制造商的规范,对车辆高压系统进行断电,操作包含断开手动维修开关或断开车辆高压系统连接。 3.5　根据制造商规范、工作场所程序、安全和环境要求,在不对部件或系统造成损坏的情况下,按照要求更换、检修或调整高压电池与充电系统及其部件。 3.6　重新连接高压系统维修开关,并重新激活车辆。 3.7　根据工作场所的程序重新进行测试,以确认无故障,并更换、修复或调整在测试过程中发现的任何其他问题
4　完善工作流程	4.1　进行最终检查,以确保工作符合工作场所的预期,并提供车辆以备使用。 4.2　清理工作区域,处理废物和不可回收材料,收集可回收材料。 4.3　检查和储存工具和设备,并根据工作场所程序识别、标记和隔离任何故障电气设备。 4.4　根据工作场所程序处理工作场所文件

必要技能和知识

必要技能
1. 学习技能用于: • 有效地找到合适的信息来源,合理且有效定位信息来源。 2. 阅读技能用于: • 解释制造商工艺规范中测试和检修信息中的文本、符号和电路图,以及工作场所说明和程序。 3. 写作技能用于: • 在测试报告中提出检修的建议以及记录所用零件和材料,清晰准确地填写工作场所文件。 4. 口头沟通技能用于: • 能解释、澄清使用(产品)说明书,能根据测试结果提出检修建议。 5. 计算技能用于: • 将电气部件和零件识别号与工作场所说明书、车辆和部件清单以及制造商规范相匹配; • 解释车辆电气测量以及数字和模拟仪表上的读数正确读出测量设备、数字仪表上的数据; • 测量电压、电流和电阻,并使用基本的数学运算,包括加减运算,以计算与制造商规范的偏差。 6. 计划和组织技能用于: • 规划自己的工作要求,并确定行动的优先顺序,以实现所需的成果,并确保在工作时间内完成任务; • 合理规划工作内容,确保能够在规定时间内完整地完成工作,达到工作目标。 7. 技术技能用于: • 使用专用工具

续表

必要知识
职场健康与安全(WHS)和职业健康与安全(OHS)的有关诊断和维修的要求,包括识别危害并控制与以下内容相关的风险: 1. 在纯电动车电气系统中使用高压电的风险。 2. 在高压环境下工作时佩戴首饰的风险。 3. 确定适当的程序使与危害相关的风险最小化,包括在以下情况应用电气安全预防措施: • 使用个人防护装备,包括耐压 1 000 V 的绝缘手套及绝缘垫; • 识别并适当使用消防设备; • 使用“单手操作”原则; • 遵守系统警告标签和标志; • 切断动力; • 隔离高压电源。 4. 按照环保要求,包括收集、储存和处理在检修过程中产生的废物等。 5. 电动汽车操作要求,包括测试、检查、调整、修复知晓电动车安全及规范操作要求。 6. 纯电动汽车高压电池与充电系统的工作原理,包括: (1)高压电池组结构包括: • 电池类型; • 电池内阻。 (2)高压电池组系统包括: • 充电特性; • 开路电压; • 反向极化; • 电池组布置; • 安装和布局方式。 (3)高压充电系统包括: • 慢充线路组成及布置; • 快充线路组成及布置; • 各充电插接头含义; • 充电系统警告灯含义; • 车载充电机的组成及结构; • 充电桩的组成及结构。 7. 高压系统的应用、用途和运作,包括: (1)动力电池、车载充电器、DC/DC; (2)电池管理系统(BMS); (3)配电装置(PDU)。 8. 纯电动汽车高压电池与充电系统测试使用工具读取及处理系统故障的试验方法,包括: (1)诊断故障代码; (2)实时数据; (3)冻结帧数据;

续表

必要知识
(4)波形; (5)使用诊断流程图。 9. 电源系统测试包括: (1)在不损坏连接器、保险丝座或线路的情况下,使用探针测试电气端子; (2)测试控制器输入、输出信号和波形; (3)车辆动态和静态测试; (4)分析高压及驱动系统异常噪声; (5)分析装配启动失败原因; (6)高压冷却系统测试。 10. 检修电动车高压充电系统, 包括: (1)有效及规范地拧紧高压系统部件连接螺栓、螺母; (2)更换有故障或损坏的连接电缆; (3)更换、拆装失效或损坏的部件; (4)拆卸和更换电机控制器、电池管理器等。 11. 检修完成后的测试程序, 包括: (1)清除故障诊断码; (2)检查电气接头是否匹配; (3)高压电池与充电系统性能测试

鉴定证据指南

鉴定综述	具体描述
本单元展示能力的必要证据和鉴定的关键方面	本单元必备的能力应被充分观察到,并且能力可以迁移到变化的工作情况中,能够对以下关键方面的异常情况做出反应: 1. 测试 BEV 中的高压电池与充电系统数据。 2. 检修 BEV 中的高压电池与充电系统性能故障
鉴定的环境和资源	以下环境和资源应该可以获得和使用: 1. 汽车测试工作场所或模拟工作场所。 2. 个人防护用品, 包括耐压 1 000 V 的安全手套和高压绝缘垫。 3. 制造商的产品规格说明书。 4. 与电动汽车操作、维护和修理相关的国家行业标准及流程。 5. 两种不同的电动车和相关配件。 6. 用于测试和检修的电气诊断设备, 包括: • 带有 1 000 V 额定值的数字万用表; • 绝缘测试仪; • 故障诊断仪; • 示波器。 7. 用于检修的零部件、工具、设备和材料

续表

能力要素	实作指标
鉴定方法	在工作场所或模拟环境中对能力进行鉴定，以准确反映实际工作场所环境中的绩效： 1. 鉴定必须包括对任务的直接观察。 2. 如果能力鉴定包括第三方证据，则个人必须提供证据，证明其与高压电池与充电系统有关联，证明其已检修，如检修工单。 3. 鉴定人员必须通过对技能和知识的提问来验证实作技能，以确保正确地解释和应用

适用范围陈述

安全要求	1. 职场健康与安全（WHS）和职业健康与安全（OHS）要求，包括以下程序： • 识别危险并控制风险； • 在 BEV 电气系统中使用高压； • 在高压电工作环境下佩戴首饰。 2. 确定适当的程序，以尽量减少与危险相关的风险，包括在下列情况下应用电气安全预防措施： • 使用个人防护装备，包括耐压 1 000 V 的绝缘手套及绝缘垫； • 识别并适当使用消防设备； • 使用“单手操作”原则； • 遵守系统警告标签和标志； • 切断动力； • 隔离高压电源
工具和设备	具体车辆检修程序中规定的，包括： 1. 额定电压为 1 000 V 的数字万用表。 2. 绝缘测试仪。 3. 故障诊断仪。 4. 示波器
环境要求	检修过程中产生的废物的收集、储存和处置程序
项目团队	项目团队可能： 1. 是本单位项目或其他单位项目。 2. 有新的或特殊的要求。 3. 项目团队应感到受欢迎、尊重，而且在服务流程结束时感到满意。 4. 与项目团队交往可以是： • 面对面； • 通过电话； • 使用电子或书面的方式

续表

给项目团队的建议	提供给项目团队的建议是符合法规或组织的强制要求和法律责任要求
员　工	员工可包括： 全职的、兼职的或临时受雇的员工。员工可能在常规工作或忙碌工作条件下操作
法律要求	法律要求可包括： 1. 与职场健康和安全以及客户所在国家法律或地方法规。 2. 行业实施守则条例
信息、文件	信息、文件可包括： 企业政策和规程，设备和产品制造商、部件供应商说明书，企业操作程序，行业、职场实施条例和客户的询问、请求

QPBXM02　纯电动汽车空调系统测试与检修

能力单元描述

本单元能力涵盖了纯电动汽车空调系统故障测试和检修技术人员的职责和所应具备的能力。

能力要素和实作指标

能力要素	实作指标
1　准备测试和检修暖风、通风与空调	1.1　根据工作场所及产品说明书确定诊断要求和目标。 1.2　解释测试信息的来源。 1.3　确定检修程序和最适合的选项。 1.4　根据安全要求和电动汽车操作、测试和检修的要求，识别与工作相关的危险。 1.5　选择并检查、测试与检修工具和设备的可用性
2　测试空调系统	2.1　根据制造商规范、工作场所程序和安全要求进行测试试验。 2.2　根据测试试验结果识别判断故障，确定追溯故障原因。 2.3　根据测试报告结果，提出必要的检修或调整的建议
3　检修暖风、通风与空调系统	3.1　解释检修信息及其来源。 3.2　分析检修方案，选择最适合的方案。 3.3　选择和检查检修工具、设备和材料。 3.4　根据制造商规范，找到维修插头或手动维修开关，根据维修手册断开车辆高压系统连接插头或维修开关。 3.5　根据制造商工艺规范、工作场所程序、安全和环境要求，在不损坏部件或系统的情况下，根据需要更换、检修或调整暖通空调和高压电源制冷系统部件。 3.6　重新连接高压维修插头或维修开关装置，并重新启动车辆。 3.7　根据工作场所的程序进行检修后测试，以确认故障的修复，并修复在检修过程中发现的任何进一步的问题

续表

能力要素	实作指标
4　完整的工作流程	4.1　进行最终检查,以确保工作符合工作场所的预期,并提供车辆以备使用。 4.2　清理工作区域,处理废弃物和不可回收材料,收集可回收材料。 4.3　检查和储存工具和设备,并根据工作场所程序识别、标记和隔离故障电气设备。 4.4　按照行业所需的工作场所文件及工作场所程序完成和处理

必要技能和知识

必要技能
1. 学习技能用于: • 有效地识别和定位各种信息源。 2. 阅读技能用于: • 解释制造商工艺规范中测试和检修信息中的文本、符号和电路图,以及工作场所说明和程序。 3. 写作技能用于: • 在报告测试结果、提出检修建议以及记录所用零件和材料时,应清晰、准确地填写工作场所文件。 4. 口头沟通技能用于: • 能解释、澄清使用(产品)说明书,能根据测试结果提出检修建议。 5. 计算技能用于: • 将电气部件和零件识别号与工作场所说明书、车辆和部件清单以及制造商工艺规范相匹配; • 解释车辆电气测量和读数; • 测量电压、电流和电阻,并使用基本的数学运算,包括加减运算,以计算与制造商规范的偏差。 6. 计划和组织技能用于: • 规划自己的工作要求,并确定行动的优先顺序,以实现所需的成果,并确保在工作时间内完成任务。 7. 技术技能用于: • 使用专业测试和检修设备,包括数字万用表、故障诊断仪、示波器等设备
必要知识
1. 与测试和检修空调系统有关的工作健康和安全(WHS)和职业健康和安全(OHS)要求,包括: (1)能够察觉危险并能管控相关风险,包括: • 在 BEV 电气系统中使用高压,在纯电动汽车高压电器系统中工作; • 在高压电环境下工作时佩戴首饰; • 考虑到冻伤风险,在沸点使用制冷剂防止冻伤而在制冷剂沸点温度下工作; • 使用系统润滑剂和专用润滑剂,包括致癌类油; • 处理使用易燃制冷剂。 (2)确定适当的程序,以尽量减少与危险相关的风险,包括应用电气安全预防措施: • 使用个人防护设备,包括耐压 1 000 V 的安全手套和高压绝缘垫; • 识别并酌情使用消防安全设备; • 使用"单手操作"原则; • 遵循带电系统警告标签和标志;

续表

必要知识
• 车辆断电； • 隔离高压电源和车辆高压电气系统。 2. 环境要求包括： • 收集、储存和处理来自空调系统的油液废物； • 防止制冷剂泄漏到大气中。 3. 能够对电动汽车进行安全测试和检修操作。 4. 空调系统相关部件的工作原理包括： • 空调系统类型； • 空调系统结构； • 空调系统工作原理。 5. 空调系统及部件的应用、用途和操作包括： • 电动压缩机； • 空调控制单元； • 暖风、通风与空调系统控制单元的输入与输出； • 空调内外循环系统； • 空调制冷系统。 6. 空调系统的故障检修程序包括： (1)读取故障诊断码，包括： • 故障诊断码； • 实时数据； • 定格数据； • 波形图。 (2)使用诊断流程图。 7. 测试电气系统，包括以下程序： (1)在不损坏连接器、保险丝座或线路的情况下，使用探针测试电气端子； (2)确定电动压缩机绕组的损坏； (3)检查电动压缩机绕组的绝缘电阻； (4)检查高压电缆的布线和损坏； (5)空调动态、静态试验； (6)异常噪声分析； (7)分析部件故障。 8. 空调系统的维修程序，包括检修及拆装空调系统： (1)紧固(部件间连接件、锁止件)； (2)更换有故障或损坏的电缆连接； (3)拆换有故障的或损坏的部件。 9. 空调系统的检修后试验程序，包括： (1)故障诊断码清除程序； (2)检查电气接头是否匹配； (3)暖通空调系统和制冷系统的静态和动态性能试验

鉴定证据指南

鉴定综述	具体描述
本单元展示能力的必要证据和鉴定的关键方面	测试或检修两种不同 BEV 上的加热、通风和空调制冷系统及其部件,其中的工作必须涉及: 1. 检修或更换一个暖风、通风的空调系统(制冷、供暖、通风)部件。 2. 检修或更换一个高压制冷系统部件
鉴定的环境和资源	以下环境和资源可以获得和使用: 1. 汽车检修车间或模拟车间。 2. 个人防护用品和安全设备,包括耐压 1 000 V 的绝缘手套及绝缘垫。 3. 制造商 BEV 空调系统的技术规范。 4. 电动汽车操作、测试和检修规范。 5. 带有可用于测试、检修或更换的空调系统部件的两种不同的 BEV。 6. 适用于 BEV 空调系统的电气诊断设备,按照工具和设备中规定的条件进行测试和检修。 7. 适用于测试和检修 BEV 中空调系统的工具、设备和材料
鉴定方法	在工作场所或模拟环境中对能力进行鉴定,以准确反映实际工作场所环境中的绩效: 1. 鉴定必须包括对任务的直接观察。 2. 如果能力鉴定包括第三方证据,则个人必须提供证据,证明其与所使用的 BEV 空调系统相关联,如检修工单。 3. 鉴定人员必须通过对技能和知识的提问来验证实作技能,以确保正确的解释和应用

适用范围陈述

安全要求	1. 职场健康与安全(WHS)和职业健康与安全(OHS)要求,包括以下程序: (1)识别危险并控制风险: • 在 BEV 电气系统中使用高压; • 在高电压环境下工作时佩戴首饰; • 考虑到冻伤风险,在制冷剂沸点时工作; • 使用系统润滑剂,包括致癌油类; • 处理易燃制冷剂。 (2)确定适当的程序,以尽量减少与危险相关的风险,包括采用电气安全预防措施: • 使用个人防护设备,包括耐压 1 000 V 的绝缘手套及绝缘垫; • 适当识别和使用消防安全设备; • 使用“单手操作”原则; • 遵守带电系统警告标签和标志; • 车辆断电; • 隔离高压电源和车辆高压电气系统

续表

工具和设备	1. 特定车辆维修程序中规定的内容,包括: (1)额定电压为 1 000 V 的数字万用表; (2)绝缘测试仪; (3)故障诊断仪; (4)示波器。 2. 如果原始设备制造商(OEM)测试要求中有温度和压力测量设备,包括: (1)歧管和仪表组; (2)接触式温度计; (3)红外温度计(高温计); (4)电子温度探头; (5)湿度计(湿度探测器); (6)数字真空计(真空计); (7)制冷剂检漏设备,包括电子检漏仪。 3. 制冷剂回收设备,包括: (1)回收装置; (2)真空泵; (3)电子秤。 4. 其他设备,包括: (1)阀芯拆卸或更换工具; (2)喷油器
环境要求	环境要求可包括: 1. 收集、储存和处理暖通空调和高压制冷系统排放的废物。 2. 防止制冷剂泄漏到大气中
中国认证服务信息	中国认证服务信息必须包括: 1. 服务机构名称。 2. 技术人员姓名。 3. 制冷剂处理许可证号。 4. 车辆登记号。 5. 服务日期。 6. 制冷剂类型。 7. 润滑剂类型
项目团队	项目团队可能: 1. 是本单位项目或其他单位项目。 2. 有新的或特殊的要求。 3. 项目团队应感到受欢迎、尊重,而且在服务流程结束时感到满意。 4. 与项目团队交往可以是: • 面对面; • 通过电话; • 使用电子或书面的方式

续表

给项目团队的建议	提供给项目团队的建议是符合法规或组织的强制要求和法律责任要求
员　工	员工可包括： 全职的、兼职的或临时受雇的员工。员工可能在常规工作或忙碌工作条件下操作
法律要求	法律要求可包括： 1. 与职场健康和安全以及客户所在国家法律和地方法规。 2. 行业实施守则条例
信息、文件	信息、文件可包括： 企业政策和规程，设备和产品制造商、部件供应商说明书，企业操作程序，行业、职场实施条例和客户的询问、请求

QPBXM03　纯电动汽车驱动电机测试与检修

能力单元描述

本单元能力涵盖了纯电动汽车(BEV)驱动电机故障测试和检修技术人员的职责和所应具备的能力。

能力要素和实作指标

能力要素	实作指标
1　准备测试与检修电动车高压驱动电机	1.1　根据工作场所及产品说明书确定检修要求和目标。 1.2　解释测试信息的来源。 1.3　确定测试程序和最适合的选项。 1.4　根据安全要求和电动汽车操作、测试和检修要求，识别与工作相关的危险。 1.5　选择并检查测试与检修工具和设备的可用性
2　测试驱动电机	2.1　根据制造商规范、工作场所程序和安全要求进行测试试验。 2.2　根据测试试验结果识别判断故障，确定并追溯故障原因。 2.3　根据测试报告结果，提出必要的检修或调整建议
3　检修驱动电机	3.1　解释检修信息及其来源。 3.2　分析检修方案，选择最适合的方案。 3.3　选择和检查检修工具、设备和材料。 3.4　根据制造商规范，找到维修插头或手动维修开关，根据维修手册断开车辆高压系统连接插头或维修开关。 3.5　根据制造商工艺规范、工作场所程序、安全和环境要求，在不损坏部件或系统的情况下，根据需要更换、检修或调整驱动电机及部件。 3.6　重新连接高压维修插头或维修开关装置，并重新启动车辆。 3.7　根据工作场所的程序进行检修后测试，以确认故障的修复，并修复在测试过程中发现的任何其他问题

续表

能力要素	实作指标
4　完成工作流程	4.1　进行最终检查，以确保工作符合工作场所的要求，并且车辆已准备就绪。 4.2　清理工作区域，处理废物和不可回收材料，收集可回收材料。 4.3　检查和储存工具和设备，并根据工作场所程序识别、标记和隔离故障电气设备。 4.4　根据工作场所程序处理工作场所文件

必要技能和知识

必要技能
1. 学习技能用于： • 有效地识别和定位各种信息源。 2. 阅读技能用于： • 解释制造商工艺规范和工作场所说明和程序中测试和检修信息中的文本、符号和接线图。 3. 写作技能用于： • 报告测试结果、提出检修建议以及记录所用零件和材料时，应清晰准确地填写工作场所文件。 4. 口头交流技能用于： • 澄清说明； • 报告测试结果，并提出检修建议。 5. 计算技能用于： • 将电气部件和零件识别号与工作场所说明、车辆和部件清单以及制造商规范相匹配； • 解释车辆电气测量读数； • 测量电压、电流和电阻，并使用基本数学运算（包括加减法）计算与制造商规范的偏差。 6. 规划和组织技能用于： • 计划自己的工作要求，确定行动的优先顺序，以达到所需的结果，并确保任务在工作场所的时间范围内完成。 7. 技术技能用于： • 使用专业测试设备，包括数字万用表、故障诊断仪、示波器等设备
必要知识
1. 与测试及检修纯电动汽车驱动电机相关的职场健康与安全（WHS）和职业健康与安全（OHS）要求，包括识别以下危害并控制风险的相关程序： （1）电动汽车电气系统中使用高压； （2）在高压电环境下工作时佩戴首饰。 2. 确定适当的程序，以尽量减少与危险相关的风险，包括采用电气安全预防措施： （1）使用个人防护设备，包括耐压 1 000 V 的安全手套和高压绝缘垫； （2）视情况识别和使用消防安全设备； （3）使用“单手操作”原则； （4）遵循带电系统警告标签和标志； （5）车辆断电；

续表

必要知识
(6)隔离高压电源和车辆高压电气系统。 3. 环境要求,包括收集、储存和处理高压驱动电机释放废物的程序。 4. 与电动汽车相关附件的操作原理,包括: (1)驱动电机; (2)电池类型; (3)电池充电。 5. 高压驱动电机和部件的应用、用途和操作,包括: (1)直流电机; (2)交流电机。 6. 电动汽车动力电池系统的故障诊断程序,包括: (1)故障诊断码,包括: • 设置故障诊断码的条件; • 实时数据; • 定格数据; • 波形。 (2)使用诊断流程图。 (3)测试电气系统,包括: • 在不损坏继电器、保险丝或接线的情况下,使用探针测试电气端子; • 确定驱动电机绕组的损坏; • 检查驱动电机绕组的绝缘电阻; • 检查布线和高压电缆的损坏; • 进行车辆动态和静态试验; • 分析异常噪声; • 分析部件故障。 7. 驱动电机系统的维修程序,包括: (1)拧紧连接; (2)更换有故障的或损坏的电缆连接; (3)拆卸和更换有故障的或损坏的部件; (4)拆卸和更换驱动电机。 8. 电动汽车修理后的测试程序,包括: (1)清除故障码; (2)检查电路元件连接是否匹配; (3)驱动电机的静态、动态性能测试

鉴定证据指南

鉴定综述	具体描述
本单元展示能力的必要证据和鉴定的关键方面	测试和检修两种不同 BEV 上的高压驱动电机和电机相关部件,以解决其性能缺陷
鉴定的环境和资源	以下环境和资源可以获得和使用: 1. 汽车维修工作场所或模拟工作场所。 2. 个人防护用品和安全设备,包括耐压 1 000 V 的绝缘手套及绝缘垫。 3. 制造商的高压驱动电机的技术规范。 4. 可用于测试、检修或更换的两种不同的驱动电机。 5. 适用于测试和检修的 BEV 的电气诊断设备,包括: (1)额定电压为 1 000 V 的数字万用表; (2)绝缘测试仪; (3)故障诊断仪; (4)示波器; (5)残余电压测试仪[如果原始设备制造商(OEM)测试要求中有规定]。 6. 适用于检修 BEV 中高压驱动电机的工具、设备和材料
鉴定方法	在工作场所或模拟环境中对能力进行鉴定,以准确反映实际工作场所环境中的绩效: 1. 鉴定必须包括对任务的直接观察。 2. 在能力评估包括第三方证据的情况下,个人必须提供证据,证明他们与他们曾经工作过的电动汽车高压驱动电机系统有关,如检修工作单。 3. 鉴定人员必须通过对技能和知识的提问来验证实作技能,以确保正确的解释和应用

适用范围陈述

安全要求	职场健康与安全(WHS)和职业健康与安全(OHS)要求,包括以下程序: 1. 识别危害并控制与以下相关的风险: (1)在 BEV 电气系统中使用高压; (2)在高电压环境下工作时佩戴首饰。 2. 确定适当的程序,以尽量减少与危险相关的风险,包括采用电气安全预防措施: (1)使用个人防护设备,包括耐压 1 000 V 的绝缘手套及绝缘垫; (2)适当识别和使用消防安全设备; (3)使用“单手操作”原则; (4)遵守带电系统警告标签和标志; (5)车辆断电; (6)隔离高压电源和车辆高压电气系统

续表

项目团队	项目团队可能： 1. 是本单位项目或其他单位项目。 2. 有新的或特殊的要求。 3. 项目团队应感到受欢迎、尊重，而且在服务流程结束时感到满意。 4. 与项目团队交往可以是： ● 面对面； ● 通过电话； ● 使用电子或书面的方式
给项目团队的建议	提供给项目团队的建议是符合法规或组织的强制要求和法律责任要求
员　工	员工可包括： 全职的、兼职的或临时受雇的员工。员工可能在常规工作或忙碌工作条件下操作
法律要求	法律要求可包括： 1. 与职场健康和安全以及客户所在国家法律和地方法规。 2. 行业实施守则条例
信息、文件	信息、文件可包括： 企业政策和规程，设备和产品制造商、部件供应商说明书，企业操作程序，行业、职场实施条例和客户的询问、请求

5.2　混合动力汽车测试与检修能力模块

QPBXN01　混合动力汽车与纯电动汽车整车控制系统性能测试

能力单元描述

本单元能力涵盖了混合动力电动汽车（Hybrid Electric Vehicle，HEV）、插电式混合动力电动汽车（Plug-in Hybrid EV，PHEV）和纯电动汽车（Battery Electric Vehicles，BEV）整车控制系统故障测试技术人员的职责和所应具备的能力。

能力要素和实作指标

能力要素	实作指标
1　识别并确认工作要求	1.1　根据工作场所及产品说明书确定测试要求和目标。 1.2　从直接或间接证据证实混合动力汽车、插电式混合动力汽车或纯电动汽车整车控制系统存在故障。 1.3　根据工作场所程序、安全要求和电动汽车操作规范、测试和检修的要求，识别与工作相关的危险

续表

能力要素	实作指标
2　准备进行测试	2.1　确认制造商的整车控制系统规范和其他技术信息。 2.2　确定测试程序和最适合的选项。 2.3　从可用范围中选择测试方法序列、测试过程。 2.4　根据制造商规范和工作场所程序选择和准备测试设备。 2.5　能够识别并选择测试和检修辅助相关的所有工具、设备及材料
3　执行测试程序	3.1　遵循选定的测试过程，并根据制造商规范、工作场所程序和安全要求进行测试。 3.2　根据厂家需求及其工作场所规范流程，采用多种或可替代手段校准测试结果。 3.3　根据测试结果进行总结，制订符合其工作流程的文件，包括必要的检修建议。 3.4　向相关人员或客户提供结论，以确认将采取的进一步行动
4　完整的工作流程	4.1　车辆已检修好或归还给厂商。 4.2　清理工作区域，处理废物和不可回收材料，收集可回收材料。 4.3　检查和储存工具和设备，并根据工作场所程序识别、标记和隔离任何故障电气设备。 4.4　根据工作场所管理程序处理工作场所文件

必要技能和知识

必要技能
1. 学习技能用于： ● 有效地识别和定位各种信息源； ● 将诊断技能应用于不同的车辆。 2. 阅读技能用于： ● 解释制造商规范中测试和检修信息中的文本、符号和电路图，以及工作场所说明和程序。 3. 写作技能用于： ● 在测试报告结果中提出检修建议以及记录所用零件和材料，清晰准确地填写工作场所文件。 4. 口语表达技能用于： ● 能解释、澄清使用（产品）说明书，能根据诊断结果提出维修建议。 5. 计算技能用于： ● 测量整车控制系统组件，并使用基本数学运算，包括加减运算，以计算与制造商规范的公差和偏差。 6. 规划和组织技能用于： ● 规划自己的工作要求，确定行动的优先顺序，以实现所需的成果，并确保在工作时间内完成任务。 7. 技术技能用于： ● 使用专业测试设备，包括数字万用表、故障诊断仪、示波器等设备

续表

必要知识
1. 与分析、评估 HEV 和 BEV 管理系统中电气和电子故障相关的职场健康与安全(WHS)和职业健康与安全(OHS)要求,包括以下程序: (1)识别危险并控制与以下环境相关的风险: • 在高压车辆电器系统中工作; • 使用危险材料和有毒物质; • 在高电流下工作时佩戴首饰。 (2)风险最小化,包括: • 分析任务以确定风险; • 应用电气安全预防措施,包括"单手操作"原则、带电系统警告标签和标志、车辆断电、隔离高压电源和车辆高压电气系统。 (3)使用个人防护设备,包括耐压 1 000 V 的安全手套和高压绝缘垫。 (4)识别和使用消防安全设备。 (5)使用安全操作规范举升和移动高压电池。 (6)使用工作场所急救设备。 2. 与 HEV 和 BEV 整车控制系统相关的故障类型,包括: (1)间歇性故障。 (2)多系统性故障。 (3)维修系统而导致的故障。 (4)间接的,即由外部系统引起的故障。 3. 关于 BEV、HEV 和 PHEV 整车控制系统的制造商的工作规范、工作流程和相关技术信息的查找。 4. HEV、PHEV 和 BEV 中整车控制系统数据通信的工作原理。 5. HEV、PHEV 和 BEV 整车或总成的类型、功能和操作规范,包括: (1)直流(DC)电动机类型。 (2)交流(AC)电动机类型。 (3)电机控制器。 (4)逆变器和转换器。 (5)电池包括: • 铅酸蓄电池; • 镍氢电池; • 锂离子电池; • 超级电容。 (6)并联式混合动力电动汽车类型。 (7)串联式混合动力电动汽车类型。 (8)非插电式混合动力电动汽车类型。 6. 关于 HEV、PHEV 和 BEV 的整车控制系统的测试程序,包括: (1)车辆动态和静态测试。 (2)异常噪声分析。 (3)零部件失效分析。 (4)车辆连续和非连续监测系统。

续表

必要知识
7. HEV、PHEV 和 BEV 整车控制系统故障所需的测试设备的类型、功能、操作规范。 8. 测试的程序,包括: (1)读取故障诊断码包括: • 设置故障诊断码的条件; • 运行故障诊断码的条件。 (2)实时数据。 (3)冻结帧数据。 (4)波形。 9. 记录测试结果和出具测试报告,并提供相关建议

鉴定证据指南

鉴定综述	具体描述
本单元展示能力的必要证据和鉴定的关键方面	测试诊断下述车辆整车控制系统故障: 1. 纯电动汽车。 2. 混合动力电动汽车(HEV)或插电式混合动力电动汽车(PHEV)。 3. 上述测试诊断必须涉及以下类型故障: (1)间歇性故障。 (2)影响多个系统的故障。 (3)由于系统修理而引起的故障。 (4)由外部系统引起的间接故障
鉴定的环境和资源	以下环境和资源可以获得和使用: 1. 汽车测试车间或模拟车间。 2. 工作场所说明。 3. 耐压 1 000 V 的绝缘手套及绝缘垫。 4. 制造商 HEV、PHEV 和 BEV 整车控制系统技术规范。 5. 具有整车控制系统故障 BEV、HEV 或 PHEV 车辆。 6. HEV 存在整车控制系统故障。 7. BEV、HEV 和 PHEV 整车控制系统测试设备,包括: • 数字万用表; • 故障诊断仪; • 示波器。 8. 原设备制造商要求中规定的 BEV、PHEV 和 HEV 专用工具和设备。 9. 适用于 HEV、PHEV 和 BEV 整车控制系统测试的工具、设备和材料

续表

能力要素	实作指标
鉴定方法	在工作场所或模拟环境中对能力进行鉴定，以准确反映实际工作场所环境中的绩效： 1. 鉴定必须包括对任务的直接观察。 2. 在能力评估包括第三方证据的情况下，个人必须提供证据，将其与他们所从事的 HEV、PHEV 和 BEV 整车控制系统联系起来，如测试工单。 3. 鉴定人员必须通过对技能和知识的提问来验证实作技能，以确保正确的解释和应用

适用范围陈述

安全要求	1. 职场健康与安全(WHS)和职业健康与安全(OHS)要求，包括以下程序： (1)识别危险并控制与以下相关的风险： • 在车辆电气系统上使用高压； • 使用危险材料和有毒物质； • 在高电压环境下工作时佩戴首饰。 (2)将风险降至最低，包括： • 分析任务以确定风险； • 应用电气安全预防措施，包括“单手操作”原则、带电系统警告标签和标志、车辆断电、隔离高压电源和车辆高压电气系统。 2. 确定适当的程序，以尽量减少与危险相关的风险，包括在下列情况下应用电气安全预防措施： (1)使用个人防护设备，包括耐压 1 000 V 的绝缘手套及绝缘垫。 (2)识别消防安全设备。 (3)使用安全手动操作技术举升和移动高压电源。 (4)使用工作场所急救设备
工具和设备	具体车辆维修保养程序中规定的，包括： (1)额定电压为 1 000 V 的数字万用表。 (2)绝缘测试仪。 (3)故障诊断仪。 (4)示波器
环境要求	环境要求可包括： 测试过程中产生的废物的收集、储存和处置程序
项目团队	项目团队可能： 1. 是本单位项目或其他单位项目。 2. 有新的或特殊的要求。 3. 项目团队应感到受欢迎、尊重，而且在服务流程结束时感到满意。 4. 与项目团队交往可以是： • 面对面； • 通过电话； • 使用电子或书面的方式

续表

给项目团队的建议	给项目团队的建议是符合法规或组织的强制要求和法律责任要求
员　工	员工可包括： 全职的、兼职的或临时受雇的员工。员工可能在常规工作或忙碌工作条件下操作
法律要求	法律要求可包括： 1. 与职场健康和安全以及客户的国家/地方法律、法规。 2. 行业实施守则条例
信息、文件	信息、文件可包括： 企业政策和规程，设备和产品制造商、部件供应商说明书，企业操作程序，行业、职场实施条例和客户的询问、请求

QPBXN02　混合动力汽车的电气部件测试和维护

能力单元描述

本单元能力涵盖了混合动力汽车（Hybrid Electric Vehicle，HEV）、插电式混合动力电动汽车（Plug-in Hybrid EV，PHEV）的电气部件测试和维护技术人员的职责和所应具备的能力。

能力要素和实作指标

能力要素	实作指标
1　准备维护混合动力汽车中的电气部件	1.1　根据工作场所及产品说明书确定测试要求和目标。 1.2　解释测试信息的来源。 1.3　确定测试程序和最适合的选项。 1.4　根据安全要求和电动汽车操作、测试和维护要求，识别与工作相关的危险。 1.5　选择并检查测试与维护工具和设备的可用性
2　测试电气系统及部件	2.1　根据制造商规范，对 HEV 或 PHEV 系统和部件进行电气效率试验。 2.2　根据制造商规范、工作场所程序和安全要求对电路进行测试，且避免对部件或系统造成损坏。 2.3　确定 HEV 或 PHEV 电气系统和部件中的故障
3　维护电气系统及部件	3.1　识别与电气系统和部件性能相关的问题，并采取适当的修复措施。 3.2　根据工作场所程序，识别电气系统和部件内的故障，并采取或报告所需的修复措施。 3.3　根据制造商和部件规范以及工作场所程序对部件进行更换、检修和调整。 3.4　进行运行试验，以确保 HEV 和 PHEV 的正确和安全运行，所有报告的问题均已解决，且不存在其他问题
4　完成工作流程	4.1　进行最终检查，以确保工作符合工作场所的要求，并且车辆已准备就绪。 4.2　清理工作区域，处理废物和不可回收材料，收集可回收材料。 4.3　检查和储存工具和设备，并根据工作场所程序识别、标记和隔离故障电气设备。 4.4　根据工作场所程序处理工作场所文件

必要技能和知识

必要技能
1. 学习技能用于： • 有效地识别和定位各种信息源。 2. 阅读技能用于： • 解释制造商规范、工作场所说明和程序中测试和维护信息中的文本、符号和图表。 3. 写作技能用于： • 维护 HEV 或 PHEV 中的电气部件时，应清晰、准确地填写工作场所文件。 4. 口头交流技能用于： • 根据工作场所要求提出相应问题； • 参与口头交流，报告故障、服务和维护发现，并提出必要的维护建议。 5. 计算技能用于： • 将材料和部件编号与工作场所说明、部件清单和制造商规范相匹配； • 解释与电路有关的电压、电流和电阻测量值； • 测量部件，以确定是否符合制造商规范。 6. 规划和组织技能用于： • 计划自己的工作要求，确定行动的优先顺序，以达到所需的结果，并确保任务在工作场所的时间范围内完成。 7. 问题解决技能用于： • 识别危害和风险，并将其最小化。 8. 技术技能用于： • 使用专用设备及工具
必要知识
每个人必须独立展示的知识有： 1. 与维护混合动力汽车电气系统相关的职场健康与安全（WHS）和职业健康与安全（OHS）要求，包括以下程序： （1）识别危害并控制以下相关风险： • 在 HEV 和 PHEV 电气系统上使用高压； • 在高压电环境下工作时佩戴首饰。 （2）确定适当的程序，以尽量减少与危险相关的风险，包括采用电气安全预防措施： • 使用个人防护设备，包括耐压 1 000 V 的安全手套和高压绝缘垫； • 识别并酌情使用消防安全设备； • 使用“单手操作”原则； • 遵循带电系统警告标签和标志； • 车辆断电； • 隔离高压电源和车辆高压电气系统。 2. HEV 和 PHEV 的关键电气部件及其功能。 3. 动力电池系统结构及工作原理，包括： • 电池内阻； • 电池类型；

续表

必要知识
●终端腐蚀； ●终端电阻。 4. 电池系统理论知识，包括： ●电池失效理论； ●充电特性； ●开路电池； ●反向极化； ●串联单元配置； ●捆扎和布局。 5. 不同种类的混合动力汽车（插电式混合动力、非插电式混合动力），包括： ●串联、并联及混联； ●轻混、中混、重混系统。 6. 电池管理系统及充电系统工作原理。 7. 车载充电机和直流转换器的关键特性。 8. 高压配电单元（PDU）的工作原理

鉴定证据指南

鉴定综述	具体描述
鉴定的环境和资源	以下环境和资源应该可以获得和使用： 1. 汽车维护工作场所或模拟工作场所。 2. 个人防护用品和安全设备，包括耐压 1 000 V 的绝缘手套及绝缘垫。 3. HEV 或 PHEV 的制造商技术规范和维护流程。 4. 制造商提供的混合动力或电动汽车维护工作手册。 5. 两种不同的需要维护的混合动力汽车。 6. 用于维护的 HEV 和 PHEV 的电气测试设备，包括： ●额定电压为 1 000 V 的数字万用表； ●绝缘测试仪； ●故障诊断仪； ●残余电压测试仪[如果原始设备制造商（OEM）测试要求中有规定]。 7. 适用于维护 HEV 和 PHEV 的工具、设备和材料
鉴定方法	在工作场所或模拟环境中对能力进行鉴定，以准确反映实际工作场所环境中的绩效： 1. 鉴定必须包括对任务的直接观察。 2. 在能力评估包括第三方证据的情况下，个人必须提供证据，证明他们与混合动力汽车（HEV）或插电式混合动力汽车（PHEV）维护的电气系统和部件有关，如维护单。 3. 鉴定人员必须通过对技能和知识的提问来验证实作技能，以确保正确的解释和应用

适用范围陈述

安全要求	职场健康与安全(WHS)和职业健康与安全(OHS)要求,包括以下程序: 1. 识别危害并控制与以下相关的风险: • 在 HEV 和 PHEV 电气系统上使用高压; • 在高电压环境下工作时佩戴首饰。 2. 确定适当的程序,以尽量减少与危险相关的风险,包括采用电气安全预防措施: • 使用个人防护设备,包括耐压 1 000 V 的绝缘手套及绝缘垫; • 适当识别和使用消防安全设备; • 使用“单手操作”原则; • 遵守带电系统警告标签和标志; • 车辆断电; • 隔离高压电源和车辆高压电气系统
项目团队	项目团队可能: 1. 是本单位项目或其他单位项目。 2. 有新的或特殊的要求。 3. 项目团队应感到受欢迎、尊重,而且在服务流程结束时感到满意。 4. 与项目团队交往可以是: • 面对面; • 通过电话; • 使用电子或书面的方式
给项目团队的建议	给项目团队的建议是符合法规或组织的强制要求和法律责任要求
员　工	员工可包括: 全职的、兼职的或临时受雇的员工。员工可能在常规工作或忙碌工作条件下操作
法律要求	法律要求可包括: 1. 与职场健康与安全以及客户所在国家法律或地方法规。 2. 行业实施守则条例
信息、文件	信息、文件可包括: 企业政策和规程,设备和产品制造商、部件供应商说明书,企业操作程序,行业、职场实施条例和客户的询问、请求

6

汽车售后服务岗位领域能力标准

6.1 汽车销售市场营销策划能力模块

QPBS001 建立客户关系及需求分析

能力单元描述

本单元能力涵盖了技术人员对汽车销售市场中建立客户关系及需求分析所应具备的能力。

能力要素和实作指标

能力要素	实作指标
1 与客户建立关系	1.1 用于建立客户认知常识水平的一系列交流和人际关系技能。 1.2 通过解释一系列汽车产品和可得到的服务、相关的费用和付费方法,回应客户关于汽车产品和服务相关的询问。 1.3 客户顾问的主要职责是给客户提供资料,包括投诉处理的程序和他们应该约定条款
2 确认顾客的目标需求和财务情况	2.1 用于收集客户个人、金融和商业的详细情况的一系列交流与人际交往的技巧。 2.2 通过鼓励客户表达其目的和目标(短期、中期和长期目标相关的汽车产品),确认客户的需求及其汽车产品的风险概况。 2.3 建立和确证客户的现金流和相关税收款项的预期值

续表

能力要素	实作指标
3　分析客户的消费目的、需求、财务情况和风险状况	3.1　通过利用所有已收集的信息并考虑客户的汽车产品期望值以及特殊需求，实施对客户需求的评估。 3.2　对客户进一步分析消费目的、需求、财务情况的咨询。 3.3　若顾客不满意分析意见，可向顾客推荐更高水平的适当的顾问或专家的建议。 3.4　评估顾客需要汽车产品的风险概况，对已确认提供的汽车产品达成一致的意见

必要技能和知识

必要技能
1. 口头沟通技能用于： • 根据需要，使用提问和行动方式积极聆听，判定和确认客户需求； • 向客户清晰和全面地展示汽车产品和服务； • 与客户商议达成一致的结果； • 以恰当的语言和概念应对文化差异的交流； • 与客户建立和谐关系； • 与其他的团队成员保持联系。 2. 计算和信息技术的技能用于： • 确认并使用金融汽车产品信息； • 获取和使用适当的软件，如电子表格和数据库； • 使用互联网信息。 3. 读写技能用于： • 分析信息和汽车产品确保对客户需求的适宜性、现时性和准确性。 4. 分析能力用于： • 确定客户的风险概况和进行需求分析。 5. 组织和时间管理技能用于： • 安排任务，会见时间和安排会议
必要知识
1. 经济环境和特点及经济和商业周期的影响包括： • 利率； • 汇率； • 通货膨胀； • 政府的货币和财政政策。 2. 中介机构和发行人所起的作用、在金融市场内的结构和互动关系，以及与行业部门之间结构和互动关系。 3. 金融汽车产品，包括： • 金融汽车产品的概念； • 通用的定义；

续表

必要知识
• 具体的包含项目和排除项目； • 金融投资汽车产品的类型； • 金融风险的汽车产品的类型。 4. 与汽车产品和其在运行的市场中有关的税收问题。 5. 顾问咨询的功能包括： • 代理人或顾问的作用； • 在咨询服务市场中的参与者； • 提供的服务范围； • 客户概况和财务信息； • 风险评估的适当性。 6. 法律环境和信息披露与遵守，包括： • 相关法律原则； • 伦理道德与法规要求之间的关系。 7. 相关行业实施守则和行为。 8. 投诉的解决程序(内部和外部)。 9. 相关国家机构的监管指南。 10. 汽车产品保险包括： • 保险汽车产品、政策的类型； • 标准覆盖服务； • 税金和手续费； • 保险索赔； • 保险费等级和风险选择； • 报告； • 汽车产品开发； • 认购承销保险。 11. 对定金汽车产品和非现金支付工具设备包括： • 汽车产品或工具设备的类型； • 汽车产品或工具设备的特点

鉴定证据指南

鉴定概述	具体描述
本单元鉴定的关键方面及展示能力的必要证据	本单元必备的能力应被充分观察到，并且能力可以迁移到变化的工作情况中，能够对以下关键方面的异常情况做出反应： 1. 解释并遵守行业法规和行为守则，包括保险汽车产品，承担风险转移所必要的批准或授权。 2. 分析汽车产品金融和服务，金融市场和其他专业的提供者和授权商的特色。 3. 为已考虑的具体汽车产品，评估关于顾客财务要求的税款的影响

续表

鉴定综述	具体描述
鉴定的环境和具体的资源	以下环境和资源应该可以获得和使用： 1. 在金融服务的工作环境中和一系列陈述的指定条件下的任一相关职场或模拟工作场所中展示其能力。 2. 获取和使用各种常用的办公设备、技术、软件和耗材。 3. 获取金融服务汽车产品信息
鉴定方法	应该使用一系列方法来鉴定实践技能和知识，以下方法的组合适用于本单元的鉴定： 1. 本单元可以与相关能力单元鉴定结合设置一个综合完整工作场所的项目或模拟的交易业务或方案。 2. 观察被鉴定者在工作场所的工作过程和规程。 3. 鉴定人员必须通过对技能和知识的口头或书面提问来验证实作技能，以确保正确地解释和应用。 4. 遵从已达成一致的真实安排，实作的证据可以由客户，团队领导、成员或其他的适当人员

适用范围陈述

顾　问	顾问可包括： 1. 为零售的客户提供金融汽车产品建议的所有自然人。 2. 任何一个执照持有者的代理人。 3. 员工或业主
顾客需求、目的和财务状况	顾客需求、目的和财务状况可包括： 1. 商业需求。 2. 债务状况。 3. 获得的汽车产品的期望值。 4. 汽车产品的预期收入。 5. 生命周期和汽车产品的长度预期值。 6. 家庭收入。 7. 安全性
风险状况	风险状况可包括： 1. 汽车产品的获取限制条件。 2. 借贷风险和举债经营（财务杠杆率）。 3. 经济形势。 4. 市场及行业风险： • 经济周期； • 固定利率； • 财产； • 股票市场。 5. 风险因素和收益预期值。 6. 具体的汽车产品风险。 7. 收入和资本的波动性

续表

从客户处收集的信息	从客户处收集的信息可包括： 1. 客户的负债详情和潜在的债务。 2. 客户需求和客户正在对收入、安全性、流动资产和周期的计划目的的详细情况。 3. 免责声明(责任限制)。 4. 披露。 5. 个人投资的首选偏好和嫌恶或对风险的耐受性。 6. 其他客户的详情，比如： • 就业安全性； • 可能的事件及对客户的影响； • 年龄； • 他们拥有的其他汽车产品。 7. 汽车产品申请表格。 8. 书面建议
客户汽车产品期望	客户汽车产品期望可包括： 1. 个人亲身参与： • 积极的； • 被动的。 2. 风险概况： • 保守的； • 投机者； • 稳健的。 3. 对绩效的信任。 4. 对收入或资本波动的期望值。 5. 是一个长期或短期的投资者。 6. 安全性的需求

QPBSO02　确认潜在的客户

能力单元描述

本单元能力涵盖了技术人员应用寻找潜在客户的方法，确认潜在的销售前景所需具备的能力。本单元适用于在广泛、多样化的跨行业的小型、中型的或大型企业中与销售职位相关的个人。

能力要素和实作指标

能力要素	实作指标
1 使用预测潜在客户的方法	1.1 确认一系列的预测潜在客户的方法。 1.2 考虑和评估主要和次要的预测潜在客户方法的优势和局限性。 1.3 选择与产品目标市场相符合的预测方法。 1.4 通过已选择的预测潜在客户的方法,确定把现在的、以前的及新的客户作为目标
2 合格的潜在客户	2.1 研究并建立具有合格的潜在顾客的标准条件线索。 2.2 根据买方的可达性、买方的购买动机、产品的可购性、购买权力、法律的承诺和退货情况,确保建立合格的潜在顾客标准条件。 2.3 确保设立合格的潜在顾客标准条件代表一个依据潜在的个人和群体购买者的标准是可测量的
3 管理潜在客户的信息	3.1 开发一个系统来记录潜在客户的信息。 3.2 完成该系统记录潜在客户的信息。 3.3 监测该系统记录潜在客户信息的有效性。 3.4 评估记录潜在客户的信息系统。 3.5 在评估系统的基础上完善记录潜在客户信息的系统

必要技能和知识

必要技能
1. 读写技能用于: • 解释法律要求,公司的政策和程序。 2. 分析技能用于: • 确定潜在客户的需求。 3. 技术技能用于: • 设计和记录格式来促进信息的存储和检索
必要知识
1. 买方动机的原则。 2. 鉴别和概述影响业务运营的各级政府发布的守则、国家标准以及相关法律条款,比如: • 反歧视法; • 伦理道德原则; • 消费者保护法; • 合同法; • 隐私法; • 贸易惯例法(贸易法)。 3. 本企业的产品与竞争对手的产品的效益和关键特点。 4. 管理潜在客户的数据信息的管理策略。 5. 销售过程中预测潜在客户的方法

鉴定证据指南

鉴定概述	具体描述
本单元鉴定的关键方面及展示能力的必要证据	以下的证据至关重要： 1. 展示使用和管理一位现在的、先前的和新的目标客户的不同预测方法。 2. 通过预测潜在客户的方法，研究和建立用于已确认的潜在顾客合格标准条件的线索。 3. 记录、存储和检索潜在客户的信息
鉴定的环境和具体的资源	以下鉴定的环境和资源可以获得和使用： 1. 真实的职场或模拟的职场环境。 2. 企业的销售潜在客户的信息、数据库和记录
鉴定方法	应该使用一系列方法来鉴定实践技能和知识，以下方法的组合适用于本单元的鉴定： 1. 对案例研究和方案的对策分析。 2. 对合格的销售线索开发的潜在客户标准条件的评价。 3. 选择潜在客户的方法。 4. 观察使用选择有可能成为客户的人的方法。 5. 通过口头或书面的提问评估顾客的购买动机。 6. 回顾为建立合格销售线索的潜在客户标准条件所进行的研究。 7. 评估已开发的记录潜在客户信息的系统。 8. 直接提问与证据文件包的回顾、由第三方提供的被鉴定人在岗工作绩效的报告相结合

适用范围陈述

预测潜在客户的方法	预测潜在客户的方法可包括： 1. 从自己人际关系网络中发掘顾客。 2. 借助专业人士引荐。 3. 企业内部网提供名单。 4. 展开商业联系。 5. 结识同行销售人员。 6. 从用车顾客中寻找潜在顾客。 7. 阅读报纸。 8. 从车辆服务和维修技术人员了解信息。 9. 直接拜访。 10. 销售信函。 11. 电话销售。 12. 展示会

续表

产　品	产品可包括： 1. 商品。 2. 创意。 3. 服务
客　户	客户可包括： 1. 消费者。 2. 顾客。 3. 会员。 4. 病人、患者。 5. 同一个企业机构内的其他业务单位的成员。 6. 同一个企业机构内的其他工作团队。 7. 收到或有可能收到企业提供的产品，服务和创意的个人或企业
买方的动机	买方的动机可包括： 1. 闲逛浏览。 2. 为无条件成为潜在客户的人购买，如受赡养者。 3. 选择礼物。 4. 家用物品开支。 5. 置换物品。 6. 自我奖励。 7. 自娱自乐

QPBSO03　提交销售方案

能力单元描述

本单元能力涵盖了技术人员对客户具体购买汽车产品需求作出回应的销售方案所应具备的能力。

能力要素和实作指标

能力要素	实作指标
1　准备销售情况汽车产品介绍	1.1　获得企业安排用于在销售介绍的汽车产品。 1.2　回顾和熟悉汽车产品信息。 1.3　确认销售策略的选择项，评价并依据其能力选择满足客户需求和有偏好前景的汽车产品。 1.4　考虑一个多样化的销售方案并准备满足买方需求。 1.5　确认和选择销售辅助手段。 1.6　确认为潜在客户提供可替代的选择并评定他们预期的相关买方需求

续表

能力要素	实作指标
2 提出一个汽车产品销售方案	2.1 使用手势、姿势、面部表情和声音创造一个支持销售的环境。 2.2 应用倾听技能确定买方需求。 2.3 使用开放性的问题确认买方需求、偏爱、动机和异议。 2.4 调整介绍从而与客户的需求和偏好相匹配。 2.5 使用说服的交流技巧获得客户的兴趣。 2.6 演示并解释汽车产品,加强客户对汽车产品的记忆。 2.7 确保介绍交流汽车产品的关键特点,强调与买方已认定的与需求相关的好处。 2.8 通过顾客购买汽车产品获得和呈现其实惠利益的证据。 2.9 利用销售辅助手段建立买方对汽车产品的理解与其需求达成一致
3 处理买方的购买阻力	3.1 深入探讨以确认客户购买阻力的来源。 3.2 确认优势和买方购买阻力策略的局限性。 3.3 选择并实施处理客户购买阻力的策略。 3.4 确保已选择的策略来陈述客户购买阻力的来源

必要技能和知识

必要技能
1. 口头交流技能用于： • 询问客户确定客户需求和偏好,并在促销汽车产品特点和优势的过程中使用销售话术和肯定自信的语言。 2. 冲突解决和协商技能用于： • 处理客户不满意； • 处理买方阻力。 3. 陈述技能用于： • 介绍、展示商品的优点和关键特点如何满足买方的需求。 4. 计算技能用于： • 使用销售统计数据来支持口头言语的论据。 5. 技术技能用于： • 使用设备来辅助销售信息的展示陈述
必要知识
1. 详细的汽车产品知识,包括汽车产品的： • 优点和缺点； • 汽车产品特点； • 服务益处； • 材料和能够用于支持展示陈述的辅助方法； • 获得一种有效的混合式销售展示陈述的原则。

续表

必要知识
2. 确认和概述影响商务运营的各个层面的法律关键条款，实施条例和国家标准的知识如下： • 反歧视法； • 伦理道德原则； • 消费者保护法； • 合同法； • 隐私法； • 贸易实施法； • 统计的方法展示销售绩效

鉴定证据指南

鉴定概述	
本单元鉴定的关键方面和展示能力的必要证据	本单元必要的能力应被充分观察到，并且可以将能力迁移到变化的工作情况中，能够对以下关键方面的异常情况做出反应： 1. 展示陈述具体的买方需求和强调汽车产品主要特点的销售方案。 2. 获得一种有效的混合式销售展示陈述的原则
鉴定的环境和资源	以下鉴定的环境和资源可用于本单元的鉴定： 1. 一个真实的职场或模拟的职场环境。 2. 汽车产品信息。 3. 办公室设备、机器和销售支持材料
鉴定方法	应该使用一系列方法来鉴定实践技能和知识，以下方法的组合适用于本单元的鉴定： 1. 对案例研究和方案反馈的分析。 2. 观察销售方案，展示陈述。 3. 使用口头或书面问题来鉴定销售策略选择，提出的销售方案和方式以及克服买方阻力的知识。 4. 在介绍一个销售方案时，观察有说服力的交流技巧和倾听技能的使用。 5. 回顾已确认的和选择的销售辅助方法。 6. 评估已实施的处理买方阻力的策略。 7. 遵从已达成一致的真实安排，实作的证据可以由客户，团队领导、成员或其他的适当人员提供

适用范围陈述

汽车产品	汽车产品可包括： 1. 商品。 2. 想法。 3. 服务

续表

销售辅助方法	销售辅助方法可包括： 1. 示图说明。 2. 电子媒体。 3. 图表图形。 4. 模型。 5. 照片。 6. 打印材料。 7. 汽车产品本身。 8. 汽车产品样品。 9. 幻灯片。 10. 白板
好处的证明	好处的证明可包括： 1. 趣闻轶事和实例。 2. 比较。 3. 统计数据。 4. 证据
买方阻力的来源	买方阻力的来源可包括： 1. 公司的阻力。 2. 未感知到的需求。 3. 价格阻力。 4. 销售人员阻力。 5. 对服务不满意。 6. 时机选择的问题。 7. 关于汽车产品的不确定性
买方阻力策略	买方阻力策略可包括： 1. 坚定而自信的信息。 2. 心理纠结。 3. 检查认知理解。 4. 直接的拒绝。 5. 具有诱惑力的报价。 6. 非直接的拒绝。 7. 从客户处索取追加的信息。 8. 开放的和封闭的问题。 9. 出众的好处。 10. 测试报价

QPBSO04　建立客户关系和销售网络

能力单元描述

本单元能力涵盖了技术人员建立、维护和提升客户关系，积极参与汽车销售网络所应具备的能力。本单元适用于各种汽车销售网络形式需要建立、维护和提升客户关系来完成企业目标的市场营销人员和销售专员。

能力要素和实作指标

能力要素	实作指标
1　开始与客户之间的人际交流	1.1　确认并使用客户喜欢的交流模式与方法。 1.2　通过口头和非言语的交流进程与客户建立和谐的关系。 1.3　研究和把握机会，给客户提供积极的反馈。 1.4　利用开放性的问题，促进双向沟通。 1.5　确认与客户有效沟通的潜在障碍。 1.6　开始与客户需求、偏好、期望相关的交流过程
2　建立客户关系管理策略	2.1　培养客户的忠诚度，旨在发展长期业务合作伙伴关系。 2.2　对客户资料进行评估，确定接近客户的方法。 2.3　根据商业战略开发客户忠诚度的策略来吸引和留住客户。 2.4　确认和运用客户至上和客户服务的标准
3　维护和持续增进与客户的关系	3.1　开发不断获取客户反馈的策略监控客户满意度的水平。 3.2　以一种增进与客户关系的方式开发出信息反馈的策略。 3.3　获得反馈以开发、维护和增进与客户关系的策略
4　建立与维护网络	4.1　分配时间建立和保持与客户的业务联系。 4.2　参加商业协会或专业发展活动，建立和维护一个支持业务和提高个人的市场知识网络。 4.3　建立沟通渠道，交换信息和想法。 4.4　提供、寻找和核实网络的信息

必要技能和知识

必要技能
口头沟通技能用于： • 通过积极倾听并提出清晰和准确的想法，确定客户的需求和偏好； • 与客户建立和谐的关系并维护与客户之间的交流； • 与来自不同文化背景和具有不同能力的人进行恰当的文化交流
必要知识
1. 来自各层面的法律的关键文件，可能会影响商务运作各方面的守则规范和国家的标准，比如： • 反歧视法律； • 消费者法包括适当的国家和地区的立法；

续表

必要知识
● 伦理道德原则； ● 市场营销规范准则； ● 个人隐私法； ● 贸易法。 2. 市场营销沟通交流的概念和过程。 3. 有效沟通和网络交流的原则和技术。 4. 与业务有关的网络信息源

鉴定证据指南

鉴定概述	具体描述
本单元鉴定的关键方面及展示能力的必要证据	本单元必备的能力应被充分观察到，并且能力可以迁移到变化的工作情况中，能够对以下关键方面的异常情况做出反应： 1. 建立和维护同一系列与被鉴定人的业务相关的客户关系。 2. 参与并对一个与商业相关的销售网络提供积极的贡献
鉴定的环境和具体的资源	鉴定必须确保： ● 获得可使用办公设备和资源
鉴定方法	应该使用一系列的鉴定方法来鉴定实践技能和知识，以下方法的实例组合适用于本单元的鉴定： 1. 书面报告或者工作日志上关于客户关系的活动的鉴定。 2. 直接提问与证据文件包回顾及由第三方提供的被鉴定人在岗工作绩效的报告相结合。 3. 观察被鉴定人与客户交流沟通。 4. 观察所做的商业网络的展示陈述。 5. 使用口头或书面的问题来鉴定对知识的理解。 6. 遵从已达成一致的真实安排，实作的证据可以由客户，团队领导、同事或其他适当的人员提供获取和验证的第三方报告

适用范围陈述

客户偏爱的通信方式和方法	客户偏爱的通信方式和方法可包括： 1. 电子邮件。 2. 面对面交流。 3. 信函。 4. 电话

续表

口头交流	口头交流可包括： 1. 清晰的发音。 2. 清楚地讲话。 3. 反馈。 4. 语言。 5. 倾听的技能。 6. 开放性的问题。 7. 提问的技巧。 8. 嗓音调整。 9. 声线的投射
非言语交流	非言语交流可包括： 1. 积极倾听。 2. 身体语言。 3. 身体的方向。 4. 衣着。 5. 颜色。 6. 距离。 7. 面部表情。 8. 整洁的仪容。 9. 手势。 10. 音乐。 11. 身体姿势。 12. 声音。 13. 嗓音
有效沟通的障碍	有效沟通的障碍可包括： 1. 以错误的设想及刻板印象行事。 2. 文化的差异未解决处理。 3. 教育的差异未解决处理。 4. 未能明显地显示全部通信联系方式详情提供给客户。 5. 选用的话语不恰当。 6. 无效的非语言交流。 7. 在网站上缺乏“联系我们”的窗口或网页。 8. 邮资明信片或邮件寄出的信封分配的缺乏。 9. 缺乏嗓音调整和声音的清晰度。 10. 呼叫中心或办公室的开放时间有限。 11. 不积极地倾听。 12. 组织的因素。 13. 身体、个人、性别和年龄的差异未得到解决处理

续表

客户忠诚度的策略	客户忠诚度的策略可包括： 1. 用专门的客户关系管理人员。 2. 提供附加值的业务。 3. 提供周年纪念活动。 4. 客户俱乐部。 5. 客户奖励方案。 6. 信用卡或折扣设施。 7. 专用或私人设施。 8. 打折。 9. 正式的感谢信。 10. 频繁的采购项目。 11. 给客户手写的感谢信。 12. 提供促销品。 13. 为交易而电话致谢顾客。 14. 定期与 A 类客户再次接触。 15. 谢礼和促销优惠活动
客户至上和 客户服务标准	客户至上和客户服务标准可包括： 1. 准确的计费。 2. 产品以及服务描述的准确性，市场营销的交流规范化。 3. 投诉解决的时间。 4. 缺货和待发货订单的发生率。 5. 等候的次数。 6. 订单交货的标准，比如： • 是否交付正确的产品或提供正确的服务； • 已递送交货给正确的人或地址； • 交货准时。 7. 礼貌，乐于助人和仪容整洁的递送员工。 8. 恰当地停放好送货车辆。 9. 送货车辆的清洁度。 10. 装运货物的追踪服务。 11. 电话应答的时间和反应
获得持续 反馈的策略	获得持续反馈的策略可包括： 1. 包括“评论和查询”或关于在全部订单表格上的“褒、贬”之词。 2. 投诉处理程序。 3. 电子邮件。 4. 信函。 5. 征求投诉的意见。 6. 调查目前的客户。 7. 调查流失的客户以确定其停止购买的原因。 8. 电话访谈。 9. 培训员工提出一些有关产品和服务水平的开放式问题

续表

商业协会	商业协会可包括： 1. 商会。 2. 行业协会。 3. 研究机构。 4. 专业团体。 5. 学会社团
专业发展活动	专业发展活动可包括： 1. 演示、展示。 2. 展览。 3. 定期的交易会。 4. 行业信息专题研讨会。 5. 行业培训。 6. 上市前阶段的活动。 7. 技术信息简报。 8. 商业展示会
网　络	网络可包括： 1. 社会媒体宣传。 2. 汽车网络： • 搜索引擎； • 论坛口碑推广； • 门户媒体广告； • 视频发布
信息和想法	信息和想法可包括： 1. 环境的变化。 2. 不断变化的客户需求。 3. 竞争对手的活动信息。 4. 个人、专业或业务的支持

6.2　汽车销售能力模块

QPBSP01　销售汽车产品

能力单元描述

本单元能力涵盖了技术人员销售汽车产品所应具备的能力。它包括销售时机的合理利用、具体销售技巧的应用、提供交车服务及售后客户跟踪等必要的能力。

能力要素和实作指标

能力要素	实作指标
1　向顾客展示和介绍汽车产品	1.1　根据客户需求分析为客户介绍汽车产品，从而使汽车产品的性能特点及市场吸引力达到最大。 1.2　向顾客介绍汽车产品的特点、控制机构、配件和附件，必要时让客户亲自驾驶。 1.3　为顾客提供试乘、试驾服务
2　处理异议，完成交易	2.1　通过谈判与客户在价格上达成一致意见。 2.2　根据汽车行业、企业制度和程序使用结束销售的技术。 2.3　根据法律要求进行销售
3　提供交车服务并对客户进行售后跟踪	3.1　根据制造商、零件供应者说明以及行业、企业制度和程序将汽车产品交付给顾客。 3.2　确定客户是否满意，如有必要可采取一定的补救措施，从而尽可能使客户成为回头客
4　通过调查寻找潜在客户	4.1　通过分析企业新老客户的跟踪记录，调查相关行业等方法确定潜在客户群。 4.2　制订接近潜在顾客的计划

必要技能和知识

必要技能
1. 学习技能用于： • 收集、组织并理解与汽车产品介绍、沟通交流相关的信息。 2. 口头沟通技能用于： • 通过沟通与交流向客户传达必要的信息； • 通过向有经验的员工咨询完成团队协作。 3. 计划和组织技能用于： • 制订计划，并进行销售演示； • 根据相关法定要求、建议的建立检测流程。 4. 计算技能用于： • 使用数学的想法和技巧，对客户购买的价格和时间极限给出建议。 5. 技术技能用于： • 应用与销售相关职场技巧
必要知识
1. 销售流程。 2. 沟通交流技能(口头和书面)。 3. 汽车产品信息。 4. 公司政策和规定。 5. 汽车产品展示技巧。 6. 行业法规。 7. 金融、租赁和保险合同和政策

鉴定证据指南

鉴定概述	具体描述
本单元展示能力的证据和鉴定的关键要素	具备全面的观察能力与应对环境变化和突发异常情况的能力很重要,关键要素包括: 1. 根据企业制度和流程向客户销售能满足其需求的汽车产品。 2. 使用具体的销售技巧。 3. 通过口头和书面方式传递信息,与他人有效地交流(包括客户和其他对工作起到影响作用的人)。 4. 获取、解释和应用销售信息。 5. 合理应用时间管理技巧
鉴定环境和所需资源	以下鉴定的环境和资源是必要的: 1. 真实的或模拟的职场环境。 2. 销售手册、时间安排手册、企业/行业指导方针和办公设备(如计算机、打字机、电话和传真)。 3. 销售视频、销售宣传册。 4. 以企业为基础的销售操作系统。 5. 汽车行业制订的不同汽车产品的销售价格。 6. 具备一定资历的职场鉴定者
鉴定方法	应该使用一系列方法来鉴定实践技能和知识,以下方法的组合适用于本单元鉴定: 1. 单元能力的鉴定可与形成完整岗位能力的其他功能单元共同鉴定。 2. 实作能力的鉴定必须经过一段时间有监督的练习和获得重复操作经验之后进行,必须在没有直接帮助的情况下完成规定的成果。 3. 如果无职场条件可使用,也可以在模拟的职场条件下实施鉴定。 4. 必要的知识和技能可以选择在岗位上或离岗进行鉴定

适用范围陈述

方　法	方法可包括: 1. 应用汽车销售技巧为客户介绍、展示车辆。 2. 使用用于汽车行业中销售汽车产品的技巧向顾客展示。 3. 可通过口头提问、书面问卷、实作的方式。 4. 与客户的交流可以是面对面的、通过电话或电子媒介等
职场健康与安全要求	职场健康与安全要求可包括: 1. 国家法律、地方和行业的职场健康与安全要求。 2. 根据奖励条款开展工作

续表

资　源	资源可包括： 1. 销售手册、时间安排手册、企业/行业指导方针和办公设备（如计算机、打字机、电话和传真）。 2. 销售视频、销售宣传册。 3. 以企业的销售操作系统。 4. 汽车行业制订的不同汽车产品的销售价格
信息、文件	信息、文件可包括： 1. 企业操作流程。 2. 汽车产品制造商、零件供应商说明。 3. 客户要求。 4. 行业职场实施条例

QPBSP02　应用销售现场的操作规程

能力单元描述

本单元能力涵盖了技术人员应用销售点现场的相关销售设备、制度和流程完成交易，以及与客户互动交流，为运输的商品打包或包装所应具备的能力。

本单元适用于销售点现场的一线服务人员，要求团队成员应展示具备根据销售点现场的制度与规程操作销售点现场的设备完成销售、退换货，处理多种支付方法的能力；展示具备根据实际需要包装货品并且妥善安排运输的能力。

能力要素和实作指标

能力要素	实作指标
1　操作销售点的设备	1.1　根据设计说明操作销售点现场设备。 1.2　根据销售点现场的制度和规程打开、关闭销售点终端设备。 1.3　根据销售点现场的规程清洁和小心地移动销售终端设备。 1.4　根据销售点现场的安保规程处理现金。 1.5　根据销售点现场制度保证销售点终端设备的零钱供应。 1.6　根据销售点现场制度及时维护销售点终端设备。 1.7　根据销售点现场制度完善交易错误的记录。 1.8　保证记事表，收据凭单和销售点文件的充足供应。 1.9　及时告知客户销售点现场运营中出现的延期情况
2　在职场中使用数学知识	2.1　精确地列出销售工作中一系列可能出现的数值计算问题。 2.2　通过各种渠道收集数字信息并进行准确的计算（可使用计算机）

续表

能力要素	实作指标
3　实施销售点交易工作	3.1　根据销售点现场制度完成销售点现场的交易工作。 3.2　根据销售点现场的规程处理现金和非现金的交易工作。 3.3　根据销售点现场的规程处理退换货工作。 3.4　小心移动货物,并注意防止包装与易碎物品的损坏。 3.5　准确地将信息输入销售点现场的设备。 3.6　明确告知客户货品价格以及客户已支付的现金额。 3.7　准确为客户补零钱
4　完成销售	4.1　精确地完成客户订单表格,并提供交易发票和收据。 4.2　按照预定时间准确地确认和处理客户的交货要求。 4.3　根据销售点现场的制度及时为客户完成销售交易工作
5　包装商品	5.1　保证包装材料的充足供应。 5.2　选择适当的包装材料。 5.3　按要求整洁、有效地包裹商品。 5.4　小心包装商品,在需要的地方贴上标签以避免在运输过程中物品被损坏。 5.5　安排商品的运送

必要技能和知识

必要技能
1. 口头交流技能用于: • 告知客户有关延误的情况; • 告知客户货品价格以及客户已支付的现金额; • 要求保证供应足量的包装材料或包装袋子; • 提出问题来识别和确定客户的需求; • 分享信息; • 对文化差异使用适当的语言和观念; • 应用和解释非语言形式的交流。 2. 读写技能用于: • 完成与销售和送货工作有关的文件。 3. 计算技能用于: • 完成报价、价格计算等相关工作。 4. 技术技能用于: • 遵守企业的规定与流程; • 处理不同类型的交易技能; • 包装和打包技巧; • 存储袋的检查流程; • 商品处理的技巧

续表

必要知识
1. 与销售政策和规程相关工作可包括： • 客户服务工作； • 销售点的交易事务； • 工作职责和责任； • 退、换货工作； • 搬运、打包和包装货物或商品。 2. 由销售点现场提供的一系列服务。 3. 现货提货时间。 4. 相关的法律和法规要求，包括： • 贸易法和消费者法； • 行业守则； • 职场健康与安全。 5. 现金和非现金处理规程，包括： • 开启和关闭销售点终端设备； • 保证充足的周转现金； • 计算现金交易额； • 计算非现金交易记录； • 协调配平销售点设备； • 记录营业收入； • 现金和非现金交易的安全性； • 必要的不同面值的零钱以备找零。 6. 与完成工作任务相关的计算技能： • 加； • 减； • 乘； • 除； • 百分比计算； • 计算器的使用。 7. 操作销售点设备的工作职责和规程，包括： • 登记簿； • 数字显示板； • 计算器； • 电子秤； • 扫描仪

鉴定证据指南

鉴定概述	具体描述
本单元展示能力的必要证据和鉴定的关键方面	以下证据是必要的： 1. 按照制造商的要求和企业制度、规程操作销售点的设备。 2. 坚持应用与商店现金处理和销售点交易事务相关的制度和规程。 3. 准确地解释、核算和记录数字信息。 4. 根据企业政策和规程准确处理销售交易的相关信息。 5. 坚持应用与商店搬运、包装及运输货品相关的制度和规程
鉴定的环境和具体的资源	1. 具备相关的记录文件，比如： • 货品库存资料和价格清单； • 财务交易摘要和提款单据； • 储蓄、信贷和收款相关单据； • 企业政策和规程应用手册。 2. 一系列的销售点现场的设备
鉴定方法	应该使用一系列方法来鉴定实践技能和知识，以下方法的组合适用于本单元的鉴定： 1. 在真实的或模拟的职场环境。 2. 在工作场所观察工作表现。 3. 角色扮演。 4. 来自管理者的第三方报告。 5. 客户的反馈意见。 6. 回答关于具体技能和知识的问题。 7. 回顾证据文件包和被鉴定人在岗工作绩效第三方的职场报告。 8. 建议与其他相关的行业领域、职场和工作职责的能力单元共同开展整体的鉴定

适用范围陈述

销售点设备	销售点设备可包括： 1. 现金记录器。 2. 现金抽屉。 3. 扫描器。 4. 销售点电子转账系统终端机。 5. 电子秤。 6. 保安标签。 7. 数字展示板
与企业的政策和规程	与企业的政策和规程有关的可包括： 1. 销售点设备的操作要求。 2. 安全要求。 3. 销售交易报表。 4. 库存处理技术。 5. 财务交易报表。 6. 现金处理流程

续表

销售点记录文件	销售点记录文件可包括： 1. 订单。 2. 备用凭证单据。 3. 信贷凭证单据。 4. 退货凭证单据。 5. 便签本。 6. 促销宣传材料
客　户	客户可包括： 1. 新客户或曾联系过的客户。 2. 企业内部和外部的人员。 3. 一般客户或有特殊要求的客户。 4. 一系列来自不同的社会阶层、不同文化背景和职业道德背景的客户
数字计算问题	数字计算问题可包括： 1. 总价和找零的计算。 2. 加、减、乘、除。 3. 百分比的计算。 4. 量度。 5. 数量的估算
销售点交易工作	销售点交易工作可包括： 1. 销售点电子资金转账系统。 2. 支票。 3. 旅行支票。 4. 信用卡和储蓄卡。 5. 储蓄。 6. 智能卡。 7. 退、换货。 8. 礼品券
包装材料	包装材料可包括： 1. 包装盒。 2. 包装袋。 3. 包装纸。 4. 气泡膜包装材料。 5. 礼品包装。 6. 粘胶带。 7. 丝带。 8. 细绳

续表

交货方式	交货方式可包括： 1. 包裹自己提取。 2. 邮寄或特快专递。 3. 专人递送。 4. 货运。 5. 国内或国际的递送

QPBSP03　提供售后服务

能力单元描述

本单元能力涵盖了销售人员为建立或加强销售人员与客户之间的合作关系，提升未来的销售前景而为客户提供的售后服务以及完成售后服务所应具备的能力。

本单元适用于在销售领域中进行售后服务、与客户建立维系长久关系的工作人员。

能力要素和实作指标

能力要素	实作指标
1　处理订单	1.1　根据企业的制度和流程详细记录客户订单。 1.2　向企业的相关部门发送汽车产品订单。 1.3　监控订单的处理流程
2　为达成一致的销售预期提供工作支持	2.1　为客户提供与购买的汽车产品相关的技术支持和建议。 2.2　根据企业要求处理不合格汽车产品的退货工作。 2.3　提供信息以便于汽车产品的维护、维修与服务工作。 2.4　提供电话联系服务以帮助客户获得适当的售后服务
3　处理客户的反馈意见	3.1　弄清并确认客户的反馈意见。 3.2　确定客户的需要和要求。 3.3　确认和评估对客户反馈可能做出的回应。 3.4　根据企业的政策和程序对客户的需要和要求做出回应。 3.5　与客户保持联系以确保客户对回应的满意度
4　加强与客户的关系	4.1　与购买汽车产品的客户保持联系以确保销售预期的达成。 4.2　针对销售过程和汽车产品方面的满意度采用反馈意见征集法。 4.3　通过客户的反馈意见确认、处理和解决服务问题
5　为客户提供额外利益	5.1　制订提升客户忠诚度的方案并积极实施，以确保客户的忠诚度，促进与客户的长久联系。 5.2　定期与老客户（曾购买过汽车产品的客户）保持联系，以维持与客户间的良好关系，并发现新的销售机会或越区销售的机会。 5.3　当销售机会出现时为客户提供额外的销售方案和利益

必要技能和知识

必要技能
1. 口头沟通交往技能用于： • 确定客户的需求和喜好，解释客户所关注的问题； • 保留维护客户销售记录资料的数据管理； • 与企业中其他业务部门建立有效的工作关系。 2. 读写技能用于： • 撰写销售报告。 3. 解决问题的技能用于： • 处理客户的不满投诉和谈判协商并解决问题； • 处理和解决服务难点。 4. 时间管理技能用于： • 安排售后服务工作的组织和时间表
必要知识
1. 详细的汽车产品知识使工作人员能够为长期客户提供建议和支持。 2. 企业中与订单和客户服务相关的政策和程序。 3. 各级政府层面制定的能够影响相关业务运作的立法中的关键条款，实践准则和国家标准，比如： • 反歧视法律； • 伦理道德准则； • 消费者保护法； • 合同法律； • 贸易法。 4. 客户档案管理、建立客户的信誉和培养客户的忠诚度的策略

鉴定证据指南

鉴定概述	具体描述
本单元展示能力的必要证据和鉴定的关键方面	必须提供以下证据材料： 1. 被鉴定者通过与一名已购车的客户取得联系，收集该客户的反馈意见，并对客户提出的问题或困难给予解决。 2. 鉴定其工作表现是否适当，是否遵守与订单和客户服务相关的企业政策和规程
鉴定的环境和具体的资源	鉴定必须确保： 1. 在真实的或模拟的职场环境进行。 2. 准备销售相关文档

续表

能力要素	实作指标
鉴定方法	应该使用一系列方法来鉴定实践技能和知识,以下方法的组合适用于本单元鉴定: 1. 直接提问、回顾证据文件包和第三方提供的被鉴定人在岗工作绩效报告相结合。 2. 分析给出的案例。 3. 观察被鉴定者为客户提供售后服务时的互动交流。 4. 通过口头或书面提问的方式来评估被鉴定者关于获取客户反馈意见的方法、可靠策略的应用,不合格汽车产品退货的处理方法以及客户反馈意见。 5. 检查销售记录文件。 6. 评估被鉴定者对不合格汽车产品的退货处理。 7. 对被评估者确认和回应客户反馈意见的表现进行评估

适用范围陈述

客　户	客户可包括: 1. 顾客。 2. 消费者。 3. 其他业务部门或工作团队的同事。 4. 会员。 5. 待修车辆的车主。 6. 认同本汽车企业提供的汽车产品、服务或理念的个人或者机构(老客户)。 7. 有可能会认同本汽车企业提供的汽车产品、服务或理念的个人或者机构(潜在客户群)
客户反馈意见的征集方法	客户反馈意见的征集方法可包括: 1. 发送电子邮件。 2. 与用户互动。 3. 上门拜访。 4. 调查。 5. 电话访问
提升客户忠诚度的策略	提升客户忠诚度的策略可包括: 1. 成立客户俱乐部。 2. 制订客户奖励计划。 3. 提供信贷或折扣政策。 4. 通过亲笔书写或电子邮件向客户致信感谢。 5. 提供促销汽车产品。 6. 提供电话业务感谢客户

6.3 客户服务能力模块

QPBSQ01 确立与客户关系

能力单元描述

本单元能力涵盖了职场工作人员与顾客建立有效联系所应具备的能力。

能力要素和实作指标

能力要素	实作指标
1 建立与顾客的联系	1.1 维持一个欢迎顾客的环境。 1.2 根据企业的接待策略和程序,热情地迎接顾客。 1.3 根据企业的接待策略和程序,通过口头或非口头的展示创造一个有效的服务环境
2 弄清楚顾客的具体需求	2.1 通过询问和主动积极的倾听,确认顾客需求。 2.2 根据企业的产品或服务内容,准确地评价是否能满足顾客的需求。 2.3 按照企业要求的格式,清楚和准确地记录顾客的详细资料
3 提供信息和建议	3.1 描述或推荐企业所提供的产品或服务特点和益处满足客户的需求。 3.2 提供满足顾客需求的信息。 3.3 与顾客讨论可供选择的信息资源和建议。 3.4 后续跟进顾客所选择的替代方案
4 跟进顾客的需求	4.1 向顾客发送更多的信息。 4.2 确认提供有效信息的差异,提交给相关的人员采取行动

必要技能和知识

必要技能
1. 收集和理解信息的技能用于: • 收集、理解和确认客户的具体需求的相关信息。 2. 口头沟通技能用于: • 询问和倾听、化解冲突; • 遵循常规惯例和程序,处理难相处的或有语言攻击性的顾客。 3. 读写技能用于: • 与顾客直接或通过电话做信息记录并完成书写或用计算机记录顾客的详细信息。 4. 计算技能用于: • 使用数学思维确认和遵从顾客的时间表安排。 5. 计划技能用于: • 计划并组织为顾客服务的活动。 6. 团队合作技能用于: • 在团队中与具有特殊技能的团队成员一起寻求满足顾客需求的方法

续表

必要技能
7. 解决问题技能用于： • 对出现的问题以一种符合逻辑的处理方法建立诊断的过程。 8. 技术技能用于： • 在企业运行中使用与技术技能相关的职场技术； • 运用电话系统和其他交流设备
必要知识
1. 以下企业政策略和程序关于： • 为顾客服务； • 接待不易相处（执拗）的顾客； • 分配任务和职责。 2. 企业商品和服务范围、部门和区域的电话分机位置。 3. 法律和法规要求，包括消费者权益法、商业惯例和公平交易法。 4. 与客户服务相关的行业职场实施条例守则

鉴定证据指南

鉴定概述	具体描述
本单元鉴定的关键方面和展示能力的必要证据	本单元必备的能力应被充分观察到，并且能力可以迁移到变化的工作情况中，能够对以下关键方面的异常情况做出反应： 1. 坚持应用企业策略和程序，以及与客户服务相关的行业实施条例。 2. 通过贯穿服务规程的各个环节中的礼貌和专业的态度，为客户提供高品质的接待服务环境。 3. 使用有效询问、主动倾听和观察技能确定客户需求。 4. 与涉及工作或对工作有影响的人进行有效的交流
鉴定的环境和具体资源	以下鉴定的环境和资源可用于本单元的鉴定： 1. 真实的或模拟的职场环境。 2. 文件，例如与客户服务相关的企业政策和程序手册、企业电话号码簿、法律和实施条例。 3. 一系列不同要求（真实的或模拟的）的客户范围。 4. 一个交流系统或一系列交流设备的范围。 5. 企业产品和服务的特点和益处。 6. 一位具备资格的职场鉴定师

续表

鉴定概述	具体描述
鉴定方法	应该使用一系列方法来鉴定实践技能和知识，以下方法的组合适用于本单元的鉴定： 1. 能力鉴定能准确地反映真实的职场环境或模拟职场环境的工作绩效。 2. 直接观察工作任务中必要技能的完成情况。 3. 对必要的知识提问来确保正确理解和应用。 4. 本单元的能力可以与其他能力单元组成一个完整工作任务进行鉴定。 5. 最佳的证据收集是使用个人在工作场所中的产品、工序和规程作为被鉴定人达到行业能力的方式。 6. 遵从已达成一致的真实安排，实作的证据可以由客户、团队领导、成员或其他合适人员提供

适用范围陈述

企业类型	企业可能有不同的规模、类型和定位，以及提供一系列范围不同的商品、服务以及送货政策
客　户	客户可以是： 1. 老客户或新客户，可能会有常规的或特别的要求。 2. 客户包括来自不同的社会阶层、不同的文化或民族背景和拥有不同身体状况和智力能力的人
客户服务	客户服务可包括： 1. 在服务条款中所有的企业活动，内部或外部的客户以及服务被延误的事件的后续跟进活动。 2. 对所有的客户都应感受到欢迎、尊重，在整个服务的过程终结时感到满意。 3. 客户联系可以是面对面的方式、通过电话或电子手段的方式或书写的方式
客户需求	客户需求可从以下信息中获得： 1. 可获得的产品或服务。 2. 产品或服务的质量。 3. 互补的产品或服务。 4. 企业设施和服务。 5. 以及特殊项目(条款)的定位的信息
员　工	员工可包括： 全职的、兼职的或临时的，并且在培训产品知识和员工水平上呈现多样化。员工可以是进行常规操作或忙于交易的情况的人
信息、文件	信息、文件可包括： 1. 与客户服务相关的企业政策和程序。 2. 设备和产品制造商、部件供应商说明书。 3. 企业操作程序。 4. 行业职场实施条例和客户的要求

QPBSQ02　给客户提供服务

能力单元描述

本单元能力涵盖了管理者和服务技术人员给客户提供全方位的服务所具备的能力。它包括创建与客户的关系、确认他们的需求、提供服务或产品，以及处理客户的反馈。

能力要素和实作指标

能力要素	实作指标
1　建立与客户的联系	1.1　根据企业机构的规章制度以专业、礼貌和简明的方式欢迎及感谢客户。 1.2　按企业的要求维护自身的服饰及仪容展示。 1.3　使用适当的人际交流技能，精准、目的明确地与客户交流信息。 1.4　维持对客户的特殊需求、文化、家庭以及个体差异性的敏感性。 1.5　与客户建立和谐的关系，并对客户的需求表现出真诚的兴趣
2　确认客户的需求	2.1　使用恰当的问题和积极有效的倾听技巧确认客户的需求。 2.2　评定客户需求的紧急程度，确认提供客户服务的项目顺序。 2.3　提供关于满足客户需求的可供选择的信息，并帮助客户确定符合其需求的最佳选择。 2.4　确认在解决客户需求时个人的局限性并从指定的人员处寻求帮助
3　提供服务给客户	3.1　依据企业要求，能够提供迅速的客户服务满足已确认的客户需求。 3.2　如有必要，提供关于问题和延误的信息，并在适当的时间内跟进。 3.3　以清晰、简洁、礼貌的方式与客户交流。 3.4　确认提高服务和产品质量的机会，只要有可能就采取行动改善服务
4　处理客户反馈	4.1　根据企业的要求迅速确认客户的反馈信息并谨慎处理。 4.2　依据企业的标准、政策和规章制度，精确地记录、反馈客户与企业之间的交流沟通情况。 4.3　确认任何未能满足的客户需求并讨论为其提供其他的产品或服务的适合性。 4.4　依据企业的规章制度支持客户与另外的服务联系

必要技能和知识

必要技能
1. 口头交流技能用于： • 清楚、简明、连贯地和有条理地向客户表达意思； • 采用适当的文化交流技能与来自多元文化背景的人及具有不同能力的人进行有效的沟通交流。 2. 读写技能用于： • 与客户沟通并培养必要的产品知识； • 理解客户要求和满足客户需求。 3. 解决问题的技能用于： • 处理客户的询问或投诉

续表

必要知识
相关的关键法律文件、标准和可能影响企业运行的条例，比如： 1. 反歧视法。 2. 伦理道德原则。 3. 守则条款。 4. 个人隐私法。 5. 职场健康安全法。 6. 对客户服务和客户服务过程中的机构政策和规程

鉴定证据指南

鉴定概述	具体描述
本单元鉴定能力展示的关键方面及必要的证据	本单元必备的能力应被充分观察到，并且能力可以迁移到变化的工作情况中，能够对以下关键方面的异常情况做出反应： 1. 展示所有阶段客户服务的互动交流。 2. 对客户的反馈做出回应。 3. 展示一系列的人际交流技能。 4. 相关的法律知识
鉴定的环境和资源	鉴定的环境和资源可包括： 1. 真实的职场环境或模拟的职场环境。 2. 有权获得使用办公室设备和资源。 3. 列出与客户服务相关的客户投诉和政策实例
鉴定方法	应该使用一系列方法来鉴定实践技能和知识，以下方法的组合适用于本单元的鉴定： 1. 直接提问与证据文件包回顾、由第三方提供的被鉴定人在岗工作绩效的报告相结合。 2. 对案例研究和方案回应的分析。 3. 技巧的展示。 4. 对业务陈述的观察。 5. 通过口头或书面问题来鉴定客户服务技巧和交流技巧。 6. 对提供给客户关于问题和延迟的信息回顾并对客户的后续跟进。 7. 回顾与客户和机构之间的交流和文件记录反馈

适用范围陈述

客　户	客户可包括： 1. 来自其他机构的联系人。 2. 外部的客户。 3. 内部的客户。 4. 社会公众的成员。 5. 病患。 6. 服务使用者
机构的要求	机构的要求可包括： 1. 平等参与原则和条例。 2. 反歧视和相关的政策。 3. 与客户相处遵循职场健康与安全规程。 4. 法律和机构的制度、指南和要求。 5. 质量持续改进流程。 6. 质量保证和规程手册
人际交流技能	人际交流技能可包括： 1. 积极地倾听与客户正在交流的内容。 2. 给客户提供一个机会来确认他们的诉求。 3. 用提问来澄清和确认客户的需求。 4. 寻求来自客户的反馈，确认对其需求的理解。 5. 用概括和释义来检查客户信息的理解。 6. 使用适当的身体语言
指定的人员	指定的人员可包括： 1. 经理、主管或团队领导人。 2. 具有更多丰富经验的专业知识或信息的人员。 3. 来自其他工作领域具有特殊的产品或服务知识的员工
机会	机会可包括： 1. 关于质量保证条款、保用期或支持服务的建议。 2. 包装的选择。 3. 价格的选择。 4. 提供商品或服务的规程。 5. 产品知识的规定。 6. 记录投诉的系统
客户反馈	客户反馈可包括： 1. 损坏的商品或交货问题。 2. 延误。 3. 发票错误。 4. 客户服务的质量。 5. 服务提供的质量

6.4 汽车维修服务能力模块

QPBSR01 应用汽车部件解释说明其作用

能力单元描述

本能力单元涵盖了技术人员确认从客户处获取汽车产品的目录号，辨识常见的、非常见的或不寻常的汽车部件作用的能力。

能力要素和实作指标

能力要素	实作指标
1 确认零部件及其终端用途	1.1 使客户感受到欢迎和尊重。 1.2 收集、记录并与客户确认关于所需部件有效、可用的信息。 1.3 从可得到的有效信息分析确定终端用途或总成的部分选择项
2 确认并记录零部件的详细情况	2.1 确认并获取车辆主机厂或总成部件的零部件目录系统。 2.2 通过进入和使用目录系统以及用户指南，精确地把零部件与目录信息匹配一致。 2.3 从供应商、供货厂商处寻求专家建议以澄清不确切的鉴定结果。 2.4 记录并处理零部件确认的详细情况
3 为客户提供或订购零部件	3.1 客户接受所使用的处理方法。 3.2 如无库存，补充库存或订购零部件。 3.3 更新客户订购零部件信息文档

必要技能和知识

必要技能
1. 读写技能用于： • 收集、组织和理解与技术读写能力相关的信息； • 说明、解释所获得信息的关键词和词组，以及说明图表和技术图纸。 2. 口头交流技能用于： • 询问和积极地倾听，如引出关于产品和终端使用问题的信息； • 与客户、供货者、供应商以清晰明白的文字进行语言沟通以交换想法和信息。 3. 计划和组织技能用于： • 在用一个符合逻辑的方法来确认零部件、产品时，计划和组织工作活动。 4. 团队合作技能用于： • 与他人一起工作并从团队成员处寻求帮助。 5. 计算技能用于： • 订购零部件、产品时估计数量。 6. 解决问题和分析技能用于： • 建立诊断程序

续表

必要技能
• 对一系列不可预测的情况进行分析和解决； • 澄清一般性的需求，并通过零部件目录系统、正确地确认零部件或可接受的技术选项的研究（这可能涉及解决原产地的路径识别，历史的或以现代为基础的术语、语言的变异）。 7. 技术技能用于： • 计算机操作； • 获取和解释说明基于计算机辅助的零部件目录系统
必要知识
1. 当前的和以往的汽车术语。 2. 汽车系统和总成功能的一般知识。 3. 零部件系统的历史背景。 4. 在行业中一系列常用的手动和计算机辅助的零部件目录系统的一般知识。 5. 零部件目录系统的详尽知识，既包含企业使用的特定品牌，也包含通用零部件选择项的详尽知识、手动和计算机辅助的零部件目录系统。 6. 与供应和非标准的部件、零件、附件的使用相关联的法律问题。 7. 与客户安全和计算机工作台的人体工程学相关的职场健康与安全知识

鉴定证据指南

鉴定概述	具体描述
本单元展示能力的必要证据和鉴定的关键方面	本单元必备的能力应被充分观察到，并且可以将能力迁移到变化的工作情况中，能够对以下关键方面的异常情况做出反应： 1. 从客户或其他来源引出足够的信息确认车辆或车辆部件总成的辨识。 2. 确认和定位查找与所需车辆、总成相关联的部件目录系统。 3. 使用部件目录和相当的文件，既可以是硬拷贝的也可以是电子的，追溯并确认特定的品牌零部件。 4. 使用部件目录和相当的文件，既可以是硬拷贝的也可以是电子媒介的，追溯并确认通用的或可选配的部件、产品
鉴定的环境和具体资源	1. 鉴定必须既涵盖具体的品牌又涵盖通用的部件以及发生在一个明显的大量客户的竞争环境中。 2. 以下资源是必需的： • 一个职场或模拟的职场； • 客户和对零部件信息的要求； • 零部件目录系统（既可以是计算机的也可以是手动的）； • 一位具有资质的职场鉴定师

续表

鉴定概述	具体描述
鉴定方法	应该使用一系列方法来鉴定实践技能和知识，以下方法的组合适用于本单元的鉴定： 1. 本单元的鉴定必须在岗或在一个模拟的工作环境中，依据可得到的信息，客户类型和部件追溯的复杂性来反映一系列零部件识别要求。 2. 本单元的能力可与其他能力单元构成一个完整的工作任务进行鉴定。 3. 能反映一段时期中出现各种不同情况的一个过程的鉴定比只反映一个结果的鉴定更加可取。 4. 遵从已达成一致的真实可信的鉴定安排，工作绩效的证据可以由客户、团队领导和成员或其他的适当人员提供

适用范围陈述

汽车部件	汽车部件可包括： 具体车辆类型或是行业通用汽车的零部件和附件。他们将普遍用于较老的、稀有的或专用的车辆
客　户	客户可包括： 外部的和内部的客户，他们可以是具有一定描述零部件知识的人员，也可以是要求详细说明支持的技术新手。无论如何，要让客户感到受欢迎，受尊重，在过程结束时感到满意
车辆、总成确认选择项	车辆、总成确认选择项可包括： 抽样检查客户车辆的总成部件并澄清必要的情况
解决方案	在传统车辆与混合动力车辆、总成相关时其解决方案不一定显而易见，并且可能需要鉴定、确认和追踪一系列的选择项
法律要求	法律要求可包括： 1. 国家职业安全健康安全法律。 2. 地方性法规和条例
交　流	与客户、用户交流可包括： 面对面，通过电话或通过其他电子技术手段
信息的记录	当客户不再出现时，需要记录客户所提供的信息，保留并可重新恢复找到客户
资　源	资源可包括： 商品目录册的硬拷贝、数据库和有权使用互联网资源
零部件信息	零部件信息可包括： 1. 制造商、零部件供应商的说明书和技术文件，企业规程和文件，企业或行业零件规格，图表和说明图，口头的描述和看到的实物。 2. 从一系列精确的目录序号中或涉及根据一位几乎无技术知识的客户或专家的概括描述零部件的用途

续表

信息收集技巧	信息收集技巧可包括： 1. 客户可能主动寻求帮助，并依据车辆、总成型号、制造生产日期、用途和部件的外形以及其他跟踪信息，提出全面充分的描述要求。 2. 如果有足够的疑虑存在，表明客户可能就遇到的技术问题在寻求一种不恰当的解决方案，这时客户可能要求转向另外的服务提供者
零部件目录系统	零件目录系统可包括： 1. 硬拷贝(Book-Fast，活页书)微缩胶片、微缩胶卷，单机计算机或网络的、在线的计算机支持服务系统。 2. 取决于必要部件的使用年限，任何或以上提及的系统的使用权限
目录系统帮助和用户指南	目录系统帮助和用户指南可包括： 系统内的文字指令说明，以图表形式呈现的操作指南、流程图和步骤过程图表，菜单和提示性语言以及一个三维的系统、部件图解，型号和图像
提供商、供应商信息	提供商、供应商信息并不总是需要，但是当部件的标识不正确时，可能导致法律责任；当客户不满或疏远时，就应当寻找或获取这些信息

QPBSR02 遵守职场环境法规进行计划和管理

能力单元描述

本能力单元涵盖了工作人员计划和执行职场管理系统以确保在职场中对环境的保护所应具备的能力。

工作涉及汽车企业的活动，包括漆面抛光、配件加装、玻璃贴膜、装饰等工作的计划和管理。工作要求个人能展示谨慎的品格及判断和解决问题的能力，并能通过减少环境风险和废弃物来改善环境。

能力要素和实作指标

能力要素	实作指标
1 依照环境法规计划和管理	1.1 确认职场或企业中伦理道德环境条例的原因。 1.2 确认在汽车职场或企业中雇主和雇员的环境保护责任。 1.3 确认对破坏法规的个人或企业的处罚。 1.4 将废品减到最少并提供设施储存废料于容器中，用于循环使用或处理。 1.5 实施液体、油泥、固体和其他废料的收集和循环使用安排。 1.6 寻求供应商采购将接收的商品的过量包装减小到最低限度，并将收到的商品包装分类和适当的处理。 1.7 确认并实施废品和节能的策略

续表

能力要素	实作指标
2 处理对雨水系统的潜在危害避免污染	2.1 系统处在适当的位置确保废水不会流入雨水系统。 2.2 确认所有的排水沟和流水在工作场所地图上直接标注出它们流向哪里。 2.3 具有适当的工业废水排放许可证。 2.4 提供加盖的、有堤围或排放系统的区域,并用于储存所有对环境有害的物质。 2.5 提供和使用防止溢出的工具包,防止雨水污染。 2.6 保持工作场所的清洁,防止无意的雨水污染
3 处理对大气的潜在危害避免污染	3.1 确认减至最少和抑制空气中的有害颗粒。 3.2 确认减至最少和抑制空气中的有害气体和废气。 3.3 为所有焊接活动提供一个通风良好的区域
4 计划和处理将噪声危害减到最小	4.1 将产生噪声的活动减至最少并在被批准的操作时间内进行此类生产活动。 4.2 将固定的机械安装消音器或在其周围使用消除噪声的材料
5 执行管理系统	5.1 开发和实施适合企业需求的环境保护政策和意外事故应急计划。 5.2 计算废物填埋场的废品和计算通过重新使用或循环使用废品可能的节约。 5.3 计算环境保护设备的回收期。 5.4 管理员工坚持环境的责任。 5.5 以报告规程的形式维持和妥善地储存环境保护文档

必要技能和知识

必要技能
1. 收集和组织信息技能用于: • 理解与汽车商务法律、法规、政策、指南、标准信息; • 收集职场最佳实践方法的环境保护规程相关的信息。 2. 口头交流技能用于: • 交流想法和信息,确保依据环境保护最佳实践方法从事所有的工作; • 积极寻求适当的创新和持续的改进方法,并获得各利益相关方的支持。 3. 计划和组织技能用于: • 设备和材料回收循环利用的准备; • 依据废物管理系统,选择避免环境污染的工作场所; • 反溯源追踪,工作流程中断和浪费。 4. 团队合作技能用于: • 促进与他人一起工作,在团队中通过认可相互之间的依赖关系; • 使用合作的方法最大限度地减少浪费,优化工作流程和工作效率。 5. 计算技能用于: • 完成测量和估算必要材料的需要量并用多种方法计算损耗率; • 计划、校验和检查,避免环境污染和浪费。 6. 技术技能用于: • 操作和维护与环境保护、回收循环利用相关的设备

续表

必要知识
1. 环境法规的各个方面以及和职场健康与安全的关系，财务经费和风险管理。 2. 工业废水排放许可的要求。 3. 废物溢出的清扫规程。 4. 在企业中所使用的产品的特征和对环境的潜在影响。 5. 通过预防、再利用、减少、回收循环利用的可持续发展的理念。 6. 校正机械故障和材料缺陷的规程。 7. 在工作场所如果发生环境威胁应采取的行动。 8. 发生在工作场所的环境损害报告规程。 9. 使用清洁剂产品和生态效益策略，避免生产中的废料

鉴定证据指南

鉴定综述	具体描述
本单元鉴定的关键方面和展示能力的必要证据	本单元必备的能力应被充分观察到，并且能力可以迁移到变化的工作情况中，能够对以下关键方面的异常情况做出反应： 1. 计划和管理设备、产品和材料的安全操作要求，包括使用个人防护设备。 2. 计划和管理环境保护规程。 3. 确认在企业中使用的材料，估算和控制其对环境的影响。 4. 计划和管理工作指令说明、操作程序和检查程序，以达到： • 使伤害自己和他人的风险减至最小； • 保持一个清洁的工作场所； • 防止商品、设备和产品的毁坏和损耗； • 根据法规要求和最佳实践条例处理废弃物； • 维持产品产量、生产和服务的质量。 5. 报告环境的损害或有害物质的泄漏情况。 6. 计划和管理操作者对设备的维护，确保环境保护的有效率。 7. 有效的管理与环境保护最佳实践条例相关的计划和团队工作。 8. 开发、实施或审计目前的企业环境保护政策，包括使废物、回收循环利用、对雨水系统的危害、空气质量、噪声、节能和成本降至最低限度的政策。 9. 根据职场具体情景和环境的变化修改活动内容
鉴定的环境和资源	鉴定的环境和资源可包括： 1. 有权使用各种类型的废料、回收循环利用箱、液体、油泥和固体废料的汽车企业。 2. 资源可以包括压力冲洗和回收循环利用水的设备

续表

鉴定综述	具体描述
鉴定方法	应该使用一系列方法来鉴定实践技能和知识，以下方法的组合适用于本单元的鉴定： 1. 鉴定可以在工作中或具备加工设备设施、材料、工作指令和时限规定的模拟职场进行。 2. 鉴定方法必须确认实作绩效的稳定性贯穿一段时间并且是在一系列相关的职场环境中的完成。 3. 鉴定应该对工作任务进行直接观察并对必要的知识进行提问。 4. 鉴定应该在一段时间内进行，并应当与其他能力单元结合鉴定。 5. 本单元能力的鉴定应尽可能在真实的或模拟的条件和要求的文件夹或其他形式的过程性证据的相关的项目。直接证据可以包括符合最终结果和产品或使用一个权威部门授予认可的证书。 6. 鉴定必须确定能力不仅能满足某一特定的工作情况，而且能被迁移到其他工作情况中的结论

适用范围陈述

汽车商务	任何汽车商务，不包括车身修理、船机和涉及可移除的容纳润滑油或其他液体的机械部件
工作规程	工作规程可包括： 1. 职场健康与安全法律、物料安全数据表、有害物质和危险商品准则、安全操作规程。 2. 法律义务、环境保护法律、健康法规、手动搬运规程、组织团体保险的要求
工具和设备	工具和设备可包括： 防溢出套装工具、循环使用箱和桶
个人防护设备	个人防护设备可包括： 法律、法规和企业制度规定的内容
信息、文档	信息、文档可包括： 1. 环境保护法律、法规和建议。 2. 与工具和设备使用有关的职场规程。 3. 工作指令和规程。 4. 工作场所的环境保护政策。 5. 与报告、环境问题交流相关的职场规程。 6. 制造商或零件供应商说明书和操作规程。 7. 国家或地方污染排水法规。 8. 物料安全数据表、环境保护文档、制造商或零件供应商说明、设备和移除废料的成本计算。 9. 员工环境保护入职培训材料

QPBSR03　检查车辆维修报价

能力单元描述

本单元能力涵盖了检查车辆维修报价所必需的工作绩效、技能和知识。它涉及维修者报价中的成本和时间要求以确保其精确地表现维修方法,使车辆恢复到损坏前的状况并决定维修费用是公平合理的。它还涉及确定报价计算是精确并完成必要的记录。

工作涉及回顾车辆、车身维修车间的报价来维修受损坏的车辆。被维修的车辆可以包括轻型车辆、商务车、重型车、农用和重型设备、娱乐车辆和摩托车。

能力要素和实作指标

能力要素	实作指标
1　准备工作	1.1　找出报价和职场的制度及规程,包括报价复审政策。 1.2　收集报价信息和文件
2　复审时间要求	2.1　估计可行的维修时间。 2.2　估计分包商工作的周转时间。 2.3　估计维修工作的总计时间。 2.4　记录所估计的时间
3　复审零件要求	3.1　在满足质量标准、法律要求、职场健康与安全要求,以及职场环境条例的同时,决定已比较的更换零件进行维修的可行性。 3.2　检查用作维修的已确认部件的相关性。 3.3　决定对原有部件成本核算的潜在变化。 3.4　使用行业和职场价格标准估算部件和耗材的成本。 3.5　记录零部件发现的情况
4　复审分包商工作	4.1　决定分包合同复审、服务和维修工作。 4.2　检查分包的维修工作。 4.3　确认分包工作成本的潜在变化。 4.4　使用行业和职场价格标准估算分包合同复审,服务和维修工作的成本。 4.5　记录分包合同复审、部件、服务和维修工作的要求
5　与维修者商定一致的报价	5.1　以公正透明的方式与维修者就时间要求和成本费用进行协商并达成一致。 5.2　如有必要对报价做出调整。 5.3　对报价达成一致并确定。 5.4　遵照职场制度和规程,根据规定提供授权的维修处理使车辆恢复到受损前的状态
6　完成报价复审	6.1　使用职场批准的报价格式,记录复审的结果。 6.2　按照职场制度和规程的要求,向相关人员提供复审结果和维修许可的文档

必要技能和知识

必要技能
1. 技术技能用于： • 确保维修者的报价能使车辆恢复到受损坏前的状态。 2. 口头交流技能用于： • 与维修者讨论和定下报价； • 与管理者、分包商和客户讨论报价； • 报告工作结果和问题。 3. 读写技能用于： • 在回顾车辆维修报价的环境中解读技术信息和说明书； • 研究和解释信息； • 理解通用的行业术语； • 理解制造商和部件说明书； • 理解安全规程。 4. 计算技能用于： • 估算成本、时间和转包的工作量。 5. 团队合作技能用于： • 有效地工作，与他人合作以优化工作流程和生产率。 6. 解决问题的技能用于： • 在回顾复杂的工作时确认技术和程序的问题； • 防止时间和材料浪费问题。 7. 技术技能用于： • 使用通信设备和计算机设备记录和回顾报价结果
必要知识
1. 车辆机械、电气、表面和结构方面的技术知识： • 损坏和故障； • 拆卸和维修方法。 2. 当前的评估和报价方法。 3. 估算和成本计算的基本原理。 4. 寻求获得制造商和部件供应商说明书和更换部件的方法，包括成本目录、车间手册和维修指南。 5. 通用的保险行业知识，包括： • 合同和保险法； • 保险合同法； • 知识产权法； • 车辆保险和维修行业行为条例； • 个人法律责任； • 国家或地方的公平贸易法。 6. 与回顾车辆维修报价相关的可适用的国家或地方性法律、法规和标准，包括： • 竞争和消费者法； • 版权法；

续表

必要知识
• 环境法规； • 法律； • 职场健康与安全法。 7. 与回顾车辆维修报价相关的职场政策和规程，包括： • 质量要求； • 报价和维修记录以及报告规程； • 数码相机的使用； • 工作组织和计划过程

鉴定证据指南

鉴定概述	具体描述
本单元鉴定的关键方面及展示能力的必要证据	本单元展示的能力所必要的证据必须是与相关的职场操作相关联并且满足全部实作指标和必要的技能和知识的要求。展示本单元能力的个人必须能够： 1. 遵守安全规程和要求。 2. 与涉及或影响工作的他人有效地交流沟通。 3. 为一系列车辆维修工作估量时间、部件和分包工作，既包括较小的维修也包括广泛的维修。 4. 确保维修者的报价代表了可以使车辆恢复到受损前状态的一系列维修方法。 5. 与维修者达成一致的最终报价。 6. 书写报价回顾报告
鉴定的环境和资源	能力鉴定将在职场或模拟的职场环境中准确地反映被鉴定人在一个真实的职场环境中的工作绩效。 1. 鉴定将： • 使用标准的职场条例和规程； • 遵守安全要求； • 应用环境保护限制性条例。 2. 鉴定内容包括： • 法规要求； • 国家相关的标准； • 行业实施条例。 3. 以下资源可获得并用于本单元的鉴定： • 一系列受损的车辆，既包括受损较轻的也包括受损较严重的车辆； • 数码相机； • 相关的文件，包括原始制造商设计说明书和成本费用、车间及车身维修手册、估价文件和维修顺序； • 相关的信息（如员工数和可用性、成本参数和外部的承包商的信息）； • 相关的工具和设备； • 维修工作的详细细节资料； • 修复手册

续表

鉴定概述	具体描述
鉴定方法	鉴定方法可包括： 1. 鉴定必须满足已批准的鉴定证据指南。 2. 鉴定方法必须确认实作绩效的连续一致性和精确性（随时间的推移并处于一系列相关的职场环境中）并与必要的技能和知识的应用相结合。 3. 鉴定方法必须通过对任务的直接观察，并通过对必要的技能和知识的提问来确保正确地理解和应用。 4. 本单元的能力可以与其他能力单元组成一个完整的工作任务进行鉴定。 5. 在适当的情形下，合理地调整必须使的工作环境和培训情景以适应多样化的客户需求。 6. 鉴定过程和技巧必须具有文化的敏感性并适合被鉴定人的语言，文字和计算的能力和正在实施完成的工作

适用范围陈述

报价	报价可包括： 1. 客户的详细情况。 2. 车辆损害的数码图像。 3. 人工成本的预算。 4. 必要的更换部件和成本。 5. 转包的或专业的工作。 6. 车辆的详细情况。 7. 所实施的工作
职场政策和规程	职场政策和规程可包括： 1. 制造商说明书和行业行为条例。 2. 职场健康与安全、可持续发展性、职场环境、平等机会和反歧视。 3. 质量制度和规程，包括国家的相关标准。 4. 记录和报告规程。 5. 安全工作规程
信息和文件	信息和文件可包括： 1. 国家相关的标准。 2. 图解和示意图。 3. 工程师和制造商的设计说明书和操作指令。 4. 由权威的机构或外部人士颁布的操作指南。 5. 库存目录系统。 6. 材料安全数据单。 7. 车辆保险和维修行业行为条例。 8. 零部件目录。 9. 检查可适用于销售的车辆、部件的安全工作规程。 10. 口头的、书面的和图示的操作指南。 11. 职场的规范和要求

续表

时间要求	时间要求可包括： 1. 以下内容的可用性： • 部件； • 重新定位和测量设备； • 转包商。 2. 员工数量和可用性。 3. 标准服务和维修时间。 4. 考虑保修期的长度
分包合同的工作	分包合同的工作可包括： 1. 空调。 2. 汽车玻璃安装。 3. 电池电动车辆。 4. 制动系统。 5. 冷却系统。 6. 电气和电子系统。 7. 混合动力。 8. 液化气。 9. 机械的服务。 10. 悬挂和车轮定位。 11. 变速箱。 12. 装饰
维修工作	维修工作可以包括车辆微小的和/或广泛的损坏。 1. 车辆的广泛损坏是指影响车辆安全和车辆工作性能的损坏，并可以包括： • 电子的或手动的诊断以及车辆结构的测量； • 机械的部件损害； • 重新定位和结构部件的维修； • 车辆螺栓紧固部件的拆卸和更换； • 机械部件的拆卸和更换； • 焊接的或黏合的关键结构部件的拆卸和更换，如底盘架； • 车身面板的维修； • 结构的损坏。 2. 车辆的微小受损是指不影响安全和车辆工作性能的损坏，并可以包括： • 保险杠剐蹭； • 冰雹损坏； • 面板损坏

续表

法律要求	法律要求是要依据适当的国家或地方性法律、法规、证书要求和实施条例，可包括： 1. 竞争和消费者法律。 2. 国家的相关标准。 3. 保密和隐私法。 4. 版权法。 5. 关照责任。 6. 职业健康安全法。 7. 环境法
职业健康安全要求	职业健康与安全要求可包括： 1. 正确地处置有害的材料和物质。 2. 急救设备。 3. 遵守紧急情况处理规程。 4. 危险和风险控制。 5. 个人防护设备和服装。 6. 安全设备。 7. 手动搬运的技巧，包括移动、举升和运输
职场环境条例	职场环境条例可包括： 1. 清洁净化管理。 2. 灰尘和噪声的最小化。 3. 废弃物的管理

QPBSR04　检查车辆维修工作质量

能力单元描述

本单元能力涵盖了技术人员检查车辆损耗评估环境中的车辆维修工作的中期维修的技术质量所应具备的能力。维修工作可以是轻型车辆、商务车、重型车、房车。

能力要素和实作指标

能力要素	实作指标
1　准备车辆检查	1.1　获取和回顾车辆信息。 1.2　根据车辆信息确认和检查车辆。 1.3　决定适当的车辆检查方法。 1.4　确认和准备实施车辆检查的材料和设备
2　检查车辆	2.1　阅读和遵循制造商和部件供应商说明、法律的要求、职业健康与安全要求、职场环境要求和职场制度与规程。 2.2　检查车辆以确定已经开始进行的维修行动是否能达到质量标准。 2.3　确认车辆故障。 2.4　确定和实施维修行动

续表

能力要素	实作指标
3　授权维修行动修正	3.1　与当前的或新的维修者进一步讨论车辆故障和推荐的维修方法。 3.2　与当前的或新的维修者就修正后的维修费用和报价变化达成一致。 3.3　与当前的或新的维修者授权实施修正后的维修工作程序
4　完成检查维修过程	4.1　按照规定在相关的实施守则条例下记录所实施的维修行动。 4.2　将车辆检验报告提交给适当的人员。 4.3　按照职场的制度和规程要求存档报告

必要技能和知识

必要技能
1. 读写技能用于： • 解读制造商规程； • 解读技术信息和说明书； • 使用通用的行业术语； • 分析与检查相关的信息； • 理解安全规程； • 书写车辆检查报告。 2. 口头交流技能用于： • 确认检查要求； • 询问和倾听他人关于维修工作的意见； • 达成关于维修费用和报价变化的一致意见。 3. 计算技能用于： • 解读说明技术测量结果； • 决定成本费用变动。 4. 分析技能用于： • 确认和分析车辆的维修工作。 5. 解决问题的技能用于： • 达到预期的维修质量并避免时序安排不当的问题； • 确认维修技术的和维修问题； • 防止维修工时和维修材料的浪费。 6. 团队合作技能用于： • 使工作流程和质量达到最优化； • 有效地与他人合作。 7. 技术技能用于： • 使用通信设备和计算机辅助设备来记录和报告结果； • 检查对车辆实施机械的、车身和油漆维修工作质量

续表

必要知识
1. 车辆机械的、电气的、表面的、结构的技术知识，包括： • 损坏和故障； • 拆卸和维修方法； • 当前的评估和报价方法； • 车辆检查和损坏评估规程及方法，包括维修装配和拆卸规程； • 相关的汽车网站查找出当前最佳实践和未来发展趋势的信息。 2. 常规的保险行业知识，包括： • 竞争和消费者法规； • 版权法； • 合同和保险法； • 保险合同法； • 知识产权法； • 汽车保险和维修行业实施守则法规条例； • 个人法律义务； • 国家或各地方的公平交易法。 3. 获得制造商和部件供应商说明书来源的方法，包括车间手册和维修指南。 4. 与车辆维修工作的质量检测相关的可适用于国家、或各地方的法律、法规和标准，包括： • 环境保护法规； • 法律； • 职场健康与安全法律条款。 5. 与车辆维修工作的质量检测相关的职场制度和规程，包括： • 质量要求； • 记录和报告规程

鉴定证据指南

鉴定概述	具体描述
本单元鉴定的关键方面及展示能力的必要证据	本单元必备的能力应被充分观察到，并且能力可以迁移到变化的工作情况中，能够对以下关键方面的异常情况做出反应： 1. 在检查车辆维修工作时遵守安全规程和要求。 2. 与涉及或影响工作的他人有效地交流沟通。 3. 获得相关的车辆维修信息。 4. 检查一系列已实施维修的车辆的工作质量。 5. 确认维修故障并决定修正维修行动。 6. 在相关的行为守则条款内工作。 7. 书写车辆检查报告

续表

鉴定概述	具体描述
鉴定的环境和资源	以下鉴定的环境和资源可以获得和使用: 1. 如果适用,必须做出适当、合理的调整,使工作环境情况适应多样化的客户需求。 2. 鉴定过程和技巧必须具有人文敏感性并适合被鉴定人的语言、读写和计算能力以及所实施的工作。 3. 鉴定资源包括: ● 一系列符合要求的和不符合维修工作要求的车辆; ● 计算机硬件和软件、计算器和常用的办公设备; ● 数码相机; ● 车辆维修质量要求; ● 车辆维修工具和设备; ● 车辆维修相关的信息,包括制造商的说明书和成本费用; ● 车辆检查计划
鉴定方法	应该使用一系列方法来鉴定实践技能和知识,以下方法的组合适用于本单元的鉴定: 1. 本单元的能力可以与其他能力单元构成一个完整的工作任务进行鉴定。 2. 通过对任务的直接观察并对必要的技能和知识进行提问以确保正确地理解和应用。 3. 能力将在真实的或模拟的职场环境中进行鉴定,以准确地反映其在一个真实的工作环境中的工作绩效

适用范围陈述

车辆检查方法	车辆检查方法可包括: 1. 与客户和事故见证人面谈。 2. 不拆卸检查并检查车辆和部件的损害。 3. 查阅报告、书刊和制造商的说明书。 4. 对经销商的询问做出回应。 5. 视觉检查,包括使用车辆和部件损害的数字图像
制造商和部件供应商的说明书	制造商和部件供应商的说明书可包括: 1. 国家的相关标准。 2. 图解和示意图。 3. 由授权的权威机构或外部人员颁布的使用说明。 4. 详细的零部件目录系统。 5. 材料安全数据单。 6. 原产设备制造商设计说明书和维修要求。 7. 零件目录。 8. 为检查车辆提供的销售部件的安全工作规程。 9. 口头的、书面的和图解的操作指令。 10. 职场的说明书和要求

续表

法律要求	法律要求是要遵循可适用的国家、和地方性法律、法规，证书要求和实施条例，可包括： 1. 国家的相关标准。 2. 仲裁和企业协议。 3. 保密和隐私条例。 4. 竞争和消费者法案。 5. 版权法。 6. 关照责任义务。 7. 汽车保险和维修行业行为守则条例。 8. 职场健康安全法。 9. 相关的行业实施守则条例。 10. 环境保护法
职场健康与安全要求	职场健康与安全要求可包括： 1. 危险材料和物质的正确处理。 2. 急救设备。 3. 遵循紧急情况处理规程。 4. 危险和风险控制。 5. 个人保护设备和服装。 6. 安全设备。 7. 手动搬运技术，包括移动、举升和运输
职场环境要求	职场环境要求可包括： 1. 清洁管理。 2. 灰尘和噪声的最小化。 3. 废物管理
职场制度和规程	职场制度和规程可包括： 1. 环境保护和可持续性。 2. 工作说明书。 3. 制造商说明书和行业实施条例。 4. 职场健康与安全。 5. 质量制度和规程，包括国家的相关标准。 6. 记录和报告规程。 7. 安全工作规程
修正行动	修正行动可包括： 1. 说明车辆的全部损失和以拍卖方式处理车辆。 2. 说明车辆的全部损失和以目前的状况出售车辆返还给最初的维修者。 3. 当修正维修产生的费用和残值超过车辆当前的市场价值时，说明车辆的全部损失。 4. 在一个新的修理者处修复车辆并从最初的维修者处谋求修复的信息。 5. 在原修理者处修复车辆

QPBSR05　处理客户投诉

能力单元描述

本单元能力涵盖了技术人员遵从企业的制度和规程处理客户投诉令客户满意所应具备的能力。

能力要素和实作指标

能力要素	实作指标
1　明晰投诉的性质	1.1　确定投诉的细节。 1.2　准确地记录投诉的概要。 1.3　确认客户的任何不便并做出道歉实作指标
2　确认解决投诉的可选择项	2.1　确认解决投诉的可选择项。 2.2　如果不可能解决,将投诉提交到指定的负责人处
3　对解决投诉采取行动	3.1　与客户协商最佳的解决方案。 3.2　在达成一致的时间框架内实施已选择的解决方案。 3.3　对必要的文件定稿。 3.4　评估解决方案的有效性和相关的结果。 3.5　确认企业规程的任何必要变化并传达给实施行动的适当人员

必要技能和知识

必要技能
1. 收集信息技能用于: • 理解客户投诉方面相关的信息。 2. 读写技能用于: • 解读相关的技术文本; • 领悟与客户投诉相关的事实并阐明解释。 3. 分析技能用于: • 调查和确认引起投诉、促成投诉的因素。 4. 口头交流技能用于: • 对客户表达恰当的欢迎、告别; • 与客户和团队成员交流想法和信息; • 以清晰易懂的语言、文字处理客户投诉; • 询问和积极地倾听,如在从容易激动的客户处获得真实的信息。 5. 计划和组织技能用于: • 计划一种方式来确认和解决投诉。 6. 团队合作技能用于: • 与他人一起工作,如果解决方案不可能实施,提交给团队中一位指定的负责人。 7. 计算技能用于: • 评估选项和解决方案的费用成本

续表

必要技能
8. 解决问题的技能用于： ● 建立处理程序，包括处理不随和或粗暴谩骂的客户的冲突解决，以及欢迎和告别的技巧。 9. 技术技能用于： ● 依据商业技术作出企业的规程改变
必要知识
1. 一系列企业采购和服务、部门位置和部门电话分机的常规知识。 2. 与客户服务相关的行业、职场行为守则条例的常规知识。 3. 法律法规要求的基本工作知识，包括消费者法、贸易条例和公平贸易法。 4. 与以下内容相关的企业制度和规程的工作知识： ● 消费者服务； ● 处理困难的客户； ● 分派义务、职责。 5. 企业投诉处理规程的工作知识

鉴定证据指南

鉴定概述	具体描述
本单元鉴定的关键方面和展示能力的必要证据	本单元必要的能力应被充分观察到，并且能力可以迁移到变化的工作情况中，能够对以下关键方面的异常情况做出反应： 1. 准确地明晰投诉的性质和范围。 2. 确认投诉解决方案的可选择项。 3. 解决投诉使客户满意。 4. 促使避免进一步的投诉。 5. 与涉及或影响工作的其他人有效交流
鉴定的环境和资源	鉴定的环境和资源可包括： 1. 一个职场或模拟的职场。 2. 与客户服务和投诉处理程序相关的企业或相等的制度和规程。 3. 与客户关系和投诉的法律影响相关的企业或相等的操作指令说明。 4. 一系列投诉的客户（真实的或模拟的）。 5. 一位具有资质的职场鉴定师
鉴定方法	应该使用一系列方法来鉴定实践技能和知识，以下方法的组合适用于本单元的鉴定： 1. 本单元可以与相关能力单元结合设置成一个完整的工作场所的项目或模拟的交易业务或方案。 2. 观察被鉴定者在工作场所的工作过程和规程。 3. 鉴定人员必须通过对技能和知识的口头或书面提问来验证实作技能，以确保正确地解释和应用。 4. 遵从已达成一致的真实安排，实作的证据可以由客户、团队领导、成员或其他合适人员提供

适用范围陈述

投　诉	投诉可包括： 与客户间的人际互动、错误的产品、故障产品、收费和费用政策、送货系统故障等相关的事宜
客　户	客户可包括： 1. 常来的客户或新来的客户，以及他们的常规的或特殊的要求。 2. 客户可以包括来自广泛的社会背景，文化或民族背景，以及具有不同身体条件及智力能力的人。无论如何，让客户感到受欢迎、被尊重，在服务结束时，感到满意
客户服务	客户服务可包括： 企业的活动、内部的和外部的客户以及对服务提供的延误事件的跟进
客户需求	客户需求可包括： 关于可获得的有效的产品或服务、产品或服务的质量、补充的产品或服务、企业设施和服务以及具体物品的地点的信息
员　工	员工可包括： 全职的、兼职的或临时受雇的员工。在常规或忙碌的交易条件下工作的人员
企　业	企业可以在规模、类型和位置方面呈现不同
交　流	交流可包括： 口头的、书面的、通过电话的、通过电子的手段、书写的方式
记录保管	完成精确的信息记录并可以采用手工的、电子的或通过其他方式存储信息
资　源	资源可包括： 1. 与客户服务和投诉处理过程相关的企业或相等的制度和规程。 2. 与客户关系和投诉牵涉的法律相关的企业或相等的操作指南。 3. 一系列投诉的客户（真实的或模拟的）
资料、文件	资料、文件可包括： 企业政策，以及与客户服务，设备和产品生产商、零部件供应商的规格说明书，企业的操作规程，行业、职场的守则条款，客户要求的相关规程

QPBSR06　实施汽车产品召回

能力单元描述

本单元能力涵盖了服务顾问对零售或批发商业遵守法律义务和根据风险管理原则在启动和执行汽车产品召回方面所应具备的能力。它包括接收和解读客户投诉，评定并与管理者、员工、外部的利益相关方和商务客户交流召回汽车产品风险的相关信息，依据公司政策和相关法律处理工作场所的召回流程或召回活动。

能力要素和实作指标

能力要素	实作指标
1　对客户可能要求汽车产品召回的问题作出回应	1.1　使用适当的交流技巧记录客户投诉的详细情况。 1.2　初步评估汽车产品对公众健康和安全带来的风险。 1.3　按照公司召回规程将公众健康和安全潜在的风险通知高级管理层。 1.4　通过机构的制度按照规定迅速地通知投诉的制造商或供应商。 1.5　根据公司召回规程从销售处收回任何已确定对公众健康和安全造成直接风险的汽车产品。 1.6　通知相关的公众和行业汽车产品召回机构有关风险的确认
2　对最初的询问作出反应来澄清汽车产品风险的性质	2.1　确认风险的详细过程和相关公众的职责以及行业汽车产品召回机构。 2.2　调查和查明风险的性质并报告给相关的公众和行业汽车产品召回机构
3　实施汽车产品召回	3.1　依据公司和法律的规程执行汽车产品召回活动。 3.2　在规定的时限内有效地完成召回。 3.3　以及时的和有效的方式为召回规程和不可预见的事件建立操作指令说明

必要技能和知识

必要技能
1. 读写技能用于： • 记录和报告所有的行动。 2. 口头交流技能用于： • 与内部和外部的当事人，包括客户群组、媒体、政府机构、商务客户和供应商以及个体消费者进行深入、清楚和直接的交流； • 通过询问问题来识别和确认要求； • 分享信息； • 给出说明； • 对于文化差异使用恰当的语言和概念交流； • 使用和解读非语言的交流。 3. 计划和组织技能用于： • 分析召回的汽车产品风险。 4. 技术技能用于： • 做出汽车产品召回决定
必要知识
1. 关于汽车产品召回的国家标准和要求。 2. 正确的报告规程。 3. 召回过程。 4. 公众的法律责任义务。 5. 存有异议的合同类型和语境的含义。

续表

必要知识
6. 消费者群组和代表机构。 7. 相关的政府部门。 8. 相关的商务法律和法规。 9. 各方权利和责任。 10. 召回汽车产品的运输、存储和处理。 11. 国家竞争和消费者委员会规定。 12. 关于对客户的汽车产品和供应安排的信息来源。 13. 影响工作任务或职责功能的商务政策和规程。 14. 职场健康与安全方面

鉴定证据指南

鉴定概述	具体描述
本单元鉴定的关键方面及展示能力的必要证据	本单元必备的能力应被充分观察到，并且能力可以迁移到变化的工作情况中，能够对以下关键方面的异常情况做出反应： 1. 按照保密要求，公司制度和相关的法律以一种积极、及时的方式对客户的投诉做出反应。 2. 对客户、主管，员工、外部的利益相关方和商务客户解释和交流信息。 3. 确认和获取相关的和准确的信息评估潜在的风险。 4. 依据公司政策负责地、有效地处理工作场所的召回过程或召回活动。 5. 通过企业，制造商或政府部门启动的召回通知，组织、计划或完成召回和收回规程
鉴定的环境和资源	鉴定必须确保有权使用： 1. 一个以销售为导向的工作环境。 2. 相关的汽车产品信息来源。 3. 相关的文件，如政策和规程手册相关的法律和指南
鉴定的环境和具体资源	应该使用一系列方法来鉴定实践技能和知识，以下方法的组合适用于本单元的鉴定： 1. 观察职场中的实作工作绩效。 2. 来自管理者的第三方报告。 3. 通过书面或口头问题鉴定对必要知识的理解。 4. 证据文件包和在岗工作绩效的第三方职场报告的回顾。 5. 可以与其他所建议的相关的行业领域、职场和工作任务的能力单元开展整体的鉴定

适用范围陈述

适当的交流技巧	适当的交流技巧可包括： 1. 使用恰当的、开放的和包容性的语言。 2. 使用除汉语以外的语言，包括当地社区的语言、原住民的语言和视觉语言，如符号语言。 3. 说话清楚、简洁。 4. 非言语的交流
召回规程和标准	召回规程和标准可包括： 1. 国家的相关标准、贸易法规条例和规程手册。 2. 商务操作规程。 3. 与汽车产品制造维护、存储、运输、搬运或销售相关的国家和行业标准
汽车产品召回机构	汽车产品召回机构可包括： 1. 召回协调委员会。 2. 制造商或行业召回委员会。 3. 国家竞争和消费者委员会。 4. 国家相关标准。 5. 零售、批发和分销商机构。 6. 国家、省或地方机构，包括负责健康、消费者事务、行业和科学的机构
报　告	报告可包括： 1. 风险评估报告。 2. 消费者投诉。 3. 污染的性质。 4. 投诉的性质。 5. 汽车产品的特色。 6. 政策报告
汽车产品召回活动	汽车产品召回活动可包括： 1. 为召回活动设定的时间。 2. 发出警告信息。 3. 保险问题。 4. 与关键的利益相关方磋商。 5. 组织的后勤物流。 6. 法规遵从性报告。 7. 汽车产品的索赔规程。 8. 法律的要求。 9. 获得的批准。 10. 对商务关系和合同安排的影响

6.5 汽车配件管理能力模块

QPBSS01 确认并选择汽车零部件和汽车产品

能力单元描述

本单元能力涵盖了汽车配件管理人员从客户和其他可包括汽车产品目录编号或零部件、汽车产品样品或用途的信息来源，确认汽车零部件和汽车产品所应具备的能力。

能力要素和实作指标

能力要素	实作指标
1 确认零部件、汽车产品及其终端用途	1.1 客户感觉受到欢迎和尊重。 1.2 收集和记录有效的关于需要的零部件、汽车产品信息并与客户确认。 1.3 根据有效可用的信息分析，确定最终用途或主机部分汽车产品，即车辆、总成选项
2 确认零部件、汽车产品的细节	2.1 确认并能进入获取零部件、汽车产品的目录一览表系统。 2.2 通过进入获取并使用目录系统与零部件、汽车产品目录一览表信息准确地进行匹配。 2.3 记录和处理零部件、汽车产品的一致性的明细详情
3 定购或供应客户需要的零部件、汽车产品	3.1 使用客户可接受的处理方式。 3.2 如果没有存货，安排补给或订购零部件和汽车产品。 3.3 及时更新客户订购零部件、汽车产品的记录

必要技能和知识

必要技能
1. 研究和解释的技能用于： • 对应用制造商、零部件供应商的规程，职场制度和规程做出解释。 2. 分析技能用于： • 对技术信息进行确认和分析。 3. 读写和交流技能用于： • 以简单清晰的语言文字与客户和团队成员交流、相处； • 主动积极地倾听，例如在获得来自客户信息时； • 将信息和概念传达给客户。 4. 计划和组织技能用于： • 完成自己的工作活动，包括很好地使用时间和资源，对重点工作优先排序并控制自己的工作绩效。 5. 团队合作技能用于： • 与他人包括汽车产品专家，有效地配合，进行一对一或小组互动配合，对客户的需求进行理解和回应； • 在团队中每名团队成员有效地工作完成一个共同的目标

续表

必要技能
6. 解决问题技能用于： • 建立预期并解决安全和有效工作进程的问题。 • 系统地开发避免或将重复工作降到最低限度并避免浪费客户时间的方案。 7. 计算技能用于： • 正确地计算材料的需要量； • 估算成本费用和确立质量检查。 8. 技术技能用于： • 为客户服务，包括使用测量设备、计算机辅助技术、通信设备的使用和记录结果的报告
必要知识
1. 与客户安全和计算机工作台的人体工程学相关的职场健康与安全知识。 2. 常用的汽车术语。 3. 主要的汽车系统和总成以及它们的功能。 4. 零部件和汽车产品目录系统，既包含企业使用的特定品牌也包含常规品牌的选择。 5. 与供给和使用不合格的零件、部件、附件相关联的法律问题。 6. 企业质量工序的规程。 7. 工作组织和计划程序

鉴定证据指南

鉴定概述	具体描述
本单元鉴定的关键方面及展示能力的必要证据	本单元必要的能力意味着可以将能力迁移到变化的工作情况中并能够对以下关键方面的异常情况做出反应： 1. 引出来自客户或其他来源的足够信息，使已准备的车辆或部件装置、汽车产品的鉴别能够确认。 2. 有权进入使用与要求的车辆、总成相关的零部件、汽车产品目录系统。 3. 使用手册和零部件、汽车产品目录计算机系统等的文件来追溯和确认常用的具体品牌零部件和汽车产品。 4. 与涉及工作或与影响工作的其他人员有效交流
鉴定的环境和资源	以下鉴定的环境和资源可以获得和使用： 1. 职场或模拟的工作场。 2. 使用标准和授权批准的工作条例、安全要求和环境约束条款来开展鉴定。 3. 遵从法规要求，包括国家的相关标准开展鉴定。 4. 以下资源应当可得到并使用： • 工作场所位置或模拟职场； • 确认信息及材料并选择汽车部件及汽车产品； • 确认设备并选择汽车部件及汽车产品； • 涵盖工作任务要求的活动； • 说明书和工作指令说明

续表

鉴定概述	具体描述
鉴定方法	应该使用一系列方法来鉴定实践技能和知识，以下方法的组合适用于本单元的鉴定： 1. 本单元的能力可与其他能力单元构成完整的工作任务进行鉴定。 2. 鉴定必须通过工作任务的直接观察，对相关必要知识提问来增强关键能力的集成整合性。 3. 鉴定可以是在与项目相关的条件下应用实施(真实的或模拟的)并需要过程的证据。 4. 遵从已达成一致的真实可信的鉴定安排，工作绩效的证据可以由客户、团队领导和成员或其他的适当人员提供

适用范围陈述

汽车零部件、汽车产品	汽车零部件、汽车产品可包括： 1. 汽车零部件和具体车辆类型的附件。 2. 校正车身板件和喷涂车身表面的汽车产品
客　户	客户可包括： 1. 具有技术资格的外部客户描述零部件、汽车产品。 2. 技术新手需要详细说明确认和选择描述零部件、汽车产品的支持
零件、汽车产品信息	零件、汽车产品信息可包括： 制造商、部件供应商的说明书及技术文本，企业的规程和文件，企业或行业的技术参数，图表，示意图，口头的描述和看得见的实物
信息收集技巧	信息收集技巧可包括： 客户主动询问并要求得到对常用车辆、总成的生产日期，汽车产品用途和外观以及其他追溯信息
信息记录	当客户不再出现在现场时，需要使用由客户提供的信息，所以需要记录和保留一个精确的客户信息
部件、汽车产品目录系统	部件、汽车产品目录系统可包括： 硬拷贝(账簿册、活页簿)，独立的电脑或联网的、在线的电脑支持服务
提供者、供应商信息	当部件、汽车产品不正确标识导致法律责任时，客户不满或疏远就应当寻找到或有权获得他们的相关信息
职场健康安全与要求	职场健康安全与要求可包括： 1. 防护服装和设备。 2. 工具和设备的使用。 3. 职场环境和安全。 4. 材料的搬运。 5. 灭火器设备的使用。 6. 企业的急救、危险控制。 7. 危险材料及物质的管理

续表

个人防护设备	个人防护设备可包括： 法律法规、工作条例和职场制度及条例规定的
安全操作规程	安全操作规程包括但不限于： 操作风险鉴定的实施和与客户安全以及接近工作附近的他人和现场参观者相关的安全处理
紧急情况应对规程	与本单元相关的紧急情况应对规程包括但不仅限于： 企业急救要求和现场疏散
环境保护要求	环境保护要求包括但不仅限于： 污染和清理净化管理
质量要求	质量要求包括但不仅限于： 法规，包括国家、行业的相关标准，企业质量要求、标准、操作和规程
法律要求	法定的权威机构可包括： 国家、地方、当地政府行政管理机构的法令、法规和实施条例
交　流	交流包括但不仅限于： 口头的和视觉的操作指令、说明以及可以包括工作现场的具体指令、电话和呼叫器
信息、文件	信息、文件的来源可包括： 1. 口头的或书面的和图示的指令、标识、汽车产品说明书、目录、设备手册、数据库、互联网、材料安全数据单和图示的指令。 2. 与工作现场和客户安全相关的安全规程。 3. 与商务和零售操作及设施有关的法律和法规要求。 4. 机构的工作说明书和要求。 5. 由权威企业或外部人员发布的操作指令、说明。 6. 国家的相关标准

QPBSS02　执行仓储规程

能力单元描述

本单元能力涵盖了在某个当地企业存储设施条件下接收、存储和派送货物所必需的能力。

能力要素和实作指标

能力要素	实作指标
1　接收进货	1.1　根据企业制度保持接收区域的清洁和整齐有序。 1.2　按照企业制度使用正确的技术和设备拆开货物的包装。 1.3　按照企业制度搬走并处理包装材料。 1.4　根据企业制度检查进货并依据采购订单和交货文件资料验证确认。 1.5　根据企业制度检查并记录所接收物品的损坏、质量、有效期、破损或差异。 1.6　根据企业制度，在企业仓储系统中准确记录存货水平

续表

能力要素	实作指标
2　存储商品	2.1　在不损坏货物或包装的情况下，迅速发货并安全地搬运到存储区。 2.2　根据商品内容在包装容器上贴上标签。 2.3　将商品转移到合适的包装容器中并安全地放置于存储区，将旧库存放置于前面。 2.4　以正确的温度存储商品、货物以保持最佳的质量。 2.5　根据行业规定或指南、职场健康与安全法规、地方性法规、企业政策和程序执行仓储规程
3　派送商品货物	3.1　确认退回给供应商的商品货物并贴上日期、供应商、退货原因的标签或提交给管理部门。 3.2　确保完成信用要求的文件。 3.3　在等待调度分发的时候安全地存放商品货物。 3.4　完成派送文档。 3.5　标记特殊的派送指令、说明。 3.6　安全妥善地包装物品以及确保避免在运输中损坏。 3.7　商品货物发送到恰当的区域或部门

必要技能和知识

必要技能
1. 收集和组织信息技能用于： • 理解和仓储程序相关的信息。 2. 读写技能用于： • 以清晰易懂的文字记录库存和完成派送文件。 3. 计算技能用于： • 完成仓储库存数量和分送文档计算记录。 4. 团队合作技能用于： • 与他人一起工作，在团队中与有经验的员工磋商和执行仓储规程。 5. 解决问题和分析技能用于： • 建立诊断流程，包括对一系列与仓储规程相关的不可预料的情况的分析和解决。 6. 技术技能用于： • 电子标签和票据设备和搬运设备的使用； • 按照企业惯例和规程安全地操作相关的仓储设备
必要知识
关于企业制度和规程的相关操作知识如下： 1. 货物仓储。 2. 企业加标签的政策。 3. 产品的质量标准。 4. 商品货物的拆包

续表

必要知识
5. 过期、遗失或损坏的库存货物。 6. 使用的设备。 7. 存货的位置。 8. 废物处理。 9. 储存方法。 10. 交付递送文档。 11. 存货记录文档。 12. 急件派发文档。 13. 手动搬运和安全举升技巧的操作知识。 14. 法律和法规要求(包括职场健康和安全要求)的基本操作知识。 15. 行业实施条例中的基本操作知识

鉴定证据指南

鉴定概述	具体描述
本单元鉴定的关键方面和展示能力的必要证据	本单元必要的能力应被充分观察到,并且可以将能力迁移到变化的工作情况中,能够对以下关键方面的异常情况做出反应: 1. 坚持应用关于货物仓储的企业制度和程序、行业实施条例和法律法规。 2. 根据职场健康与安全法律、法规、操作条例,坚持应用手动搬运和移动货物的安全工作条例、法规、操作条例,坚持应用机械搬运和移动货物的安全工作条例。 3. 解读和应用关于搬运货物和使用设备的相关制造商/零件供应商的操作指令、说明。 4. 根据企业制度和规程接收和处理进货及调度派送出货。 5. 精确、负责地解读和处理信息
鉴定的环境和资源	以下鉴定的环境和资源是必要的: 1. 一个真实的或模拟的职场环境。 2. 有权使用设备,包括存货移动设备、手动和电子标签、票据设备和电脑、存货记录设备。 3. 文件,例如发票、装箱单、派送文档、订货单、仓储制度和规程指南手册、职场健康与安全法规、法律和法规要求和行业实施条例。 4. 一位具备资格的职场鉴定师
鉴定方法	应该使用一系列方法来鉴定实践技能和知识,以下方法的组合适用于本单元的鉴定: 1. 本单元的能力可以与其他能力单元组合成完整的工作任务进行鉴定。 2. 能力要素既包含知识也包含实践部分,知识部分可以在工作外进行鉴定,实作部分应该在工作中或模拟的工作场地进行鉴定。 3. 证据最好是个人在工作场所使用的产品、工序和规则,以及其他表明被鉴定人达到行业能力的方式。 4. 遵从已达成一致的真实安排,实作的证据可以由客户,团队领导、成员或其他合适人员提供

适用范围陈述

企　业	企业可能在规模、类型和位置,存储的货物或商品、使用的设备及交货规程等方面不同
法律要求	法律要求可包括: 与职场健康和安全有关的地方法律,尤其是与手动和机械搬运、存储、派送有害物质相关的国家、地方法律
存　货	存货可能需要符合已建立的质量指南,并根据季节性和供货商的可用性变化
存货搬运	1. 货物可以手动或机械的方式移动。 2. 根据存货的特点和行业实施条例,使用不同的搬运技术
员　工	员工可以包括: 全职、兼职或临时的,并可在培训和员工水平方面呈现多样化。员工可以在常规或繁忙的交易条件下工作
信　息	信息可包括: 与存货或商品的存储、派送、交货相关的企业政策和规程,产品制造商、零件供应商说明书和行业实施条例
职场健康与安全要求	职场健康与安全要求可包括: 与职场健康与安全相关的国家、地方法律,特别是手动和机械搬运、存储、派送有害物质的相关法律

6.6 事故车损查勘定损能力模块

QPBST01　提供车辆损失评估并确认维修要求

能力单元描述

本单元能力涵盖了查勘理赔员评估车辆损耗并确认维修要求所需具备的能力,涉及决定车辆损毁和维修行动及成本,准备一份评估报告并完成后评价的文件。车辆损坏评估包括轻型车辆、商务车、重型车、农用车、娱乐车辆。

能力要素和实作指标

能力要素	实作指标
1　准备车辆评估	1.1　收集车辆的评估信息。 1.2　阅读和解释说明评估信息。 1.3　为了安全使用,确认材料、资源和安全设备的位置和检查

续表

能力要素	实作指标
2 检查车辆	2.1 决定并遵循车辆损耗评估过程。 2.2 放置好需要检查的车辆。 2.3 阅读并遵守职场健康与安全的相关要求。 2.4 依据保险索赔要求、职场制度及规程检查车辆。 2.5 依据车辆制造商、部件供应商、职场制度和规程及法律要求，选择最佳的拆卸和检查方法。 2.6 与维修者以公平和透明的方式就拆卸和检查方法协商并达成一致。 2.7 确定车辆系统和部件的损害和故障。 2.8 决定必要的外包专业服务
3 决定车辆维修行动	3.1 依据车辆制造商、部件供应商、职场制度和规程及法律要求，选择维修车辆系统和部件的最佳方法。 3.2 依据车辆制造商、部件供应商、职场制度和规程和法律要求，选择油漆、装饰和附件的最佳维修方法。 3.3 确定把材料浪费减至最少的工作规程。 3.4 与维修者或服务的专家就维修方法进行交流并达成一致性。 3.5 计算维修费的预估成本。 3.6 与维修者和服务的专家就解决行动作出决定并达成一致
4 准备评估报告	4.1 被授权维修的评估和批准的操作指令说明应包括在评估信息中。 4.2 不带偏见地评估，包括确定和记录评估信息结算总量。 4.3 按照行业和单位的规定记录评估建议。 4.4 完成评估报告，包括授权维修成本的估算或结算总量
5 完成后评估管理	5.1 根据职场制度和规程提交评估报告。 5.2 维修者的发票与授权的成本估算价相比较。 5.3 在适用的情况下遵守行业条例和法律的要求，调查发票与授权成本之间的差异。 5.4 在发票和授权成本被确认的情况下，发票的支付生效

必要技能和知识

必要技能
1. 口头交流技能用于： • 与维修者和专业的供应商交流； • 从其他人处获取车辆的评估信息； • 报告工作结果和问题。 2. 读写技能用于： • 解读评估信息； • 解读技术信息和说明书；

续表

必要技能
• 使用通用的行业术语; • 分析与保险索赔和检查要求相关的信息; • 理解安全规程; • 书写车辆评估报告。 3. 计算技能用于: • 计算成本估价; • 解读技术测量结果; • 比较发票和成本估价。 4. 解决问题的技能用于: • 确认和避免计划及日程安排问题; • 确认技术和程序性的问题; • 避免时间和材料的浪费。 5. 技术技能用于: • 使用通信设备和计算机化的设备:制订当前的价值和成本;准备车辆评估报告;研究和收集支持材料,包括网上的材料;拍摄并查找定位,下载和查看数码图像; • 推荐和应用车辆或总成的拆卸和维修规程技术
必要知识
1. 车辆机械、电气、表面和结构方面的技术知识,包括: • 车辆损害和故障; • 拆卸和维修方法; • 转移的损坏和个性化的车辆设计。 2. 采购车辆、车辆部件和材料通用的零售成本的方法。 3. 车辆检查和损害评估规程及方法,包括修复支架和拆卸规程。 4. 评估和报价的通用方法。 5. 在相关的汽车网站查找当前最佳实践和未来发展的信息。 6. 保险行业通用知识,包括: • 合同和保险法; • 保险合同法案; • 知识产权法; • 汽车保险和维修行业行为条例; • 个人法律责任; • 公平贸易法。 7. 制造商和部件供应商说明书和更换部件的采购方法,包括车间手册和维修指南。 8. 与检查车辆和确定车辆损坏相关的可适用的国家或地方性法律、法规和标准,包括: • 环境保护法规; • 法律; • 职业健康安全法案。

续表

必要知识
与检查车辆和测定车辆损坏相关的职场制度和规程,包括: • 质量要求; • 记录和报告规程; • 数码相机的使用

鉴定证据指南

鉴定概述	具体描述
本单元鉴定的关键方面及展示能力的必要证据	本单元必要的能力应被充分观察到,并且可以将能力迁移到变化的工作情况中,能够对以下关键方面的异常情况做出反应: 1. 收集、解读和解释车辆的评估信息。 2. 决定并交流对油漆和机械损坏的拆卸、检查和维修方法。 3. 准备和提交车辆评估报告。 4. 依据授权的成本估价,比较维修发票。 5. 在适当的情形下,确认和调查差异
鉴定的环境和资源	以下鉴定的环境和资源可用于本单元的鉴定: 1. 一系列既包括受损小的也包括受损广泛的车辆。 2. 相关的法律法规政策,包括国家相关的标准、法规要求、行业实施条例。 3. 使用标准的职场条例和规程,遵守安全要求,应用环境保护的限制性条例。 4. 相关的信息,包括制造商和部件供应商说明书、车间手册和维修指南。 5. 相关的材料、资源和安全设备,包括数码相机、文书工作和个人保护设备工具包。 6. 相关的职场健康与安全材料。 7. 车辆评估信息,包括评估通知书、数码图像和报价
鉴定方法	应该使用一系列方法来鉴定实践技能和知识,以下方法的实例组合适用于本单元的鉴定: 1. 能力鉴定能准确地反映在真实职场环境或模拟职场环境中的工作绩效。 2. 直接观察工作任务中必要技能的完成情况。 3. 对必要知识提问以确保正确理解和应用。 4. 本单元的能力可以与其他能力单元组成一个完整的工作任务进行鉴定。 5. 在适当的情形下,合理的调整必须使工作环境和培训情景适应多样化的客户需求。 6. 鉴定过程和技巧必须具有文化的敏感性,并适合被鉴定人的语言、文字和计算能力,以及正在实施的工作

适用范围陈述

材料、资源和安全设备	材料、资源和安全设备可包括： 1. 数码相机。 2. 电子的或纸质的信息和报告。 3. 互联网连接。 4. 笔记本电脑。 5. 地图。 6. 个人保护设备工具包内应包括： • 防尘面具； • 眼镜； • 洗手液； • 工装裤； • 安全鞋； • 防锐器的手套； • 防晒霜； • 手电筒； • 马甲背心； • 药片
职场健康要求	职场健康要求可包括： 1. 确保安全放置被检查的车辆。 2. 遵守车间的职场健康安全规程。 3. 检测车辆的安全性和灵敏度
专业服务	专业服务可包括： 1. 空调。 2. 汽车玻璃安装。 3. 电池电动汽车/纯电动汽车。 4. 制动系统。 5. 冷却系统。 6. 电气和电子系统。 7. 混合动力。 8. 液化气。 9. 悬挂和车轮定位。 10. 变速器。 11. 装饰
把材料浪费减到最低	把材料浪费减到最低可包括： 1. 交换零件。 2. 处理废物。 3. 回收循环利用零件

续表

结算行动	结算行动可包括： 1. 现金结算。 2. 修理费用。 3. 总损失
建议	建议可包括： 1. 额外追加的劳动力。 2. 额外追加的零件。 3. 核准的或被拒签的报告项目。 4. 内部的专家维修服务。 5. 转租外包的专家维修服务

QPBST02 在车辆损失评估中应用保险行业知识

能力单元描述

本单元能力涵盖了理赔员在车辆损失评估中应用保险行业知识所具备的能力。它涉及使用保险行业术语和发展趋势；应用政策，法案，法规确保正确实施车辆损失评估。损失评估可以用于轻型车辆、商务车、重型车、农用车、娱乐车辆。

能力要素和实作指标

能力要素	实作指标
1 培养和应用对保险行业的理解	1.1 根据职场制度和规程，确认并评估获得关于保险行业结构及职能的信息来源。 1.2 确认广泛的保险行业结构及它们相互之间的关系，并恰当地应用于日常的工作中。 1.3 在正确的工作环境中使用保险行业术语和词汇。 1.4 在持续发展的基础上，监测保险行业的发展趋势，告知个人的工作条例。 1.5 如有必要，阐明、澄清、确认并应用保险机构具体的制度、规程和处理流程
2 培养和应用对与保险行业相关的政府法律，法规的理解	2.1 确定和遵守损失理赔员的法定保险行业原则、义务并服从法律要求。 2.2 确认报告要求的规程。 2.3 如有必要，确认、阐明、澄清并遵守车辆保险规程的要求
3 培养和应用对损失评估处理流程的理解	3.1 应用损失评估处理流程、规程和制度。 3.2 分析车辆的状况，并与事故描述进行比较，决定与事故相关的损坏。 3.3 解读并应用，如有必要，阐明汽车保险的种类、投保和理赔、保险责任和赔偿限额，以确认车辆损坏程度。 3.4 应用汽车行业技术知识和经验将车辆修复至符合制造商指南和行业标准要求的受损之前状况的估价的准确性

必要技能和知识

必要技能
1. 口头交流技能用于： • 使用保险行业术语和词汇； • 与维修者和专业的供应商建立友好关系。 2. 读写技能用于： • 应用损失评估过程、规程和政策； • 解读和应用法定的保险行业原则、义务和服从要求； • 使用通用的行业术语； • 理解广泛的保险行业结构、功能及其之间的关系； • 应用机构具体的制度、规程和处理流程； • 书写报告并填写模板文件及估价单和报表。 3. 计算技能用于： • 解读技术的测量结果； • 决定车辆损坏估算价的准确性。 4. 解决问题的技能用于： • 阐明制度和消费者权益保护法之间的差异。 5. 技术技能用于： • 使用通信设备和计算机设备获得保险行业信息； • 分析比较车辆状况，描述事故结果，确定与事故相关的损坏
必要知识
1. 车辆机械、电气、表面和结构方面的技术知识，包括： • 损坏和故障； • 拆卸和维修方法。 2. 车辆和车辆部件及材料的当前零售成本的采购方法。 3. 车辆检查和损坏评估规程及方法，包括维修组合计划和拆卸规程。 4. 当前评估和报价方法。 5. 通过相关的汽车网站查找当前最佳实践和未来发展的信息。 6. 通用的保险行业知识，包括： • 竞争和消费者法案； • 合同和保险法； • 版权法； • 保险合同法； • 知识产权法； • 汽车保险和维修行业实施条例； • 个人法律责任； • 隐私法； • 国家或地方的公平交易法。 7. 寻找制造商和部件供应商说明书和更换部件的方法，包括车间手册和维修指南。

续表

必要知识
8. 与车辆损失评估相关适用的国家或地方性法律、法规和标准，包括： • 环境保护法规； • 法律； • 职场健康安全法。 9. 与车辆损失评估和报告要求相关的职场处理、政策和规程

鉴定证据指南

鉴定概述	具体描述
本单元鉴定的关键方面及展示能力的必要证据	本单元必要的能力应被充分观察到，并且可以将能力迁移到变化的工作情况中，能够对以下关键方面的异常情况做出反应： 1. 在正确的环境中使用保险行业术语和词汇。 2. 理解和遵循保险行业的原则、法律义务和服从要求。 3. 确认相关的报告要求。 4. 应用损失评估处理方法、规程和政策。 5. 确定事故相关的损坏。 6. 书写报告，包括车辆评估报告和注销车辆登记。 7. 准确地确定车辆损坏估价判断
鉴定的环境和资源	以下鉴定的环境和资源可用于本单元的鉴定： 1. 一系列车身受损的车辆。 2. 相关的法律和法规政策，包括国家相关的标准、法规要求、行业实施条例。 3. 使用标准的职场条例和规程，遵守安全要求，应用环境保护的限制性条例。 4. 相关的文件，包括制造商的说明书和费用成本、车间和车身维修手册、估价的文件、事故描述和维修顺序安排。 5. 相关的信息（如员工人数和可用性、成本参数和外部的承包人的信息）。 6. 相关的工具和设备。 7. 维修工作详细资料。 8. 修复时间手册
鉴定方法	应该使用一系列方法来鉴定实践技能和知识，以下方法的组合适用于本单元的鉴定： 1. 能力鉴定能准确地反映在真实的职场环境或模拟职场环境中的工作绩效。 2. 直接观察工作任务中必要技能的完成情况。 3. 对必要知识提问以确保正确地理解和应用。 4. 本单元的能力可以与其他能力单元组成一个完整的工作任务进行鉴定。 5. 在适当的情形下，合理的调整必须使工作环境和培训情景适应多样化的客户需求。 6. 鉴定过程和技巧必须具有文化的敏感性并适合被鉴定人的语言、文字和计算能力以及正在实施的工作

适用范围陈述

术语和词汇	术语和词汇可包括： 1. 双方约定同意的价格。 2. 评估。 3. 保险的证书。 4. 索赔。 5. 折旧。 6. 补偿、损害赔偿。 7. 市场价值。 8. 失实的陈述。 9. 减轻损失。 10. 不能索赔包括： • 奖金、补贴； • 折扣； • 等级评定、额定值。 11. 政策手册。 12. 共同资金。 13. 保险费。 14. 事故前的状况。 15. 产品信息披露声明。 16. 再保险金额。 17. 续签/延期。 18. 代位清偿(代位权)、代位求偿权。 19. 保险业、承保。 20. 非理智的或反复无常的理由
行业动态趋势和技术	行业动态趋势和技术可包括： 1. 数码图像。 2. 以电子技术为基础的研究和报告。 3. 笔记本电脑。 4. 移动电话。 5. 平板电脑
原则、义务和服从要求	原则、义务和服从要求必须包括： 1. 国家保险业相关的监管法律法规。 2. 财务服务的相关法律。 3. 通用的保险行为条例。 4. 知识产权原则和条例。 5. 车辆保险和维修行业行为条例。 6. 竞争和消费者法案。 7. 国家或地方的相关法规要求。 8. 国家注销车辆登记的标准的法律变化

续表

报告要求	报告要求可包括： 1. 注销车辆登记。 2. 国家或地方的相关法定要求和报告文件
损失评估处理过程、规程和政策	损失评估处理过程、规程和政策可包括： 1. 填写和提交模板化的文件或报表，包括： • 评估报告； • 注销车辆登记。 2. 书写和提交包括： • 评估报告； • 欺诈指标报告； • 产品信息披露声明； • 车辆情况报告； • 注销车辆登记
车辆情况	车辆情况可包括： 1. 车辆停泊时的损坏。 2. 碰撞方向的事故描述。 3. 陈旧的以及不一致的损坏。 4. 车辆性能方面的潜在损坏问题。 5. 事故前的情况和潜在的起作用的因素。 6. 登记注册情况。 7. 迁移的损坏。 8. 车辆鉴定确认号码

QPBST03　确认和报告车辆索赔的欺诈指标

能力单元描述

本单元能力涵盖了理赔员确认和报告车辆索赔欺诈指标相关的车辆保险索赔所具备的能力。工作涉及评估的车辆保险索赔中的欺诈行为指标和在损失评估环境中决定适当地跟进活动。索赔可与轻型车辆、商务车、重型车、农用车、娱乐车辆相关。

能力要素和实作指标

能力要素	实作指标
1　准备车辆评估	1.1　收集评估信息。 1.2　阅读和解释评估信息。 1.3　确认与车辆评估过程相关的职场健康与安全要求
2　检查有骗保倾向的车辆	2.1　确认和记录欺诈指标。 2.2　阅读和解释职场制度和规程、行业指南、法律要求、职业健康与安全要求、职场环境条例及制度等。 2.3　遵循相应要求实施车辆评估

续表

能力要素	实作指标
3　决定适当的行动	3.1　决定可能合适的行动处理欺诈。 3.2　决定与索赔性质,作出评估职场与法律约束一致性的行动
4　准备评估报告	4.1　准备综合报告,具体说明所有已确认的欺诈结果和车辆评估情况。 4.2　记录建议,包括行动和正当的辩护理由。 4.3　遵循职场规程,提交和存档报告

必要技能和知识

必要技能
1. 口头交流技能用于: • 从客户和其他相关人员处获得涉及欺骗性的车辆保险索赔相关的信息。 2. 读写技能用于: • 解读汽车保险索赔相关的信息; • 书写综合的评估报告。 3. 计算技能用于: • 以数学理念和技能确认和报告车辆索赔的欺诈指标。 4. 团队合作及人际交流技能用于: • 与客户、维修人员和管理者有效地开展工作。 5. 解决问题技能用于: • 建立与确认和报告车辆索赔欺诈指标相关的诊断过程。 6. 技术技能用于: • 评估被损坏车辆的欺诈指标; • 评估车辆索赔的欺诈指标
必要知识
1. 欺诈调查的原则。 2. 确认和报告欺诈指标的规程。 3. 车辆的机械、电气、表面和结构方面的技术知识,包括: • 损坏和故障; • 拆卸和维修方法。 4. 常规的行业知识,包括: • 合同和保险法; • 保险合同法规; • 知识产权法; • 车辆保险和维修行业实施条例; • 个人法律责任义务; • 国家或地方的公平交易法。 5. 获得制造商和部件供应商说明书来源的方法,包括职场手册和维修指南。

续表

必要知识
6. 与确认和报告车辆索赔欺诈指标相关的可适用的国家或地方性法律、法规和标准，包括： • 竞争和消费者法规； • 版权法； • 环境法规； • 法律； • 职业健康安全法律条款。 7. 与确认和报告车辆索赔欺诈指标相关的职场制度和规程，包括： • 质量要求； • 记录和报告规程； • 数码相机的使用

鉴定证据指南

鉴定概述	具体描述
本单元鉴定的关键方面及展示能力的必要证据	本单元必要的能力应被充分观察到，并且可以将能力迁移到变化的工作情况中，能够对以下关键方面的异常情况做出反应： 1. 遵守安全规程和要求。 2. 与涉及或影响工作的他人有效地沟通。 3. 找出并解读相关的信息。 4. 应用与欺诈认定相关的职场制度、行业指南和法律要求知识。 5. 在一系列情况中，评估车辆确认和报告车辆索赔欺诈的指标，包括分期的车辆事故、失窃和强制进入及制造加工的损坏。 6. 书写一份评估报告。 7. 维护职场的记录
鉴定的环境和资源	以下鉴定的环境和资源可用于本单元的鉴定： 1. 一系列受损的车辆，包括与欺诈活动一致的损坏。 2. 相关的法律和法规政策，包括国家相关的标准、法规要求、行业实施条例。 3. 使用标准的职场条例和规程，遵守安全要求，应用环境保护的限制性条例。 4. 计算机硬件和软件、计算器和常用的办公设备。 5. 欺骗性的车辆索赔详细资料并记录。 6. 行业实施条例和其他相关的文件。 7. 互联网入口。 8. 职场规程。 9. 相关的信息，包括原始制造商的设计说明书和维修规程，车间和车身维修手册。 10. 相关的工具和设备

续表

鉴定概述	具体描述
鉴定方法	应该使用一系列方法来鉴定实践技能和知识,以下方法的组合适用于本单元的鉴定: 1. 能力鉴定能准确地反映在真实的职场环境或模拟职场环境中的工作绩效。 2. 直接观察工作任务中必要技能完成情况。 3. 对必要知识提问以确保正确理解和应用。 4. 本单元的能力可以与其他能力单元组成一个完整的工作任务进行鉴定。 5. 在适当的情形下,合理的调整必须使工作环境和培训情景适应多样化的客户需求。 6. 鉴定过程和技巧必须具有文化的敏感性并适合被鉴定人的语言、文字和计算的能力,以及正在实施的工作

适用范围陈述

评估信息	评估信息可包括: 1. 鉴定通报的详细内容包括: • 索赔处理人; • 可适用的保险政策的细节; • 车辆主人的详细资料; • 车辆的详细资料; • 驾驶者的详细资料; • 事故的详细资料; • 车辆检查的详细资料,包括无偏见的或评估和授权的评估; • 车辆的位置。 2. 数码图像。 3. 维修的报价
职业健康与安全要求	职业健康与安全要求可包括: 1. 正确地处置危险材料和物质。 2. 急救设备。 3. 遵循紧急情况处理规程。 4. 危险和风险控制。 5. 人防护设备和服装。 6. 安全设备。 7. 手动搬运的技巧,包括移动、举升和搬运

续表

欺诈指标	欺诈指标可包括： 1. 事故于深夜里发生在一个工业区域。 2. 索赔报告与车辆的损坏情况不一致。 3. 一致的颜色改变。 4. 一致的车辆条纹/刮痕。 5. 与天气条件一致的损坏，如下雨、下雪和雨夹雪或下冰雹。 6. 对装饰的损坏。 7. 强行进入。 8. 车锁破坏。 9. 人为的损坏。 10. 无独立的见证人。 11. 无警察报告。 12. 无拖曳或牵引车驾驶员的签字。 13. 分期事故。 14. 车辆具有较低的价值
职场政策和规程	职场政策和规程可包括： 1. 环境保护和可持续发展性。 2. 工作说明书。 3. 制造商的说明书和行业行为条例。 4. 职场健康与安全规程。 5. 质量政策和规程，包括国家的相关标准。 6. 记录和报告规程。 7. 安全工作规程
行业指南	行业指南可包括： 1. 国家的相关标准。 2. 图解和示意图。 3. 由权威机构或外部人员颁发的操作指南。 4. 库存详细目录系统。 5. 材料安全数据清单。 6. 原始的设备制造商设计说明书和维修规程。 7. 零部件目录。 8. 检查车辆中可供出售的部件的安全工作规程。 9. 口头、书面和图示的操作指南。 10. 职场规范和要求

续表

法律要求	法律要求是要依据适当的国家或地方性法律、法规、证书要求和实施条例，可包括： 1. 竞争和消费者法。 2. 国家相关的标准。 3. 仲裁和企业协议。 4. 版权法。 5. 保密和隐私法。 6. 关照责任。 7. 车辆保险和行业行为条例。 8. 职场健康与安全。 9. 相关的行业行为条例。 10. 环境法。 11. 由各地管理的注销车辆登记
职场环境条例	职场环境条例可包括： 1. 清洁净化管理。 2. 灰尘和噪声的最小化。 3. 废弃物管理

6.7　二手车鉴定评价能力模块

QPBSU01　确认和估价车辆的回收物残值

能力单元描述

本单元能力涵盖了定损员确认和估价车辆和部件的回收物残值所具备的能力。它涉及检查车辆确认和估价可出售的部件物品。车辆和部件可以包括轻型车、商务车、重型车、农用、娱乐休闲车。

能力要素和实作指标

能力要素	实作指标
1　准备工作	1.1　使用工作指令确定工作要求。 1.2　放置固定被检查的车辆。 1.3　阅读和理解职场制度和规程、法律要求和制造商及部件供应商的技术参数说明书。 1.4　阅读和遵循车间和职场的职场健康与安全要求和职场环境条例和政策。 1.5　选择并检查安全设备和工具装备。 1.6　决定使用材料和部件的浪费最小化的车辆检查方法
2　检查车辆，确认可出售的系统和部件	2.1　在不造成损坏的条件下拆卸和检查车辆系统和部件。 2.2　确认可用的车辆系统和部件。 2.3　遵循法律要求决定并记录可售的车辆回收物残值或车辆系统和部件

续表

能力要素	实作指标
3 确定车辆和部件的零售价	3.1 对已确认可回收车辆系统和部件的残值物品进行价值估算。 3.2 将确定车辆回收物残值品的分类。 3.3 估算每个可售的系统和部件的零售价。 3.4 根据职场政策和程序,给相关的法定机构提供车辆损害的详细情况
4 清洁工作区域	4.1 收集和存储可重复使用的材料。 4.2 遵循移除垃圾和废品废料的职场制度和规程。 4.3 依据职场规程,清洁和检查设备和工作区域,使其达到和保持在可用状态。 4.4 依据职场制度和规程,确定和标记不可销售设备的故障

必要技能和知识

必要技能
1. 口头交流技能用于: • 与管理者确认工作顺序和安全规程; • 汇报已确认的可售部件及确定其价值的相关问题。 2. 读写技能用于: • 解读制造商的说明书; • 分析与职场制度和规程相关的信息; • 使用通用的行业术语、计划方案和安全规程并遵循注销车辆登记的要求。 3. 计算技能用于: • 确定和计算可销售物品的价值; • 估算物品的零售价格。 4. 组织计划技能用于: • 获得设备和材料; • 组织工作活动; • 准备和布置工作场所。 5. 解决问题的技能用于: • 避免时间和材料的浪费; • 确认技术和程序的问题。 6. 团队合作技能用于: • 有效地工作和与他人合作,使工作流程和生产效率最优化。 7. 技术技能用于: • 使用计算机技术和通信设备来研究和报告车辆残值回收的可销售物品及其估价; • 使用工具和设备检查车辆回收物残值的可售物品
必要知识
1. 汽车机械、电气、表面(外观)和结构的技术知识,包括: • 拆卸和维修方法; • 弥补损失的方法和成本;

续表

必要知识
• 检查方法和规程。 2. 通用的保险行业知识,包括: • 竞争和消费者法; • 合同和保险法; • 版权法; • 保险合同法; • 通用保险实施条例; • 知识产权法; • 车辆保险和维修行业实施条例; • 个人法律义务; • 国家和地方的公平贸易法; • 各地关于注销车辆登记要求。 3. 获得制造商和部件供应商说明书的方法,包括职场手册和维修指南。 4. 获得当前车辆、车辆部件和材料零售价的方法。 5. 运用估价车辆回收物残值的必要技能获得独立资源的方法。 6. 回收物残值处理承包人和拍卖机构。 7. 与确认车辆回收可销售的物品和决定其价值相关的可适用的国家或地方法律,法规和标准,包括: • 环境法规; • 法律; • 职场健康和安全法规。 8. 与确认车辆残值回收可销售的物品并决定其价值相关的职场制度和规程,包括: • 质量要求; • 记录和报告规程; • 工作机构和计划过程

鉴定证据指南

鉴定概述	具体描述
本单元鉴定的关键方面,以及展示能力的必要证据	本单元必要的能力应被充分观察到,并且可以将能力迁移到变化的工作情况中,能够对以下关键方面的异常情况做出反应: 1. 在检查车辆时,遵守安全规程和要求。 2. 根据具体情况选择合适的工具设备和车辆检查方法。 3. 正确地确认可使用的车辆、车辆系统和部件。 4. 准确地估计和计算车辆和部件的零售价格。 5. 正确地确认车辆回收物残值的类别
鉴定的环境和资源	以下鉴定环境和资源可用于本单元的鉴定: 1. 一系列既包括受损小的也包括受损广泛的车辆。 2. 相关的法律和法规政策,包括国家相关的标准、法规要求、行业实施条例。

续表

鉴定概述	具体描述
鉴定的环境和资源	3. 使用标准的职场条例和规程，遵守安全要求，应用环境保护的限制性条例、工作指令。 4. 零件目录。 5. 计算机硬件、软件，计算器和通用办公室设备。 6. 互联网接入口
鉴定方法	应该使用一系列方法来鉴定实践技能和知识，以下方法的组合适用于本单元的鉴定： 1. 能力鉴定能准确地反映在真实的职场环境或模拟职场环境中的工作绩效。 2. 直接观察工作任务中必要技能完成情况。 3. 对必要知识提问以确保正确理解和应用。 4. 本单元的能力可以与其他能力单元组成一个完整的工作任务进行鉴定。 5. 在适当的情形下，合理的调整必须使工作环境和培训情景适应多样化的客户需求。 6. 鉴定过程和技巧必须具有文化的敏感性并适合被鉴定人的语言，文字和计算的能力和正在实施完成的工作

适用范围陈述

职场制度和规程	职场制度和规程可包括： 1. 环境保护和可持续性发展。 2. 工作规范。 3. 制造商说明书和行业实施条例。 4. 职场健康与安全。 5. 质量政策和规程，包括国家的相关标准。 6. 记录和报告规程。 7. 安全工作规程
法律要求	法律要求是要依据适当的国家或地方性法律、法规、证书要求和实施条例，可包括： 1. 竞争和消费者法律。 2. 国家的相关标准。 3. 仲裁和企业合同。 4. 保密和隐私法。 5. 版权法。 6. 司法损害鉴定标准法律和法规。 7. 汽车保险和维修行业实施条例。 8. 职场健康安全。 9. 相关的行业实施条例。 10. 环境保护法

续表

制造商和部件供应商的说明书	制造商和部件供应商的说明书可包括： 1. 国家相关的标准。 2. 图解和示意图。 3. 由权威机构或外部人员发布的操作指令。 4. 库存目录系统。 5. 材料安全数据清单。 6. 原始的设备制造商设计说明书和维修规程。 7. 零件目录。 8. 检查车辆可售部件的安全工作规程。 9. 职场规范和要求
职场健康与安全要求	职场健康与安全要求可包括： 1. 正确处理危险材料及物质。 2. 急救设备。 3. 遵循紧急情况处理规程。 4. 危险和风险控制。 5. 个人防护设备和服装。 6. 安全设备。 7. 手动搬运技巧,包括移动、举升和运输
职场环境条例	职场环境条例可包括： 1. 清扫净化管理。 2. 灰尘和噪声的最小化。 3. 废弃物管理
工具设备	工具设备可包括： 1. 交流发电机和起动机台式检测器。 2. 制动和制动鼓车床。 3. 计算器和通用的办公室设备。 4. 计算机硬件和软件。 5. 燃油喷射器清洁机。 6. 手动和电动工具。 7. 加热设备。 8. 液压破碎工具。 9. 点火模块检测设备。 10. 主要的切削刀具。 11. 管路注油机、过滤器和测量仪表。 12. 加载检测仪。 13. 测量设备。 14. 万用表。 15. 油漆混合机。 16. 塑料修复设备。

续表

工具设备	17. 防护罩。 18. 密封件和黏合设备。 19. 拆卸和调整的专业工具。 20. 存储货架。 21. 模板。 22. 车辆清洁设备。 23. 焊接设备,包括: ● 氧焊; ● 电弧焊; ● 金属惰性气体焊接; ● 钨极惰性气体焊接
车辆检查方法	车辆检查方法可包括: 1. 评估和讨论维修者的维修成本预算。 2. 通过听、看以及操作检查车辆和部件的损坏。 3. 通过与客户和事故见证人面谈回应经销商的询问。 4. 查阅报告、出版物和制造商说明书。 5. 查看车辆和部件损坏情况的数码影像
车辆回收物残值	车辆回收物残值可包括: 1. 保险杠。 2. 政策已规定的可售物品。 3. 牵引杠。 4. 车辆部件。 5. 车辆系统
车辆回收物残值的类别	车辆回收物残值的类别可包括: 1. 可修复的注销。 2. 法规

QPBSU02 提供专业的车辆技术建议

能力单元描述

本单元能力涵盖了技术人员对查勘过程中法院诉讼、死因调查、警方和其他机构的详细技术检查和专业的车辆技术建议。它包括实施详细的技术检查、解释检查数据通告看法、对检查数据进行技术研究,并对结果系统地阐述以及提供专家意见。

能力要素和实作指标

能力要素	实作指标
1 进行详细的车辆检查	1.1 确认详细检查车辆的合适位置,并通告相关的人员。 1.2 准备车辆检查所必要的材料和设备。 1.3 获取并回顾其他有关车辆的文件,建立关于正在检查过程中的车辆的关键信息。 1.4 核实车辆身份验证。 1.5 如必要,检查和测试所有的车辆结构和部件。 1.6 应用适用于检查的职场健康与安全要求。 1.7 根据法律的要求和标准程序记录车辆不符合常规之处
2 解释检查数据	2.1 收集、记录和确认所有相关的数据信息。 2.2 解释和分析所有相关信息以帮助问题的鉴定
3 进行技术研究	3.1 确定和获取有关标准和技术指标规范。 3.2 对所有收集到的相关检查信息资料进行研究。 3.3 根据组织的制度和程序对任何不清楚的调查结果寻求建议。 3.4 以适合目标受众的恰当的语言、方式和格式报告和展现调查研究结果。 3.5 按照需要提供支持信息和解释说明
4 形成和提供意见	4.1 确定和评估相关意见的选择项。 4.2 依照法律、政策和程序形成合乎逻辑的、合理的、能辩护的一种意见,并记录。 4.3 在适当的时候,对采取的行动提供意见,形成相关的意见综合报告

必要技能和知识

必要技能
1. 读写技能用于: • 研究、解读和分析数据及信息; • 撰写复杂的报告; • 使用个人计算机、互联网、文字处理和数据库进行研究、分析和解读。 2. 口头沟通技能用于: • 使用有效的沟通交流倾听意见并作介绍阐述; • 对多元文化差异,包括性别和残疾作出回应; • 调整信息以满足不同受众的需求。 3. 技术技能用于: • 使用诊断技术; • 在提供专业的车辆技术建议的环境内应用公共经济部门的法律,如职业健康与安全要求和环境的规程; • 鉴定车辆性能

续表

知识要求
1. 相关的标准和技术标准,包括: • 国家法律和地区法规; • 国家设计规则、国家车辆标准规则、修改守则规范、车辆标准、制造商的标准; • 专业技术领域。 2. 证据链的规定。 3. 行为实施守则。 4. 注销车辆登记。 5. 与提供专业车辆技术建议相关的职业健康与安全。 6. 根据应急管理流程处理意外事件。 7. 法院协议条款

鉴定证据指南

本单元鉴定的关键方面和展示能力的必要证据	本单元必要的能力应被充分观察到,并且可以将能力迁移到变化的工作情况中,能够对以下关键方面的异常情况做出反应: 提供两种不同的情况或场合下专业的车辆技术建议
鉴定的环境和资源	以下鉴定的环境和资源可用于本单元的鉴定: 1. 与专业汽车技术建议相关的法律、政策、规程和条款。 2. 在提供车辆提供专家技术建议时,获取很可能遇到的一系列状况的案例研究和职场情境
鉴定方法	应该使用一系列方法来鉴定实践技能和知识,以下方法的组合适用于本单元的鉴定: 1. 鉴定可以在真实的职场环境或模拟的工作场景中进行。 2. 在一系列(三个或更多)的情况(或场合,在一段时间内)中提供专业的车辆技术建议。 3. 根据特殊群体需求调整读写能力鉴定方法,比如: • 残疾人; • 不同文化和语言背景的人; • 少数民族人; • 妇女; • 年轻人; • 年龄较大的人; • 在农村和偏远地区的人。 4. 适用于本能力单元的有效可靠的鉴定方法组合,包括: • 案例研究; • 提问; • 情景方案; • 模拟或角色扮演; • 来自职场或培训课程的真实可靠的证据

适用范围陈述

车辆	车辆可包括： 1. 在检查期间加载或空载的车辆。 2. 所有类型,包括特殊用途的车辆。 3. 进口汽车。 4. 改装和其他高风险车辆
设备	设备可包括： 1. 千分尺。 2. 辊式制动器检测台。 3. 振动板。 4. 千斤顶设备。 5. 测量仪表
检查	检查可包括： 1. 在所有类型的车辆上实施的检查。 2. 独自或与其他人员一起进行的。 3. 在各种不同的条件下实施的检查。 4. 应公安机关要求、尸检或其他调查需要而实施的检查

7

汽车维修技术岗位领域能力标准

7.1 汽车总成机械维修能力模块

QPBWV01 实施仪具诊断故障程序

能力单元描述

本单元能力涵盖了汽车机电技术人员应用仪具诊断故障程序，采用专用诊断工具与设备，确定车辆系统部件故障准确位置所具备的能力。

能力要素和实作指标

能力要素	实作指标
1 准备仪具诊断故障程序	1.1 识别和确认工作要求的性质和范围。 1.2 工作中应遵守职场健康安全法规，包括个人保护要求。 1.3 查询测试诊断技术标准和调整要求，确认和准备相关设备
2 分析检测报告结果	2.1 收集信息，提供故障概要及其发生的状况。 2.2 当车辆系统正常运转时，确认系统功能和运转情况。 2.3 采用系统故障诊断方法，发现故障并决定故障性质和程度。 2.4 查阅额外技术资源，帮助分析。 2.5 从外观诊断故障现象中区分出实际故障
3 鉴别故障原因	3.1 根据制造厂和零部件供应商说明书、维修技术标准、安全操作规范，选择诊断设备。 3.2 根据企业设备实际和操作步骤将车辆正确、安全地连接到选择的诊断设备上。 3.3 在完成诊断测试之前，根据特定设备操作步骤完成测试调整。 3.4 根据企业测试规范，完成诊断测试，以便确定具体故障位置。 3.5 确认故障来源或原因

续表

能力要素	实作指标
4　确定维修技术标准	4.1　鉴定维修或更换部件的类别。 4.2　确定维修方案,满足顾客维护要求。 4.3　将维修方案,提交给具体执行人员。 4.4　当不具备维修的设备和技术时,应向专业维修店咨询。 4.5　告知顾客诊断和维修要求

必要技能和知识

必要技能
1. 收集和理解信息的技能用于: • 解释制造厂、零部件供应商说明书和维修工作程序; • 对技术信息进行判断。 2. 口头交流技能用于: • 应用简明的汉语文字和交流技巧与顾客和团队成员交流; • 应用询问和主动倾听的技巧从顾客获取信息; • 应用口头交流技巧,向顾客传递信息和设想。 3. 计划和组织技能用于: • 充分利用时间和资源、区分重点和监督自己的工作绩效。 4. 团队合作技能用于: • 在团队工作中,理解和响应顾客需求、与他人有效互动,共同完成工作目标。 5. 计算技能用于: • 根据测量计算误差,建立质量检验的基本概念。 6. 解决问题技能用于: • 使用核对和检查技能,预测工作计划和进程中的问题,避免时间和材料浪费。 7. 技术技能用于: • 应用检测设备、数字显示测量技术和通信装置; • 应用仪具诊断故障程序技术; • 书写作业记录
必要知识
1. 有关职场健康与安全、环境保护的法规,以及设备、材料和个人安全要求。 2. 复杂汽车系统的正确功能和运转。 3. 故障现象和原因的辨别。 4. 诊断程序和解决问题的技能。 5. 测试步骤和试验仪器应用。 6. 书写诊断报告与归档步骤。 7. 维修步骤。 8. 企业质量检查程序。 9. 工作组织和计划步骤

鉴定证据指南

鉴定综述	具体描述
本单元展示能力的必要证据和鉴定的关键方面	本单元必备的能力应被充分观察到，并且能力可以迁移到变化的工作情况中，能够对以下关键方面的异常情况做出反应： 1. 遵守安全操作规范。 2. 有效地与相关工作人员和客户进行交流。 3. 选择适合情况的方法和技能。 4. 完成一系列工作准备活动。 5. 分析系统复杂故障，包括识别故障原因和在规定时间内确定至少三种系统维修方案，包括该系统的机械、液压、气压、电子、电气部件
鉴定的环境和资源	以下鉴定的环境和资源可以获得和使用： 1. 鉴定在真实职场环境或模拟职场环境中进行。 2. 检修技术标准、安全操作规范、职场健康与安全法规、环境保护法。 3. 鉴定符合法律与法规要求。 4. 车辆维护的相关材料。 5. 与仪具诊断故障程序相关的材料。 6. 实施仪具诊断故障程序的设备、手动和动力工具。 7. 指定工作任务要求的活动。 8. 操作规范和工作指令
鉴定方法	应该使用一系列方法来鉴定实践技能和知识。以下方法的组合适用于本单元鉴定： 1. 鉴定符合检修技术标准和安全操作规范。 2. 鉴定方法必须确认必要知识和技能的一致性和准确性。 3. 鉴定中必须采用直接观察工作任务的完成情况，询问基础知识的方法，考察关键知识和技能的结合。 4. 鉴定必须在项目相关的状况下进行、要求提供两种以上的鉴定环境工作过程证据。 5. 鉴定必须确认适当的推断结果，即技能不仅在特定环境完成，而且能转移到其他环境下完成。 6. 鉴定的证据可由参与鉴定的顾客、小组长、小组成员提供

适用范围陈述

车辆类型	车辆类型包括： 1. 轻型车辆。 2. 重型车辆。 3. 新能源汽车。 4. 智能网联汽车

续表

职场健康与安全	职场健康与安全包含以下条例： 1. 国家法律、职场健康与安全法规、检修技术标准、安全操作规范，包括：劳动保护规定用品、工具设备的使用；职场环境安全要求；材料搬运规定；灭火器使用方法；急救；风险控制；危险材料使用和存储。 2. 个人保护用品包括国家法律、检修技术标准、安全操作规范所规定的保护用品。 3. 安全操作步骤包括但不限于涉及车辆移动、危险物质、电气安全、手工搬运、相邻工人和现场参观者的操作过程和风险控制。 4. 紧急事件处理包括但不限于发生火灾时，紧急关闭设备和隔离设备的程序、灭火程序、现场撤离程序和企业急救要求
环境要求	环境要求包括但不限于： 1. 废物处理。 2. 噪声和灰尘的控制。 3. 清洁管理
质量要求	质量要求包括但不限于： 1. 国家质量标准。 2. 公司内部质量规定。 3. 检修技术标准。 4. 安全操作规范
法律、法规、规章	法律、法规、规章依据： 1. 国家法律和法规。 2. 企业管理制度。 3. 安全操作规范
工具和设备	工具和设备包括： 1. 万用表。 2. 废气分析仪。 3. 底盘测功机。 4. 减振器测试器。 5. 电控发动机综合性能测试设备
材　料	材料包括： 1. 耗材。 2. 备件。 3. 清洁材料
交　流	交流包括但不限于： 1. 口头或视觉的指示和故障报告。 2. 现场具体指示、书面指示、计划。 3. 与工作任务有关的电话、呼机的指令

续表

信　息	信息资源包括但不限于： 1. 口头、书面、图形、标志、工作进程表、计划、说明、工作公告、备忘录、材料合格证、材料使用方法和储存要求、图样和草图。 2. 有关仪具诊断程序的安全工作步骤。 3. 汽车检修技术标准和安全操作规范。 4. 法律法规要求

QPBWV02　检查车辆系统、决定维修方法

能力单元描述

本单元能力涵盖了汽车机电技术人员检查车辆系统、决定维修方法和更换方法所应具备的能力。

能力要素和实作指标

能力要素	实作指标
1　准备进行检查车辆系统	1.1　识别和确认工作要求的性质和范围。 1.2　工作中应遵守职场健康与安全法规，包括个人保护要求。 1.3　收集和理解维修手册、工具和设备说明书所提供的操作步骤和信息。 1.4　根据操作步骤，选择和准备适合环境的检查方法。 1.5　查询维修技术标准、确认和准备相关检查设备。 1.6　有关车辆系统工作的警告
2　检查车辆系统技术状况	2.1　执行安全法规、维修技术标准和制造厂、零部件供应商说明书提供的检查方法。 2.2　检查中注意观察。 2.3　根据维修工作程序填写检查单
3　分析检查结果	3.1　将检查结果与制造厂、零部件供应商说明书比较，判断是否合格。 3.2　将检查结果与证据信息归档，提出维修方法建议。 3.3　分析、选择优先的维修方案。 3.4　根据工作程序将维修方案提交给具体执行人

必要技能和知识

必要技能
1. 收集和理解信息的技能用于： • 解释制造厂、零部件供应商说明书和维护工作程序； • 对技术信息进行判断。 2. 口头交流技能用于： • 应用简明的汉语文字和交流技巧与顾客和团队成员交流； • 应用询问和主动倾听的技巧从顾客那里获取信息； • 应用口头交流技巧，向顾客传递信息和设想

续表

必要技能
3. 计划和组织技能用于： • 充分利用时间和资源，区分重点和监督自己的工作绩效。 4. 团队合作技能用于： • 在团队工作中，理解和响应顾客需求、与他人有效互动、共同完成工作目标。 5. 计算技能用于： • 根据测量计算误差，建立质量检验的基本概念。 6. 解决问题技能用于： • 使用核对和检查技能，预测工作计划和进程中的问题，避免时间和材料浪费。 7. 技术技能用于： • 应用工具、测量仪器、数字显示测量技术和通信装置； • 检查车辆系统、决定维修方法技术； • 书写维修结果的报告和归档
必要知识
1. 有关职场健康与安全、环境保护的法规，以及设备、材料和个人安全要求。 2. 车辆系统工作原理及相互关系。 3. 有关车辆设备工作的危险性。 4. 各种版本的维修手册（书面文本和电子文本）。 5. 检查步骤。 6. 维修和更换步骤。 7. 企业质量检查程序。 8. 工作组织和计划步骤

鉴定证据指南

鉴定综述	具体描述
本单元展示能力的必要证据和鉴定的关键方面	本单元必备的能力应被充分观察到，并且能力可以迁移到变化的工作情况中还能够对以下关键方面的异常情况做出反应： 1. 遵守安全操作规范。 2. 有效地与相关工作人员和客户进行交流。 3. 选择适合情况的方法和技能。 4. 完成一系列工作准备活动。 5. 根据厂家说明书要求完成维修。 6. 准确理解分析检查结果。 7. 分析、选择最适合维修的方法。 8. 完成检查报告。 9. 将车辆交付顾客

续表

鉴定综述	具体描述
鉴定的环境和资源	以下鉴定的环境和资源应该可以获得和使用： 1. 鉴定在真实职场环境或模拟职场环境中进行。 2. 有关检查车辆系统、决定维修方法相关的材料。 3. 车辆检查的相关材料。 4. 实施检查车辆系统、决定维修方法的设备、手动和动力工具。 5. 指定工作任务要求的活动。 6. 操作规范和工作指令
鉴定方法	应该使用一系列方法来鉴定实践技能和知识。以下方法的组合适用于本单元鉴定： 1. 鉴定符合检修技术标准和安全操作规范。 2. 鉴定方法必须确认必要知识和技能的一致性和准确性。 3. 鉴定中必须采用直接观察工作任务的完成情况、询问基础知识的方法，考察关键知识和技能的结合。 4. 鉴定必须在项目相关的状况下进行、要求提供两种以上的鉴定环境工作过程证据。 5. 鉴定必须确认适当的推断结果，即技能不仅在特定环境完成，而且能转移到其他环境下完成。 6. 鉴定的证据可由参与鉴定的顾客、小组长、小组成员提供证据

适用范围陈述

车辆类型	车辆类型包括： 1. 轻型车辆。 2. 重型车辆。 3. 新能源汽车。 4. 智能网联汽车
职场健康与安全	职场健康与安全包含以下条例： 1. 国家法律、职场健康与安全法规、检修技术标准、安全操作规范，包括：劳动保护规定用品、工具设备的使用；职场环境安全；材料搬运；灭火器使用；急救；风险控制；危险材料的使用和存储。 2. 个人保护用品包括国家法律、检修技术标准、安全操作规范中所规定的保护用品。 3. 安全操作步骤包括但不限于涉及车辆移动、危险物质、电气安全、手工搬运、相邻工人和现场参观者的操作过程和风险控制。 4. 紧急事件处理包括但不限于发生火灾时，紧急关闭设备和隔离设备的程序、灭火程序、现场撤离程序和企业急救要求

续表

环境要求	环境要求包括但不限于： 1. 废物处理。 2. 噪声和灰尘的控制。 3. 清洁管理
质量要求	质量要求包括但不限于： 1. 国家质量标准。 2. 公司内部质量规定。 3. 检修技术标准。 4. 安全操作规范
法律、法规、规章	法律、法规、规章依据： 1. 国家法律和法规。 2. 企业管理制度。 3. 安全操作规范
检查和测试车辆方法	检查和测试车辆方法包括： 1. 直观诊断法，如利用听觉、目视诊断故障。 2. 仪具检测法，如运转测试。 3. 维修方法分析。 4. 填写维修报告
工具和设备	工具和设备包括： 1. 手动工具、动力工具。 2. 测试仪器仪表。 3. 负载测试装置。 4. 计算机诊断设备
材　料	材料包括： 1. 油料。 2. 润滑剂。 3. 备件。 4. 清洁材料
交　流	交流包括但不限于： 1. 口头或视觉的指示和故障报告。 2. 现场具体指示、书面指示、计划。 3. 与工作任务有关的电话、呼机的指令
信　息	信息资源包括但不限于： 1. 口头、书面、图形、标志、工作进程表、计划、说明、工作公告、备忘录、材料合格证、材料使用方法和储存要求、图样和草图。 2. 有关检查、维护和维修车辆系统的安全工作步骤。 3. 汽车检修技术标准和安全操作规范。 4. 法律法规要求

QPBWV03 实施车辆维护操作

能力单元描述

本单元能力涵盖了汽车机电技术人员实施常规的和定期的维护操作所应具备的能力。

能力要素和实作指标

能力要素	实作指标
1 准备车辆维护操作	1.1 确定工作要求的特点和范围。 1.2 工作中应遵守职场健康与安全法规,包括个人保护要求。 1.3 从维修手册和说明书获取工作程序和使用必要的工具等资源信息。 1.4 选择最合适的维护方法。 1.5 确认维护技术标准和准备设备。 1.6 注意维护车辆和设备操作中存在的危险
2 运用正确的搬运润滑剂、工作液体技术	2.1 根据制造商、零部件供应商的说明书,识别部件润滑剂、工作液体。 2.2 根据制造商、零部件供应商的维护程序观察液体泄漏情况。 2.3 依据法规要求存贮使用过的润滑剂(液)。 2.4 依照行业规定、职场健康安全法规实施润滑剂、液体的搬运
3 实施车辆维护操作	3.1 依照维修工作程序和制造商、零部件供应商说明书,在工作场所实施维护操作的方法。 3.2 在维护操作过程中,根据制造商、零部件供应商说明书做出调整
4 准备使用或存放车辆	4.1 填写完成车辆定期维护作业文件。 4.2 最后检查,确保密封件位置适当并起到安全防护作用。 4.3 最后检查,完成预期的工作目标。 4.4 清洁、维护设备,以备下次使用或存储。 4.5 根据工作程序,完成派工单或作业单所有的工序

必要技能和知识

必要技能
1. 收集和理解信息的技能用于: • 解释制造厂、零部件供应商说明书和维护工作程序; • 对技术信息进行判断。 2. 口头交流技能用于: • 应用简明的汉语文字和交流技巧与顾客和团队成员交流; • 应用询问和主动倾听的技巧从顾客处获取信息; • 应用口头交流技巧,向顾客传递信息和设想。 3. 计划和组织技能用于: • 充分利用时间和资源,区分重点和监督自己的工作绩效。 4. 团队合作技能用于: • 在团队工作中,理解和响应顾客需求,与他人有效互动,共同完成工作目标

续表

必要技能
5. 计算技能用于： • 根据测量计算误差，建立质量检验的基本概念。 6. 解决问题技能用于： • 使用核对和检查技能，预测工作计划和进程中的问题，避免时间和材料浪费。 7. 技术技能用于： • 应用工具、测量仪器、数字显示测量技术和通信装置； • 应用车辆维护操作的技术； • 书写作业记录
必要知识
1. 有关职场健康与安全、环境保护的法规，以及设备、材料和个人安全要求。 2. 使用车辆、设备工作的危险。 3. 车辆系统及相关设施的运行原理。 4. 各种类型的(纸质的和电子的)维护内容和维修手册。 5. 维护程序。 6. 润滑剂、工作液体的存放。 7. 企业质量检查程序。 8. 工作组织和计划步骤

鉴定证据指南

鉴定综述	具体描述
本单元展示能力的必要证据和鉴定的关键方面	本单元必备的能力应被充分观察到，并且能力可以迁移到变化的工作情况中，能够对以下关键方面的异常情况作出反应： 1. 遵守安全操作规范。 2. 有效地与相关工作人员和客户进行交流。 3. 选择适合情况的方法和技能。 4. 完成一系列工作准备活动。 5. 准确理解维护数据。 6. 按照制造商、零部件供应商说明书提供的依据进行维护操作。 7. 在工作场所规定的时间内完成工作。 8. 根据工作场所的要求向顾客提交车辆
鉴定的环境和资源	以下鉴定的环境和资源可以获得和使用： 1. 鉴定在真实职场环境或模拟职场环境中进行。 2. 检修技术标准、安全操作规范、职场健康与安全法规、环境保护法。 3. 车辆维护的相关材料。 4. 适合检修电路的设备、手动工具和电动工具。 5. 指定工作任务要求的活动。 6. 操作规范和工作指令

续表

鉴定综述	具体描述
鉴定方法	应该使用一系列方法来鉴定实践技能和知识。以下方法的组合适用于本单元鉴定： 1. 鉴定符合检修技术标准和安全操作规范。 2. 鉴定方法必须确认必要知识和技能的一致性和准确性。 3. 鉴定中必须采用直接观察工作任务的完成情况、询问基础知识的方法，考察知识和技能的结合。 4. 鉴定必须在项目相关的状况下进行、要求提供两种以上的鉴定环境工作过程证据。 5. 鉴定必须确认适当的推断结果，即技能不仅能在特定环境完成，而且能转移到其他环境下完成。 6. 鉴定的证据可由参与鉴定的顾客、小组长、小组成员提供证据

适用范围陈述

车辆类型	车辆类型包括： 1. 轻型车辆。 2. 重型车辆。 3. 新能源汽车。 4. 智能网联汽车
职场健康与安全	职场健康与安全包含以下条例： 1. 国家法律、职场健康与安全法规、检修技术标准、安全操作规范，包括：劳动保护规定用品、工具设备的使用；职场环境安全；材料搬运；灭火器使用；急救；风险控制；危险材料的使用和存储。 2. 个人保护用品包括国家法律、检修技术标准、安全操作规范中所规定的保护用品。 3. 安全操作步骤包括（但不限于）涉及车辆移动、危险物质、电气安全、手工搬运、相邻工人和现场参观者的操作过程和风险控制。 4. 紧急事件处理包括（但不限于）发生火灾时，紧急关闭设备和隔离设备的程序、灭火程序、现场撤离程序和企业急救要求
环境要求	环境要求包括但不限于： 1. 废物处理。 2. 噪声和灰尘的控制。 3. 清洁管理
质量要求	质量要求包括但不限于： 1. 国家质量标准。 2. 公司内部质量规定。 3. 检修技术标准。 4. 安全操作规范

续表

法律、法规、规章	法律、法规、规章依据： 1. 国家法律和法规。 2. 企业管理制度。 3. 安全操作规范
工具和设备	工具和设备包括： 1. 手动工具。 2. 测量仪器。 3. 举升机、千斤顶。 4. 润滑设备。 5. 派工单或作业单
材　料	材料包括： 1. 油料。 2. 润滑剂。 3. 备件。 4. 清洁材料
交　流	交流包括但不限于： 1. 口头或视觉的指示和故障报告。 2. 现场具体指示、书面指示、计划。 3. 与工作任务有关的电话、呼机的指令
信　息	信息资源包括但不限于： 1. 口头、书面、图形、标志、工作进程表、计划、说明、工作公告、备忘录、材料合格证、材料使用方法和储存要求、图样和草图。 2. 有关车辆维护操作的安全工作步骤。 3. 汽车检修技术标准和安全操作规范。 4. 法律法规要求

QPBWV04　车轮定位操作

能力单元描述

本单元能力涵盖了汽车机电技术人员车轮定位操作所具备的能力。

能力要素和实作指标

能力要素	实作指标
1　准备车轮定位操作	1.1　根据工作指令确认工作范围，包括方法、过程和设备。 1.2　在工作中遵守职场健康与安全法规，包括个人保护要求。 1.3　确认收集和理解操作步骤和技术信息，如维修手册、工具和设备说明书。 1.4　确认车轮定位要求信息，准备车轮定位试验设备。 1.5　根据制造商、部件供应商说明书完成车轮定位预先检查

续表

能力要素	实作指标
2 完成车轮定位操作	2.1 从制造商、部件供应商说明书中获取正确的信息并进行理解。 2.2 根据制造商、部件供应商说明书,将车轮定位检测设备连接到车辆上。 2.3 根据制造商、部件供应商说明书和顾客要求,在不损坏部件和系统的情况下,完成车轮定位调整。 2.4 在车辆重新开始行驶之前,将主要问题告诉顾客。 2.5 填写车轮定位检测与调试记录
3 完成归档和维修作业记录	3.1 将车轮定位前后的检测记录归档,包括顾客档案。 3.2 根据维修工作程序完成作业单

必要技能和知识

必要技能
1. 收集和理解信息的技能用于: ● 解释制造厂、零部件供应商说明书和维护工作程序; ● 对技术信息进行判断。 2. 口头交流技能用于: ● 应用简明的汉语文字和交流技巧与顾客和团队成员交流; ● 应用询问和主动倾听的技巧从顾客那里获取信息; ● 应用口头交流技巧,向顾客传递信息和设想。 3. 计划和组织技能用于: ● 充分利用时间和资源、区分重点和监督自己的工作绩效。 4. 团队合作技能用于: ● 在团队工作中,理解和响应顾客需求、与他人有效互动,共同完成工作目标。 5. 计算技能用于: ● 根据测量计算误差,建立质量检验的基本概念。 6. 解决问题技能用于: ● 使用核对和检查技能,预测工作计划和进程中的问题,避免时间和材料浪费。 7. 技术技能用于: ● 应用气动和手动拆卸工具、数字显示测量工具、维修工具和设备和通信装置; ● 车轮定位操作技术; ● 书写维修结果报告和归档
必要知识
1. 有关职场健康与安全、环境保护的法规,以及设备、材料和个人安全要求。 2. 有关机械和动力转向系统的工作原理。 3. 车轮定位系统类型和结构。 4. 转向几何原理,包括四轮驱动。 5. 非标准四轮转向定位对驱动和乘坐性能的影响。 6. 鉴定和理解制造厂、零部件供应商标准车轮转向定位说明书的方法

续表

必要知识
7. 故障现象与部件缺陷之间的关系。 8. 使用具体型号四轮转向定位设备的步骤。 9. 手动工具和专用设备的使用。 10. 各种版本的维修手册(书面文本和电子文本)。 11. 车轮定位检查与调整步骤。 12. 四轮定位前后进行有效路试车辆的方法。 13. 企业质量检查程序。 14. 工作组织和计划步骤

鉴定证据指南

鉴定综述	具体描述
本单元展示能力的必要证据和鉴定的关键方面	本单元必备的能力应被充分观察到,并且能力可以迁移到变化的工作情况中,能够对以下关键方面的异常情况作出反应: 1. 遵守安全操作规范。 2. 有效地与相关工作人员和客户进行交流。 3. 选择适合情况的方法和技能。 4. 完成一系列工作准备活动。 5. 参照维修技术标准、制造厂和零部件供应商说明书要求完成车轮定位。 6. 精确理解检查结果。 7. 在规定时间内完成车轮定位。 8. 将车辆系统交付顾客
鉴定的环境和具体资源	以下资源应该可以获得和使用: 1. 鉴定在真实的职场环境或模拟职场环境中进行。 2. 有关车轮定位操作相关的材料。 3. 实施有关车轮定位操作的设备、手动和动力工具。 4. 包含指定工作任务要求的活动。 5. 操作规范和工作指令
鉴定方法	应该使用一系列方法来鉴定实践技能和知识。以下方法的组合适用于本单元鉴定: 1. 鉴定符合检修技术标准和安全操作规范。 2. 鉴定方法必须确认必要知识和技能的一致性和准确性。 3. 鉴定中必须采用直接观察工作任务的完成情况、询问基础知识的方法,考察关键知识和技能的结合。 4. 鉴定必须在项目相关的状况下进行、要求提供两种以上的鉴定环境工作过程证据。 5. 鉴定必须确认适当的推断结果,即技能不仅在特定环境完成,而且能转移到其他环境下完成。 6. 鉴定的证据可由参与鉴定的顾客、小组长、小组成员提供证据

适用范围陈述

车辆类型	车辆类型包括： 1. 轻型车辆。 2. 重型车辆。 3. 新能源汽车。 4. 智能网联汽车
职场健康与安全	职场健康与安全包含以下条例： 1. 国家法律、职场健康与安全法规、检修技术标准、安全操作规范，包括：劳动保护规定用品、工具设备的使用；职场环境安全；材料搬运；灭火器使用；急救；风险控制；危险材料的使用和存储。 2. 个人保护用品包括国家法律、检修技术标准、安全操作规范中所规定的保护用品。 3. 安全操作步骤包括（但不限于）涉及车辆移动、危险物质、电气安全、手工搬运、相邻工人和现场参观者的操作过程和风险控制。 4. 紧急事件处理包括（但不限于）发生火灾时，紧急关闭设备和隔离设备的程序、灭火程序、现场撤离程序和企业急救要求
环境要求	环境要求包括但不限于： 1. 废物处理。 2. 噪声和灰尘的控制。 3. 清洁管理
质量要求	质量要求包括但不限于： 1. 国家质量标准。 2. 公司内部质量规定。 3. 检修技术标准。 4. 安全操作规范
法律、法规、规章	法律、法规、规章依据： 1. 国家法律和法规。 2. 企业管理制度。 3. 安全操作规范
车轮定位	车轮定位操作包括以下一个或多个系统： 1. 后轮驱动。 2. 前轮驱动。 3. 两轮和四轮转向。 4. 前轮转向
车轮定位方法	车轮定位方法包括： 1. 底盘、车架定位检测和调整。 2. 调整前后的路试。 3. 车轮定位设备操作

续表

工具和设备	工具和设备包括： 1. 手动工具、动力工具。 2. 用车轮拆卸与调整工具 3. 举升设备和安全支撑。 4. 机械或电子定位测量设备 5. 车轮定位仪
材　料	材料包括： 1. 备件。 2. 清洁材料
交　流	交流包括但不限于： 1. 口头或视觉的指示和故障报告。 2. 现场具体指示、书面指示、计划。 3. 与工作任务有关的电话、呼机的指令
信　息	信息资源包括但不限于： 1. 口头、书面、图形、标志、工作进程表、计划、说明、工作公告、备忘录、材料合格证、材料使用方法和储存要求、图样和草图。 2. 车轮定位操作的安全工作步骤。 3. 汽车检修技术标准和安全操作规范。 4. 法律法规要求

QPBWV05　维修发动机机械部件

能力单元描述

本单元能力涵盖了汽车机电技术人员修复发动机总成系统和零部件所应具备的能力。

能力要素和实作指标

能力要素	实作指标
1　准备维修发动机零部件	1.1　根据工作指令确认工作范围，包括方法、过程和设备。 1.2　在工作中遵守职场健康与安全法规，包括个人保护要求。 1.3　阅读理解具体工作任务。 1.4　分析、选择和准备最适合现场情况的维修方法。 1.5　确定检查发动机机械部分所需资源、准备相关维修设备。 1.6　注意有关车辆的危险
2　检查、测试和分析发动机总成	2.1　根据制造厂和零部件供应商说明书提供的方法进行检查。 2.2　将检查结果与制造厂和零部件供应商说明书进行比较，判断是否合格。 2.3　对检查结果和证据信息进行归档，提出维修方案。 2.4　按照工作程序，将维修方案交付给具体执行人
3　完成发动机零部件维修	3.1　执行维修技术标准、制造厂和零部件供应商说明书提供的维修方法。 3.2　根据制造厂和零部件供应商说明书，在维修中进行调整

续表

能力要素	实作指标
4　车辆系统提交使用或存放	4.1　进行最后检查，确保密封件位置正确和密封效果。 4.2　进行最后检查，确保工作质量达到维修技术标准。 4.3　清洁车辆系统交付顾客。 4.4　根据工作程序完成填写作业单

必要技能和知识

必要技能
1. 收集和理解信息的技能用于： • 解释制造厂、零部件供应商说明书和维护工作程序； • 对技术信息进行判断。 2. 口头交流技能用于： • 应用简明的汉语文字和交流技巧与顾客和团队成员交流； • 应用询问和主动倾听的技巧从顾客那里获取信息； • 应用口头交流技巧，向顾客传递信息和设想。 3. 计划和组织技能用于： • 充分利用时间和资源、区分重点和监督自己的工作绩效。 4. 团队合作技能用于： • 在团队工作中，理解和响应顾客需求、与他人有效互动，共同完成工作目标。 5. 计算技能用于： • 根据测量计算误差，建立质量检验的基本概念。 6. 解决问题技能用于： • 使用核对和检查技能，预测工作计划和进程中的问题，避免时间和材料浪费。 7. 技术技能用于： • 应用工具、测量仪器、数字显示测量技术和通信装置； • 维修发动机机械部分的技术； • 书写作业记录
必要知识
1. 有关职场健康与安全、环境保护的法规，以及设备、材料和个人安全要求。 2. 发动机类型、特点、用途和限制。 3. 使用车辆发动机维修设备工作的危险性。 4. 发动机工作原理。 5. 各种版本的维修手册（书面文本和电子文本）。 6. 发动机润滑液和工作液体。 7. 维修步骤。 8. 企业质量检查程序。 9. 工作组织和计划步骤

鉴定证据指南

鉴定综述	具体描述
本单元展示能力的必要证据和鉴定的关键方面	本单元必备的能力应被充分观察到,并且能力可以迁移到变化的工作情况中,能够对以下关键方面的异常情况作出反应: 1. 遵守安全操作规范。 2. 有效地与相关工作人员和客户进行交流。 3. 选择适合情况的方法和技能。 4. 完成一系列工作准备活动。 5. 根据维修技术标准和制造厂、供应商说明书要求完成检查。 6. 准确理解分析检查结果。 7. 根据维修技术标准和制造厂、供应商说明书要求完成维修。 8. 在工作场所规定的时间内完成工作。 9. 将维修后的发动机交付给顾客
鉴定的环境和资源	以下鉴定的环境和资源可以获得和使用: 1. 鉴定在真实的职场环境或模拟职场环境中进行。 2. 检修技术标准、安全操作规范、职场健康与安全法规、环境保护法。 3. 发动机机械部分维修的相关材料。 4. 适合发动机机械部分的维修设备、手动工具和电动工具。 5. 指定工作任务要求的活动。 6. 操作规范和工作指令
鉴定方法	应该使用一系列方法来鉴定实践技能和知识。以下方法的组合适用于本单元的鉴定: 1. 鉴定符合检修技术标准和安全操作规范。 2. 鉴定方法必须确认必要知识和技能的一致性和准确性。 3. 鉴定中必须采用直接观察工作任务的完成情况、询问基础知识的方法,考察关键知识和技能的结合。 4. 鉴定必须在项目相关的状况下进行、要求提供两种以上的鉴定环境工作过程证据。 5. 鉴定必须确认适当的推断结果,即技能不仅在特定环境完成,而且能转移到其他环境下完成。 6. 鉴定的证据可由参与鉴定的顾客、小组长、小组成员提供证据

适用范围陈述

车辆类型	车辆类型包括: 1. 轻型车辆。 2. 重型车辆

续表

职场健康与安全	职场健康与安全包含以下条例： 1. 国家法律、职场健康与安全法规、检修技术标准、安全操作规范，包括：劳动保护规定用品、工具设备的使用；职场环境安全；材料搬运；灭火器使用；急救；风险控制；危险材料的使用和存储。 2. 个人保护用品包括国家法律、检修技术标准、安全操作规范中所规定的保护用品。 3. 安全操作步骤包括（但不限于）涉及车辆移动、危险物质、电气安全、手工搬运、相邻工人和现场参观者的操作过程和风险控制。 4. 紧急事件处理包括（但不限于）发生火灾时，紧急关闭设备和隔离设备的程序、灭火程序、现场撤离程序和企业急救要求
环境要求	环境要求包括但不限于： 1. 废物处理。 2. 噪声和灰尘的控制。 3. 清洁管理
质量要求	质量要求包括但不限于： 1. 国家质量标准。 2. 公司内部质量规定。 3. 检修技术标准。 4. 安全操作规范
法律、法规、规章	法律、法规、规章依据： 1. 国家法律和法规。 2. 企业管理制度。 3. 安全操作规范
工具和设备	工具和设备包括： 1. 手动工具。 2. 测量仪器、真空表、缸压表等。 3. 举升机、千斤顶。 4. 润滑设备。 5. 派工单或作业单
材　料	材料包括： 1. 油料。 2. 润滑剂。 3. 备件。 4. 清洁材料

续表

交　流	交流包括但不限于： 1. 口头或视觉的指示和故障报告。 2. 现场具体指示、书面指示、计划。 3. 与工作任务有关的电话、呼机的指令
信　息	信息资源包括但不限于： 1. 口头、书面、图形、标志、工作进程表、计划、说明、工作公告、备忘录、材料合格证、材料使用方法和储存要求、图样和草图。 2. 修复发动机部件的安全工作步骤。 3. 汽车检修技术标准和安全操作规范。 4. 法律法规要求

QPBWV06　维修手动变速器及部件

能力单元描述

本单元能力涵盖了汽车机电技术人员维修手动变速器及相关部件所具备的能力。

能力要素和实作指标

能力要素	实作指标
1　准备测试手动变速器	1.1　识别和确认工作要求的特点和范围。 1.2　工作中应遵守职场健康安全法规，包括个人保护要求。 1.3　收集和理解操作步骤和技术信息，如维修手册、工具和设备使用说明书。 1.4　根据维修工作程序，选择和准备适合环境的测试方法。 1.5　查询维修手动变速器的技术标准，确认和准备相关设备。 1.6　遵守有关手动变速器工作的警告
2　测试手动变速器	2.1　执行制造厂和零部件供应商说明书提供的测试方法。 2.2　进行道路、现场测试查找异常情况。 2.3　将测试结果与制造厂、零部件供应商说明书进行比较，判断是否符合。 2.4　将检测结果和证据信息一并归档，提出维修方案。 2.5　根据工作程序将维修方案提交给具体执行人
3　准备维修手动变速器	3.1　工作中遵守职场健康安全法规，包括个人保护要求。 3.2　确认和查询信息。 3.3　确认维修技术标准，准备相关维修设备
4　完成手动变速器维修	4.1　执行维修技术标准和制造厂、零部件供应商说明书提供的维修方法。 4.2　根据制造厂、零部件供应商说明书进行维修调整
5　车辆系统交付使用或存放	5.1　进行最后检查，确保密封件位置正确和密封效果。 5.2　进行最后检查，确保工作质量达到维修技术标准。 5.3　清洁车辆系统，以便交付使用或存放。 5.4　根据工作程序填写完成作业单

必要技能和知识

必要技能
1. 收集和理解信息的技能用于： ● 解释制造厂、零部件供应商说明书和维护工作程序； ● 对技术信息进行判断。 2. 口头交流技能用于： ● 应用简明的汉语文字和交流技巧与顾客和团队成员交流； ● 应用询问和主动倾听的技巧从顾客获取信息； ● 应用口头交流技巧，向顾客传递信息和设想。 3. 计划和组织技能用于： ● 充分利用时间和资源、区分重点和监督自己的工作绩效。 4. 团队合作技能用于： ● 在团队工作中，理解和响应顾客需求、与他人有效互动，共同完成工作目标。 5. 计算技能用于： ● 根据测量计算误差，建立质量检验的基本概念。 6. 解决问题技能用于： ● 使用核对和检查技能，预测工作计划和进程中的问题，避免时间和材料浪费。 7. 技术技能用于： ● 应用工具、测量仪器、数字显示测量技术和通信装置； ● 维修手动变速器及相关部件职场技术； ● 书写维修作业记录和归档
必要知识
1. 有关职场健康与安全、环境保护的法规，以及设备、材料和个人安全要求。 2. 手动变速器类型、特点、用途。 3. 使用车辆手动变速器接触的危险性。 4. 手动变速器工作原理及与其他系统相互关系。 5. 各种版本的维修手册（书面文本和电子文本）。 6. 诊断和维修步骤。 7. 企业质量检查程序。 8. 工作组织和计划步骤

鉴定证据指南

鉴定综述	具体描述
本单元展示能力的必要证据和鉴定的关键方面	本单元必备的能力应被充分观察到，并且能力可以迁移到变化的工作情况中，能够对以下关键方面的异常情况作出反应： 1. 遵守安全操作规范。 2. 有效地与相关工作人员和客户进行交流。 3. 选择适合情况的方法和技能。 4. 完成一系列工作准备活动。 5. 根据维修技术标准和制造厂、供应商说明书要求完成检查。

续表

鉴定综述	具体描述
本单元展示能力的必要证据和鉴定的关键方面	6. 准确理解诊断结论。 7. 根据维修技术标准和制造厂、供应商说明书要求完成维修和更换手动变速器及零部件。 8. 在工作场所规定的时间内完成工作。 9. 将维修后的手动变速器交付给顾客
鉴定的环境和资源	以下鉴定的环境和资源可以获得和使用： 1. 鉴定在真实的职场环境或模拟职场环境中进行。 2. 检修技术标准、安全操作规范、职场健康与安全法规、环境保护法。 3. 维修手动变速器相关的材料。 4. 实施维修手动变速器的设备、手动和动力工具。 5. 指定工作任务要求的活动。 6. 操作规范和工作指令
鉴定方法	应该使用一系列方法来鉴定实践技能和知识。以下方法的组合适用于本单元的鉴定： 1. 鉴定符合检修技术标准和安全操作规范。 2. 鉴定方法必须确认必要知识和技能的一致性和准确性。 3. 鉴定中必须采用直接观察工作任务的完成情况、询问基础知识的方法，考察关键知识和技能的结合。 4. 鉴定必须在项目相关的状况下进行、要求提供两种以上的鉴定环境工作过程证据。 5. 鉴定必须确认适当的推断结果，即技能不仅在特定环境完成，而且能转移到其他环境下完成。 6. 鉴定的证据可由参与鉴定的顾客、小组长、小组成员提供证据

适用范围陈述

车辆类型	车辆类型包括： 1. 轻型车辆。 2. 重型车辆
职场健康与安全	职场健康与安全包含以下条例： 1. 国家法律、职场健康安全法规、检修技术标准、安全操作规范，包括：劳动保护规定用品、工具设备的使用；职场环境安全；材料搬运；灭火器使用；急救；风险控制；危险材料的使用和存储。 2. 个人保护用品包括国家法律、检修技术标准、安全操作规范中所规定的保护用品。 3. 安全操作步骤包括但不限于涉及车辆移动、危险物质、电气安全、手工搬运、相邻工人和现场参观者的操作过程和风险控制。 4. 紧急事件处理包括但不限于发生火灾时，紧急关闭设备和隔离设备的程序、灭火程序、现场撤离程序和企业急救要求

续表

环境要求	环境要求包括但不限于： 1. 废物处理。 2. 噪声和灰尘的控制。 3. 清洁管理
质量要求	质量要求包括但不限于： 1. 国家质量标准。 2. 公司内部质量规定。 3. 检修技术标准。 4. 安全操作规范
法律、法规、规章	法律、法规、规章依据： 1. 国家法律和法规。 2. 企业管理制度。 3. 安全操作规范
手动变速器 结构类型	手动变速器结构类型涉及： 1. 前、后轮驱动布置的手动变速器；带传动变速器；多挡等速啮合或同步啮合变速器。 2. 动力输出总成；多挡前进和倒挡；多个中间轴；同步或非同步换挡；金属或非金属齿轮；电气、气动控制；轴向或径向安装；螺旋齿轮、双曲螺旋齿轮和直齿轮；变速驱动桥、超速挡、分动箱和带驱动速度控制
测试方法	测试和维修方法包括： 1. 运转测试、道路测试。 2. 目视、听觉和功能测试，包括液体泄漏、换挡、磨损、损坏、腐蚀
维修方法和程序	维修方法和程序是指： 1. 故障诊断。 2. 拆卸、检查和评估。 3. 更换部件。 4. 装配。 5. 完成运转试验。 6. 记录
故　障	故障包括： 1. 运转噪声。 2. 跳挡。 3. 外部漏油。 4. 脱挡
工具和设备	工具和设备包括： 1. 手动工具。 2. 测量仪器。 3. 负荷测试装置

续表

材　料	材料包括： 1. 齿轮油。 2. 备件。 3. 清洁材料
交　流	交流包括但不限于： 1. 口头或视觉的指示和故障报告。 2. 现场具体指示、书面指示、计划。 3. 与工作任务有关的电话、呼机的指令
信　息	信息资源包括但不限于： 1. 口头、书面、图形、标志、工作进程表、计划、说明、工作公告、备忘录、材料合格证、材料使用方法和储存要求、图样和草图。 2. 维修手动变速器的安全工作步骤。 3. 汽车检修技术标准和安全操作规范。 4. 法律法规要求

QPBWV07　维修自动变速器及部件

能力单元描述

本单元能力涵盖了汽车机电技术人员维修自动变速器及相关部件所应具备的能力。本单元不包括维修电控驱动系统和维修传动电控管理系统的能力。

能力要素和实作指标

能力要素	实作指标
1　准备测试自动变速器	1.1　识别和确认工作要求的特点和范围。 1.2　工作中应遵守职场健康与安全法规，包括个人保护要求。 1.3　收集和理解操作步骤和技术信息，如维修手册、工具和设备使用说明书。 1.4　根据维修工作程序，选择和准备适合环境的维修方法。 1.5　查询维修技术标准，确认和准备相关设备。 1.6　遵守有关自动变速器工作的警告
2　测试自动变速器	2.1　执行制造厂和零部件供应商说明书提供的测试方法。 2.2　进行道路、现场测试查找异常情况。 2.3　将测试结果与制造厂、零部件供应商说明书进行比较，判断是否符合。 2.4　将检测结果和证据信息一并归档，提出维修方案。 2.5　根据工作程序，将维修方案提交给具体的执行人
3　准备维修自动变速器	3.1　工作中遵守职场健康与安全法规，包括个人保护要求。 3.2　确认维修技术标准，准备相关维修设备
4　完成自动变速器维修	4.1　执行维修技术标准和制造厂、零部件供应商说明书提供的维修方法。 4.2　根据制造厂、零部件供应商说明书进行维修调整

续表

能力要素	实作指标
5 车辆系统交付使用或存放	5.1 进行最后检查,确保密封件位置正确和密封效果。 5.2 进行最后检查,确保工作质量达到维修技术标准。 5.3 清洁车辆系统,以便交付使用或存放。 5.4 根据工作程序填写完成作业单

必要技能和知识

必要技能
1. 收集和理解信息的技能用于: ●解释制造厂、零部件供应商说明书和维护工作程序; ●对技术信息进行判断。 2. 口头交流技能用于: ●应用简明的汉语文字和交流技巧与顾客和团队成员交流; ●应用询问和主动倾听的技巧从顾客获取信息; ●应用口头交流技巧,向顾客传递信息和设想。 3. 计划和组织技能用于: ●充分利用时间和资源、区分重点和监督自己的工作绩效。 4. 团队合作技能用于: ●在团队工作中,理解和响应顾客需求、与他人有效互动,共同完成工作目标。 5. 计算技能用于: ●根据测量计算误差,建立质量检验的基本概念。 6. 解决问题技能用于: ●使用核对和检查技能,预测工作计划和进程中的问题,避免时间和材料浪费。 7. 技术技能用于: ●应用工具、测量仪器、数字显示测量技术和通信装置; ●维修自动变速器及相关部件职场技术; ●书写维修作业记录和归档
必要知识
1. 有关职场健康与安全、环境保护的法规,以及设备、材料和个人安全要求。 2. 自动变速器类型、特点、用途。 3. 使用车辆自动变速器接触的危险性。 4. 自动变速器工作原理及与其他系统相互关系。 5. 各种版本的维修手册(书面文本和电子文本)。 6. 诊断和维修步骤。 7. 企业质量检查程序。 8. 工作组织和计划步骤

鉴定证据指南

鉴定综述	具体描述
本单元展示能力的必要证据和鉴定的关键方面	本单元必备的能力应被充分观察到,并且能力可以迁移到变化的工作情况中,能够对以下关键方面的异常情况作出反应: 1. 遵守安全操作规范。 2. 有效地与相关工作人员和客户进行交流。 3. 选择适合情况的方法和技能。 4. 完成一系列工作准备活动。 5. 根据维修技术标准和制造厂、供应商说明书要求完成检查。 6. 准确理解诊断结论。 7. 根据维修技术标准和制造厂、供应商说明书要求完成维修和更换自动变速器及零部件。 8. 在工作场所规定的时间内完成工作。 9. 将维修后的自动变速器交付给顾客
鉴定的环境和资源	以下鉴定的环境和资源可以获得和使用: 1. 鉴定在真实的职场环境或模拟职场环境中进行。 2. 检修技术标准、安全操作规范、职场健康安全法规、环境保护法。 3. 维修自动变速器相关的材料。 4. 实施维修自动和半自动变速器的设备、手动和动力工具。 5. 指定工作任务要求的活动。 6. 操作规范和工作指令
鉴定方法	应该使用一系列方法来鉴定实践技能和知识。以下方法的组合适用于本单元的鉴定: 1. 鉴定符合检修技术标准和安全操作规范。 2. 鉴定方法必须确认必要知识和技能的一致性和准确性。 3. 鉴定中必须采用直接观察工作任务的完成情况、询问基础知识的方法,考察关键知识和技能的结合。 4. 鉴定必须在项目相关的状况下进行、要求提供两种以上的鉴定环境工作过程证据。 5. 鉴定必须确认适当的推断结果,即技能不仅在特定环境完成,而且能转移到其他环境下完成。 6. 鉴定的证据可由参与鉴定的顾客、小组长、小组成员提供证据

适用范围陈述

车辆类型	车辆类型包括: 1. 轻型车辆。 2. 重型车辆。 3. 新能源汽车。 4. 智能网联汽车

续表

职场健康与安全	职场健康与安全包含以下条例： 1. 国家法律、职场健康与安全法规、检修技术标准、安全操作规范，包括：劳动保护规定用品、工具设备的使用；职场环境安全；材料搬运；灭火器使用；急救；风险控制；危险材料的使用和存储。 2. 个人保护用品包括国家法律、检修技术标准、安全操作规范中所规定的保护用品。 3. 安全操作步骤包括但不限于涉及车辆移动、危险物质、电气安全、手工搬运、相邻工人和现场参观者的操作过程和风险控制。 4. 紧急事件处理包括但不限于发生火灾时，紧急关闭设备和隔离设备的程序、灭火程序、现场撤离程序和企业急救要求
环境要求	环境要求包括但不限于： 1. 废物处理。 2. 噪声和灰尘的控制。 3. 清洁管理
质量要求	质量要求包括但不限于： 1. 国家质量标准。 2. 公司内部质量规定。 3. 检修技术标准 4. 安全操作规范
法律、法规、规章	法律、法规、规章依据： 1. 国家法律和法规。 2. 企业管理制度。 3. 安全操作规范
自动变速器	自动变速器包括： 1. 液压变速器。 2. 电控变速器
测试和维修方法	测试和维修方法包括： 1. 运转测试、道路测试、试验台测试、电气测试。 2. 目视、听觉和功能测试，包括液体泄漏、速度和范围选择、磨损、损坏、腐蚀漏电、短路、断路
工具和设备	工具和设备包括： 1. 手动工具。 2. 测量仪器。 3. 负荷和压力测试装置

续表

材　料	材料包括： 1. 自动变速器油液。 2. 备件。 3. 清洁材料
交　流	交流包括但不限于： 1. 口头或视觉的指示和故障报告。 2. 现场具体指示、书面指示、计划。 3. 与工作任务有关的电话、呼机的指令
信　息	信息资源包括但不限于： 1. 口头、书面、图形、标志、工作进程表、计划、说明、工作公告、备忘录、材料合格证、材料使用方法和储存要求、图样和草图。 2. 维修自动变速器的安全工作步骤。 3. 汽车检修技术标准和安全操作规范。 4. 法律法规要求

QPBWV08　维修制动系统及部件

能力单元描述

本单元能力涵盖了汽车机电技术人员维修制动系统及相关部件所应具备的能力。该单元包括液压制动系统、气压制动系统、辅助制动系统，不包括 ABS 控制系统维修。

能力要素和实作指标

能力要素	实作指标
1　准备制动系统维修	1.1　识别和确认工作要求的特点和范围。 1.2　理解制动系统工作原理，解释惯性力。 1.3　工作中应遵守职场健康安全法规，包括个人保护要求。 1.4　收集和理解操作步骤和技术信息，如维修手册、工具和设备使用说明书。 1.5　根据维修工作程序，选择和准备适合环境的维修方法。 1.6　查询维修制动系统的技术标准；确认和准备相关设备。 1.7　遵守有关制动系统(包括摩擦材料和蓄能装置)工作的警告
2　进行制动系统测试和分析结果	2.1　执行制造厂和零部件供应商说明书提供的测试方法。 2.2　将测试结果与制造厂、零部件供应商说明书进行比较，判断是否符合。 2.3　将测试结果和证据信息一并归档，提出维修方案。 2.4　根据工作程序，将维修方案提交给具体的执行人
3　准备制动系统维修	3.1　工作中遵守职场健康与安全法规，包括个人保护要求。 3.2　确认维修的技术标准，准备相关设备
4　维修液压系统	4.1　执行维修技术标准和制造厂、零部件供应商说明书提供的维修方法。 4.2　根据制造厂、零部件供应商说明书进行维修调整

续表

能力要素	实作指标
5 车辆系统交付使用或存放	5.1 进行最后检查,确保密封件位置正确和密封效果。 5.2 进行最后检查,确保工作质量达到维修技术标准。 5.3 清洁车辆系统,以便交付使用或存放。 5.4 根据工作程序填写完成作业单

必要技能和知识

必要技能
1. 收集和理解信息的技能用于: • 解释制造厂、零部件供应商说明书和维护工作程序; • 对技术信息进行判断。 2. 口头交流技能用于: • 应用简明的汉语文字和交流技巧与顾客和团队成员交流; • 应用询问和主动倾听的技巧从顾客获取信息; • 应用口头交流技巧,向顾客传递信息和设想。 3. 计划和组织技能用于: • 充分利用时间和资源、区分重点和监督自己的工作绩效。 4. 团队合作技能用于: • 在团队工作中,理解和响应顾客需求、与他人有效互动,共同完成工作目标。 5. 计算技能用于: • 根据测量计算误差,建立质量检验的基本概念。 6. 解决问题技能用于: • 预测工作计划和进程中的问题,避免时间和材料浪费。 7. 技术技能用于: • 应用工具、测量仪器、数字显示测量技术和通信装置; • 维修制动系统及相关部件技术; • 书写作业记录
必要知识
1. 有关职场健康与安全、环境保护的法规,以及设备、材料和个人安全要求。 2. 有关制动系统工作的危险。 3. 液压、气压、辅助制动系统及部件工作原理及其相互关系。 4. 发动机及排气制动、液压、电气缓速器及其部件功能。 5. 各种版本的维修手册(书面文本和电子文本)。 6. 测试步骤。 7. 维修步骤。 8. 企业质量检查程序。 9. 工作组织和计划步骤

鉴定证据指南

鉴定综述	具体描述
本单元展示能力的必要证据和鉴定的关键方面	本单元必备的能力应被充分观察到,并且能力可以迁移到变化的工作情况中,能够对以下关键方面的异常情况作出反应: 1. 遵守安全操作规范。 2. 有效地与相关工作人员和客户进行交流。 3. 选择适合情况的方法和技能。 4. 完成一系列工作准备活动。 5. 根据维修技术标准和制造厂、供应商说明书要求完成检查。 6. 测试空气制动系统,故障包括内部和外部空气泄漏。 7. 准确理解检测结果。 8. 在工作场所规定的时间内完成制动系统维修工作。 9. 将维修后的悬挂系统交付给顾客
鉴定的环境和具体资源	以下资源应该可以获得和使用: 1. 鉴定在真实的职场环境或模拟职场环境中进行。 2. 检修技术标准、安全操作规范、职场健康与安全法规、环境保护法。 3. 维修制动系统及相关部件材料。 4. 适合维修制动系统相关设备、手动工具和电动工具。 5. 指定工作任务要求的活动。 6. 操作规范和工作指令
鉴定方法	应该使用一系列方法来鉴定实践技能和知识。以下方法的组合适用于本单元的鉴定: 1. 鉴定符合检修技术标准和安全操作规范。 2. 鉴定方法必须确认必要知识和技能的一致性和准确性。 3. 鉴定中必须采用直接观察工作任务的完成情况、询问基础知识的方法,考察关键知识和技能的结合。 4. 鉴定必须在项目相关的状况下进行、要求提供两种以上的鉴定环境工作过程证据。 5. 鉴定必须确认适当的推断结果,即技能不仅在特定环境完成,而且能转移到其他环境下完成。 6. 鉴定的证据可由参与鉴定的顾客、小组长、小组成员提供证据

适用范围陈述

车辆类型	车辆类型包括: 1. 轻型车辆。 2. 重型车辆

续表

职场健康与安全	职场健康与安全包含以下条例： 1. 国家法律、职场健康与安全法规、检修技术标准、安全操作规范，包括：劳动保护规定用品、工具设备的使用；职场环境安全；材料搬运；灭火器使用；急救；风险控制；危险材料的使用和存储。 2. 个人保护用品包括国家法律、检修技术标准、安全操作规范中所规定的保护用品。 3. 安全操作步骤包括但不限于涉及车辆移动、危险物质、电气安全、手工搬运、相邻工人和现场参观者的操作过程和风险控制。 4. 紧急事件处理包括但不限于发生火灾时，紧急关闭设备和隔离设备的程序、灭火程序、现场撤离程序和企业急救要求
环境要求	环境要求包括，但不限于： 1. 废物处理。 2. 噪声和灰尘的控制。 3. 清洁管理
质量要求	质量要求包括但不限于： 1. 国家质量标准。 2. 公司内部质量规定。 3. 检修技术标准。 4. 安全操作规范
法律、法规、规章	法律、法规、规章依据： 1. 国家法律和法规。 2. 企业管理制度。 3. 安全操作规范
制动系统和部件	制动系统和部件可包括： 1. 液压、气压、辅助制动系统。 2. 液压系统部件包括制动钳摩擦块、主缸、制动蹄、制动钳、制动软管、制动助力装置。 3. 气压制动系统部件包括压缩机、制动气室和压力管路。 4. 辅助制动装置包括发动机制动、排气制动、减速缓速器（液压或电气式）、惯性制动系统
测试和维修方法	测试和维修方法包括： 1. 道路现场测试、压力测试、电气测试。 2. 视觉、听觉和功能鉴定（包括损坏、腐蚀、液体泄漏、磨损）。 3. 具体使用制动液体类型
工具和设备	工具和设备包括： 1. 手动工具。 2. 测量仪器。 3. 排气和制动测试装置。 4. 吸尘设备

续表

材　料	材料包括： 1. 制动液。 2. 备件。 3. 清洁材料
交　流	交流包括但不限于： 1. 口头或视觉的指示和故障报告。 2. 现场具体指示、书面指示、计划。 3. 与工作任务有关的电话、呼机的指令
信　息	信息资源包括但不限于： 1. 口头、书面、图形、标志、工作进程表、计划、说明、工作公告、备忘录、材料合格证、材料使用方法和储存要求、图样和草图。 2. 有关维修制动系统的安全工作步骤。 3. 汽车检修技术标准和安全操作规范。 4. 法律法规要求

QPBWV09　维修传动系统及零部件

能力单元描述

本单元能力涵盖了汽车机电技术人员维修传动系统及零部件所应具备的能力。传动系统包括传动轴和主减速器。

能力要素和实作指标

能力要素	实作指标
1　准备传动系统维修	1.1　识别和确认工作要求的特点和范围。 1.2　工作中应遵守职场健康安全法规，包括个人保护要求。 1.3　收集和理解操作步骤和技术信息，如维修手册、工具和设备使用说明书。 1.4　根据维修工作程序，选择和准备适合环境的维修方法。 1.5　查询维修技术标准，确认和准备相关设备。 1.6　遵守有关传动系统总成工作的警告
2　检查、测试和分析传动系统技术状况	2.1　执行制造厂和零部件供应商说明书提供的测试方法。 2.2　将测试结果与制造厂、零部件供应商说明书进行比较，判断是否合格。 2.3　将检测结果和证据信息一并归档，提出维修方案。 2.4　根据工作程序，将维修方案提交给具体的执行人
3　完成传动系统零部件维修	3.1　执行维修技术标准，制造厂和零部件供应商说明书提供的维护和维修方法。 3.2　根据制造厂和零部件供应商说明书，进行调整。 3.3　参照制造厂和零部件供应商说明书，测试传动系统是否正常运转

续表

能力要素	实作指标
4　车辆系统交付使用或存放	4.1　进行最后检查，确保密封件位置正确和密封效果。 4.2　进行最后检查，确保工作质量达到维修技术标准。 4.3　清洁车辆系统，以便交付使用或存放。 4.4　根据工作程序填写完成作业单

必要技能和知识

必要技能
1. 收集和理解信息的技能用于： ● 解释制造厂、零部件供应商说明书和维护工作程序； ● 对技术信息进行判断。 2. 口头交流技能用于： ● 应用简明的汉语文字和交流技巧与顾客和团队成员交流； ● 应用询问和主动倾听的技巧从顾客获取信息； ● 应用口头交流技巧，向顾客传递信息和设想。 3. 计划和组织技能用于： ● 充分利用时间和资源、区分重点和监督自己的工作绩效。 4. 团队合作技能用于： ● 在团队工作中，理解和响应顾客需求、与他人有效互动，共同完成工作目标。 5. 计算技能用于： ● 根据测量计算误差，建立质量检验的基本概念。 6. 解决问题技能用于： ● 预测工作计划和进程中的问题，避免时间和材料浪费。 7. 技术技能用于： ● 应用工具、测量仪器、数字显示测量技术和通信装置； ● 维修传动系统总成技术； ● 书写作业记录
必要知识
1. 有关职场健康与安全、环境保护的法规，以及设备、材料和个人安全要求。 2. 传动系统类型、特点、用途。 3. 使用车辆传动系统维修设备工作的危险性。 4. 传动系统工作原理。 5. 固体的、液体的、气体的和受热的零部件的功能。 6. 各种版本的维修手册（书面文本和电子文本）。 7. 维修步骤。 8. 企业质量检查程序。 9. 工作组织和计划步骤

鉴定证据指南

鉴定综述	具体描述
本单元展示能力的必要证据和鉴定的关键方面	本单元必备的能力应被充分观察到，并且能力可以迁移到变化的工作情况中，能够对以下关键方面的异常情况作出反应： 1. 遵守安全操作规范。 2. 有效地与相关工作人员和客户进行交流。 3. 选择适合情况的方法和技能。 4. 完成一系列工作准备活动。 5. 根据维修技术标准和制造厂、供应商说明书要求完成检查。 6. 理解测试结果。 7. 在工作场所规定的时间内完成主减速器、传动轴维修。 8. 将维修后的传动系统交付给顾客
鉴定的环境和资源	以下鉴定的环境和资源可以获得和使用： 1. 鉴定在真实职场环境或模拟职场环境中进行。 2. 检修技术标准、安全操作规范、职场健康与安全法规、环境保护法。 3. 传动系统维修的相关材料。 4. 适合传动系统维修设备、手动工具和电动工具。 5. 指定工作任务要求的活动。 6. 操作规范和工作指令
鉴定方法	应该使用一系列方法来鉴定实践技能和知识。以下方法的组合适用于本单元鉴定： 1. 鉴定符合检修技术标准和安全操作规范。 2. 鉴定方法必须确认必要知识和技能的一致性和准确性。 3. 鉴定中必须采用直接观察工作任务的完成情况、询问基础知识的方法，考察关键知识和技能的结合。 4. 鉴定必须在项目相关的状况下进行、要求提供两种以上的鉴定环境工作过程证据。 5. 鉴定必须确认适当的推断结果，即技能不仅在特定环境完成，而且能转移到其他环境下完成。 6. 鉴定的证据可由参与鉴定的顾客、小组长、小组成员提供证据

适用范围陈述

车辆类型	车辆类型包括： 1. 轻型车辆。 2. 重型车辆。 3. 新能源汽车。 4. 智能网联汽车

续表

职场健康与安全	职场健康与安全包含以下条例： 1. 国家法律、职场健康安全法规、检修技术标准、安全操作规范，包括：劳动保护规定用品、工具设备的使用；职场环境安全；材料搬运；灭火器使用；急救；风险控制；危险材料的使用和存储。 2. 个人保护用品包括国家法律、检修技术标准、安全操作规范中所规定的保护用品。 3. 安全操作步骤包括但不限于涉及车辆移动、危险物质、电气安全、手工搬运、相邻工人和现场参观者的操作过程和风险控制。 4. 紧急事件处理包括但不限于发生火灾时，紧急关闭设备和隔离设备的程序、灭火程序、现场撤离程序和企业急救要求
环境要求	环境要求包括但不限于： 1. 废物处理。 2. 噪声和灰尘的控制。 3. 清洁管理
质量要求	质量要求包括但不限于： 1. 国家质量标准。 2. 公司内部质量规定。 3. 检修技术标准。 4. 安全操作规范
法律、法规、规章	法律、法规、规章依据： 1. 国家法律和法规。 2. 企业管理制度。 3. 安全操作规范
传动系统	传动系统可包括： 1. 主减速器齿轮包括锥齿轮、螺旋锥齿轮和双曲齿轮。 2. 传动轴包括万向节、等速万向节和球笼轴承
测试和维修方法	测试和维修方法包括： 1. 故障诊断。 2. 拆卸、检查和鉴定、更换部件、装配和完成运转试验。 3. 记录
工具和设备	工具和设备包括： 1. 手动工具。 2. 测量仪器。 3. 拉拔器。 4. 加载测试装置

续表

材　料	材料包括： 1. 齿轮油、润滑脂。 2. 备件。 3. 清洁材料
交　流	交流包括但不限于： 1. 口头或视觉的指示和故障报告。 2. 现场具体指示、书面指示、计划。 3. 与工作任务有关的电话、呼机的指令
信　息	信息资源包括但不限于： 1. 口头、书面、图形、标志、工作进程表、计划、说明、工作公告、备忘录、材料合格证、材料使用方法和储存要求、图样和草图。 2. 维修主加速器及相关部件的安全工作步骤。 3. 维修传动轴及相关部件的安全工作步骤。 4. 汽车检修技术标准和安全操作规范。 5. 法律法规要求

QPBWV10　维修悬挂系统及部件

能力单元描述

本单元能力涵盖了汽车机电技术人员维修悬挂系统及相关部件所应具备的能力。

能力要素和实作指标

能力要素	实作指标
1　准备悬挂系统维修	1.1　根据工作指令确认工作范围，包括方法、过程和设备。 1.2　在工作中遵守职场健康与安全法规，包括个人保护要求。 1.3　阅读理解具体工作任务。 1.4　分析、选择和准备最适合现场情况的维修方法。 1.5　确定检查悬挂系统所需资源、准备相关维修设备。 1.6　注意有关轮式和履带式车辆的危险
2　检查、测试和分析悬挂系统	2.1　根据制造厂和零部件供应商说明书提供的方法进行检查。 2.2　将检查结果与制造厂和零部件供应商说明书进行比较，判断是否合格。 2.3　对检查结果和证据信息归档，提出维修方案。 2.4　按照工作程序，将维修方案交付给具体执行人
3　完成悬挂系统零部件维修	3.1　执行维修技术标准、制造厂和零部件供应商说明书提供的维修方法。 3.2　根据制造厂和零部件供应商说明书，在维修中进行调整

续表

能力要素	实作指标
4　车辆系统提交使用或存放	4.1　进行最后检查,确保密封件位置正确和密封效果。 4.2　进行最后检查,确保工作质量达到维修技术标准。 4.3　清洁车辆系统交付顾客。 4.4　根据工作程序完成填写作业单

必要技能和知识

必要技能
1. 收集和理解信息的技能用于: • 解释制造厂、零部件供应商说明书和维护工作程序; • 对技术信息进行判断。 2. 口头交流技能用于: • 应用简明的汉语文字和交流技巧与顾客和团队成员交流; • 应用询问和主动倾听的技巧从顾客获取信息; • 应用口头交流技巧,向顾客传递信息和设想。 3. 计划和组织技能用于: • 充分利用时间和资源、区分重点和监督自己的工作绩效。 4. 团队合作技能用于: • 在团队工作中,理解和响应顾客需求、与他人有效互动,共同完成工作目标。 5. 计算技能用于: • 根据测量计算误差,建立质量检验的基本概念。 6. 解决问题技能用于: • 使用核对和检查技能,预测工作计划和进程中的问题,避免时间和材料浪费。 7. 技术技能用于: • 应用工具、测量仪器、数字显示测量技术和通信装置; • 维修悬挂系统的技术; • 书写作业记录
必要知识
1. 有关职场健康与安全、环境保护的法规,以及设备、材料和个人安全要求。 2. 悬挂系统类型、特点、用途和限制。 3. 使用车辆悬挂系统维修设备工作的危险性。 4. 悬挂系统工作原理。 5. 各种版本的维修手册(书面文本和电子文本)。 6. 维修步骤。 7. 企业质量检查程序。 8. 工作组织和计划步骤

鉴定证据指南

鉴定综述	具体描述
本单元展示能力的必要证据和鉴定的关键方面	本单元必备的能力应被充分观察到,并且能力可以迁移到变化的工作情况中,能够对以下关键方面的异常情况作出反应: 1. 遵守安全操作规范。 2. 有效地与相关工作人员和客户进行交流。 3. 选择适合情况的方法和技能。 4. 完成一系列工作准备活动。 5. 根据维修技术标准和制造厂、供应商说明书要求完成检查。 6. 准确理解分析检查结果。 7. 根据维修技术标准和制造厂、供应商说明书要求完成维修。 8. 在工作场所规定的时间内完成工作。 9. 将维修后的悬挂系统交付给顾客
鉴定的环境和具体资源	以下鉴定的环境和资源可以获得和使用: 1. 鉴定在真实的职场环境或模拟职场环境中进行。 2. 检修技术标准、安全操作规范、职场健康与安全法规、环境保护法。 3. 悬挂系统维修的相关材料。 4. 适合悬挂系统维修设备、手动工具和电动工具。 5. 指定工作任务要求的活动。 6. 操作规范和工作指令
鉴定方法	应该使用一系列方法来鉴定实践技能和知识。以下方法的组合适用于本单元鉴定: 1. 鉴定符合检修技术标准和安全操作规范。 2. 鉴定方法必须确认必要知识和技能的一致性和准确性。 3. 鉴定中必须采用直接观察工作任务的完成情况、询问基础知识的方法,考察关键知识和技能的结合。 4. 鉴定必须在项目相关的状况下进行、要求提供两种以上的鉴定环境工作过程证据。 5. 鉴定必须确认适当的推断结果,即技能不仅在特定环境完成,而且能转移到其他环境下完成。 6. 鉴定的证据可由参与鉴定的顾客、小组长、小组成员提供证据

适用范围陈述

车辆类型	车辆类型包括: 1. 轻型车辆。 2. 重型车辆。 3. 新能源汽车。 4. 智能网联汽车

续表

职场健康与安全	职场健康与安全包含以下条例： 1. 国家法律、职场健康与安全法规、检修技术标准、安全操作规范，包括：劳动保护规定用品、工具设备的使用；职场环境安全；材料搬运；灭火器使用；急救；风险控制；危险材料的使用和存储。 2. 个人保护用品包括国家法律、检修技术标准、安全操作规范中所规定的保护用品。 3. 安全操作步骤包括但不限于涉及车辆移动、危险物质、电气安全、手工搬运、相邻工人和现场参观者的操作过程和风险控制。 4. 紧急事件处理包括但不限于发生火灾时，紧急关闭设备和隔离设备的程序、灭火程序、现场撤离程序和企业急救要求
环境要求	环境要求包括但不限于： 1. 废物处理。 2. 噪声和灰尘的控制。 3. 清洁管理
质量要求	质量要求包括但不限于： 1. 国家质量标准。 2. 公司内部质量规定。 3. 检修技术标准。 4. 安全操作规范
法律、法规、规章	法律、法规、规章依据： 1. 国家法律和法规。 2. 企业管理制度。 3. 安全操作规范
悬挂系统	悬挂系统可包括： 1. 气体、液压、气压、机械和橡胶悬挂。 2. 横向和纵向臂、非独立悬挂、独立悬挂；球接头；自动行驶高度控制装置、平顺性控制、高度控制
测试和维修方法	测试和维修方法包括： 1. 功能测试、压力测试、电气测试。 2. 视觉、听觉和功能鉴定（包括损坏、腐蚀、液位、液体泄漏、空气泄漏、磨损、校正）。 3. 减振器调整
工具和设备	工具和设备包括： 1. 手动工具。 2. 测量仪器。 3. 负载测试装置。 4. 计算机诊断设备。 5. 减振器测试器

续表

材　料	材料包括： 1. 油料。 2. 润滑剂。 3. 备件。 4. 清洁材料
交　流	交流包括但不限于： 1. 口头或视觉的指示和故障报告。 2. 现场具体指示、书面指示、计划。 3. 与工作任务有关的电话、呼机的指令
信　息	信息资源包括，但不限于： 1. 口头、书面、图形、标志、工作进程表、计划、说明、工作公告、备忘录、材料合格证、材料使用方法和储存要求、图样和草图。 2. 维修悬挂系统的安全工作步骤。 3. 汽车检修技术标准和安全操作规范。 4. 法律法规要求

QPBWV11　维修转向系统及部件

能力单元描述

本单元能力涵盖了汽车机电技术人员维修转向系统及部件实施所应具备的能力。转向系统包括机械式和助力式系统零部件。

能力要素和实作指标

能力要素	实作指标
1　准备转向系统维修	1.1　根据工作指令确认工作范围，包括方法、过程和设备。 1.2　在工作中遵守职场健康与安全法规，包括个人保护要求。 1.3　阅读理解具体工作任务。 1.4　分析、选择和准备最适合现场情况的测试方法。 1.5　根据维修转向系统零部件技术标准，确认和准备测试设备
2　检查、测试和分析转向系统	2.1　按照制造商、部件供应商说明书提供的方法测试系统。 2.2　将测试结果和制造商、部件供应商说明书进行比较，判断是否合格。 2.3　将测试记录和相关证据信息归档，提出转向系统零部件维修方案。 2.4　将维修方案交付给具体执行人
3　完成转向系统零部件维修	3.1　从制造商、零部件供应商说明书中收集和获取信息。 3.2　按照制造商、零部件供应商说明书认可的方法、设备和规定维修或更换有故障的转向系统零部件。 3.3　在不损坏任何零部件或系统的情况下，完成转向系统维修。 3.4　根据维修技术标准、职场健康与安全法规、安全操作规范、实施所有维修转向系统活动

续表

能力要素	实作指标
4 车辆系统提交使用或存放	4.1 最终的检查是确认密封件位置正确和密封效果。 4.2 清洁车辆转向系统零部件,存储到适当的场所。 4.4 根据工作程序填写完成作业单

必要技能和知识

必要技能
1. 收集和理解信息的技能用于: • 解释制造厂、零部件供应商说明书和维护工作程序; • 应用分析能力对技术信息进行判断。 2. 口头交流技能用于: • 应用简明的汉语文字和交流技巧与顾客和团队成员交流; • 应用询问和主动倾听的技巧从顾客获取信息; • 应用口头交流技巧,向顾客传递信息和设想。 3. 计划和组织技能用于: • 充分利用时间和资源、区分重点和监督自己的工作绩效。 4. 团队合作技能用于: • 在团队工作中,理解和响应顾客需求、与他人有效互动,共同完成工作目标。 5. 计算技能用于: • 根据测量计算误差,建立质量检验的基本概念。 6. 解决问题技能用于: • 诊断故障的判断力和解决问题的灵活方法。 7. 技术技能用于: • 应用工具、测量仪器、数字显示测量技术和通信装置; • 维修转向系统零部件技术; • 书写作业记录
必要知识
1. 有关职场健康与安全、环境保护的法规,以及设备、材料和个人安全要求。 2. 动力传递的齿轮机构工作原理。 3. 机械操纵转向机构维修程序。 4. 零部件维修和调整程序。 5. 各种版本的维修手册(书面文本和电子文本)。 6. 动力操纵维修程序。 7. 企业质量检查程序。 8. 工作组织和计划步骤

鉴定证据指南

鉴定综述	具体描述
本单元展示能力的必要证据和鉴定的关键方面	本单元必备的能力应被充分观察到，并且能力可以迁移到变化的工作情况中，能够对以下关键方面的异常情况作出反应： 1. 遵守安全操作规范。 2. 有效地与相关工作人员和客户进行交流。 3. 选择适合情况的方法和技能。 4. 完成一系列工作准备活动。 5. 根据维修技术标准和制造厂、供应商说明书要求完成检查。 6. 解释测试结果。 7. 在工作场所规定的时间内完成维修。 8. 将维修后的转向系统交付给顾客
鉴定的环境和资源	以下鉴定的环境和资源可以获得和使用： 1. 鉴定在真实的职场环境或模拟职场环境中进行。 2. 检修技术标准、安全操作规范、职场健康与安全法规、环境保护法。 3. 维修转向系统部件的相关材料。 4. 实施维修转向系统零部件的设备、手动和动力工具。 5. 指定工作任务要求的活动。 6. 操作规范和工作指令
鉴定方法	应该使用一系列方法来鉴定实践技能和知识。以下方法的组合适用于本单元鉴定： 1. 鉴定符合检修技术标准和安全操作规范。 2. 鉴定方法必须确认必要知识和技能的一致性和准确性。 3. 鉴定中必须采用直接观察工作任务的完成情况、询问基础知识的方法，考察关键知识和技能的结合。 4. 鉴定必须在项目相关的状况下进行、要求提供两种以上的鉴定环境工作过程证据。 5. 鉴定必须确认适当的推断结果，即技能不仅在特定环境完成，而且能转移到其他环境下完成。 6. 鉴定的证据可由参与鉴定的顾客、小组长、小组成员提供证据

适用范围陈述

车辆类型	车辆类型包括： 1. 轻型车辆。 2. 重型车辆。 3. 新能源汽车。 4. 智能网联汽车

续表

职场健康与安全	职场健康与安全包含以下条例： 1. 国家法律、职场健康与安全法规、检修技术标准、安全操作规范，包括：劳动保护规定用品、工具设备的使用；职场环境安全；材料搬运；灭火器使用；急救；风险控制；危险材料的使用和存储。 2. 个人保护用品包括国家法律、检修技术标准、安全操作规范中所规定的保护用品。 3. 安全操作步骤包括但不限于涉及车辆移动、危险物质、电气安全、手工搬运、相邻工人和现场参观者的操作过程和风险控制。 4. 紧急事件处理包括但不限于发生火灾时，紧急关闭设备和隔离设备的程序、灭火程序、现场撤离程序和企业急救要求
环境要求	环境要求包括但不限于： 1. 废物处理。 2. 噪声和灰尘的控制。 3. 清洁管理
质量要求	质量要求包括但不限于： 1. 国家质量标准。 2. 公司内部质量规定。 3. 检修技术标准。 4. 安全操作规范
法律、法规、规章	法律、法规、规章依据： 1. 国家法律和法规。 2. 企业管理制度。 3. 安全操作规范
转向系统和零部件	转向系统和零部件可包括： 1. 转向系统包括机械转向器和助力转向器。 2. 转向零部件包括油泵、阀和执行装置
测试和维修方法	测试和维修方法包括： 1. 零部件的完全分解。 2. 测量并鉴定磨损量。 3. 更换、维修、组装或调整转向系统及零部件。 4. 功能测试。 5. 完成记录，保存档案
工具和设备	工具和设备包括： 1. 手动工具、气动工具。 2. 拆卸、装配、调整专用工具。 3. 测量仪器。 4. 测试秤和精确测量工具

续表

材　料	材料包括： 1. 转向液体。 2. 备件。 3. 清洁材料
交　流	交流包括但不限于： 1. 口头或视觉的指示和故障报告。 2. 现场具体指示、书面指示、计划。 3. 与工作任务有关的电话、呼机的指令
信　息	信息资源包括但不限于： 1. 口头、书面、图形、标志、工作进程表、计划、说明、工作公告、备忘录、材料合格证、材料使用方法和储存要求、图样和草图。 2. 维修转向系统零部件的安全工作步骤。 3. 汽车检修技术标准和安全操作规范。 4. 法律法规要求

QPBWV12　维修空调系统及部件

能力单元描述

本单元能力涵盖了汽车机电技术人员维修空调系统及相关部件所应具备的能力。

能力要素和实作指标

能力要素	实作指标
1　准备维修空调系统及零部件	1.1　根据工作指令确认工作范围，包括方法、过程和设备。 1.2　在工作中遵守职场健康与安全法规，包括个人保护要求。 1.3　阅读理解具体工作任务。 1.4　分析、选择和准备最适合现场情况的方法。 1.5　根据空调维修技术标准，确认和准备相关设备。 1.6　注意空调系统制冷剂工作中的相关危害。 1.7　正确处理公认的破坏大气臭氧的意识
2　检查、测试和分析空调系统性能	2.1　根据制造商、零部件供应商的说明书提供实施的方法测试系统。 2.2　将测试结果与制造商、零部件供应商说明书进行比较，判断是否符合要求。 2.3　将测试记录和证据信息一并归档，提出维修方案。 2.4　将维修方案交付给具体执行人
3　维修空调系统及零部件	3.1　从制造商、零部件供应商说明书中收集和获取信息。 3.2　根据制造商、零部件供应商说明书允许的方法和设备，分解、组装和测试空调系统。 3.3　鉴定、更换或维修磨损的、损坏的、性能差的或有故障的零部件。 3.4　根据维修技术标准、职场健康与安全法规、法律，在不损坏任何零部件或系统的情况下，完成空调系统维修

续表

能力要素	实作指标
4　车辆空调系统交付顾客使用或存放	4.1　作最终检查,确认密封件位置正确和密封效果。 4.2　清洁空调系统部件并存放在适当的场所。 4.3　按照工作程序填写完成作业单

必要技能和知识

必要技能
1. 收集和理解信息的技能用于: ●解释制造厂、零部件供应商说明书和维护工作程序; ●对技术信息进行判断。 2. 口头交流技能用于: ●应用简明的汉语文字和交流技巧与顾客和团队成员交流; ●应用询问和主动倾听的技巧从顾客那里获取信息; ●应用口头交流技巧,向顾客传递信息和设想。 3. 计划和组织技能用于: ●充分利用时间和资源、区分重点和监督自己的工作绩效。 4. 团队合作技能用于: ●在团队工作中,理解和响应顾客需求、与他人有效互动,共同完成工作目标。 5. 计算技能用于: ●根据测量计算误差,建立质量检验的基本概念。 6. 解决问题技能用于: ●使用核对和检查技能,预测工作计划和进程中的问题,避免时间和材料浪费。 7. 技术技能用于: ●应用工具、测量仪器、数字显示测量技术和通信装置; ●维修空调系统零部件技术; ●书写作业记录
必要知识
1. 有关职场健康安全、环境保护的法规,以及设备、材料和个人安全要求。 2. 注意空调系统工作中的危险。 3. 确认空调系统类型、用途和运行原理。 4. 零部件包括固体的、流体的、气体的和受热的零部件。 5. 确定磨损鉴定方法。 6. 空调系统类型、特点、用途和限制。 7. 使用车辆空调系统维修设备工作的危险性。 8. 空调系统工作原理。 9. 各种版本的维修手册(书面文本和电子文本)。 10. 注意缺乏工作经验可能损坏电控系统警告。 11. 制冷剂的性质和特点。

续表

必要知识
12. 测量和检测程序。 13. 维修步骤。 14. 企业质量检查程序。 15. 工作组织和计划步骤

鉴定证据指南

鉴定综述	具体描述
本单元展示能力的必要证据和鉴定的关键方面	本单元必备的能力应被充分观察到，并且能力可以迁移到变化的工作情况中，能够对以下关键方面的异常情况作出反应： 1. 遵守安全操作规范。 2. 有效地与相关工作人员和客户进行交流。 3. 选择适合情况的方法和技能。 4. 完成一系列工作准备活动。 5. 确定空调系统的类型、用途和运行原理。 6. 解释并保存测试结果。 7. 在规定时间内完成空调系统零部件维修。 8. 根据维修技术标准和制造厂、供应商说明书要求完成检查。 9. 准确理解分析检查结果。 10. 根据维修技术标准和制造厂、供应商说明书要求完成维修。 11. 将维修后的空调系统交付给顾客
鉴定的环境和具体资源	以下鉴定的环境和资源可以获得和使用： 1. 鉴定在真实的职场环境或模拟职场环境中进行。 2. 检修技术标准、安全操作规范、职场健康与安全法规、环境保护法。 3. 空调系统维修的相关材料。 4. 适合空调系统维修设备、手动工具和电动工具。 5. 指定工作任务要求的活动。 6. 操作规范和工作指令
鉴定方法	应该使用一系列方法来鉴定实践技能和知识。以下方法的组合适用于本单元鉴定： 1. 鉴定符合检修技术标准和安全操作规范。 2. 鉴定方法必须确认必要知识和技能的一致性和准确性。 3. 鉴定中必须采用直接观察工作任务的完成情况、询问基础知识的方法，考察关键知识和技能的结合。 4. 鉴定必须在项目相关的状况下进行，要求提供两种以上的鉴定环境工作过程证据。 5. 鉴定必须确认适当的推断结果，即技能不仅在特定环境完成，而且能转移到其他环境下完成。 6. 鉴定的证据可由参与鉴定的顾客、小组长、小组成员提供证据

适用范围陈述

车辆类型	车辆类型包括： 1. 轻型车辆。 2. 重型车辆。 3. 新能源汽车。 4. 智能网联汽车
职场健康与安全	职场健康与安全包含以下条例： 1. 国家法律、职场健康与安全法规、检修技术标准、安全操作规范，包括：劳动保护规定用品、工具设备的使用；职场环境安全；材料搬运；灭火器使用；急救；风险控制；危险材料的使用和存储。 2. 个人保护用品包括国家法律、检修技术标准、安全操作规范中所规定的保护用品。 3. 安全操作步骤包括但不限于涉及车辆移动、危险物质、电气安全、手工搬运、相邻工人和现场参观者的操作过程和风险控制。 4. 紧急事件处理包括但不限于发生火灾时，紧急关闭设备和隔离设备的程序、灭火程序、现场撤离程序和企业急救要求
环境要求	环境要求包括但不限于： 1. 废物处理。 2. 噪声和灰尘的控制。 3. 清洁管理
质量要求	质量要求包括但不限于： 1. 国家质量标准。 2. 公司内部质量规定。 3. 检修技术标准。 4. 安全操作规范
法律、法规、规章	法律、法规、规章依据： 1. 国家法律和法规。 2. 企业管理制度。 3. 安全操作规范
空调系统	空调系统可包括： 1. 气体、液压、气压、机械和橡胶悬挂。 2. 横向和纵向臂、非独立悬挂、独立悬挂；球接头；自动行驶高度控制装置、平顺性控制、高度控制
测试和维修方法	测试和维修方法包括： 1. 功能测试、压力测试、电气测试。 2. 视觉、听觉和功能鉴定（包括损坏、腐蚀、液位、液体泄漏、空气泄漏、磨损、校正）。 3. 减振器调整

续表

工具和设备	工具和设备包括： 1. 手动工具。 2. 清洁设备、压力测试设备、密封设备、检测泄漏设备、温度计、抽空设备、加热、锡焊设备、回收制冷剂和再循环设备、添加制冷剂设备
材　料	材料包括： 1. 冷却油。 2. 制冷剂。 3. 备件。 4. 清洁材料
交　流	交流包括但不限于： 1. 口头或视觉的指示和故障报告。 2. 现场具体指示、书面指示、计划。 3. 与工作任务有关的电话、呼机的指令
信　息	信息资源包括，但不限于： 1. 口头、书面、图形、标志、工作进程表、计划、说明、工作公告、备忘录、材料合格证、材料使用方法和储存要求、图样和草图。 2. 维修空调系统的安全工作步骤。 3. 汽车检修技术标准和安全操作规范。 4. 法律法规要求

QPBWV13　维修天然气燃料供给系统

能力单元描述

本单元能力涵盖了汽车机电技术人员维修天然气燃料供给系统及相关部件所应具备的能力。

能力要素和实作指标

能力要素	实作指标
1　准备维修天然气燃料供给系统	1.1　根据工作指令确认工作范围，包括方法、过程和设备。 1.2　在工作中遵守职场健康与安全法规，包括个人保护要求。 1.3　根据维修手册、说明书和所需的工具确定操作步骤。 1.4　分析、选择和准备最适合现场情况的方法。 1.5　根据维修天然气系统技术标准，确认和准备相关设备。 1.6　遵守与天然气燃料供给系统工作相关的注意事项
2　实施天然气燃料供给系统维修	2.1　根据制造商、零部件供应商说明书提供的方法进行维修。 2.2　根据制造商、零部件供应商说明书提供的方法进行调整
3　车辆天然气燃料供给系统交付顾客使用和存放	3.1　最终检查确认安全措施适当。 3.2　清洁车辆并存放在适当的场所。 3.3　按照工作程序填写完成作业单

必要技能和知识

必要技能
1. 收集和理解信息的技能用于： ●解释制造厂、零部件供应商说明书和维护工作程序； ●对技术信息进行判断。 2. 口头交流技能用于： ●与顾客和团队成员交流； ●应用询问和主动倾听的技巧从顾客获取信息； ●应用口头交流技巧，向顾客传递信息和设想。 3. 计划和组织技能用于： ●充分利用时间和资源、区分重点和监督自己的工作绩效。 4. 团队合作技能用于： ●在团队工作中，理解和响应顾客需求、与他人有效互动，共同完成工作目标。 5. 计算技能用于： ●根据测量计算误差，建立质量检验的基本概念。 6. 解决问题技能用于： ●预测工作计划和进程中的问题，避免时间和材料浪费。 7. 技术技能用于： ●应用工具、测量仪器、数字显示测量技术和通信装置； ●维修天然气燃料供给系统技术； ●书写作业记录
必要知识
1. 有关职场健康与安全、环境保护的法规，以及设备、材料和个人安全要求。 2. 天然气燃料供给系统类型、特点、用途和限制。 3. 天然气燃料供给系统工作中的危险警示。 4. 天然气燃料供给系统的工作原理。 5. 天然气燃料供给系统部件功能。 6. 各种版本的维修手册(书面文本和电子文本)。 7. 测试步骤。 8. 维修步骤。 9. 企业质量检查程序。 10. 工作组织和计划步骤

鉴定证据指南

鉴定综述	具体描述
本单元展示能力的必要证据和鉴定的关键方面	本单元必备的能力应被充分观察到，并且能力可以迁移到变化的工作情况中，能够对以下关键方面的异常情况作出反应： 1. 遵守安全操作规范。 2. 有效地与相关工作人员和客户进行交流。

续表

鉴定综述	具体描述
本单元展示能力的必要证据和鉴定的关键方面	3. 选择适合情况的方法和技能。 4. 完成一系列工作准备活动。 5. 根据制造厂家和零部件供应商说明书要求进行维修。 6. 保证维修结果质量。 7. 根据维修技术标准和制造厂、供应商说明书要求完成维修。 8. 在规定时间内完成维修天然气燃料供给系统及相关部件。 9. 向顾客交付车辆
鉴定的环境和具体资源	以下鉴定的环境和资源可以获得和使用： 1. 鉴定在真实的职场环境或模拟职场环境中进行。 2. 检修技术标准、安全操作规范、职场健康与安全法规、环境保护法。 3. 天然气燃料供给系统维修的相关材料。 4. 适合天然气燃料供给系统维修设备、手动工具和电动工具。 5. 指定工作任务要求的活动。 6. 操作规范和工作指令
鉴定方法	应该使用一系列方法来鉴定实践技能和知识。以下方法的组合适用于本单元鉴定： 1. 鉴定符合检修技术标准和安全操作规范。 2. 鉴定方法必须确认必要知识和技能的一致性和准确性。 3. 鉴定中必须采用直接观察工作任务的完成情况、询问基础知识的方法，考察关键知识和技能的结合。 4. 鉴定必须在项目相关的状况下进行，要求提供两种以上的鉴定环境工作过程证据。 5. 鉴定必须确认适当的推断结果，即技能不仅在特定环境完成，而且能转移到其他环境下完成。 6. 鉴定的证据可由参与鉴定的顾客、小组长、小组成员提供证据

适用范围陈述

车辆类型	车辆类型包括： 天然气燃料汽车
职场健康与安全	职场健康与安全包含以下条例： 1. 国家法律、职场健康安全法规、检修技术标准、安全操作规范，包括：劳动保护规定用品、工具设备的使用；职场环境安全；材料搬运；灭火器使用；急救；风险控制；危险材料的使用和存储。 2. 个人保护用品包括国家法律、检修技术标准、安全操作规范中所规定的保护用品。 3. 安全操作步骤包括(但不限于)涉及车辆移动、危险物质、电气安全、手工搬运、相邻工人和现场参观者的操作过程和风险控制。

续表

职场健康与安全	4. 紧急事件处理包括(但不限于)发生火灾时，紧急关闭设备和隔离设备的程序、灭火程序、现场撤离程序和企业急救要求
环境要求	环境要求包括但不限于： 1. 废物处理。 2. 噪声和灰尘的控制。 3. 清洁管理
质量要求	质量要求包括但不限于： 1. 国家质量标准。 2. 公司内部质量规定。 3. 检修技术标准。 4. 安全操作规范
法律、法规、规章	法律、法规、规章依据： 1. 国家法律和法规。 2. 企业管理制度。 3. 安全操作规范
故　障	故障包括： 1. 发动机运转不良。 2. 发动机耗气量过大。 3. 天然气气体泄漏
工具和设备	工具和设备包括： 1. 手动工具。 2. 量表。 3. 维修工具包。 4. 负荷测试。 5. 气体泄漏测试装置
材　料	材料包括： 1. 天然气。 2. 备件。 3. 密封剂、黏结剂。 4. 清洁材料
交　流	交流包括但不限于： 1. 口头或视觉的指示和故障报告。 2. 现场具体指示、书面指示、计划。 3. 与工作任务有关的电话、呼机的指令

续表

信　息	信息资源包括但不限于： 1. 口头、书面、图形、标志、工作进程表、计划、说明、工作公告、备忘录、材料合格证、材料使用方法和储存要求、图样和草图。 2. 维修天然气燃料供给系统故障的安全工作步骤。 3. 汽车检修技术标准和安全操作规范。 4. 法律法规要求

7.2　汽车电控系统检测、诊断和维修能力模块

QPBWW01　检测、诊断和维修电子点火发动机控制系统

能力单元描述

本单元能力涵盖了汽车机电维修技术人员检测、诊断和维修电子点火发动机控制系统及部件和元件所应具备的能力。发动机控制系统是控制燃油喷射和点火的系统电控单元的组合。

能力要素和实作指标

能力要素	实作指标
1　准备工作	1.1　使用工作指令确定工作范围，包括方法、过程和设备。 1.2　阅读和理解工作要求说明。 1.3　工作中应遵守职场健康安全法规、个人保护要求。 1.4　确认适合应用的电子系统保护装置、方法和措施。 1.5　确认工具和设备，检查是否安全工作。 1.6　确定程序，使所需的工作时间最短
2　测试控制系统、诊断故障、确定维护、维修方案	2.1　从制造厂和零部件供应商说明书获取信息，并正确理解。 2.2　使用仪器、工具、设备和技能完成测试、确定故障。 2.3　根据维修技术标准、安全操作规范，在不损坏部件和系统的情况下完成测试。 2.4　测试结果用以诊断系统、部件、元件故障。 2.5　确认故障、确定维修方案
3　维护和维修点火发动机控制系统	3.1　从制造厂和零部件供应商说明书获取信息，并正确理解。 3.2　根据维修技术标准、安全操作规范，在不损坏部件和系统情况下，完成拆卸、更换、安装、调整等维修。 3.3　维修后测试电子系统，根据工作程序记录测试结果
4　清洁工作区域、完成设备维护	4.1　收集和储存可以再利用的原材料。 4.2　遵循维修工作程序清洁垃圾。 4.3　清洁和整理工作区域。 4.4　将不能使用的设备进行标记，确认故障。 4.5　对工具和设备进行日常维护。 4.6　按照工作程序填写作业记录

必要技能和知识

必要技能
1. 收集和理解信息的技能用于： ● 收集、分析、理解有关维修电子点火发动机控制系统的工作程序和安全信息； ● 交流、理解、应用常用专业术语、技术资料和说明书； ● 查阅和理解安全操作规范。 2. 口头交流技能用于： ● 与相关负责人、其他员工和顾客交流想法和信息，确认维修技术标准，汇报工作中成果和问题； ● 应用简明的汉语文字和交流技巧与顾客和团队成员交流； ● 应用询问和主动倾听的技巧获取电子电路、元件测试、维护和更换步骤的信息。 3. 计划和组织技能用于： ● 组织计划技能活动，包括工作现场准备和布置、获取设备和材料以避免返工、工作流程中断和浪费。 4. 团队合作技能用于： ● 通过信任与他人相互协作工作，优化工作流程和生产效率。 5. 计算技能用于： ● 测试和测量电路及元件，确认维修更换的电子元件； ● 确定公差，计算维修材料的需求量，建立质量检查。 6. 解决问题技能用于： ● 使用核对和检查技能，预测工作计划和进程中的问题，避免时间和材料浪费； ● 熟练完成电子点火发动机控制系统测试、维护、维修和更换操作步骤； ● 应用工作程序解决问题。 7. 技术技能用于： ● 应用工具、测量仪器、数字显示测量技术和诊断装置； ● 运用检测、诊断、维护和维修电子点火发动机控制系统技术； ● 书写作业记录
必要知识
1. 有关职场健康与安全、环境保护的法规，以及设备、材料和个人安全要求。 2. 电子点火发动机控制系统的工作原理。 3. 电子点火发动机控制系统的结构、类型、特点。 4. 与其他电子控制系统的关系，包括共用元件（即电控单元、传感器）。 5. 测试、诊断故障步骤。 6. 各种版本的维修手册（印刷版和电子版）。 7. 维护、维修、拆卸、更换和调整步骤。 8. 维修后测试步骤。 9. 企业质量检查程序。 10. 工作组织和计划步骤

鉴定证据指南

鉴定综述	具体描述
本单元展示能力的必要证据和鉴定的关键方面	本单元必备的能力应被充分观察到，并且能力可以迁移到变化的工作情况中，能够对以下关键方面的异常情况作出反应： 1. 遵守安全操作规范。 2. 有效地与相关工作人员和客户进行交流。 3. 选择适合情况的方法和技能。 4. 完成工作准备活动。 5. 按照制造厂、零部件供应商说明书提供的方法测试、检查、诊断、维护、调整电子点火发动机控制系统、元件和部件。 6. 确定检测、诊断和维修技术要求。 7. 在规定时间内完成工作。 8. 填写作业记录
鉴定的环境和具体资源	以下鉴定的环境资源应该可以获得和使用： 1. 鉴定在真实的职场环境或模拟职场环境中进行。 2. 维修技术标准、安全操作规范、职场健康安全法规、环境保护法。 3. 有关维护和维修电子点火发动机控制系统的材料。 4. 适合检测和诊断电子点火发动机控制系统的仪器和设备。 5. 适合维护和维修电子点火发动机控制系统的设备、手动工具和电动工具。 6. 指定工作任务要求的活动。 7. 操作规范和工作指令
鉴定方法	应该使用一系列方法来鉴定实践技能和知识。以下方法的组合适用于本单元鉴定： 1. 鉴定符合维修技术标准和安全操作规范。 2. 鉴定方法必须确认必要知识和技能的一致性和准确性。 3. 鉴定中必须采用直接观察工作任务的完成情况、询问基础知识的方法，考察关键知识和技能的结合。 4. 鉴定必须在项目相关的状况下进行，要求提供两种以上的鉴定环境工作过程证据。 5. 鉴定必须确认适当的推断结果，即技能不仅在特定环境完成，而且能转移到其他环境下完成。 6. 鉴定的证据可由参与鉴定的顾客、小组长、小组成员提供证据

适用范围陈述

车辆类型	车辆类型包括： 1. 轻型车辆。 2. 重型车辆

续表

职场健康与安全	职场健康与安全包含以下条例： 1. 国家法律、职场健康安全法规、维修技术标准、安全操作规范，包括：劳动保护规定用品、工具设备的使用；职场环境安全；材料搬运；灭火器使用；急救；风险控制；危险材料的使用和存储。 2. 个人保护用品包括国家法律、维修技术标准、安全操作规范中所规定的保护用品。 3. 安全操作步骤包括但不限于涉及车辆移动、危险物质、电气安全、手工搬运、相邻工人和现场参观者的操作过程和风险控制。 4. 紧急事件处理包括但不限于发生火灾时，紧急关闭设备和隔离设备的程序、灭火程序、现场撤离程序和企业急救要求
环境要求	环境要求包括但不限于： 1. 废物处理。 2. 噪声和灰尘的控制。 3. 清洁管理
质量要求	质量要求包括但不限于： 1. 国家质量标准。 2. 公司内部质量规定。 3. 维修技术标准。 4. 安全操作规范
法律、法规、规章	法律、法规、规章依据： 1. 国家法律和法规。 2. 企业管理制度。 3. 安全操作规范
故　障	故障包括： 1. 元件故障。 2. 系统调整不当。 3. 短路、断路、电路搭铁。 4. 输入、输出错误和信息错误
维护和维修方法	维护和维修方法包括： 1. 诊断和确定故障。 2. 修前、修后系统与元件测试。 3. 拆卸、分解、维护、维修、装配、调整、测试运转状况。 4. 检索和鉴定电子系统信息（如故障码）
关键预防措施	关键预防措施包括： 必须采用制造厂、零部件供应商操作步骤，以防操作不当损坏电控单元和其他元件

续表

工具和设备	工具和设备包括： 1. 手动工具。 2. 专用测试设备、试灯、万用表、示波器、扫描工具和二极管试灯、废气测试仪、真空表、压力表、转速表、车辆举升设备。 3. 电动、气动工具、拆卸与调整专用工具
材　料	材料包括： 1. 维修备件。 2. 电子元件。 3. 润滑剂和其他工作液体。 4. 清洁材料
交　流	交流包括但不限于： 1. 口头或视觉的指示和故障报告。 2. 现场具体指示、书面指示、计划。 3. 与工作任务有关的电话、呼机的指令
信　息	信息资源包括，但不限于： 1. 口头、书面、图形、标志、工作进程表、计划、说明、工作公告、备忘录、材料合格证、材料使用方法和储存要求、图样和草图。 2. 有关维修电子点火发动机控制系统的安全工作步骤。 3. 汽车维修技术标准和安全操作规范。 4. 法律法规要求

QPBWW02　检测、诊断和维修电子压缩点火发动机控制系统

能力单元描述

本单元能力涵盖了汽车机电维修技术人员检测、诊断和维修电子压缩点火发动机控制系统及部件和元件所应具备的能力。发动机控制系统是综合控制燃油喷射和点火正时的系统组合单元。

能力要素和实作指标

能力要素	实作指标
1　准备测试工作	1.1　使用工作指令确定工作范围，包括方法、过程和设备。 1.2　阅读和理解工作要求说明。 1.3　工作中应遵守职场健康安全法规，个人保护要求。 1.4　确认适合应用的电子系统保护装置、方法和措施。 1.5　确认工具和设备，检查是否安全工作。 1.6　确定工作程序，使所需的工作时间最短

续表

能力要素	实作指标
2　测试控制系统、诊断故障，确认维护和维修技术要求	2.1　从制造厂和零部件供应商说明书获取信息，并正确理解。 2.2　使用工具、设备和技能完成测试、确定故障。 2.3　根据维修技术标准、安全操作规范，在不损坏部件和系统的情况下完成测试。 2.4　测试结果用以诊断电子压缩点火发动机控制系统、部件、元件故障。 2.5　确认故障，确定维修方案
3　维护、维修电子压缩点火发动机控制系统	3.1　从制造厂和零部件供应商说明书获取信息，并正确理解。 3.2　根据维修技术标准、安全操作规范，在不损坏部件和系统情况下，完成拆卸、更换、安装、调整等维修程序。 3.3　测试电子压缩点火发动机控制系统，记录测试结果
4　清洁工作区域、完成设备维护	4.1　收集和储存可以再利用的原材料。 4.2　遵循维修工作程序清洁垃圾。 4.3　清洁和整理工作区域。 4.4　将不能使用的设备进行标记，确认故障。 4.5　对工具和设备进行日常维护。 4.6　按照工作程序填写作业记录

必要技能和知识

必要技能
1. 收集和理解信息的技能用于： ●收集、分析、理解有关维修电子压缩点火发动机控制系统的工作程序和安全信息； ●交流、理解、应用常用专业术语、技术资料和说明书； ●查阅和理解安全操作规范。 2. 口头交流技能用于： ●与相关负责人、其他员工和顾客交流想法和信息，确认维修技术标准，汇报工作中成果和问题； ●应用简明的汉语文字和交流技巧与顾客和团队成员交流； ●应用询问和主动倾听的技巧获取电子电路、元件测试、维护和更换步骤的信息。 3. 计划和组织技能用于： ●组织计划技能活动，包括工作现场准备和布置、获取设备和材料以避免返工、工作流程中断和浪费。 4. 团队合作技能用于： ●通过信任与他人相互协作工作，优化工作流程和生产效率。 5. 计算技能用于： ●测试和测量电路及元件，确认维修更换的电子元件和部件的需求量。 6. 解决问题技能用于： ●使用核对和检查技能，预测工作计划和进程中的问题，避免时间和材料浪费； ●熟练完成电控转向系统测试、维修和更换操作步骤； ●应用工作程序解决问题。

续表

必要技能
7. 技术技能用于： • 应用工具、测量仪器、数字显示测量技术和诊断装置； • 运用检测、诊断、维护和维修电子压缩点火发动机控制系统技术； • 书写作业记录
必要知识
1. 有关职场健康与安全、环境保护的法规，以及设备、材料和个人安全要求。 2. 国家有关柴油车辆环境保护措施。 3. 电子压缩点火发动机控制系统的工作原理。 4. 电子压缩点火发动机控制系统的结构、类型、特点。 5. 与其他电子控制系统的关系，包括共用元件（即电控单元、传感器）。 6. 测试、诊断故障步骤。 7. 各种版本的维修手册（印刷版和电子版）。 8. 维护、维修、拆卸、更换和调整步骤。 9. 维修后测试步骤。 10. 企业质量检查程序。 11. 工作组织和计划步骤

鉴定证据指南

鉴定综述	具体描述
本单元展示能力的必要证据和鉴定的关键方面	本单元必备的能力应被充分观察到，并且能力可以迁移到变化的工作情况中，能够对以下关键方面的异常情况作出反应： 1. 遵守安全操作规范。 2. 有效地与相关工作人员和客户进行交流。 3. 选择适合情况的方法和技能。 4. 完成工作准备活动。 5. 测试电子压缩点火发动机控制系统，确定故障。 6. 按照制造厂、零部件供应商提供的方法测试、检查、诊断、维护、调整、维修电子压缩点火发动机控制系统、传感器和部件。 7. 确定维修技术要求。 8. 填写作业记录
鉴定的环境和资源	以下鉴定的环境和资源可以获得和使用： 1. 鉴定在真实的职场环境或模拟职场环境中进行。 2. 维修技术标准、安全操作规范、职场健康安全法规、环境保护法。 3. 有关维护和维修电子压缩点火发动机控制系统的材料。 4. 适合检测和诊断电子压缩点火发动机控制系统的仪器和设备。 5. 适合维护和维修电子压缩点火发动机控制系统的设备、手动工具和电动工具。 6. 指定工作任务要求的活动。 7. 操作规范和工作指令

续表

鉴定综述	具体描述
鉴定方法	应该使用一系列方法来鉴定实践技能和知识。以下方法的组合适用于本单元的鉴定： 1. 鉴定符合维修技术标准和安全操作规范。 2. 鉴定方法必须确认必要知识和技能的一致性和准确性。 3. 鉴定中必须采用直接观察工作任务的完成情况、询问基础知识的方法，考察关键知识和技能的结合。 4. 鉴定必须在项目相关的状况下进行，要求提供两种以上的鉴定环境工作过程证据。 5. 鉴定必须确认适当的推断结果，即技能不仅在特定环境完成，而且能转移到其他环境下完成。 6. 鉴定的证据可由参与鉴定的顾客、小组长、小组成员提供证据

适用范围陈述

职场健康与安全	职场健康与安全包含以下条例： 1. 国家法律、职场健康安全法规、维修技术标准、安全操作规范，包括：劳动保护规定用品、工具设备的使用；职场环境安全；材料搬运；灭火器使用；急救；风险控制；危险材料的使用和存储。 2. 个人保护用品包括国家法律、维修技术标准、安全操作规范中所规定的保护用品。 3. 安全操作步骤包括但不限于涉及车辆移动、危险物质、电气安全、手工搬运、相邻工人和现场参观者的操作过程和风险控制。 4. 紧急事件处理包括但不限于发生火灾时，紧急关闭设备和隔离设备的程序、灭火程序、现场撤离程序和企业急救要求
环境要求	环境要求包括但不限于： 1. 废物处理。 2. 噪声和灰尘的控制。 3. 清洁管理
质量要求	质量要求包括但不限于： 1. 国家质量标准。 2. 公司内部质量规定。 3. 维修技术标准。 4. 安全操作规范
法律、法规、规章	法律、法规、规章依据： 1. 国家法律和法规。 2. 企业管理制度。 3. 安全操作规范

续表

故　障	故障包括： 1. 发动机不起动。 2. 发动机点火错乱。 3. 发动机性能不良
维护和维修方法	维护和维修方法包括： 1. 诊断和确定故障。 2. 检测废气、燃油压力。 3. 修前、修后系统与元件测试。 4. 清洁喷油器。 5. 拆卸、分解、维护、维修、装配、调整、测试系统元件运转状况。 6. 检索和鉴定电子系统信息(如故障码)
关键预防措施	关键预防措施包括： 必须采用制造厂、零部件供应商操作步骤,以防操作不当损坏电控单元和其他元件
工具和设备	工具和设备包括： 1. 手动工具。 2. 电子测试设备、示波器和扫描工具试灯、万用表、示波器、扫描工具和二极管试灯。 3. 废气测试仪、真空表、压力表、转速表。 4. 喷油器测试设备。 5. 电动、气动工具、拆卸与调整专用工具。 6. 车辆举升装置
材　料	材料包括： 1. 维修备件。 2. 润滑剂和其他工作液体。 3. 清洁材料
交　流	交流包括但不限于： 1. 口头或视觉的指示和故障报告。 2. 现场具体指示、书面指示、计划。 3. 与工作任务有关的电话、呼机的指令
信　息	信息资源包括,但不限于： 1. 口头、书面、图形、标志、工作进程表、计划、说明、工作公告、备忘录、材料合格证、材料使用方法和储存要求、图样和草图。 2. 有关维修电子稳定控制系统的安全工作步骤。 3. 汽车维修技术标准和安全操作规范。 4. 法律法规要求

QPBWW03 检测、诊断和维修电控转向系统

能力单元描述

本单元能力涵盖了汽车机电维修技术人员检测、诊断和维修电控转向系统及部件和元件所应具备的能力。

能力要素和实作指标

能力要素	实作指标
1 准备工作	1.1 使用工作指令确定工作范围,包括方法、过程和设备。 1.2 阅读和理解工作要求指令。 1.3 工作中应遵守职场健康安全法规,个人保护要求。 1.4 确定适当的电子系统保护装置、方法和措施。 1.5 确认工具和设备,检查是否安全工作。 1.6 确定工作程序,使所需的工作时间最短
2 测试系统电子元件、识别故障	2.1 从制造厂和零部件供应商说明书获取信息,并正确理解。 2.2 使用工具、设备和技能完成测试、确定故障。 2.3 在不损坏部件和系统的情况下完成测试。 2.4 初步确认故障。 2.5 根据维修技术标准、安全操作规范完成测试
3 确定电控转向系统故障	3.1 与顾客联系,确定电子转向系统的现状和历史故障。 3.2 通过路试确认电控转向系统技术状况。 3.3 解读路试结果,证实故障诊断。 3.4 开始工作之前,告知顾客确认的故障,并达成维护或维修协议
4 维护和维修电控转向系	4.1 根据制造厂和零部件供应商说明书和安全操作步骤完成电控转向系统维护。 4.2 根据职场健康与安全法规,制造厂、零部件供应商说明书使用液体和润滑剂。 4.3 根据企业和职场健康安全法规,处理使用过的液体和润滑剂。 4.4 根据维修要求更换故障元件和部件。 4.5 进行系统调整
5 重新测试电控转向系统。	5.1 重新测试,确定电控转向系统技术状况良好。 5.2 根据工作程序和顾客要求,完成作业记录。 5.3 向顾客解释维修后测试结果,完成发票归档
6 清洁工作区域、完成设备维护。	6.1 收集和储存可以再利用的原材料。 6.2 遵循维修工作程序清洁垃圾。 6.3 清洁和整理工作区域。 6.4 将不能使用的设备进行标记,确认故障。 6.5 对工具和设备进行日常维护

必要技能和知识

必要技能
1. 收集和理解信息的技能用于： • 收集、分析、理解有关维修电控转向系统的工作程序和安全信息； • 交流、理解、应用常用专业术语、技术资料和说明书； • 查阅和理解安全操作规范。 2. 口头交流技能用于： • 与相关负责人、其他员工和顾客交流想法和信息，确认维修技术标准，汇报工作中成果和问题； • 应用简明的汉语文字和交流技巧与顾客和团队成员交流； • 应用询问和主动倾听的技巧获取电子电路、元件测试、维护和更换步骤的信息。 3. 计划和组织技能用于： • 组织计划技能活动，包括工作现场准备和布置、获取设备和材料以避免返工、工作流程中断和浪费。 4. 团队合作技能用于： • 通过信任与他人相互协作工作，优化工作流程和生产效率。 5. 计算技能用于： • 测试和测量电路及元件，确认维修更换的电子元件和部件的需求量。 6. 解决问题技能用于： • 使用核对和检查技能，预测工作计划和进程中的问题，避免时间和材料浪费； • 熟练完成电控转向系统测试、维修和更换操作步骤； • 应用工作程序解决问题。 7. 技术技能用于： • 应用工具、测量仪器、数字显示测量技术和诊断装置； • 运用检测、诊断、维护和维修电控转向系统技术； • 书写作业记录
必要知识
1. 有关职场健康安全、环境保护的法规，以及设备、材料和个人安全要求。 2. 电控转向系统的工作原理。 3. 电控转向系统的结构、类型、特点。 4. 与其他电子控制系统的关系，包括共用元件（即电控单元、传感器）。 5. 测试、诊断故障步骤。 6. 各种版本的维修手册（印刷版和电子版）。 7. 维护、维修、拆卸、更换和调整步骤。 8. 维修后测试步骤。 9. 企业质量检查程序。 10. 工作组织和计划步骤

鉴定证据指南

鉴定综述	具体描述
本单元展示能力的必要证据和鉴定的关键方面	本单元必备的能力应被充分观察到，并且能力可以迁移到变化的工作情况中，能够对以下关键方面的异常情况作出反应： 1. 遵守安全操作规范。 2. 有效地与相关工作人员和客户进行交流。 3. 选择适合情况的方法和技能。 4. 完成工作准备活动。 5. 按照制造厂、零部件供应商说明书提供的方法测试、检查、诊断、维护、调整电子控制转向系统元件和部件。 6. 确定维修技术要求。 7. 填写作业记录
鉴定的环境和具体资源	以下鉴定的环境和资源可以获得和使用： 1. 鉴定在真实的职场环境或模拟职场环境中进行。 2. 维修技术标准、安全操作规范、职场健康与安全法规、环境保护法。 3. 有关维护和维修电控转向系统的材料。 4. 适合检测和诊断电控转向系统的仪器和设备。 5. 适合维护和维修电控转向系统的设备、手动工具和电动工具。 6. 指定工作任务要求的活动。 7. 操作规范和工作指令
鉴定方法	应该使用一系列方法来鉴定实践技能和知识。以下方法的组合适用于本单元的鉴定： 1. 鉴定符合维修技术标准和安全操作规范。 2. 鉴定方法必须确认必要知识和技能的一致性和准确性。 3. 鉴定中必须采用直接观察工作任务的完成情况、询问基础知识的方法，考察关键知识和技能的结合。 4. 鉴定必须在项目相关的状况下进行、要求提供两种以上的鉴定环境工作过程证据。 5. 鉴定必须确认适当的推断结果，即技能不仅在特定环境完成，而且能移到其他环境下完成。 6. 鉴定的证据可由参与鉴定的顾客、小组长、小组成员提供证据

适用范围陈述

车辆类型	车辆类型包括： 1. 轻型车辆。 2. 重型车辆。 3. 新能源汽车。 4. 智能网联汽车

续表

职场健康与安全	职场健康与安全包含以下条例： 1. 国家法律、职场健康安全法规、维修技术标准、安全操作规范，包括：劳动保护规定用品、工具设备的使用；职场环境安全；材料搬运；灭火器使用；急救；风险控制；危险材料的使用和存储。 2. 个人保护用品包括国家法律、维修技术标准、安全操作规范中所规定的保护用品。 3. 安全操作步骤包括但不限于涉及车辆移动、危险物质、电气安全、手工搬运、相邻工人和现场参观者的操作过程和风险控制。 4. 紧急事件处理包括但不限于发生火灾时，紧急关闭设备和隔离设备的程序、灭火程序、现场撤离程序和企业急救要求
环境要求	环境要求包括但不限于： 1. 废物处理。 2. 噪声和灰尘的控制。 3. 清洁管理
质量要求	质量要求包括但不限于： 1. 国家质量标准。 2. 公司内部质量规定。 3. 维修技术标准。 4. 安全操作规范
法律、法规、规章	法律、法规、规章依据： 1. 国家法律和法规。 2. 企业管理制度。 3. 安全操作规范
故　障	故障包括： 1. 元件故障。 2. 系统调整不当。 3. 短路、断路、电路搭铁。 4. 输入、输出错误和信息错误
维护和维修方法	维护和维修方法包括： 1. 诊断和确定故障。 2. 修前、修后系统与元件测试。 3. 拆卸、分解、维护、维修、装配、调整、测试运转状况。 4. 检索和鉴定电子系统信息(如故障码)
关键预防措施	关键预防措施包括： 必须采用制造厂、零部件供应商操作步骤，以防操作不当损坏电控单元和其他元件

续表

工具和设备	工具和设备包括： 1. 手动工具。 2. 专用测试设备、试灯、万用表、示波器、扫描工具和二极管试灯。 3. 电动、气动工具、拆卸与调整专用工具
材　料	材料包括： 1. 维修备件。 2. 润滑剂和其他工作液体。 3. 清洁材料
交　流	交流包括但不限于： 1. 口头或视觉的指示和故障报告。 2. 现场具体指示、书面指示、计划。 3. 与工作任务有关的电话、呼机的指令
信　息	信息资源包括但不限于： 1. 口头、书面、图形、标志、工作进程表、计划、说明、工作公告、备忘录、材料合格证、材料使用方法和储存要求、图样和草图。 2. 有关维修电控转向系统的安全工作步骤。 3. 汽车维修技术标准和安全操作规范。 4. 法律法规要求

QPBWW04　检测、诊断和维修电子控制悬挂系统

能力单元描述

本单元能力涵盖了机电维修技术人员检测、诊断和维修电子控制悬挂系统及部件和元件所应具备的能力。电子控制悬挂系统包括乘坐控制系统和高度控制系统。

能力要素和实作指标

能力要素	实作指标
1　准备工作	1.1　使用工作指令确定工作范围，包括方法、过程和设备。 1.2　阅读和理解工作要求说明。 1.3　工作中应遵守职场健康安全法规，个人保护要求。 1.4　确定适当的电子系统保护装置、方法和措施。 1.5　确认工具和设备，检查是否安全工作。 1.6　确定工作程序，使所需的工作时间最短
2　测试系统元件、识别故障	2.1　从制造厂和零部件供应商说明书获取信息，并正确理解。 2.2　使用工具、设备和技能完成测试、确定故障。 2.3　根据维修技术标准、安全操作规范，在不损坏部件和系统的情况下完成测试。 2.4　初步确认故障

续表

能力要素	实作指标
3 确定电子控制悬挂系统故障	3.1 与顾客联系,确定电子控制悬挂系统的现状和历史故障。 3.2 通过路试确认电子控制悬挂系统技术状况。 3.3 解读路试结果,证实故障诊断。 3.4 开始工作之前,告知顾客确认的故障,并达成维护或维修协议
4 维护和维修电子控制悬挂系统	4.1 根据制造厂和零部件供应商说明书和安全操作规范完成电控悬挂系统维护。 4.2 根据职场健康与安全法规,制造厂、零部件供应商说明书使用液体和润滑剂。 4.3 根据职场健康安全法规,处理使用过的液体和润滑剂。 4.4 根据维护技术标准维修故障元件或部件。 4.5 进行系统调整
5 重新测试电子控制悬挂系统	5.1 重新测试,确定电子控制悬挂系统技术状况良好。 5.2 根据工作程序和顾客要求,完成作业记录。 5.3 向顾客解释维修后测试结果,完成发票归档
6 清洁工作区域、完成设备维护	6.1 收集和储存可以再利用的原材料。 6.2 遵循维修工作程序清洁垃圾。 6.3 清洁和整理工作区域。 6.4 将不能使用的设备进行标记,确认故障。 6.5 对工具和设备进行日常维护

必要技能和知识

必要技能
1. 收集和理解信息的技能用于: • 收集、分析、理解有关维修电控悬挂系统的工作程序和安全信息; • 交流、理解、应用常用专业术语、技术资料和说明书; • 查阅和理解安全操作规范。 2. 口头交流技能用于: • 与相关负责人、其他员工和顾客交流想法和信息,确认维修技术标准,汇报工作中成果和问题; • 应用简明的汉语文字和交流技巧与顾客和团队成员交流; • 应用询问和主动倾听的技巧获取电子电路、元件测试、维护和更换步骤的信息。 3. 计划和组织技能用于: • 组织计划技能活动,包括工作现场准备和布置、获取设备和材料以避免返工、工作流程中断和浪费。 4. 团队合作技能用于: • 通过信任与他人相互协作工作,优化工作流程和生产效率。 5. 计算技能用于: • 测试和测量电路及元件,确认维修更换的电子元件和部件的需求量。 6. 解决问题技能用于: • 使用核对和检查技能,预测工作计划和进程中的问题,避免时间和材料浪费;

续表

必要技能
• 熟练完成电控悬挂系统测试、维修和更换操作步骤； • 应用工作程序解决问题。 7. 技术技能用于： • 应用工具、测量仪器、数字显示测量技术和诊断装置； • 运用检测、诊断、维护和维修电控悬挂系统技术； • 书写作业记录
必要知识
1. 有关职场健康安全、环境保护的法规，以及设备、材料和个人安全要求。 2. 电控悬挂系统的工作原理。 3. 电子控制悬挂系统的结构、类型、特点。 4. 与其他电子控制系统的关系，包括共用元件(即电控单元、传感器)。 5. 测试、诊断故障步骤。 6. 各种版本的维修手册(印刷版和电子版)。 7. 维护、维修、拆卸、更换和调整步骤。 8. 维修后测试步骤。 9. 企业质量检查程序。 10. 工作组织和计划步骤

鉴定证据指南

鉴定综述	具体描述
本单元展示能力的必要证据和鉴定的关键方面	本单元必备的能力应被充分观察到，并且能力可以迁移到变化的工作情况中还能够对以下关键方面的异常情况作出反应： 1. 遵守安全操作规范。 2. 有效地与相关工作人员和客户进行交流。 3. 选择适合情况的方法和技能。 4. 完成工作准备活动。 5. 按照制造厂、零部件供应商说明书提供的方法测试、检查、诊断、维护、调整电子控制悬挂系统。 6. 确定维修技术要求。 7. 填写作业记录
鉴定的环境和资源	以下鉴定的环境和资源可以获得和使用： 1. 鉴定在真实的职场环境或模拟职场环境中进行。 2. 维修技术标准、安全操作规范、职场健康与安全法规、环境保护法。 3. 有关维护和维修电控悬挂系统的材料。 4. 适合检测和诊断电控悬挂系统的仪器和设备。 5. 适合维护和维修电控悬挂系统的设备、手动工具和电动工具。 6. 指定工作任务要求的活动。 7. 操作规范和工作指令

续表

鉴定综述	具体描述
鉴定方法	应该使用一系列方法来鉴定实践技能和知识。以下方法的组合适用于本单元鉴定： 1. 鉴定符合维修技术标准和安全操作规范。 2. 鉴定方法必须确认必要知识和技能的一致性和准确性。 3. 鉴定中必须采用直接观察工作任务的完成情况、询问基础知识的方法，考察关键知识和技能的结合。 4. 鉴定必须在项目相关的状况下进行、要求提供两种以上的鉴定环境工作过程证据。 5. 鉴定必须确认适当的推断结果，即技能不仅在特定环境完成，而且能转移到其他环境下完成。 6. 鉴定的证据可由参与鉴定的顾客、小组长、小组成员提供证据

适用范围陈述

车辆类型	车辆类型包括： 1. 轻型车辆。 2. 重型车辆。 3. 新能源汽车。 4. 智能网联汽车
职场健康与安全	职场健康与安全包含以下条例： 1. 国家法律、职场健康安全与法规、维修技术标准、安全操作规范，包括：劳动保护规定用品、工具设备的使用；职场环境安全；材料搬运；灭火器使用；急救；风险控制；危险材料的使用和存储。 2. 个人保护用品包括国家法律、维修技术标准、安全操作规范中所规定的保护用品。 3. 安全操作步骤包括但不限于涉及车辆移动、危险物质、电气安全、手工搬运、相邻工人和现场参观者的操作过程和风险控制。 4. 紧急事件处理包括但不限于发生火灾时，紧急关闭设备和隔离设备的程序、灭火程序、现场撤离程序和企业急救要求
环境要求	环境要求包括但不限于： 1. 废物处理。 2. 噪声和灰尘的控制。 3. 清洁管理

续表

质量要求	质量要求包括但不限于： 1. 国家质量标准。 2. 公司内部质量规定。 3. 维修技术标准。 4. 安全操作规范
法律、法规、规章	法律、法规、规章依据： 1. 国家法律和法规。 2. 企业管理制度。 3. 安全操作规范
故　障	故障包括： 1. 元件故障。 2. 系统调整不当。 3. 短路、断路、电路搭铁。 4. 输入、输出错误和信息错误
维护和维修方法	维护和维修方法包括： 1. 诊断和确定故障。 2. 修前、修后系统与元件测试。 3. 拆卸、分解、维护、维修、装配、调整、测试运转状况。 4. 检索和鉴定电子系统信息（如故障码）
关键预防措施	关键预防措施包括： 必须采用制造厂、零部件供应商操作步骤，以防操作不当损坏电控单元和其他元件
工具和设备	工具和设备包括： 1. 手动工具。 2. 专用测试设备、试灯、万用表、示波器、扫描工具和二极管试灯。 3. 电动、气动工具、拆卸与调整专用工具
材　料	材料包括： 1. 维修备件。 2. 润滑剂和其他工作液体。 3. 清洁材料
交　流	交流包括但不限于： 1. 口头或视觉的指示和故障报告。 2. 现场具体指示、书面指示、计划。 3. 与工作任务有关的电话、呼机的指令
信　息	信息资源包括但不限于： 1. 口头、书面、图形、标志、工作进程表、计划、说明、工作公告、备忘录、材料合格证、材料使用方法和储存要求、图样和草图。 2. 有关维修电控悬挂系统的安全工作步骤。 3. 汽车维修技术标准和安全操作规范。 4. 法律法规要求

QPBWW05　检测、诊断和维修电子驱动管理系统

能力单元描述

本单元能力涵盖了汽车机电维修技术人员检测、诊断和维修电子驱动管理系统及相关部件和元件所应具备的能力。

能力要素和实作指标

能力要素	实作指标
1　准备工作	1.1　使用工作指令确定工作范围，包括方法、过程和设备。 1.2　阅读和理解工作要求说明。 1.3　工作中应遵守职场健康安全法规，个人保护要求。 1.4　确认适合应用的电子系统保护装置、方法和措施。 1.5　确认工具和设备，检查是否安全工作。 1.6　确定工作程序，使所需的工作时间最短
2　测试控制系统、诊断故障、确定维护、维修要求	2.1　从制造厂和零部件供应商说明书获取信息，并正确理解。 2.2　使用工具、设备和技能完成测试、确定故障。 2.3　根据维修技术标准、安全操作规范，在不损坏部件和系统的情况下完成测试。 2.4　测试结果用以诊断驱动管理系统、元件、部件故障。 2.5　确认故障、确定维修方案
3　维护、维修驱动管理系统	3.1　从制造厂和零部件供应商说明书获取信息，并正确理解。 3.2　根据维修技术标准、安全操作规范，在不损坏部件和系统情况下，完成拆卸、更换、安装、调整等维修程序。 3.3　测试驱动管理系统，根据工作程序记录测试结果
4　清洁工作区域、完成设备维护	4.1　收集和储存可以再利用的原材料。 4.2　遵循维修工作程序清洁垃圾。 4.3　清洁和整理工作区域。 4.4　将不能使用的设备进行标记，确认故障。 4.5　对工具和设备进行日常维护。 4.6　按照工作程序填写作业记录

必要技能和知识

必要技能
1. 收集和理解信息的技能用于： • 收集、分析、理解有关维修电子驱动管理系统的工作程序和安全信息； • 交流、理解、应用常用专业术语、技术资料和说明书； • 查阅和理解安全操作规范。 2. 口头交流技能用于： • 与相关负责人、其他员工和顾客交流想法和信息，确认维修技术标准，汇报工作中成果和问题； • 应用简明的汉语文字和交流技巧与顾客和团队成员交流； • 应用询问和主动倾听的技巧获取电子电路、元件测试、维护和更换步骤的信息

续表

必要技能
3. 计划和组织技能用于： ●组织计划技能活动，包括工作现场准备和布置、获取设备和材料以避免返工、工作流程中断和浪费。 4. 团队合作技能用于： ●通过信任与他人相互协作工作，优化工作流程和生产效率。 5. 计算技能用于： ●测试和测量电路及元件，确认维修更换的电子元件和部件的需求量。 6. 解决问题技能用于： ●预测工作计划和进程中的问题，避免时间和材料浪费； ●熟练完成电控转向系统测试、维修和更换操作步骤； ●应用工作程序解决问题。 7. 技术技能用于： ●应用工具、测量仪器、数字显示测量技术和诊断装置； ●运用检测、诊断、维护和维修电子驱动管理系统技术； ●书写作业记录
必要知识
1. 有关职场健康安全、环境保护的法规，以及设备、材料和个人安全要求。 2. 电子驱动管理系统的工作原理。 3. 电子驱动管理系统的结构、类型、特点。 4. 与其他电子控制系统的关系，包括共用元件（即电控单元、传感器）。 5. 测试、诊断故障步骤。 6. 各种版本的维修手册（印刷版和电子版）。 7. 维护、维修、拆卸、更换和调整步骤。 8. 维修后测试步骤。 9. 企业质量检查程序。 10. 工作组织和计划步骤

鉴定证据指南

鉴定综述	具体描述
本单元展示能力的必要证据和鉴定的关键方面	本单元必备的能力应被充分观察到，并且能力可以迁移到变化的工作情况中，能够对以下关键方面的异常情况作出反应： 1. 遵守安全操作规范。 2. 有效地与相关工作人员和客户进行交流。 3. 选择适合情况的方法和技能。 4. 完成工作准备活动。 5. 按照制造厂、零部件供应商说明书提供的方法测试、检查、诊断、维护、调整电子驱动管理系统、元件和部件。 6. 确定维修技术要求。 7. 填写作业记录

续表

鉴定综述	具体描述
鉴定的环境和具体资源	以下鉴定的环境和资源可以获得和使用： 1. 鉴定在职场环境或模拟职场环境中进行。 2. 维修技术标准、安全操作规范、职场健康安全法规、环境保护法。 3. 有关维护和维修电子驱动管理系统的材料。 4. 适合检测和诊断电子驱动管理系统的仪器和设备。 5. 适合维护和维修电子驱动管理系统的设备、手动工具和电动工具。 6. 指定工作任务要求的活动。 7. 操作规范和工作指令
鉴定方法	应该使用一系列方法来鉴定实践技能和知识。以下方法的组合适用于本单元鉴定： 1. 鉴定符合维修技术标准和安全操作规范。 2. 鉴定方法必须确认必要知识和技能的一致性和准确性。 3. 鉴定中必须采用直接观察工作任务的完成情况、询问基础知识的方法，考察关键知识和技能的结合。 4. 鉴定必须在项目相关的状况下进行，要求提供两种以上的鉴定环境工作过程证据。 5. 鉴定必须确认适当的推断结果，即技能不仅在特定环境完成，而且能转移到其他环境下完成。 6. 鉴定的证据可由参与鉴定的顾客、小组长、小组成员提供证据

适用范围陈述

车辆类型	车辆类型包括： 1. 轻型车辆。 2. 重型车辆。 3. 新能源汽车。 4. 智能网联汽车
职场健康与安全	职场健康与安全包含以下条例： 1. 国家法律、职场健康安全法规、维修技术标准、安全操作规范，包括：劳动保护规定用品、工具设备的使用；职场环境安全；材料搬运；灭火器使用；急救；风险控制；危险材料的使用和存储。 2. 个人保护用品包括国家法律、维修技术标准、安全操作规范中所规定的保护用品。 3. 安全操作步骤包括但不限于涉及车辆移动、危险物质、电气安全、手工搬运、相邻工人和现场参观者的操作过程和风险控制。 4. 紧急事件处理包括但不限于发生火灾时，紧急关闭设备和隔离设备的程序、灭火程序、现场撤离程序和企业急救要求

续表

环境要求	环境要求包括但不限于： 1. 废物处理。 2. 噪声和灰尘的控制。 3. 清洁管理
质量要求	质量要求包括但不限于： 1. 国家质量标准。 2. 公司内部质量规定。 3. 维修技术标准。 4. 安全操作规范
法律、法规、规章	法律、法规、规章依据： 1. 国家法律和法规。 2. 企业管理制度。 3. 安全操作规范
故　障	故障包括： 1. 元件故障。 2. 系统调整不当。 3. 短路、断路、电路搭铁。 4. 输入、输出错误和信息错误
维护和维修方法	维护和维修方法包括： 1. 诊断和确定故障。 2. 修前、修后系统与元件测试。 3. 拆卸、分解、维护、维修、装配、调整、测试运转状况。 4. 检索和鉴定电子系统信息(如故障码)
关键预防措施	关键预防措施包括： 必须采用制造厂、零部件供应商操作步骤，以防操作不当损坏电控单元和其他元件
工具和设备	工具和设备包括： 1. 手动工具。 2. 专用测试设备、试灯、万用表、示波器、扫描工具和二极管试灯。 3. 电动、气动工具、拆卸与调整专用工具
材　料	材料包括： 1. 维修备件。 2. 润滑剂和其他工作液体。 3. 清洁材料
交　流	交流包括但不限于： 1. 口头或视觉的指示和故障报告。 2. 现场具体指示、书面指示、计划。 3. 与工作任务有关的电话、呼机的指令

续表

信　息	信息资源包括,但不限于: 1. 口头、书面、图形、标志、工作进程表、计划、说明、工作公告、备忘录、材料合格证、材料使用方法和储存要求、图样和草图。 2. 有关维修电子驱动管理系统的安全工作步骤。 3. 汽车维修技术标准和安全操作规范。 4. 法律法规要求

QPBWW06　检测、诊断和维修电子车身管理系统

能力单元描述

本单元能力涵盖了汽车机电维修技术人员检测、诊断和维修电子车身管理系统及相关零部件和元件所应具备的能力。它包括发动机锁定、中央门锁、电动车窗、电动后视镜、电子车座调整以及记忆和安全系统维修的能力。

能力要素和实作指标

能力要素	实作指标
1　准备工作	1.1　使用工作指令确定工作范围,包括方法、过程和设备。 1.2　阅读和理解工作要求说明。 1.3　工作中应遵守职场健康与安全法规、个人保护要求。 1.4　确认适合应用的电子控制系统保护装置、方法和措施。 1.5　确认工具和设备,检查是否安全工作。 1.6　确定程序,使所需的工作时间最短
2　测试控制系统、诊断故障、确定维护、维修要求	2.1　从制造厂和零部件供应商说明书中获取信息,并正确理解。 2.2　使用工具、设备和技能完成故障的测试、确定。 2.3　根据维修技术标准、安全操作规范,在不损坏部件和系统的情况下完成测试。 2.4　测试结果用以诊断电子车身管理系统、部件、元件故障。 2.5　确认故障,确定维修方案
3　维护、维修车身管理系统	3.1　从制造厂和零部件供应商说明书获取信息,并正确理解。 3.2　根据维修技术标准、安全操作规范,在不损坏部件和系统情况下,完成拆卸、更换、安装、调整等维修程序。 3.3　测试电子车身管理系统,根据职场规则记录测试结果
4　清洁工作区域、完成设备维护	4.1　收集和储存可以再利用的原材料。 4.2　遵循维修工作程序清洁垃圾。 4.3　清洁和整理工作区域。 4.4　将不能使用的设备进行标记,确认故障。 4.5　对工具和设备进行日常维护。 4.6　按照工作程序填写作业记录

必要技能和知识

必要技能
1. 收集和理解信息的技能用于： ● 收集、分析、理解有关维修电子车身管理系统的工作程序和安全信息； ● 交流、理解、应用常用专业术语、技术资料和说明书； ● 查阅和理解安全操作规范。 2. 口头交流技能用于： ● 与相关负责人、其他员工和顾客交流想法和信息，确认维修技术标准，汇报工作中成果和问题； ● 应用简明的汉语文字和交流技巧与顾客和团队成员交流； ● 应用询问和主动倾听的技巧获取电子电路、元件测试、维护和更换步骤的信息。 3. 计划和组织技能用于： ● 组织计划技能活动，包括工作现场准备和布置、获取设备和材料以避免返工、工作流程中断和浪费。 4. 团队合作技能用于： ● 通过信任与他人相互协作工作，优化工作流程和生产效率。 5. 计算技能用于： ● 测试和测量电路及元件，确认维修更换的电子元件和部件的需求量。 6. 解决问题技能用于： ● 使用核对和检查技能，预测工作计划和进程中的问题，避免时间和材料浪费； ● 熟练完成电控转向系统测试、维修和更换操作步骤； ● 应用工作程序解决问题。 7. 技术技能用于： ● 应用工具、测量仪器、数字显示测量技术和诊断装置； ● 运用检测、诊断、维护和维修电子车身管理系统技术； ● 书写作业记录
必要知识
1. 有关职场健康与安全、环境保护的法规，以及设备、材料和个人安全要求。 2. 电子车身管理系统的工作原理。 3. 电子车身管理系统的结构、类型、特点。 4. 与其他电子控制系统的关系，包括共用元件（即电控单元、传感器）。 5. 测试、诊断故障步骤。 6. 各种版本的维修手册（印刷版和电子版）。 7. 维护、维修、拆卸、更换和调整步骤。 8. 维修后测试步骤。 9. 企业质量检查程序。 10. 工作组织和计划步骤

鉴定证据指南

鉴定综述	具体描述
本单元展示能力的必要证据和鉴定的关键方面	本单元必备的能力应被充分观察到,并且能力可以迁移到变化的工作情况中,能够对以下关键方面的异常情况作出反应: 1. 遵守安全操作规范。 2. 有效地与相关工作人员和客户进行交流。 3. 选择适合情况的方法和技能。 4. 完成工作准备活动。 5. 按照制造厂、零部件供应商说明书提供的方法测试、检查、诊断、维护、调整电子车身管理系统元件和部件。 6. 确定维修技术要求。 7. 填写作业记录
鉴定的环境和具体资源	以下鉴定的环境和资源可以获得和使用: 1. 鉴定在真实的职场环境或模拟职场环境中进行。 2. 维修技术标准、安全操作规范、职场健康与安全法规、环境保护法。 3. 有关维护和维修电子车身管理系统的材料。 4. 适合检测和诊断电子车身管理系统的仪器和设备。 5. 适合维护和维修电子车身管理系统的设备、手动工具和电动工具。 6. 指定工作任务要求的活动。 7. 操作规范和工作指令
鉴定方法	应该使用一系列方法来鉴定实践技能和知识。以下方法的组合适用于本单元的鉴定: 1. 鉴定符合维修技术标准和安全操作规范。 2. 鉴定方法必须确认必要知识和技能的一致性和准确性。 3. 鉴定中必须采用直接观察工作任务的完成情况、询问基础知识的方法,考察关键知识和技能的结合。 4. 鉴定必须在项目相关的状况下进行、要求提供两种以上的鉴定环境工作过程证据。 5. 鉴定必须确认适当的推断结果,即技能不仅在特定环境完成,而且能转移到其他环境下完成。 6. 鉴定的证据可由参与鉴定的顾客、小组长、小组成员提供

适用范围陈述

车辆类型	车辆类型包括: 1. 轻型车辆。 2. 重型车辆。 3. 新能源汽车。 4. 智能网联汽车

续表

职场健康与安全	职场健康与安全包含以下条例： 1. 国家法律、职场健康安全法规、维修技术标准、安全操作规范，包括：劳动保护规定用品、工具设备的使用；职场环境安全；材料搬运；灭火器使用；急救；风险控制；危险材料的使用和存储。 2. 个人保护用品包括国家法律、维修技术标准、安全操作规范中所规定的保护用品。 3. 安全操作步骤包括但不限于涉及车辆移动、危险物质、电气安全、手工搬运、相邻工人和现场参观者的操作过程和风险控制。 4. 紧急事件处理包括但不限于发生火灾时，紧急关闭设备和隔离设备的程序、灭火程序、现场撤离程序和企业急救要求
环境要求	环境要求包括但不限于： 1. 废物处理。 2. 噪声和灰尘的控制 3. 清洁管理
质量要求	质量要求包括但不限于： 1. 国家质量标准。 2. 公司内部质量规定。 3. 维修技术标准。 4. 安全操作规范
法律、法规、规章	法律、法规、规章依据： 1. 国家法律和法规。 2. 企业管理制度。 3. 安全操作规范
故　障	故障包括： 1. 元件故障。 2. 系统调整不当。 3. 短路、断路、电路搭铁。 4. 输入、输出错误和信息错误
维护和维修方法	维护和维修方法包括： 1. 诊断和确定故障。 2. 修前、修后系统与元件测试。 3. 拆卸、分解、维护、维修、装配、调整、测试运转状况。 4. 检索和鉴定电子系统信息（如故障码）
关键预防措施	关键预防措施包括： 必须采用制造厂、零部件供应商操作步骤，以防操作不当损坏电控单元和其他元件

续表

工具和设备	工具和设备包括： 1. 手动工具。 2. 专用测试设备、试灯、万用表、示波器、扫描工具和二极管试灯。 3. 电动、气动工具、拆卸与调整专用工具
材　料	材料包括： 1. 维修备件。 2. 润滑剂和其他工作液体。 3. 清洁材料
交　流	交流包括但不限于： 1. 口头或视觉的指示和故障报告。 2. 现场具体指示、书面指示、计划。 3. 与工作任务有关的电话、呼机的指令
信　息	信息资源包括但不限于： 1. 口头、书面、图形、标志、工作进程表、计划、说明、工作公告、备忘录、材料合格证、材料使用方法和储存要求、图样和草图。 2. 有关维修电子车身管理系统的安全工作步骤。 3. 汽车维修技术标准和安全操作规范。 4. 法律法规要求

QPBWW07　检测、诊断和维修电控防抱死制动系统

能力单元描述

本单元能力涵盖了汽车机电维修技术人员检测、诊断和维修电控防抱死制动系统及部件和元件所应具备的能力。

能力要素和实作指标

能力要素	实作指标
1　准备工作	1.1　使用工作指令确定工作范围，包括方法、过程和设备。 1.2　阅读和理解工作要求说明。 1.3　工作中应遵守职场健康安全法规，个人保护要求。 1.4　确认适合应用的电子控制系统保护装置、方法和措施。 1.5　确认工具和设备，检查是否安全工作。 1.6　确定程序，使所需的工作时间最短
2　测试控制系统、诊断故障、确定维护、维修要求	2.1　从制造厂和零部件供应商说明书获取信息，并正确理解。 2.2　使用工具、设备和技能完成测试、确定故障。 2.3　根据维修技术标准、安全操作规范，在不损坏部件和系统的情况下完成测试。 2.4　测试结果用以诊断电控防抱死制动系统、部件、元件故障。 2.5　确认故障、确定维修方案

续表

能力要素	实作指标
3　维护、维修防抱死制动系统	3.1　从制造厂和零部件供应商说明书获取信息，并正确理解。 3.2　根据维修技术标准、安全操作规范，在不损坏部件和系统情况下，完成拆卸、更换、安装、调整、测试等维修程序。 3.3　测试电控防抱死制动系统，记录测试结果
4　清洁工作区域、完成设备维护	4.1　收集和储存可以再利用的原材料。 4.2　遵循维修工作程序清洁垃圾。 4.3　清洁和整理工作区域。 4.4　将不能使用的设备进行标记，确认故障。 4.5　对工具和设备进行日常维护。 4.6　按照工作程序填写作业记录

必要技能和知识

必要技能
1. 收集和理解信息的技能用于： ●收集、分析、理解有关维修电控防抱死制动系统的工作程序和安全信息； ●交流、理解、应用常用专业术语、技术资料和说明书； ●查阅和理解安全操作规范。 2. 口头交流技能用于： ●与相关负责人、其他员工和顾客交流想法和信息，确认维修技术标准，汇报工作中成果和问题； ●应用简明的汉语文字和交流技巧与顾客和团队成员交流； ●应用询问和主动倾听的技巧获取电子电路、元件测试、维护和更换步骤的信息。 3. 计划和组织技能用于： ●组织计划技能活动，包括工作现场准备和布置、获取设备和材料以避免返工、工作流程中断和浪费。 4. 团队合作技能用于： ●通过信任与他人相互协作工作，优化工作流程和生产效率。 5. 计算技能用于： ●测试和测量电路及元件，确认维修更换的电子元件和部件的需求量。 6. 解决问题技能用于： ●使用核对和检查技能，预测工作计划和进程中的问题，避免时间和材料浪费； ●熟练完成电控防抱死制动系统测试、维修和更换操作步骤； ●应用工作程序解决问题。 7. 技术技能用于： ●应用工具、测量仪器、数字显示测量技术和诊断装置； ●运用检测、诊断、维护和维修电控防抱死制动系统技术； ●书写作业记录

续表

必要知识
1. 有关职场健康与安全、环境保护的法规,以及设备、材料和个人安全要求。 2. 电控防抱死制动系统的工作原理。 3. 电控防抱死制动系统的结构、类型、特点。 4. 与其他电子控制系统的关系,包括共用元件(即电控单元、传感器)。 5. 测试、诊断故障步骤。 6. 各种版本的维修手册(印刷版和电子版)。 7. 维护、维修、拆卸、更换和调整步骤。 8. 维修后测试步骤。 9. 企业质量检查程序。 10. 工作组织和计划步骤

鉴定证据指南

鉴定综述	具体描述
本单元展示能力的必要证据和鉴定的关键方面	本单元必备的能力应被充分观察到,并且能力可以迁移到变化的工作情况中,能够对以下关键方面的异常情况作出反应: 1. 遵守安全操作规范。 2. 有效地与相关工作人员和客户进行交流。 3. 选择适合情况的方法和技能。 4. 完成工作准备活动。 5. 按照制造厂、零部件供应商说明书们提供的方法测试、检查、诊断、维护和维修、调整电控防抱死制动系统、车速传感器和相关元件。 6. 确定维修技术要求。 7. 在规定时间内完成工作。 8. 填写作业记录
鉴定的环境和具体资源	以下鉴定的环境和资源可以获得和使用: 1. 鉴定在真实的职场环境或模拟职场环境中进行。 2. 维修技术标准、安全操作规范、职场健康与安全法规、环境保护法。 3. 有关维护和维修电控防抱死制动系统的材料。 4. 适合检测和诊断电控防抱死制动系统的仪器和设备。 5. 适合维护和维修电控防抱死制动系统的设备、手动工具和电动工具。 6. 指定工作任务要求的活动。 7. 操作规范和工作指令

续表

鉴定综述	具体描述
鉴定方法	应该使用一系列方法来鉴定实践技能和知识。以下方法的组合适用于本单元的鉴定： 1. 鉴定符合维修技术标准和安全操作规范。 2. 鉴定方法必须确认必要知识和技能的一致性和准确性。 3. 鉴定中必须采用直接观察工作任务的完成情况、询问基础知识的方法，考察关键知识和技能的结合。 4. 鉴定必须在项目相关的状况下进行、要求提供两种以上的鉴定环境工作过程证据。 5. 鉴定必须确认适当的推断结果，即技能不仅在特定环境完成，而且能转移到其他环境下完成。 6. 鉴定的证据可由参与鉴定的顾客、小组长、小组成员提供

适用范围陈述

车辆类型	车辆类型包括： 1. 轻型车辆。 2. 重型车辆。 3. 新能源汽车。 4. 智能网联汽车
职场健康与安全	职场健康与安全包含以下条例： 1. 国家法律、职场健康安全法规、维修技术标准、安全操作规范，包括：劳动保护规定用品、工具设备的使用；职场环境安全；材料搬运；灭火器使用；急救；风险控制；危险材料的使用和存储。 2. 个人保护用品包括国家法律、维修技术标准、安全操作规范中所规定的保护用品。 3. 安全操作步骤包括但不限于涉及车辆移动、危险物质、电气安全、手工搬运、相邻工人和现场参观者的操作过程和风险控制。 4. 紧急事件处理包括但不限于发生火灾时，紧急关闭设备和隔离设备的程序、灭火程序、现场撤离程序和企业急救要求
环境要求	环境要求包括但不限于： 1. 废物处理。 2. 噪声和灰尘的控制。 3. 清洁管理
质量要求	质量要求包括但不限于： 1. 国家质量标准。 2. 公司内部质量规定。 3. 维修技术标准。 4. 安全操作规范

续表

法律、法规、规章	法律、法规、规章依据： 1. 国家法律和法规。 2. 企业管理制度。 3. 安全操作规范
故　障	故障包括： 1. 元件故障。 2. 系统调整不当。 3. 短路、断路、电路搭铁。 4. 输入、输出错误和信息错误
维护和维修方法	维护和维修方法包括： 1. 诊断和确定故障。 2. 修前、修后系统与元件测试。 3. 拆卸、分解、维护、维修、装配、调整、测试运转状况。 4. 检索和鉴定电子系统信息(如故障码)
关键预防措施	关键预防措施包括： 必须采用制造厂、零部件供应商操作步骤，以防操作不当损坏电控单元和其他元件
工具和设备	工具和设备包括： 1. 手动工具。 2. 专用测试设备、试灯、万用表、示波器、扫描工具和二极管试灯。 3. 电动、气动工具、拆卸与调整专用工具
材　料	材料包括： 1. 维修备件。 2. 润滑剂和其他工作液体。 3. 清洁材料
交　流	交流包括但不限于： 1. 口头或视觉的指示和故障报告。 2. 现场具体指示、书面指示、计划。 3. 与工作任务有关的电话、呼机的指令
信　息	信息资源包括但不限于： 1. 口头、书面、图形、标志、工作进程表、计划、说明、工作公告、备忘录、材料合格证、材料使用方法和储存要求、图样和草图。 2. 有关维修电控转向系统的安全工作步骤。 3. 汽车维修技术标准和安全操作规范。 4. 法律法规要求

QPBWW08 检测、诊断和维修电子操纵稳定控制系统

能力单元描述

本单元能力涵盖了汽车机电维修技术人员检测、诊断和维修电子操纵稳定控制系统及部件和元件所应具备的能力。

能力要素和实作指标

能力要素	实作指标
1 准备工作	1.1 使用工作指令确定工作范围,包括方法、过程和设备。 1.2 阅读和理解工作要求说明。 1.3 工作中应遵守职场健康安全法规,个人保护要求。 1.4 确认适合应用的电子控制系统保护装置、方法和措施。 1.5 确认工具和设备,检查是否安全工作。 1.6 确定工作程序,使所需的工作时间最短
2 测试控制系统、诊断故障、确定维护、维修要求	2.1 从制造厂和零部件供应商说明书获取信息,并正确理解。 2.2 使用工具、设备和技能完成测试、确定故障。 2.3 根据维修技术标准、安全操作规范,在不损坏部件和系统的情况下完成测试。 2.4 测试结果用以诊断电子操纵稳定控制系统、部件、元件故障。 2.5 确认故障、确定维修方案
3 维护、维修电子稳定控制系统	3.1 从制造厂和零部件供应商说明书获取信息,并正确理解。 3.2 根据维修技术标准、安全操作规范,在不损坏部件和系统情况下,完成拆卸、更换、安装、调整、测试等维修程序。 3.3 测试电子系统,记录测试结果
4 清洁工作区域、完成设备维护	4.1 收集和储存可以再利用的原材料。 4.2 遵循维修工作程序清洁垃圾。 4.3 清洁和整理工作区域。 4.4 将不能使用的设备进行标记,确认故障。 4.5 对工具和设备进行日常维护。 4.6 按照工作程序填写作业记录

必要技能和知识

必要技能
1. 收集和理解信息的技能用于: • 收集、分析、理解有关维修电子稳定控制系统的工作程序和安全信息; • 交流、理解、应用常用专业术语、技术资料和说明书; • 查阅和理解安全操作规范。 2. 口头交流技能用于: • 与相关负责人、其他员工和顾客交流想法和信息,确认维修技术标准,汇报工作中成果和问题; • 应用简明的汉语文字和交流技巧与顾客和团队成员交流; • 应用询问和主动倾听的技巧获取电子电路、元件测试、维护和更换步骤的信息。

续表

必要技能
3. 计划和组织技能用于： • 组织计划技能活动，包括工作现场准备和布置、获取设备和材料以避免返工、工作流程中断和浪费。 4. 团队合作技能用于： • 通过信任与他人相互协作工作，优化工作流程和生产效率。 5. 计算技能用于： • 测试和测量电路及元件，确认维修更换的电子元件和部件的需求量。 6. 解决问题技能用于： • 使用核对和检查技能，预测工作计划和进程中的问题，避免时间和材料浪费； • 熟练完成电控转向系统测试、维修和更换操作步骤； • 应用工作程序解决问题。 7. 技术技能用于： • 应用工具、测量仪器、数字显示测量技术和诊断装置； • 运用检测、诊断、维护和维修电子稳定控制系统技术； • 书写作业记录
必要知识
1. 有关职场健康与安全、环境保护的法规，以及设备、材料和个人安全要求。 2. 电子稳定控制系统的工作原理。 3. 电子稳定控制系统的结构、类型、特点。 4. 与其他电子控制系统的关系，包括共用元件（即电控单元、传感器）。 5. 测试、诊断故障步骤。 6. 各种版本的维修手册（印刷版和电子版）。 7. 维护、维修、拆卸、更换和调整步骤。 8. 维修后测试步骤。 9. 企业质量检查程序。 10. 工作组织和计划步骤

鉴定证据指南

鉴定综述	具体描述
本单元展示能力的必要证据和鉴定的关键方面	本单元必备的能力应被充分观察到，并且能力可以迁移到变化的工作情况中，能够对以下关键方面的异常情况作出反应： 1. 遵守安全操作规范。 2. 有效地与相关工作人员和客户进行交流。 3. 选择适合情况的方法和技能。 4. 完成工作准备活动。 5. 按照制造厂、零部件供应商说明书提供的方法测试、检查、诊断、维护、调整电子稳定控制系统、传感器和部件。 6. 确定维修技术要求。 7. 填写作业记录

续表

鉴定综述	具体描述
鉴定的环境和资源	以下鉴定的环境和资源可以获得和使用： 1. 鉴定在真实的职场环境或模拟职场环境中进行。 2. 维修技术标准、安全操作规范、职场健康安全法规、环境保护法。 3. 有关维护和维修电子稳定控制系统的材料。 4. 适合检测和诊断电子稳定控制系统的仪器和设备。 5. 适合维护和维修电子稳定控制系统的设备、手动工具和电动工具。 6. 指定工作任务要求的活动。 7. 操作规范和工作指令
鉴定方法	应该使用一系列方法来鉴定实践技能和知识。以下方法的组合适用于本单元的鉴定： 1. 鉴定符合维修技术标准和安全操作规范。 2. 鉴定方法必须确认必要知识和技能的一致性和准确性。 3. 鉴定中必须采用直接观察工作任务的完成情况、询问基础知识的方法，考察关键知识和技能的结合。 4. 鉴定必须在项目相关的状况下进行，要求提供两种以上的鉴定环境工作过程证据。 5. 鉴定必须确认适当的推断结果，即技能不仅在特定环境完成，而且能转移到其他环境下完成。 6. 鉴定的证据可由参与鉴定的顾客、小组长、小组成员提供

适用范围陈述

车辆类型	车辆类型包括： 1. 轻型车辆。 2. 重型车辆。 3. 新能源汽车。 4. 智能网联汽车
职场健康与安全	职场健康与安全包含以下条例： 1. 国家法律、职场健康安全法规、维修技术标准、安全操作规范，包括：劳动保护规定用品、工具设备的使用；职场环境安全；材料搬运；灭火器使用；急救；风险控制；危险材料的使用和存储。 2. 个人保护用品包括国家法律、维修技术标准、安全操作规范中所规定的保护用品。 3. 安全操作步骤包括但不限于涉及车辆移动、危险物质、电气安全、手工搬运、相邻工人和现场参观者的操作过程和风险控制。 4. 紧急事件处理包括但不限于发生火灾时，紧急关闭设备和隔离设备的程序、灭火程序、现场撤离程序和企业急救要求

续表

环境要求	环境要求包括但不限于： 1. 废物处理。 2. 噪声和灰尘的控制。 3. 清洁管理
质量要求	质量要求包括但不限于： 1. 国家质量标准。 2. 公司内部质量规定。 3. 维修技术标准。 4. 安全操作规范
法律、法规、规章	法律、法规、规章依据： 1. 国家法律和法规。 2. 企业管理制度。 3. 安全操作规范
故　障	故障包括： 1. 元件功能不良。 2. 系统调整不当。 3. 短路、断路、电路搭铁。 4. 传感器功能不良，如偏摆率、横向偏摆率和转向角。 5. 输入、输出错误和信息错误。 6. 传感器网络运转故障
维护和维修方法	维护和维修方法包括： 1. 诊断和确定故障。 2. 修前、修后系统与元件测试。 3. 拆卸、分解、维护、维修、装配、调整、测试运转状况。 4. 检索和鉴定电子系统信息（如故障码）
关键预防措施	关键预防措施包括： 必须采用制造厂、零部件供应商操作步骤，以防操作不当损坏电控单元和其他元件
工具和设备	工具和设备包括： 1. 手动工具。 2. 专用测试设备、电子测试设备、示波器和扫描工具试灯、万用表、示波器、扫描工具和二极管试灯。 3. 电动、气动工具、拆卸与调整专用工具。 4. 车辆举升装置。 5. 制动测功机

续表

材　料	材料包括： 1. 维修备件。 2. 润滑剂和其他工作液体。 3. 清洁材料
交　流	交流包括但不限于： 1. 口头或视觉的指示和故障报告。 2. 现场具体指示、书面指示、计划。 3. 与工作任务有关的电话、呼机的指令
信　息	信息资源包括，但不限于： 1. 口头、书面、图形、标志、工作进程表、计划、说明、工作公告、备忘录、材料合格证、材料使用方法和储存要求、图样和草图。 2. 有关维修电子稳定控制系统的安全工作步骤。 3. 汽车维修技术标准和安全操作规范。 4. 法律法规要求

QPBWW09　检测、诊断和维修电子操纵牵引控制系统

能力单元描述

本单元能力涵盖了汽车机电维修技术人员检测、诊断和维修电子操纵牵引控制系统及部件和元件所应具备的能力。

能力要素和实作指标

能力要素	实作指标
1　准备测试工作	1.1　使用工作指令确定工作范围，包括方法、过程和设备。 1.2　阅读和理解工作要求说明。 1.3　工作中应遵守职场健康与安全法规、个人保护要求。 1.4　确认适合应用的电子系统保护装置、方法和措施。 1.5　确认工具和设备，检查是否安全工作。 1.6　确定工作程序，使所需的工作时间最短
2　测试控制系统、诊断故障，确认维护和维修技术要求	2.1　从制造厂和零部件供应商说明书获取信息，并正确理解。 2.2　使用工具、设备和技能完成测试、确定故障。 2.3　根据维修技术标准、安全操作规范，在不损坏部件和系统的情况下完成测试。 2.4　测试结果用以诊断电子操纵牵引控制系统、部件、元件故障。 2.5　确认故障，确定维修方案
3　维护、维修电子操纵牵引控制系统	3.1　从制造厂和零部件供应商说明书获取信息，并正确理解。 3.2　根据维修技术标准、安全操作规范，在不损坏部件和系统情况下，完成拆卸、更换、安装、调整等维修程序。 3.3　测试电子操纵牵引控制系统，记录测试结果

续表

能力要素	实作指标
4　清洁工作区域、完成设备维护	4.1　收集和储存可以再利用的原材料。 4.2　遵循维修工作程序清洁垃圾。 4.3　清洁和整理工作区域。 4.4　将不能使用的设备进行标记,确认故障。 4.5　对工具和设备进行日常维护。 4.6　按照工作程序填写作业记录

必要技能和知识

必要技能
1. 收集和理解信息的技能用于: • 收集、分析、理解有关维修电子操纵牵引控制系统的工作程序和安全信息; • 交流、理解、应用常用专业术语、技术资料和说明书; • 查阅和理解安全操作规范。 2. 口头交流技能用于: • 与相关负责人、其他员工和顾客交流想法和信息,确认维修技术标准,汇报工作中成果和问题; • 应用简明的汉语文字和交流技巧与顾客和团队成员交流; • 应用询问和主动倾听的技巧获取电子电路、元件测试、维护和更换步骤的信息。 3. 计划和组织技能用于: • 组织计划技能活动,包括工作现场准备和布置、获取设备和材料以避免返工、工作流程中断和浪费。 4. 团队合作技能用于: • 通过信任与他人相互协作工作,优化工作流程和生产效率。 5. 计算技能用于: • 测试和测量电路及元件,确认维修更换的电子元件和部件的需求量。 6. 解决问题技能用于: • 使用核对和检查技能,预测工作计划和进程中的问题,避免时间和材料浪费; • 熟练完成电控转向系统测试、维修和更换操作步骤; • 应用工作程序解决问题。 7. 技术技能用于: • 应用工具、测量仪器、数字显示测量技术和诊断装置; • 运用检测、诊断、维护和维修电子操纵牵引控制系统技术; • 书写作业记录
必要知识
1. 有关职场健康与安全、环境保护的法规,以及设备、材料和个人安全要求。 2. 电子操纵牵引控制系统的工作原理。 3. 电子操纵牵引控制系统的结构、类型、特点。 4. 与其他电子控制系统的关系,包括共用元件(即电控单元、传感器)。 5. 测试、诊断故障步骤。

续表

必要知识
6. 各种版本的维修手册(印刷版和电子版)。 7. 维护、维修、拆卸、更换和调整步骤。 8. 维修后测试步骤。 9. 企业质量检查程序。 10. 工作组织和计划步骤

鉴定证据指南

鉴定综述	具体描述
本单元展示能力的必要证据和鉴定的关键方面	本单元必备的能力应被充分观察到,并且能力可以迁移到变化的工作情况中,能够对以下关键方面的异常情况作出反应: 1. 遵守安全操作规范。 2. 有效地与相关工作人员和客户进行交流。 3. 选择适合情况的方法和技能。 4. 完成工作准备活动。 5. 按照制造厂、零部件供应商说明书提供的方法测试、检查、诊断、维护、调整电子操纵牵引控制系统、传感器、部件。 6. 确定维修技术要求。 7. 在规定的时间内完成工作。 8. 填写作业记录
鉴定的环境和资源	以下鉴定的环境和资源可以获得和使用: 1. 鉴定在真实的职场环境或模拟职场环境中进行。 2. 维修技术标准、安全操作规范、职场健康安全法规、环境保护法。 3. 有关维护和维修电子操纵牵引控制系统的材料。 4. 适合检测和诊断电子操纵牵引控制系统的仪器和设备。 5. 适合维护和维修电子操纵牵引控制系统的设备、手动工具和电动工具。 6. 指定工作任务要求的活动。 7. 操作规范和工作指令
鉴定方法	应该使用一系列方法来鉴定实践技能和知识。以下方法的组合适用于本单元鉴定: 1. 鉴定符合维修技术标准和安全操作规范。 2. 鉴定方法必须确认必要知识和技能的一致性和准确性。 3. 鉴定中必须采用直接观察工作任务的完成情况、询问基础知识的方法,考察关键知识和技能的结合。 4. 鉴定必须在项目相关的状况下进行,要求提供两种以上的鉴定环境工作过程证据。 5. 鉴定必须确认适当的推断结果,即技能不仅在特定环境完成,而且能转移到其他环境下完成。 6. 鉴定的证据可由参与鉴定的顾客、小组长、小组成员提供

适用范围陈述

车辆类型	车辆类型包括： 1. 轻型车辆。 2. 重型车辆。 3. 新能源汽车。 4. 智能网联汽车
职场健康与安全	职场健康与安全包含以下条例： 1. 国家法律、职场健康安全法规、维修技术标准、安全操作规范，包括：劳动保护规定用品、工具设备的使用；职场环境安全；材料搬运；灭火器使用；急救；风险控制；危险材料的使用和存储。 2. 个人保护用品包括国家法律、维修技术标准、安全操作规范中所规定的保护用品。 3. 安全操作步骤包括但不限于车辆移动、危险物质、电气安全、手工搬运、相邻工人和现场参观者的操作过程和风险控制。 4. 紧急事件处理包括但不限于发生火灾时，紧急关闭设备和隔离设备的程序、灭火程序、现场撤离程序和企业急救要求
环境要求	环境要求包括但不限于： 1. 废物处理。 2. 噪声和灰尘的控制。 3. 清洁管理
质量要求	质量要求包括但不限于： 1. 国家质量标准。 2. 公司内部质量规定。 3. 维修技术标准。 4. 安全操作规范
法律、法规、规章	法律、法规、规章依据： 1. 国家法律和法规。 2. 企业管理制度。 3. 安全操作规范
故　障	故障包括： 1. 元件功能不良。 2. 系统调整不当。 3. 短路、断路、电路搭铁。 4. 传感器功能不良，如偏摆率、横向偏摆率和转向角。 5. 输入、输出错误和信息错误。 6. 传感器网络和网络运转故障

续表

维护和维修方法	维护和维修方法包括： 1. 诊断和确定故障。 2. 修前、修后系统与元件测试。 3. 拆卸、分解、维护、维修、装配、调整、测试运转状况。 4. 检索和鉴定电子系统信息(如故障码)
关键预防措施	关键预防措施包括： 必须采用制造厂、零部件供应商操作步骤，以防操作不当损坏电控单元和其他元件
工具和设备	工具和设备包括： 1. 手动工具。 2. 专用测试设备、电子测试设备、示波器和扫描工具试灯、万用表、示波器、扫描工具和二极管试灯。 3. 电动、气动工具、拆卸与调整专用工具。 4. 车辆举升装置。 5. 制动测功机
材　料	材料包括： 1. 维修备件。 2. 润滑剂和其他工作液体。 3. 清洁材料
交　流	交流包括但不限于： 1. 口头或视觉的指示和故障报告。 2. 现场具体指示、书面指示、计划。 3. 与工作任务有关的电话、呼机的指令
信　息	信息资源包括，但不限于： 1. 口头、书面、图形、标志、工作进程表、计划、说明、工作公告、备忘录、材料合格证、材料使用方法和储存要求、图样和草图。 2. 有关维修电子操纵牵引控制系统的安全工作步骤。 3. 汽车维修技术标准和安全操作规范。 4. 法律法规要求

7.3 汽车复杂故障检测诊断能力模块

QPBWX01 诊断复杂系统故障

能力单元描述

本单元能力涵盖了汽车机电技术人员确认诊断复杂系统故障所应具备的能力。复杂故障包括合并两个或更多的系统，或合并三个或更多的机械、液压、气动、电气或电子的系统。

能力要素和实作指标

能力要素	实作指标
1 准备复杂系统故障诊断程序	1.1 根据工作指令确认工作范围,包括方法、过程和设备。 1.2 在工作中遵守职场健康安全法规,包括个人保护要求。 1.3 根据维修技术标准,确认和准备相关设备
2 分析故障诊断报告	2.1 搜集各种信息,对故障和故障发生的情况有一个全面的看法。 2.2 确定系统正常工作时的功能和状态。 2.3 使用系统故障检查程序,以及有联系的相关系统确定故障范围。 2.4 必要时参考补充的技术资源进行辅助分析。 2.5 从发现的故障中区分出真正的故障
3 确定故障产生的原因	3.1 选择诊断、测试设备,精确确定故障原因。 3.2 通过测试系统进行有效的测试,收集系统运行的精确数据。 3.3 使用适当的技术信息,将收集的数据和说明书相比较。 3.4 将测试结果、收集的数据与系统说明书、正常功能相比较,确定差异。 3.5 确认故障的来源和原因
4 确定维修方案	4.1 确定维修或更换的期限。 4.2 确定适当的维修方案,满足顾客要求。 4.3 清楚记录维修技术要求,与适当的人交流。 4.4 维修的设备、技能应从专业的车间获取,而不是一般工作场所。 4.5 顾客应得到诊断和维修要求的报告

必要技能和知识

必要技能
1. 收集和理解信息的技能用于: • 应用收集和解释的技能,解释制造厂、零部件供应商说明书和维护工作程序; • 应用分析能力对技术信息进行判断。 2. 口头交流技能用于: • 应用简明的汉语文字和交流技巧与顾客和团队成员交流; • 应用询问和主动倾听的技巧从顾客那里获取信息; • 应用口头交流技巧,向顾客传递信息和设想。 3. 计划和组织技能用于: • 应用组织和计划技能,充分利用时间和资源、区分重点和监督自己的工作绩效。 4. 团队合作技能用于: • 在团队工作中,理解和响应顾客需求、与他人有效互动,共同完成工作目标。 5. 计算技能用于: • 根据测量计算误差,建立质量检验的基本概念。 6. 解决问题技能用于: • 使用核对和检查技能,预测工作计划和进程中的问题,避免时间和材料浪费。

续表

必要技能
7. 技术技能用于： ● 应用工具、测量仪器、数字显示测量技术和通信装置。 ● 复杂系统故障诊断技术。 ● 书写作业记录
必要知识
1. 有关职场健康与安全、环境保护的法规，以及设备、材料和个人安全要求。 2. 正确的复杂车辆系统的功能和工作状态。 3. 产生差异的症状和原因。 4. 诊断程序和解决故障技术。 5. 测试程序和应用测试设备。 6. 诊断报告和归档程序。 7. 维修程序。 8. 企业质量检查程序。 9. 工作组织和计划步骤

鉴定证据指南

鉴定综述	具体描述
本单元展示能力的必要证据和鉴定的关键方面	本单元必备的能力应被充分观察到，并且能力可以迁移到变化的工作情况中，能够对以下关键方面的异常情况作出反应： 1. 遵守安全操作规范。 2. 有效地与相关工作人员和客户进行交流。 3. 选择适合情况的方法和技能。 4. 完成一系列工作准备活动。 5. 复杂系统故障诊断，确认故障原因并在规定的期限确认维修要求。复杂系统指合并了至少 3 个以下单独的系统：机械、液压、气动、电气和电子系统
鉴定的环境和具体资源	以下鉴定的环境和资源可以获得和使用： 1. 鉴定在真实的职场环境或模拟职场环境中进行。 2. 检修技术标准、安全操作规范、职场健康安全法规、环境保护法。 3. 与复杂系统故障诊断相关的材料。 4. 实施复杂系统故障诊断的设备、手动和动力工具。 5. 指定工作任务要求的活动。 6. 操作规范和工作指令

续表

鉴定综述	具体描述
鉴定方法	应该使用一系列方法来鉴定实践技能和知识。以下方法的组合适用于本单元的鉴定： 1. 鉴定符合检修技术标准和安全操作规范。 2. 鉴定方法必须确认必要知识和技能的一致性和准确性。 3. 鉴定中必须采用直接观察工作任务的完成情况、询问基础知识的方法，考察关键知识和技能的结合。 4. 鉴定必须在项目相关的状况下进行、要求提供两种以上的鉴定环境工作过程证据。 5. 鉴定必须确认适当的推断结果，即技能不仅在特定环境完成，而且能转移到其他环境下完成。 6. 鉴定的证据可由参与鉴定的顾客、小组长、小组成员提供

适用范围陈述

车辆类型	车辆类型包括： 1. 轻型车辆。 2. 重型车辆。 3. 新能源汽车。 4. 智能网联汽车
职场健康与安全	职场健康与安全包含以下条例： 1. 国家法律、职场健康安全法规、检修技术标准、安全操作规范，包括：劳动保护规定用品、工具设备的使用；职场环境安全；材料搬运；灭火器使用；急救；风险控制；危险材料的使用和存储。 2. 个人保护用品包括国家法律、检修技术标准、安全操作规范中所规定的保护用品。 3. 安全操作步骤包括但不限于车辆移动、危险物质、电气安全、手工搬运、相邻工人和现场参观者的操作过程和风险控制。 4. 紧急事件处理包括但不限于发生火灾时，紧急关闭设备和隔离设备的程序、灭火程序、现场撤离程序和企业急救要求
环境要求	环境要求包括但不限于： 1. 废物处理。 2. 噪声和灰尘的控制。 3. 清洁管理

续表

质量要求	质量要求包括但不限于： 1. 国家质量标准。 2. 公司内部质量规定。 3. 检修技术标准。 4. 安全操作规范
法律、法规、规章	法律、法规、规章依据： 1. 国家法律和法规。 2. 企业管理制度。 3. 安全操作规范
复杂系统	复杂系统定义为： 1. 合并两个或更多的汽车系统，或合并3个或更多的机械、液压、气动、电气或电子系统。实例包括：液压或电子控制自动变速器；防抱死制动系统；单点点火、燃料、变速器控制系统的发动机控制系统。 2. 职场示例：顾客叙述在电控自动变速器中，出现间歇性换挡到高挡。询问顾客一系列有关故障发生状况（即故障发生的频率、车速和道路状况）的问题。进行道路试验，技术人员发现车速表间歇性地运转。在检测电气连接、部件和传感器后，车速表的间歇性运转问题得到确认。确定维修方案：可靠地连接车速表电线
诊断方法	诊断方法包括： 1. 询问顾客故障现象、部件与车辆的维修历史。 2. 性能测试：道路实验、液压测试（动力转向系统的性能测试）、电气测试（起动系统的性能测试）、电子测试（电子诊断接口设备）、机械测试（发动机气缸压力测试）、化学测试（冷却系统测试）、车身测量。 3. 维修标准：维修手册、服务手册
工具和设备	工具和设备包括： 1. 测试设备。 2. 测量仪器、示波器、解码器、计量器。 3. 测量工具。 4. 气体分析仪和传感器
材　料	材料包括： 1. 油料。 2. 润滑剂。 3. 备件。 4. 清洁材料
交　流	交流包括但不限于： 1. 口头或视觉的指示和故障报告。 2. 现场具体指示、书面指示、计划。 3. 与工作任务有关的电话、呼机的指令

续表

信　息	信息资源包括但不限于： 1. 口头、书面、图形、标志、工作进程表、计划、说明、工作公告、备忘录、材料合格证、材料使用方法和储存要求、图样和草图。 2. 诊断复杂系统故障的安全工作步骤。 3. 汽车检修技术标准和安全操作规范。 4. 法律法规要求

QPBWX02　检测、诊断稳定、转向、悬挂系统的电气及电子故障

能力单元描述

本单元能力涵盖了汽车机电维修技术人员检测、诊断稳定性、转向、悬挂系统的电气和电子复杂故障所应具备的能力。它包括初始化工作、改善系统性能。

能力要素和实作指标

能力要素	实作指标
1　确认工作要求	1.1　根据维修技术标准确定检测、诊断的要求和目的。 1.2　获取和正确解释电气和电子稳定、转向、悬挂系统的检测标准。 1.3　在工作中遵守车辆相关的国家环境保护措施。 1.4　在工作中遵守职场健康安全法规，包括设备和系统隔离、个人保护要求。 1.5　通过间接或直接的证据判断和确认系统的缺陷或故障。 1.6　根据职场健康与安全法规和生产安全管理制度，考虑可能产生的安全隐患
2　准备检测和诊断	2.1　通过技术标准和整车诊断系统，判断系统性能的技术状况或差异。 2.2　最适当的检测、诊断方法，包括确认诊断程序、过程、测试设备，选择适用的检测方法。 2.3　按照法规、制造商、零部件供应商说明书和维修工作程序确认测试设备。 2.4　识别、选择和准备诊断程序使用的工具和材料。 2.5　确认诊断稳定性、转向、悬挂系统部件要求，包括存放、隔离和清洗的要求
3　应用检测、诊断的方法	3.1　根据说明书提供的方法选择检测和诊断程序。 3.2　根据维修技术标准和制造商、零部件供应商的说明书提供的方法测试。 3.3　根据维修技术标准检测，分析检测结果。 3.4　在检测结果中找出有效的结论，并填写检测记录。 3.5　将检测结论提供给适当的人员
4　绘制特性曲线	4.1　通过对技术信息进行更深入的研究，确定与目标需求一致的特性曲线。 4.2　根据维修技术标准，记录和绘制特性曲线

续表

能力要素	实作指标
5 还原工作场所	5.1 收集并存储可以重新使用的材料。 5.2 应根据制造商、零部件供应商的说明书和维修要求清洁测试设备及其他辅助材料。 5.3 根据工作程序搬运废物和废料。 5.4 清洁设备和工作区域。 5.5 对损坏设备进行标记,鉴别故障

必要技能和知识

必要技能
1. 收集和理解信息的技能用于: ●收集、分析、理解与电气和电子稳定、转向、悬挂系统相关的技术信息; ●信息包括检测、测试程序,诊断方法,安全工作程序。 2. 口头交流技能用于: ●与管理人员、其他工人、顾客交流想法和信息,加强协调工作。 3. 读写技能用于: ●共同完成技术工作要求、测试检查结果和书写规定格式报告; ●将它们输入汽车信息系统。 4. 计划和组织技能用于: ●计划组织活动包括建立分析程序、检测标准、布置工作场所、确认测试设备、准备原材料,避免中断工作流程。 5. 团队合作技能用于: ●通过信任与他人相互协作工作,优化工作流程和生产效率。 6. 计算技能用于: ●进行测量、计算分析; ●校对测试设备、提供分析结果。 7. 解决问题技能用于: ●建立分析程序,包括诊断程序、风险预测程序; ●为获得直接或间接证据提供条件,避免或最小化返工和损耗。 8. 技术技能用于: ●应用信息研究和管理系统、测试设备,维护设备、工具、计算机和测量装置; ●检测、诊断稳定、转向、悬挂系统的电气和电子故障技术

续表

必要知识
1. 基本机械理论包括机械、液压和气动系统的概念和工作原理。 2. 系统检测、诊断一般知识，包括概念、工作原理、程序。 3. 电气和电子稳定、转向、悬挂系统的类型、功能和运行的一般知识。 4. 轻型车辆稳定、转向、悬挂系统的机电、电液子系统的概念、类型、功能。 5. 电子理论知识，包括汽车数字计算机、车载网络、电压、电流、电阻、功率、电容、静电学、磁场、电磁感应、独立电子元件、逻辑电路种类和无线电频率。 6. 诊断测试设备的类型、功能、运行的知识。 7. 记录、报告诊断问题和解决方案程序的一般知识。 8. 操作计算机的一般知识

鉴定证据指南

鉴定综述	具体描述
本单元展示能力的必要证据和鉴定的关键方面	本单元必备的能力应被充分观察到，并且能力可以迁移到变化的工作情况中，能够对以下关键方面的异常情况作出反应： 1. 解释工作程序，确认和应用相关信息。 2. 按照安全规定，使用隔离设备和个人保护用品。 3. 遵循维修技术标准、安全操作规范和检查方法。 4. 将对自身的伤害和对他人的风险最小化。 5. 防止货物、设备、产品的损坏和损耗。 6. 保证产品质量。 7. 在真实或模拟的多系统环境下，完成至少三种稳定、转向、悬挂系统的电气和电子故障分析，间歇性故障的诊断、选择、确认、记录最适当的调整程序。 8. 对至少两种可使用的稳定、转向、悬挂系统的电气和电子故障维修、维修程序包括检查、检测、分析、诊断、调整。 9. 与其他人一起有效地工作。 10. 根据工作范围和环境的变化修改活动
鉴定的环境和资源	以下鉴定的环境和资源可以获得和使用： 1. 鉴定应该在真实的职场中或在与要求的维修设备、原材料、工作说明和时间相同的模拟环境进行。 2. 具备满足检测、诊断真实工作要求和测试条件。 3. 带有真实故障和模拟故障运转的电气和电子稳定、转向、悬挂系统。 4. 适用于目标检测程序和检测环境、测试设备、技术标准和真实的工作环境。 5. 故障，包括多系统复杂故障诊断、间歇性故障检测、系统性能变化诊断，要求学习者识别、确定、选择和记录最适当的检测、诊断程序。 6. 确认一名具有行业资格的汽车技师

续表

鉴定综述	具体描述
鉴定方法	应该使用一系列方法来鉴定实践技能和知识。以下方法的组合适用于本单元的鉴定： 1. 鉴定符合维修技术标准和安全操作规范。 2. 个人展示在诊断故障中的研究、分析、判断和解决问题的技能，并采用直接观察工作任务的完成情况、询问基础知识的方法，考察关键能力的知识和技能的结合。 3. 鉴定必须在项目相关的状况下进行，要求提供两种以上的鉴定环境工作过程证据。 4. 鉴定必须确认适当的推断结果，即技能不仅在特定环境完成，而且能转移到其他环境下完成。 5. 要求提供工作过程的直接证据或其他形式的直接证据，包括最终产出、产品或得到权威鉴定机构认可

适用范围陈述

车辆类型	车辆类型包括： 1. 轻型车辆。 2. 重型车辆。 3. 新能源汽车。 4. 智能网联汽车
法律、法规	法律、法规包括但不限于： 1. 职场健康安全法规。 2. 企业管理制度。 3. 安全操作程序。 4. 危险品控制。 5. 个人保护用品
检测标准	检测标准应该是： 国家认可的标准、正确的检测分析方法，包括标准的统计方法
隔离程序	隔离程序是指： 1. 按照安全法规、企业管理制度实施设备隔离程序。 2. 按照制造商、零部件供应商的说明书正确拆下辅助乘员变速器、传动系统(SRS)
故障检测和诊断程序	故障检测和诊断程序是指： 确定故障解决方法，有效地改变系统特性和参数以增强系统性能
稳定、转向和悬挂系统	各种车辆的稳定、转向和悬挂系统包括： 1. 电子稳定系统、车辆动力控制、闭环电子转向。 2. 多路信息传输系统

续表

稳定、转向、悬挂系统的电气和电子复杂故障	稳定、转向、悬挂系统的电气和电子复杂故障,包括: 1. 传感器的直接故障、执行器、配线。 2. 计算机系统、系统校准与调整规范。 3. 部件组装、部件损坏和系统修改
稳定、转向、悬挂系统复杂故障	稳定、转向、悬挂系统故障,包括: 1. 多系统复杂故障诊断。 2. 间歇性故障检测。 3. 系统性能变化诊断
测试设备	测试设备包括: 1. 模拟和数字万用表、实验室示波器、数据扫描仪和测试灯、测试 LED 灯、脉冲发生器。 2. 制造商、零部件供应商的测试设备
测　试	测试包括: 1. 配线和连接器完整、输入和输出设备的操作和规范、控制电子元件和计算机。 2. 阅读相关数据,解释直接、间接和间歇故障原因
材　料	材料包括: 1. 维修备件。 2. 润滑剂和其他工作液体。 3. 清洁材料
交　流	交流包括但不限于: 1. 口头或视觉的指示和故障报告。 2. 现场具体指示、书面指示、计划。 3. 与工作任务有关的电话、呼机的指令
信　息	信息资源包括,但不限于: 1. 使用工具和设备相关的操作程序。 2. 报告和交流的工作程序。 3. 制造商、零部件供应商的说明书建议的测试设备和材料的应用程序。 4. 制造商、零部件供应商说明书提供的电气和电子稳定性、转向、悬挂系统相关的图表和操作程序。 5. 有关电气、电子设计手册。 6. 汽车维修技术标准和安全操作规范。 7. 与电气和电子稳定性、转向、悬挂系统技术相关的出版物

QPBWX03　检测、诊断变速器、传动系统电气及电子故障

能力单元描述

本单元能力涵盖了汽车机电维修技术人员检测、诊断变速器、传动系统电气和电子复杂故障所应具备的能力。它包括初始化工作、改善系统性能。

能力要素和实作指标

能力要素	实作指标
1 确认工作要求	1.1 根据维修技术标准确定检测、诊断的要求和目的。 1.2 获取和正确解释电气和电子变速器、传动系统的检测标准。 1.3 在工作中遵守职场健康安全法规,包括设备和系统隔离、个人保护要求。 1.4 通过间接或直接的证据判断和确认系统的缺陷或故障。 1.5 根据职场健康与安全法规和生产安全管理制度,考虑可能产生的安全隐患
2 准备检测、诊断	2.1 开发、采用可评估的标准达到工作的目的。 2.2 通过技术标准和整车诊断系统,判断系统性能的技术状况或差异。 2.3 最适当的检测、诊断的方法,包括确认诊断程序、过程、测试设备,选择适用的检测方法。 2.4 按照制造商、零部件供应商说明书和维修技术标准确认测试设备。 2.5 识别、选择和准备诊断程序使用的工具和材料。 2.6 确认诊断电气和电子变速器、传动系统部件,包括存放、隔离和清洗的要求
3 应用检测、诊断的方法	3.1 根据说明书提供的方法选择检测和诊断程序。 3.2 根据维修技术标准和制造商、零部件供应商的说明书提供的方法测试。 3.3 根据维修技术标准检测,分析检测结果。 3.4 在检测结果中找出有效的结论,并填写检测记录。 3.5 将检测结论提供给适当的人员
4 绘制特性曲线	4.1 通过对技术信息更深的研究,确定与目标需求一致的特性曲线。 4.2 根据维修技术标准,记录和绘制特性曲线
5 还原工作场所	5.1 收集并存储可以重新使用的材料。 5.2 清洁测试设备和其他辅助材料。 5.3 根据工作程序搬运废物和废料。 5.4 清洁设备和工作区域。 5.5 对损坏设备进行标记,鉴别故障

必要技能和知识

必要技能
1. 收集和理解信息的技能用于: • 收集、分析、理解变速器、传动系统电气和电子相关的技术信息; • 信息包括检测、测试程序,诊断方法,安全工作程序。 2. 口头交流技能用于: • 与管理人员、其他工人、顾客交流想法和信息,加强协调工作。 3. 读写技能用于: • 共同完成技术工作要求、测试检查结果和书写规定格式报告; • 将它们输入汽车信息系统。 4. 计划和组织技能用于: • 计划组织活动包括建立分析程序、检测标准、布置工作场所、确认测试设备、准备原材料,避免中断工作流程。

续表

必要技能
5. 团队合作技能用于： • 通过信任与他人相互协作工作，优化工作流程和生产效率。 6. 计算技能用于： • 进行测量、计算分析； • 校对测试设备、提供分析结果。 7. 解决问题技能用于： • 建立分析程序，包括诊断程序、风险预测程序； • 为获得直接或间接证据提供条件，避免或最小化返工和损耗。 8. 技术技能用于： • 应用信息研究和管理系统、测试设备、维护设备、工具、计算机和测量装置； • 检测、诊断变速器、传动系统的电气和电子故障技术
必要知识
1. 基本机械理论，包括机械、液压和气动系统的概念和工作原理。 2. 系统检测、诊断一般知识，包括概念、工作原理、程序。 3. 变速器、传动系统的类型、功能和运行的一般知识。 4. 轻型车辆变速器、传动系统的机电、电液子系统的概念、类型、功能。 5. 电子理论知识，包括汽车数字计算机、车载网络、电压、电流、电阻、功率、电容、静电学、磁场、电磁感应、独立电子元件、逻辑电路种类和无线电频率。 6. 诊断测试设备的类型、功能、运行的知识。 7. 记录、报告诊断问题和解决方案程序的一般知识。 8. 操作计算机的一般知识

鉴定证据指南

鉴定综述	具体描述
本单元展示能力的必要证据和鉴定的关键方面	本单元必备的能力应被充分观察到，并且能力可以迁移到变化的工作情况中，能够对以下关键方面的异常情况作出反应： 1. 解释工作程序，确认和应用相关信息。 2. 按照安全规定，使用隔离设备和个人保护用品。 3. 遵循维修技术标准、安全操作规范和检查方法。 4. 最小化伤害自身和他人的风险。 5. 防止货物、设备、产品的损坏和损耗。 6. 保证产品质量。 7. 在真实或模拟的多系统环境下，完成至少三种变速器、传动系统的电气和电子故障故障分析，间歇性故障的诊断、选择、确认、记录最适当的调整程序。 8. 对至少两种可使用的变速器、传动系统维修、维修程序包括检查、检测、分析、诊断、调整。 9. 与其他人一起有效地工作。 10. 根据工作范围和环境的变化修改活动

续表

鉴定综述	具体描述
鉴定的环境和具体资源	以下鉴定的环境和资源应该可以获得和使用： 1. 鉴定应该在真实的职场中或在与要求的维修设备、原材料、工作说明和时间相同的模拟环境进行。 2. 具备满足检测、诊断真实工作要求和测试条件。 3. 带有真实故障和模拟故障运转的变速器、传动系统。 4. 适用于目标检测程序和检测环境、测试设备、技术标准和真实的工作环境。 5. 故障包括多系统复杂故障诊断、间歇性故障检测、系统性能变化诊断，要求学习者识别、确定、选择和记录最适当的检测、诊断程序。 6. 确认一名具有行业资格的汽车技师
鉴定方法	应该使用一系列方法来鉴定实践技能和知识。以下方法的组合适用于本单元的鉴定： 1. 鉴定符合维修技术标准和安全操作规范。 2. 个人展示在诊断故障中的研究、分析、判断和解决问题的技能，并直接观察工作任务的完成情况，询问基础知识的方法，考察关键能力的知识和技能的结合。 3. 鉴定必须在项目相关的状况下进行，要求提供两种以上的鉴定环境工作过程证据。 4. 鉴定必须确认适当的推断结果，即技能不仅在特定环境完成，而且能转移到其他环境下完成。 5. 要求提供工作过程的直接证据或其他形式的直接证据，包括最终产出、产品或得到权威鉴定机构认可

适用范围陈述

车辆类型	车辆类型包括： 1. 轻型车辆。 2. 重型车辆。 3. 新能源汽车。 4. 智能网联汽车
法律、法规	法律、法规包括但不限于： 1. 职场健康与安全法规。 2. 企业管理制度。 3. 安全操作程序。 4. 危险品控制。 5. 个人保护用品
检测标准	检测标准应该是： 国家认可的标准、正确的检测分析方法，包括标准的统计方法

续表

隔离程序	隔离程序是指： 1. 按照安全法规、企业管理制度实施设备隔离程序。 2. 按照制造商、零部件供应商的说明书正确拆下辅助乘员变速器、传动系统(SRS)
故障检测和诊断程序	故障检测和诊断程序是指： 确定故障解决方法，有效地改变系统特性和参数以增强系统性能
变速器、传动系统	变速器、传动系统包括： 1. 离合器、变矩器、机械和自动变速器、传动和动力输出轴、差速器。 2. 机电模式和多路传输系统
变速器、传动系统的电气和电子复杂故障	变速器、传动系统的电气和电子复杂故障包括： 1. 传感器的直接故障、执行器、配线。 2. 计算机系统、系统校准与调整规范。 3. 部件组装、部件损坏和系统修改
变速器、传动系统复杂故障	变速器、传动系统复杂故障包括： 1. 多系统复杂故障诊断。 2. 间歇性故障检测。 3. 系统性能变化诊断
测试设备	测试设备包括： 1. 模拟和数字万用表、实验室示波器、数据扫描仪和测试灯、测试 LED 灯、脉冲发生器。 2. 制造商、零部件供应商的测试设备
测　试	测试包括： 1. 配线和连接器完整、输入和输出设备的操作和规范、控制电子元件和计算机。 2. 阅读相关数据，解释直接、间接和间歇故障原因
材　料	材料包括： 1. 维修备件。 2. 润滑剂和其他工作液体。 3. 清洁材料
交　流	交流包括但不限于： 1. 口头或视觉的指示和故障报告。 2. 现场具体指示、书面指示、计划。 3. 与工作任务有关的电话、呼机的指令
信　息	信息资源包括但不限于： 1. 使用工具和设备相关的操作程序。 2. 报告和交流的工作程序。 3. 制造商、零部件供应商的说明书建议的测试设备和材料的应用程序。 4. 制造商、零部件供应商说明书提供的变速器、传动系统相关的图表和操作程序。 5. 有关电气、电子设计手册。 6. 汽车维修技术标准和安全操作规范。 7. 与变速器、传动系统技术相关的出版物

QPBWX04 检测、诊断制动系统的电气及电子故障

能力单元描述

本单元能力涵盖了汽车机电维修技术人员检测、诊断制动系统的电气和电子复杂故障所应具备的能力。它包括初始化工作、改善系统性能。

能力要素和实作指标

能力要素	实作指标
1 确认工作要求	1.1 根据维修技术标准确定检测、诊断的要求和目的。 1.2 获取和正确解释电气和电子制动系统的检测标准。 1.3 在工作中遵守职场健康与安全法规,包括设备和系统隔离、个人保护要求。 1.4 通过间接或直接的证据判断并确认系统的缺陷或故障。 1.5 根据职场健康与安全法规和生产安全管理制度,考虑可能产生的安全隐患
2 准备检测、诊断	2.1 通过技术标准和整车诊断系统,判断系统性能的状况或差异。 2.2 最适当的检测、诊断的方法,包括确认诊断程序、过程、测试设备,选择适用的检测方法。 2.3 按照制造商、零部件供应商说明书和维修技术标准,确认测试设备。 2.4 识别、选择和准备诊断程序使用的工具和材料。 2.5 确认诊断电气和电子制动系统部件要求,包括存放、隔离和清洗的要求
3 应用检测、诊断的方法	3.1 根据说明书提供的方法选择检测和诊断程序。 3.2 根据维修技术标准和制造商、零部件供应商的说明书提供的方法测试。 3.3 根据维修技术标准检测,分析检测结果。 3.4 在检测结果中找出有效的结论,并填写检测记录。 3.5 将检测结论提供给适当的人员
4 绘制特性曲线	4.1 通过对技术信息更深的研究,确定与目标需求一致的特性曲线。 4.2 根据维修技术标准,记录和绘制特性曲线
5 还原工作场所	5.1 收集并存储可以重新使用的材料。 5.2 清洁测试设备和其他辅助材料。 5.3 根据工作程序搬运废物和废料。 5.4 清洁设备和工作区域。 5.5 对损坏设备进行标记,鉴别故障

必要技能和知识

必要技能
1. 收集和理解信息的技能用于: • 收集、分析、理解制动系统电气和电子相关的技术信息; • 信息包括检测、测试程序,诊断方法,安全工作程序。 2. 口头交流技能用于: • 与管理人员、其他工人、顾客交流想法和信息,加强协调工作。

续表

必要技能
3. 读写技能用于： • 共同完成技术工作要求、测试检查结果和书写规定格式报告； • 将它们输入汽车信息系统。 4. 计划和组织技能用于： • 计划组织活动包括建立分析程序、检测标准、布置工作场所、确认测试设备、准备原材料，避免中断工作流程。 5. 团队合作技能用于： • 与他人相互协作工作，优化工作流程和生产效率。 6. 计算技能用于： • 进行测量、计算分析； • 校对测试设备、提供分析结果。 7. 解决问题技能用于： • 建立分析程序，包括诊断程序、风险预测程序； • 为获得直接或间接证据提供条件，避免或最小化返工和损耗。 8. 技术技能用于： • 应用信息研究和管理系统、测试设备，维护设备、工具、计算机和测量装置； • 检测、诊断变速器、传动系统的电气和电子故障技术
必要知识
1. 基本机械理论包括机械、液压和气动系统的概念和工作原理。 2. 系统检测、诊断一般知识，包括概念、工作原理、程序。 3. 制动系统的类型、功能和运行的一般知识。 4. 轻型车辆制动系统的机电、电液子系统的概念、类型、功能。 5. 电子理论知识，包括汽车数字计算机、车载网络、电压、电流、电阻、功率、电容、静电学、磁场、电磁感应、独立电子元件、逻辑电路种类和无线电频率。 6. 诊断测试设备的类型、功能、运行的知识。 7. 记录、报告诊断问题和解决方案程序的一般知识。 8. 操作计算机的一般知识

鉴定证据指南

鉴定综述	具体描述
本单元展示能力的必要证据和鉴定的关键方面	本单元必备的能力应被充分观察到，并且能力可以迁移到变化的工作情况中，能够对以下关键方面的异常情况作出反应： 1. 解释工作程序，确认和应用相关信息。 2. 按照安全规定，使用隔离设备和个人保护用品。 3. 遵循维修技术标准、安全操作规范和检查方法。 4. 最小化伤害自身和他人的风险。

续表

鉴定综述	具体描述
本单元展示能力的必要证据和鉴定的关键方面	5. 防止货物、设备、产品的损坏和损耗。 6. 保证产品质量。 7. 在真实或模拟的多系统环境下，完成至少三种制动系统的电气和电子故障分析，间歇性故障的诊断、选择、确认、记录最适当的调整程序。 8. 对至少两种可使用的制动系统维修、维修程序，包括检查、检测、分析、诊断、调整。 9. 与其他人一起有效地工作。 10. 根据工作范围和环境的变化修改活动
鉴定的环境和具体资源	以下鉴定的环境和资源可以获得和使用： 1. 鉴定应该在真实的职场中或在与要求的维修设备、原材料、工作说明和时间相同的模拟环境进行。 2. 具备满足检测、诊断真实工作要求和测试条件。 3. 带有真实故障和模拟故障运转的制动系统。 4. 适用于目标检测程序和检测环境、测试设备、技术标准和真实的工作环境。 5. 故障包括多系统复杂故障诊断、间歇性故障检测、系统性能变化诊断，要求学习者识别、确定、选择和记录最适当的检测、诊断程序。 6. 确认一名具有行业资格的汽车技师
鉴定方法	应该使用一系列方法来鉴定实践技能和知识。以下方法的组合适用于本单元的鉴定： 1. 鉴定符合维修技术标准和安全操作规范。 2. 个人展示在诊断故障中的研究、分析、判断和解决问题的技能，并直接观察工作任务的完成情况，询问基础知识的方法，考察关键能力的知识和技能的结合。 3. 鉴定必须在项目相关的状况下进行，要求提供两种以上的鉴定环境工作过程证据。 4. 鉴定必须确认适当的推断结果，即技能不仅在特定环境完成，而且能转移到其他环境下完成。 5. 要求提供工作过程的直接证据或其他形式的直接证据，包括最终产出、产品或得到权威鉴定机构认可

适用范围陈述

车辆类型	车辆类型包括： 1. 轻型车辆。 2. 重型车辆。 3. 新能源汽车。 4. 智能网联汽车

续表

法律、法规	法律、法规包括但不限于： 1. 职场健康与安全法规。 2. 企业管理制度。 3. 安全操作程序。 4. 危险品控制。 5. 个人保护用品
检测标准	检测标准应该是： 国家认可的标准、正确的检测分析方法，包括标准的统计方法
隔离程序	隔离程序是指： 1. 按照安全法规、企业管理制度实施设备隔离程序。 2. 按照制造商、零部件供应商的说明书正确拆下辅助乘员变速器、传动系统(SRS)
故障检测和诊断程序	故障检测和诊断程序是指： 确定故障解决方法，有效地改变系统特性和参数以增强系统性能
电气和电子制动系统	电气和电子制动系统包括： ABS、发动机制动、电力缓速器、电力拖挂制动、电力制动和多路传输系统
制动系统的电气和电子复杂故障	制动系统的电气和电子故障包括： 1. 传感器的直接故障、执行器、配线。 2. 计算机系统、系统校准与调整规范。 3. 部件组装、部件损坏和系统修改
制动系统复杂故障	制动系统复杂故障包括： 1. 多系统复杂故障诊断。 2. 间歇性故障检测。 3. 系统性能变化诊断
测试设备	测试设备包括： 1. 模拟和数字万用表、实验室示波器、数据扫描仪和测试灯、测试 LED 灯、脉冲发生器。 2. 制造商、零部件供应商的测试设备
测　试	测试包括： 1. 配线和连接器完整、输入和输出设备的操作和规范、控制电子元件和计算机。 2. 阅读相关数据，解释直接、间接和间歇故障原因
材　料	材料包括： 1. 维修备件。 2. 润滑剂和其他工作液体。 3. 清洁材料

续表

交 流	交流包括但不限于： 1. 口头或视觉的指示和故障报告。 2. 现场具体指示、书面指示、计划。 3. 与工作任务有关的电话、呼机的指令
信 息	信息资源包括但不限于： 1. 使用工具和设备相关的操作程序。 2. 报告和交流的工作程序。 3. 制造商、零部件供应商的说明书建议的测试设备和材料的应用程序。 4. 制造商、零部件供应商说明书提供的制动系统相关的图表和操作程序。 5. 有关电气、电子设计手册。 6. 汽车维修技术标准和安全操作规范。 7. 与制动系统技术相关的出版物

QPBWX05 检测、诊断安全系统的电气及电子故障

能力单元描述

本单元能力涵盖了汽车机电维修技术人员安全系统的电气和电子复杂故障的所应具备能力。它包括初始化工作、改善系统性能。

能力要素和实作指标

能力要素	实作指标
1 确认工作要求	1.1 根据维修技术标准确定检测、诊断的要求和目的。 1.2 获取和正确解释安全系统的检测标准。 1.3 在工作中遵守职场健康与安全法规，包括设备和系统隔离、个人保护要求。 1.4 通过间接或直接的证据判断和确认系统的缺陷或故障。 1.5 根据职场健康安全与法规和生产安全管理制度，考虑可能产生的安全隐患
2 准备检测、诊断	2.1 通过技术标准和整车诊断系统，判断系统性能的状况或差异。 2.2 最适当的检测、诊断的方法，包括确认诊断程序、过程、测试设备，选择适用的检测方法。 2.3 按照制造商、零部件供应商说明书和维修技术标准，确认测试设备。 2.4 识别、选择和准备诊断程序使用的工具和材料。 2.5 确认诊断安全系统部件要求，包括存放、隔离和清洗的要求
3 应用检测、诊断的方法	3.1 根据说明书提供的方法选择检测和诊断程序。 3.2 根据维修技术标准和制造商、零部件供应商的说明书提供的方法测试。 3.3 根据维修技术标准检测，分析检测结果。 3.4 在检测结果中找出有效的结论，并填写检测记录。 3.5 将检测结论提供给适当的人员
4 绘制特性曲线	4.1 通过对技术信息更深的研究，确定与目标需求一致的特性曲线。 4.2 根据维修技术标准，记录和绘制特性曲线

续表

能力要素	实作指标
5　还原工作场所	5.1　收集并存储可以重新使用的材料。 5.2　清洁测试设备和其他辅助材料。 5.3　根据工作程序搬运废物和废料。 5.4　清洁设备和工作区域。 5.5　对损坏设备进行标记，鉴别故障

必要技能和知识

必要技能
1. 收集和理解信息的技能用于： • 收集、分析、理解与安全系统相关的技术信息； • 信息包括检测、测试程序，诊断方法，安全工作程序。 2. 口头交流技能用于： • 与管理人员、其他工人、顾客交流想法和信息，加强协调工作。 3. 读写技能用于： • 共同完成技术工作要求、测试检查结果和书写规定格式报告； • 将它们输入汽车信息系统。 4. 计划和组织技能用于： • 计划组织活动包括建立分析程序、检测标准、布置工作场所、确认测试设备、准备原材料，避免中断工作流程。 5. 团队合作技能用于： • 通过信任与他人相互协作工作，优化工作流程和生产效率。 6. 计算技能用于： • 进行测量、计算分析； • 校对测试设备、提供分析结果。 7. 解决问题技能用于： • 建立分析程序，包括诊断程序、风险预测程序； • 为获得直接或间接证据提供条件，避免或最小化返工和损耗。 8. 技术技能用于： • 应用信息研究和管理系统、测试设备，维护设备、工具、计算机和测量装置； • 检测、诊断安全系统的电气和电子故障技术
必要知识
1. 基本机械理论包括机械、液压和气动系统的概念和工作原理。 2. 系统检测、诊断一般知识，包括概念、工作原理、程序。 3. 安全系统的类型、功能和运行的一般知识。 4. 有关音响、人的听力、无线电波、调幅、调频、波长、立体声、信号处理和 SWR 的一般知识。 5. 轻型车辆安全系统的机电、电液子系统的概念、类型、功能。 6. 轻型车辆变速器、传动系统的机电、电液子系统的概念、类型、功能。 7. 电子理论知识，包括汽车数字计算机、车载网络、电压、电流、电阻、功率、电容、静电学、磁场、电磁感应、独立电子元件、逻辑电路种类和无线电频率。

续表

必要知识
8. 诊断测试设备的类型、功能、运行的知识。 9. 记录、报告诊断问题和解决方案程序的一般知识。 10. 操作计算机的一般知识

鉴定证据指南

鉴定综述	具体描述
本单元展示能力的必要证据和鉴定的关键方面	本单元必备的能力应被充分观察到，并且能力可以迁移到变化的工作情况中，能够对以下关键方面的异常情况作出反应： 1. 解释工作程序，确认和应用相关信息。 2. 按照安全规定，使用隔离设备和个人保护用品。 3. 遵循维修技术标准、安全操作规范和检查方法。 4. 最小化伤害自身和他人的风险。 5. 防止货物、设备、产品的损坏和损耗。 6. 保证产品质量。 7. 在真实或模拟的多系统环境下，完成至少三种安全系统的故障分析，间歇性故障的诊断、选择、确认、记录最适当的调整程序。 8. 对至少两种可使用的安全系统维修、维修程序包括检查、检测、分析、诊断、调整。 9. 与其他人一起有效地工作。 10. 根据工作范围和环境的变化修改活动
鉴定的环境和资源	以下鉴定的环境和资源可以获得和使用： 1. 鉴定应该在真实的职场中或在与要求的维修设备、原材料、工作说明和时间相同的模拟环境进行。 2. 具备满足检测、诊断真实工作要求和测试条件。 3. 带有真实故障和模拟故障运转的安全系统。 4. 适用于目标检测程序和检测环境、测试设备、技术标准和真实的工作环境。 5. 故障包括多系统复杂故障诊断、间歇性故障检测、系统性能变化诊断，要求学习者识别、确定、选择和记录最适当的检测、诊断程序。 6. 确认一名具有行业资格的汽车技师
鉴定方法	应该使用一系列方法来鉴定实践技能和知识。以下方法的组合适用于本单元的鉴定： 1. 鉴定符合维修技术标准和安全操作规范。 2. 个人展示在诊断故障中的研究、分析、判断和解决问题的技能，并直接观察工作任务的完成情况，询问基础知识的方法，考察关键能力的知识和技能的结合。 3. 鉴定必须在项目相关的状况下进行，要求提供两种以上的鉴定环境工作过程证据。 4. 鉴定必须确认适当的推断结果，即技能不仅在特定环境完成，而且能转移到其他环境下完成。 5. 要求提供工作过程的直接证据或其他形式的直接证据，包括最终产出、产品或得到权威鉴定机构认可

适用范围陈述

车辆类型	车辆类型包括： 1. 轻型车辆。 2. 重型车辆。 3. 新能源汽车。 4. 智能网联汽车
法律、法规	法律、法规包括但不限于： 1. 职场健康与安全法规。 2. 企业管理制度。 3. 安全操作程序。 4. 危险品控制。 5. 个人保护用品
检测标准	检测标准应该是： 国家认可的标准、正确的检测分析方法，包括标准的统计方法
隔离程序	隔离程序是指： 1. 按照安全法规、企业管理制度实施设备隔离程序。 2. 按照制造商、零部件供应商的说明书正确拆下辅助乘员变速器、传动系统(SRS)
故障检测和诊断程序	故障检测和诊断程序是指： 确定故障解决方法，有效的改变系统特性和参数以增强系统性能
安全系统	安全系统包括： 1. 灭火。 2. 工作负载检测、倾翻保护和目的检测。 3. 轮胎压力控制、速度、负载限制、牵引力控制；导航器、智能传输系统、智能 SRS 系统、自适应巡航控制。 4. 预拉伸安全带、多路传输系统、主动和被动碰撞安全系统、回声探测。 5. 紧急事故系统
安全系统的电气和电子复杂故障	安全系统的电气和电子复杂故障包括： 1. 传感器的直接故障、执行器、配线。 2. 计算机系统、系统校准与调整规范。 3. 部件组装、部件损坏和系统修改
安全系统复杂故障	安全系统复杂故障包括： 1. 多系统复杂故障诊断。 2. 间歇性故障检测。 3. 系统性能变化诊断
测试设备	测试设备包括： 1. 模拟和数字万用表、实验室示波器、数据扫描仪和测试灯、测试 LED 灯、脉冲发生器。 2. 制造商、零部件供应商的测试设备

续表

测　试	测试包括： 1. 配线和连接器完整、输入和输出设备的操作和规范、控制电子元件和计算机。 2. 阅读相关数据，解释直接、间接和间歇故障原因
材　料	材料包括： 1. 维修备件。 2. 润滑剂和其他工作液体。 3. 清洁材料
交　流	交流包括但不限于： 1. 口头或视觉的指示和故障报告。 2. 现场具体指示、书面指示、计划。 3. 与工作任务有关的电话、呼机的指令
信　息	信息资源包括但不限于： 1. 使用工具和设备相关的操作程序。 2. 报告和交流的工作程序。 3. 制造商、零部件供应商的说明书建议的测试设备和材料的应用程序。 4. 制造商、零部件供应商说明书提供的安全系统相关的图表和操作程序。 5. 有关电气、电子设计手册。 6. 汽车维修技术标准和安全操作规范。 7. 与安全系统相关的出版物

QPBWX06　检测、诊断监测和保护系统的电气及电子故障

能力单元描述

本单元能力涵盖了汽车机电维修技术人员检测、诊断监测和保护系统的电气和电子复杂故障所应具备的能力。它包括初始化工作、改善系统性能。

能力要素和实作指标

能力要素	实作指标
1　确认工作要求	1.1　根据维修技术标准确定检测、诊断的要求和目的。 1.2　获取和正确解释监测、保护系统的检测标准。 1.3　在工作中遵守职场与健康安全法规，包括设备和系统隔离、个人保护要求。 1.4　通过间接或直接的证据判断和确认系统的缺陷或故障。 1.5　根据职场健康与安全法规和生产安全管理制度，考虑可能产生的安全隐患
2　准备检测、诊断	2.1　通过技术标准和整车诊断系统，判断系统性能的状况或差异。 2.2　最适当的检测、诊断的方法包括确认诊断程序、过程、测试设备，选择适用的检测方法。 2.3　按照制造商、零部件供应商说明书和维修技术标准，确认测试设备。 2.4　识别、选择和准备诊断程序使用的工具和材料。 2.5　确认诊断监测和保护系统部件要求，包括存放、隔离和清洗的要求

续表

能力要素	实作指标
3　应用检测、诊断的方法	3.1　根据说明书提供的方法选择检测和诊断程序。 3.2　根据维修技术标准和制造商、零部件供应商的说明书提供的方法测试。 3.3　根据维修技术标准检测，分析检测结果。 3.4　在检测结果中找出有效的结论，并填写检测记录。 3.5　将检测结论提供给适当的人员
4　绘制特性曲线	4.1　通过对技术信息更深的研究，确定与目标需求一致的特性曲线。 4.2　根据维修技术标准，记录和绘制特性曲线
5　还原工作场所	5.1　收集并存储可以重新使用的材料。 5.2　清洁测试设备和其他辅助材料。 5.3　根据工作程序搬运废物和废料。 5.4　清洁设备和工作区域。 5.5　对损坏设备进行标记，鉴别故障

必要技能和知识

必要技能
1. 收集和理解信息的技能用于： • 收集、分析、理解监测、保护系统电气和电子相关的技术信息； • 信息包括检测、测试程序，诊断方法，安全工作程序。 2. 口头交流技能用于： • 与管理人员、其他工人、顾客交流想法和信息，加强协调工作。 3. 读写技能用于： • 共同完成技术工作要求、测试检查结果和书写规定格式报告； • 将它们输入汽车信息系统。 4. 计划和组织技能用于： • 计划组织活动包括建立分析程序、检测标准、布置工作场所、确认测试设备、准备原材料，避免中断工作流程。 5. 团队合作技能用于： • 通过信任与他人相互协作工作，优化工作流程和生产效率。 6. 计算技能用于： • 进行测量、计算分析； • 校对测试设备、提供分析结果。 7. 解决问题技能用于： • 建立分析程序，包括诊断程序、风险预测程序； • 为获得直接或间接证据提供条件，避免或最小化返工和损耗。 8. 技术技能用于： • 应用信息研究和管理系统、测试设备，维护设备、工具、计算机和测量装置； • 检测、诊断监测和保护系统的电气和电子故障技术

续表

必要知识
1. 基本机械理论包括机械、液压和气动系统的概念和工作原理。 2. 系统检测、诊断一般知识,包括概念、工作原理、程序。 3. 变速器、传动系统的类型、功能和运行的一般知识。 4. 监测、保护系统的类型、功能和运行的一般知识。 5. 轻型车辆监测、保护系统的机电、电液子系统的概念、类型、功能。 6. 电子理论知识,包括汽车数字计算机、车载网络、电压、电流、电阻、功率、电容、静电学、磁场、电磁感应、独立电子元件、逻辑电路种类和无线电频率。 7. 诊断测试设备的类型、功能、运行的知识。 8. 记录、报告诊断问题和解决方案程序的一般知识。 9. 操作计算机的一般知识

鉴定证据指南

鉴定综述	具体描述
本单元展示能力的必要证据和鉴定的关键方面	本单元必备的能力应被充分观察到,并且能力可以迁移到变化的工作情况中,能够对以下关键方面的异常情况作出反应: 1. 解释工作程序,确认和应用相关信息。 2. 按照安全规定,使用隔离设备和个人保护用品。 3. 遵循维修技术标准、安全操作规范和检查方法。 4. 最小化伤害自身和他人的风险。 5. 防止货物、设备、产品的损坏和损耗。 6. 保证产品质量。 7. 在真实或模拟的多系统环境下,完成至少三种监测、保护系统的故障分析,间歇性故障的诊断、选择、确认、记录最适当的调整程序。 8. 对至少两种可使用的监测、保护系统维修、维修程序包括检查、检测、分析、诊断、调整。 9. 与其他人一起有效地工作。 10. 根据工作范围和环境的变化修改活动
鉴定的环境和资源	以下鉴定的环境和资源可以获得和使用: 1. 鉴定应该在真实的职场中或在与要求的维修设备、原材料、工作说明和时间相同的模拟环境进行。 2. 具备满足检测、诊断真实工作要求和测试条件。 3. 带有真实故障和模拟故障运转的监测、保护系统。 4. 适用于目标检测程序和检测环境、测试设备、技术标准和真实的工作环境。 5. 故障包括多系统复杂故障诊断、间歇性故障检测、系统性能变化诊断,要求学习者识别、确定、选择和记录最适当的检测、诊断程序。 6. 确认一名具有行业资格的汽车技师

续表

鉴定综述	具体描述
鉴定方法	应该使用一系列方法来鉴定实践技能和知识。以下方法的组合适用于本单元的鉴定： 1. 鉴定符合维修技术标准和安全操作规范。 2. 个人展示在诊断故障中的研究、分析、判断和解决问题的技能，并直接观察工作任务的完成情况，询问基础知识的方法，考察关键能力的知识和技能的结合。 3. 鉴定必须在项目相关的状况下进行，要求提供两种以上的鉴定环境工作过程证据。 4. 鉴定必须确认适当的推断结果，即技能不仅在特定环境完成，而且能转移到其他环境下完成。 5. 要求提供工作过程的直接证据或其他形式的直接证据，包括最终产出、产品或得到权威鉴定机构认可

适用范围陈述

车辆类型	车辆类型包括： 1. 轻型车辆。 2. 重型车辆。 3. 新能源汽车。 4. 智能网联汽车
法律、法规	法律、法规包括但不限于： 1. 职场健康与安全法规。 2. 企业管理制度。 3. 安全操作程序。 4. 危险品控制。 5. 个人保护用品
检测标准	检测标准应该是： 国家认可的标准、正确的检测分析方法，包括标准的统计方法
隔离程序	隔离程序是指： 1. 按照安全法规、企业管理制度实施设备隔离程序。 2. 按照制造商、零部件供应商的说明书正确拆下辅助乘员变速器、传动系统(SRS)
故障检测和诊断程序	故障检测和诊断程序是指： 确定故障解决方法，有效地改变系统特性和参数以增强系统性能
监测和保护系统	监测和保护系统： 1. 发动机、变速器、传动、车身、辅助系统、安全应急系统和停车系统。 2. LCD、VFD、CRT、HUD 等显示方式、侦查系统、电子模拟显示、随车诊断、遥控、无线监视系统和多路传输系统

续表

监测、保护系统的电气和电子复杂故障	监测、保护系统的电气和电子复杂故障包括： 1. 传感器的直接故障、执行器、配线。 2. 计算机系统、系统校准与调整规范。 3. 部件组装、部件损坏和系统修改
监测、保护系统复杂故障	监测、保护系统复杂故障包括： 1. 多系统复杂故障诊断。 2. 间歇性故障检测。 3. 系统性能变化诊断
测试设备	测试设备包括： 1. 模拟和数字万用表、实验室示波器、数据扫描仪和测试灯、测试 LED 灯、脉冲发生器。 2. 制造商、零部件供应商的测试设备
测　试	测试包括： 1. 配线和连接器完整、输入和输出设备的操作和规范、控制电子元件和计算机。 2. 阅读相关数据，解释直接、间接和间歇故障原因
材　料	材料包括： 1. 维修备件。 2. 润滑剂和其他工作液体。 3. 清洁材料
交　流	交流包括但不限于： 1. 口头或视觉的指示和故障报告。 2. 现场具体指示、书面指示、计划。 3. 与工作任务有关的电话、呼机的指令
信　息	信息资源包括，但不限于： 1. 使用工具和设备相关的操作程序。 2. 报告和交流的工作程序。 3. 制造商、零部件供应商的说明书建议的测试设备和材料的应用程序。 4. 制造商、零部件供应商说明书提供的监测和保护系统相关的图表和操作程序。 5. 有关电气、电子设计手册。 6. 汽车维修技术标准和安全操作规范。 7. 与监测和保护系统技术相关的出版物

QPBWX07　检测、诊断舒适和娱乐系统的电气及电子故障

能力单元描述

本单元能力涵盖了汽车机电维修技术人员检测、诊断舒适和娱乐系统的电气和电子复杂故障所应具备的能力。它包括初始化工作、改善系统性能。

能力要素和实作指标

能力要素	实作指标
1　确认工作要求	1.1　根据维修技术标准确定检测、诊断的要求和目的。 1.2　获取和正确解释舒适和娱乐系统电气和电子的检测标准。 1.3　在工作中遵守职场健康与安全法规,包括法规要求、设备和系统隔离、个人保护要求。 1.4　通过间接或直接的证据判断和确认系统的缺陷或故障。 1.5　根据职场健康与安全法规和生产安全管理制度,考虑可能产生的安全隐患
2　准备检测、诊断	2.1　通过技术标准和整车诊断系统,判断系统性能的状况或差异。 2.2　最适当的检测、诊断的方法,包括确认诊断程序、过程、测试设备,选择适用的检测方法。 2.3　按照制造商、零部件供应商说明书和维修技术标准,确认测试设备。 2.4　识别、选择和准备诊断程序使用的工具和材料。 2.5　确认诊断电气和电子舒适和娱乐系统部件要求,包括存放、隔离和清洗的要求
3　应用检测、诊断的方法	3.1　根据说明书提供的方法选择检测和诊断程序。 3.2　根据维修技术标准和制造商、零部件供应商的说明书提供的方法测试。 3.3　根据维修技术标准检测,分析检测结果。 3.4　在检测结果中找出有效的结论,并填写检测记录。 3.5　将检测结论提供给适当的人员
4　绘制特性曲线	4.1　通过对技术信息更深的研究,确定与目标需求一致的特性曲线。 4.2　根据维修技术标准,记录和绘制特性曲线
5　还原工作场所	5.1　收集并存储可以重新使用的材料。 5.2　清洁测试设备和其他辅助材料。 5.3　根据工作程序搬运废物和废料。 5.4　清洁设备和工作区域。 5.5　对损坏设备进行标记,鉴别故障

必要技能和知识

必要技能
1. 收集和理解信息的技能用于: • 收集、分析、理解与舒适和娱乐系统电气和电子相关的技术信息; • 信息包括检测、测试程序,诊断方法,安全工作程序。 2. 口头交流技能用于: • 与管理人员、其他工人、顾客交流想法和信息,加强协调工作。 3. 读写技能用于: • 共同完成技术工作要求、测试检查结果和书写规定格式报告; • 将它们输入汽车信息系统。

续表

必要技能
4. 计划和组织技能用于： ● 计划组织活动包括建立分析程序、检测标准、布置工作场所、确认测试设备、准备原材料，避免中断工作流程。 5. 团队合作技能用于： ● 通过信任与他人相互协作工作，优化工作流程和生产效率。 6. 计算技能用于： ● 进行测量、计算分析； ● 校对测试设备、提供分析结果。 7. 解决问题技能用于： ● 建立分析程序，包括诊断程序、风险预测程序； ● 为获得直接或间接证据提供条件，避免或最小化返工和损耗。 8. 技术技能用于： ● 应用信息研究和管理系统、测试设备，维护设备、工具、计算机和测量装置； ● 检测、诊断舒适和娱乐系统的电气和电子故障技术
必要知识
1. 基本机械理论包括机械、液压和气动系统的概念和工作原理。 2. 系统检测、诊断一般知识，包括概念、工作原理、程序。 3. 舒适和娱乐系统的类型、功能和运行的一般知识。 4. 舒适和娱乐系统的机电、电液子系统的概念、类型、功能。 5. 音响、人的听力、无线电波、调幅、调频、波长、立体声、信号处理和 SWR 的一般知识。 6. 电子理论知识，包括汽车数字计算机、车载网络、电压、电流、电阻、功率、电容、静电学、磁场、电磁感应、独立电子元件、逻辑电路种类和无线电频率。 7. 诊断测试设备的类型、功能、运行的知识。 8. 记录、报告诊断问题和解决方案程序的一般知识。 9. 操作计算机的一般知识

鉴定证据指南

鉴定综述	具体描述
本单元展示能力的必要证据和鉴定的关键方面	本单元必备的能力应被充分观察到，并且能力可以迁移到变化的工作情况中，能够对以下关键方面的异常情况作出反应： 1. 解释工作程序，确认和应用相关信息。 2. 按照安全规定，使用隔离设备和个人保护用品。 3. 遵循维修技术标准、安全操作规范和检查方法。 4. 将对自身的伤害和对他人的风险最小化。 5. 防止货物、设备、产品的损坏和损耗。 6. 保证产品质量。 7. 在真实或模拟的多系统环境下，完成至少三种舒适和娱乐系统的故障分析，间歇性故障的诊断、选择、确认、记录最适当的调整程序。

续表

鉴定综述	具体描述
本单元展示能力的必要证据和鉴定的关键方面	8. 对至少两种可使用的舒适和娱乐系统维修、维修程序包括检查、检测、分析、诊断、调整。 9. 与其他人一起有效地工作。 10. 根据工作范围和环境的变化修改活动
鉴定的环境和具体资源	以下鉴定的环境和资源可以获得和使用： 1. 鉴定应该在真实的职场中或在与要求的维修设备、原材料、工作说明和时间相同的模拟环境进行。 2. 具备满足检测、诊断真实工作要求和测试条件。 3. 带有真实故障和模拟故障运转的舒适和娱乐系统。 4. 适用于目标检测程序和检测环境、测试设备、技术标准和真实的工作环境。 5. 故障包括多系统复杂故障诊断、间歇性故障检测、系统性能变化诊断，要求学习者识别、确定、选择和记录最适当的检测、诊断程序。 6. 确认一名具有行业资格的汽车技师
鉴定方法	应该使用一系列方法来鉴定实践技能和知识。以下方法的组合适用于本单元的鉴定： 1. 鉴定符合维修技术标准和安全操作规范。 2. 个人展示在诊断故障中的研究、分析、判断和解决问题的技能，并直接观察工作任务的完成情况，询问基础知识的方法，考察关键能力的知识和技能的结合。 3. 鉴定必须在项目相关的状况下进行，要求提供两种以上的鉴定环境工作过程证据。 4. 鉴定必须确认适当的推断结果，即技能不仅在特定环境完成，而且能转移到其他环境下完成。 5. 要求提供工作过程的直接证据或其他形式的直接证据，包括最终产出、产品或得到权威鉴定机构认可

适用范围陈述

车辆类型	车辆类型包括： 1. 轻型车辆。 2. 重型车辆。 3. 新能源汽车。 4. 智能网联汽车
法律、法规	法律、法规包括但不限于： 1. 职场健康安全法规。 2. 企业管理制度。 3. 安全操作程序。 4. 危险品控制。 5. 个人保护用品

续表

隔离程序	隔离程序是指： 1. 按照安全法规、企业管理制度实施设备隔离程序。 2. 按照制造商、零部件供应商的说明书正确拆下辅助乘员变速器、传动系统(SRS)
故障检测和诊断程序	故障检测和诊断程序是指： 确定故障解决方法，有效地改变系统特性和参数以增强系统性能
舒适系统	舒适系统包括： 远程控制、多媒体或操纵轮、汽车音响、倾斜、平衡、绞盘、电压减速器、电压变换器、中控锁、电动车窗、天窗、座椅调节、后视镜调节、方向盘调节、安全带调节和多路传输系统
娱乐系统	娱乐系统包括： 音响和视频设备、CD、磁带、收音机、喇叭、放大器、大众唱片、平衡器、天线和多路传输系统
舒适和娱乐系统复杂故障	舒适和娱乐系统复杂故障包括： 1. 多系统复杂故障诊断。 2. 间歇性故障检测。 3. 系统性能变化诊断
测试设备	测试设备包括： 1. 模拟和数字万用表、实验室示波器、数据扫描仪和测试灯、测试 LED 灯、脉冲发生器。 2. 制造商、零部件供应商的测试设备
测　试	测试包括： 1. 配线和连接器完整、输入和输出设备的操作和规范、控制电子元件和计算机、音质、SWR、绞盘、电减速器、电压变换器。 2. 阅读相关数据，解释直接、间接和间歇故障原因
材　料	材料包括： 1. 维修备件。 2. 润滑剂和其他工作液体。 3. 清洁材料
交　流	交流包括但不限于： 1. 口头或视觉的指示和故障报告。 2. 现场具体指示、书面指示、计划。 3. 与工作任务有关的电话、呼机的指令

续表

信　息	信息资源包括,但不限于: 1. 使用工具和设备相关的操作程序。 2. 报告和交流的工作程序。 3. 制造商、零部件供应商的说明书建议的测试设备和材料的应用程序。 4. 制造商、零部件供应商说明书提供的舒适和娱乐系统相关的图表和操作程序。 5. 有关电气、电子设计手册。 6. 汽车维修技术标准和安全操作规范。 7. 与舒适和娱乐系统技术相关的出版物

8

汽车车身维修技术岗位领域能力标准

8.1 车身钣金能力模块

QPBWY01 车辆清洁

能力单元描述

本单元的能力涵盖了技术人员进行车辆清洁所需具备的能力。

能力要素和实作指标

能力要素	实作指标
1 准备清洁车辆	1.1 收集并理解安全和环境需求。 1.2 确定待清洁车辆，收集并理解车辆制造商规范和工作场所操作程序。 1.3 识别与任务相关的潜在危险和风险，并报告给工作场所主管。 1.4 根据制造商规范确定车辆清洁所需的工具和设备
2 清洁车辆内部和配件	2.1 根据制造商规范和工作场所操作程序，选择并检查工具、设备和材料。 2.2 根据安全和环境要求，做好车辆内部和配件清洁的准备工作。 2.3 使用合适的清洁材料和设备清洁内部及表面吸尘，避免损坏组件、工具或设备
3 清洁车辆外部和配件	3.1 根据制造商规范正确选择并检查工具、设备和材料。 3.2 根据安全和环境要求，做好车辆外部和配件清洁的准备工作。 3.3 清洁车辆外部和配件，避免损坏部件、工具或设备

续表

能力要素	实作指标
4 清洁发动机舱	4.1 根据制造商规范和工作场所操作程序正确选择并检查工具、设备和材料。 4.2 根据安全和环境要求，做好发动机舱清洁的准备工作。 4.3 对电子元件和电气接头进行防水保护。 4.4 清洁发动机舱，避免损坏部件、工具或设备
5 完成车辆清洁程序	5.1 实行最终检查，确保工作符合工作场所标准，根据工作场所操作程序准备好使用或存储车辆。 5.2 清洁工作区域，处理废弃和不可回收材料，并根据环境要求和工作场所操作程序收集和储存可回收材料。 5.3 根据工作场所操作程序进行工具和设备的检查和存储，或根据需要进行标记和报告。 5.4 检查和记录工作场所操作程序报告中有关清洁设备或工具的问题。 5.5 检查和记录根据工作场所操作程序处理工作场所文件

必要知识和技能

必要技能
1. 阅读技能用于： • 从制造商规范、安全需求和工作场所操作程序中选择并理解车辆清洁的关键信息； • 从环境需求和工作场所操作程序中选择并理解确保清洁和安全的关键信息。 2. 写作技能用于： • 使用正确的行业术语和惯例，清晰、准确地填写工作场所文件。 3. 口头沟通技能用于： • 通过提问和积极倾听请求，澄清和明确传达信息，有效地口头交流。 4. 计算技能用于： • 使用基本的数学运算，包括加法、减法、乘法和除法，计算清洁产品的比例和数量。 5. 计划和组织技能用于： • 计划自己的工作要求并确定行动的优先顺序，以完成车辆清洁任务。 6. 自我管理技能用于： • 选择和使用工具和设备时，要认识到自身局限并及时寻求建议。 7. 解决问题技能用于： • 识别潜在或实际危险并采取措施尽量减少风险； • 提出无法轻易解决的问题，并向工作场所主管寻求帮助。 8. 技术技能用于： • 调整和操作清洁车辆所需的设备和工具

续表

必要知识
1. 职场健康与安全(WHS)、职业健康与安全(OHS)和环境要求的关键信息,包括: • 个人防护设备,包括安全眼镜、手套、护耳和安全鞋; • 设备和工具,包括高压软管; • 安全数据表和清洁产品的类型、用途和存放; • 废水处理的程序; • 化学品、油和垃圾的处理。 2. 车辆部件的识别和定位包括: • 发动机舱; • 发动机电气部件; • 内部和外部配件。 3. 车身饰面类型 4. 车辆清洁程序包括: • 车辆清洁的区域和底盘的类型、应用; • 清洁设备和材料的类型、应用; • 车辆内部、外部、配件和发动机舱清洁程序; • 布料和皮革内部表面清洁程序; • 镀铬和抛光合金轮毂清洁程序。 5. 部件保护程序,包括: • 保护发动机舱进气口和电子电气部件; • 保护车身电气元件。 6. 车辆清洁区域的清洁和维护要求

鉴定证据指南

鉴定综述	具体描述
鉴定的环境和资源	1. 汽车工作场所或模拟工作场所。 2. 适合工作场所的个人防护设备。 3. 至少两辆不同的待清洁车辆,包括布料、玻璃和皮革内部部件。 4. 车辆清洁工具、设备和材料,包括: • 软管和清洗设备; • 化学品和清洗液; • 抛光设备; • 车辆清洁的区域
鉴定的方法	应该使用一系列方法来鉴定实践技能和知识。以下方法的组合适用于本单元的鉴定: 1. 被鉴定能力应在工作场所或能准确反映真实工作场所的模拟环境中鉴定。 2. 如果能力鉴定包括第三方证据,则个人必须提供证据,以证明他们与清洁车辆相关,如工作卡。 3. 鉴定人员必须通过对技能和知识的问答来验证能力证据,以确保正确的解释和应用

适用范围陈述

安全和环境要求	职场健康与安全(WHS)、职业健康与安全(OHS)和环境要求关键方面的信息,包括: 1. 使用个人防护设备,包括安全眼镜、耳部保护、手套和安全鞋。 2. 采取废水处理的程序
车辆要求	车辆必须包括下列一项或多项: 1. 乘用车。 2. 轻型商务车。 3. 重型车辆。 4. 工程车
工具和设备要求	工具和设备必须包括: 1. 软管和清洗设备。 2. 化学品和清洁液。 3. 抛光设备
内部表面要求	内部表面必须包括: 1. 布料。 2. 玻璃。 3. 皮革

QPBWY02　车身修理工具的使用和维护

能力单元描述

本单元的能力涵盖了技术人员所具备的关于车身修理工具的使用和维护能力。

能力要素和实作指标

能力要素	实作指标
1　选择并使用车身修复工具	1.1　根据工作场所确定工作要求。 1.2　正确选择满足工作要求的工具。 1.3　根据工作场所操作程序和制造商要求检查工具的可用性。 1.4　选择并检查适合所用工具的个人防护装备(PPE)。 1.5　根据制造商操作程序和安全要求正确使用工具,包括 PPE
2　维修,维护和存放车身修理工具	2.1　根据工作场所和制造商的时间表和操作程序进行正确的维修、调整和维护工具,以保证在自己责任范围内安全、准确地操作。 2.2　正确标记并移除工作场所中损坏或磨损的工具,根据工作场所操作程序进行报告。 2.3　根据工作场所操作程序清洁、检查和存储剩余的工具和设备

必要知识和技能

必要技能
1. 学习技能用于： ● 有效收集适当的信息资源。 2. 阅读技能用于： ● 理解在工作场所和制造商文献中关于职场健康与安全（WHS），以及职业健康与安全（OHS）的程序。 3. 写作技能用于： ● 清晰、准确地标记有故障的工具和设备； ● 完整的工具和设备服务及维护计划。 4. 计算技能用于： ● 识别不同尺寸的工具； ● 理解工具中不同的尺寸、力矩、角度等分级单位； ● 调整工具的设置。 5. 计划和组织技能用于： ● 规划自己的工作要求并确定行动的优先顺序以得到所需的结果，并确保在规定时间内完成任务
必要知识
1. 与使用和维护车身修理工具有关的职场健康与安全（WHS）以及职业健康与安全（OHS）要求，包括： ● 选择和使用个人防护设备（PPE）； ● 使用车身修理工具。 2. 车身修理工具的类型、特性、用途和限制，包括： ● 应用和操作； ● 危害和控制措施； ● 制造商规范中所涉及工具的操作程序和维护要求。 3. 选择工具的规程 4. 识别和标记故障工具的规程 5. 工具的基本维护和存储过程

鉴定证据指南

鉴定概述	具体描述
本单元展示能力的必要证据和鉴定的关键方面	本单元必备的能力应被充分观察到，并且能力可以迁移到变化的工作情况中，能够对以下关键方面的异常情况作出反应： 使用车身修理工具完成三辆不同小型车身的维修

续表

鉴定综述	具体描述
鉴定的环境和资源	以下鉴定的环境和资源可以获得或使用： 1. 汽车工作场所或模拟工作场所。 2. 工作场所工作指南。 3. 车身修复工具的使用和维护。 4. 维修工具的个人防护设备。 5. 需要使用能力证据中规定工具的车辆、部件或材料。 6. 与维护车身修复工具相关的材料，包括： ● 工具操作说明和手册； ● 工具调整或校准设备； ● 标记材料
鉴定方法	应该使用一系列方法来鉴定实践技能和知识。以下方法的组合适用于本单元的鉴定： 1. 能力鉴定应在实际工作场所或能准确反映真实工作场所的模拟环境中进行。 2. 鉴定必须包括直接观察任务。 3. 如果能力鉴定包括第三方证据，则个人必须提供证明他们与使用和维护车身修理工具相关的证据，如设备维护计划。 4. 鉴定人员必须通过对必要技能和必要知识的问答来验证能力证据，以确保正确的解释和应用

适用范围陈述

安全要求	职场健康与安全（WHS）和职业健康与安全（OHS）要求，包括： 1. 选择和使用 PPE。 2. 使用车身修理工具

QPBWY03　车身板件整形修复

能力单元描述

本单元的能力涵盖了车身板件整形修复技术人员所应具备的能力，具体包括任务准备，专业工具、设备选择和使用，缩火设备设置，钣金加工和锉削工艺，工作场所流程和文档记录等。

能力要素和实作指标

能力要素	实作指标
能力要素阐明了能力单元的必要学习结果	实作指标确定了能力要素的实作水平

续表

1　车身板件整形前准备	1.1　按照工作场所规范确定相关工作要求。 1.2　获取并理解工作场所、推荐流程以及设备制造商或授权机构相关规范。 1.3　识别相关风险并规避风险。 1.4　选择并检查检查材料、工具和设备。 1.5　制定相关工作流程，以减少浪费
2　车身板件表面处理和缩火	2.1　使用设备制造商或授权机构认证的方法和设备进行维修。 2.2　使用钣金锤和顶铁维修凹陷，并打磨至预涂状态。 2.3　使用钣金整形机等设备处理过度拉伸板件，即热收缩工艺。 2.4　按照安全和环境相关要求使用灰尘和烟雾收集设备。 2.5　当维修部件与车辆装饰或电气、机械或空调系统干扰时，能够寻求并组织救助。 2.6　检查并维护设备，以达到工作场所、设备制造商或授权机构相关规范和要求
3　车身板件整形修复完成	3.1　检查工作场所情况，以保证车身板件可用。 3.2　清洁工作区域，处置废料，收集和存放可回收材料。 3.3　检查工具和设备，如有故障，按照要求存放。 3.4　记录工作场所相关文档

必要技能和知识

必要技能
1. 学习技能用于： • 有效获取相关的规范和信息，包括设备制造商维修流程。 2. 写作技能用于： • 清晰、准确地填写工作场所所需文件。 3. 口头沟通技能用于： • 解释工作场所相关的规范和流程； • 解释并汇报所遇到的问题或结果。 4. 计算技能用于： • 理解并设置缩火设备的工作压力。 5. 计划和组织技能用于： • 根据任务要求确定操作流程，以保证按期完成。 6. 解决问题的技能用于： • 识别与车身板件维修相关的潜在问题，包括车辆装饰或电气、机械或空调系统的干扰问题。 7. 团队协作技能用于： • 寻求相关建议和帮助，特别是授权人员。 8. 技术技能用于： • 使用车身维修专用设备

续表

必要知识
1. 相关的行业/职业健康与安全要求，包括选择和使用防护设备、手工维修车身板件、使用工具和设备，包括灰尘和烟雾收集设备。 2. 相关的环境要求，包括收集、存放和处理废料的流程。 3. 设备制造商或授权机构相关的流程。 4. 高强度钢的维修工艺。 5. 维修的技术要求和方法，包括车身整形工具和设备的使用、板件分离和准备、钣金加工和锉削工艺、使用碳棒或铜头缩火、车身板件预涂处理。 6. 车身板件整形修复后最终检查流程

鉴定证据指南

鉴定综述	具体描述
本单元展示能力的必要证据和鉴定的关键方面	在确定能力之前，个人必须证明他们能够根据本单元能力要素中定义的能力要素、实作指标和必要技能和必要知识完成： 使用整形技术对以下损坏的车身板件进行全面维修： • 前护板或四分之一板件，最小损伤尺寸为 200 mm × 200 mm； • 车身造型线和压力损坏的车门板件
鉴定的环境和资源	以下鉴定的环境和资源可以获得或使用： 1. 工作场所或模拟工作场所。 2. 工作场所规范。 3. 金属加工所需防护设备。 4. 使用金属加工维修车身板件所需材料。 5. 按照鉴定证据规定损坏的车身板件。 6. 车身板件进行金属加工所需的手工具、设备和材料
鉴定方法	应该使用一系列方法来鉴定实践技能和知识。以下方法的组合适用于本单元的鉴定： 1. 被鉴定能力应在工作场所或能准确反映真实工作场所的模拟环境中鉴定。 2. 鉴定必须包括直接观察任务。 3. 如果能力鉴定包括第三方证据，则个人必须提供证明他们与使用整形技术维修车身板件相关的证据，如维修订单。 4. 鉴定人员必须通过对技能和知识的问答来验证能力证据，以确保正确地解释和应用

适用范围陈述

工具和设备要求	工具和设备要求包括： 1. 个人防护装备。 2. 车身维修的手动工具，包括钣金锤、顶铁和车身锉。 3. 缩火设备
安全要求	职场健康与安全和职业健康与安全要求包括： 1. 选择和使用个人防护用品。 2. 手工处理车身板件。 3. 使用工具和设备，包括灰尘和烟雾收集设备
环境要求	环境要求包括： 收集、存放和处置废料

QPBWY04　在车身上安装车身校正设备

能力单元描述

本单元介绍维修人员在车辆上安装车身校正设备所需的能力。它包括规划和准备任务、测量车身、选择和使用工具和设备、在车辆上设置校准设备以及维护工作区域、工具和设备等能力。

能力要素和实作指标

能力要素	实作指标
1　准备车身校正设备	1.1　识别要处理的车辆。 1.2　获取和理解汽车校正操作规范和工作场所操作程序。 1.3　获取和理解安全要求。 1.4　识别与任务相关的潜在危险和风险，并报告给工作场所主管
2　车身校正设备检查及运行	2.1　根据制造厂规范、工作场所程序和安全要求安装车身校正设备。 2.2　识别并检查车身校正所需的车身校正设备和工具。 2.3　安装车身校正设备到车辆上
3　完成工作流程	3.1　正确进行最终检查，以确保工作符合任务指示和工作场所标准，并且车辆已准备好使用或根据工作场所程序进行进一步流程。 3.2　清洁工作区，处置废物和不可循环材料，收集和储存可回收材料。 3.3　进行工具和设备的检查和存储。 3.4　处理工作场所文件

必要知识和技能

必要技能
1. 学习技能用于： • 获取适当的车身校正信息和程序的资源。

续表

必要技能
2. 阅读技能用于： • 选择和理解用于校正车身的制造商手册、安全要求和工作场所程序的关键信息； • 选择和理解环境要求和工作场所程序，以确保工作场所清洁和安全的关键信息。 3. 写作技能用于： • 清晰、准确地填写工作场所文件。 4. 口头交流技能用于： • 通过询问和倾听，理解并明确传达的信息，有效参与口头交流。 5. 计算技能用于： • 使用基本的数学运算，包括加法、减法、乘法和除法，测量车身对齐尺寸和面板间隙数据。 6. 技术技能用于： • 车身校正设备的检查、安装、运行、校准以及数据的处理
必要知识
1. 与安装车身校正设备相关的工作健康和安全（WHS）和职业健康和安全（OHS）要求，包括以下程序： • 选择和使用个人防护设备（PPE），包括安全眼镜、耳罩和安全鞋类； • 使用手动工具。 2. 车身的类型和构造。 3. 车身固定设备的类型和应用

鉴定证据指南

鉴定概述	具体描述
鉴定的关键方面及展示本单元能力的必要证据	在确定能力之前，个人必须证明它们可以根据本单元能力要素中定义的标准、实作指标、条件范围和基础技能执行以下工作： 在不同两辆车辆上正确安装车身校正设备
鉴定的环境和资源	以下鉴定的环境和资源可以获得和使用： 1. 汽车维修工作场所或模拟工作场所。 2. 用于设置车身校准设备的个人防护设备。 3. 需要车身校正的车辆。 4. 车辆校正测量工具。 5. 用于在车辆上设置车身校准设备的工具、设备和材料
鉴定的方法	应该使用一系列方法来鉴定实践技能和知识。以下方法的组合适用于本单元的鉴定： 1. 被鉴定能力应在工作场所或能准确反映真实工作场所的模拟环境中鉴定。 2. 鉴定必须包括直接观察任务。 3. 如果能力鉴定包括第三方证据，则个人必须提供证明他们与已拆卸和重新调整车身板件相关的证据，如维修订单。 4. 鉴定人员必须通过对技能和知识的问答来验证能力证据，以确保正确解释和应用

适用范围陈述

企业类型	企业可能在规模、类型和位置以及所提供的商品产品和服务范围等方面是多样化的
部件设施	1. 车辆部件可以包括车身。 2. 试验设施、设备、部件可以包括： ● 满足安装车身校正设备的操作场所； ● 车身校正设备
常见问题	关于常见问题类型的必要建议可包括与以下车身校正设施及过程相关： 1. 操作环境安全性未达要求。 2. 车身测量传感器安装位置无效。 3. 车身测量传感器信号干扰。 4. 校正设备异常不能满足操作要求。 5. 其他辅助设施不能满足要求
项目团队	项目团队可能： 1. 是本单位或其他单位在车身上安装车身校正设备项目。 2. 有新的或特殊的在车身上安装车身校正设备要求。 3. 项目团队应感到受欢迎、尊重，而且在车身上安装车身校正设备服务流程结束时感到满意。 4. 与项目团队交往可以是： ● 面对面的。 ● 通过电话的。 ● 使用电子或书面的方式
给项目团队的建议	提供给项目团队的在车身上安装车身校正设备建议是符合法规或组织的强制要求和法律责任要求
员　工	员工可包括： 全职的、兼职的或临时受雇的员工。员工可能在常规工作或忙碌工作条件下操作
法律要求	法律要求包括： 1. 与职场健康与安全以及客户所在国家法律或地方性法规。 2. 行业实施守则条例
信息、文件	信息、文件可以包括： 企业政策和规程，设备和产品制造商、部件供应商说明书，企业操作程序，行业、职场实施条例和客户的询问、请求

QPBWY05　修复汽车塑料部件

能力单元描述

本单元描述了对车辆塑料部件进行基本维修所应具备的能力。它包括计划和准备任务、识别汽车塑料部件的类型，选择和使用工具和设备，焊接塑料部件，以及维护工作区域、工具和设备的能力。

能力要素和实作指标

能力要素	实作指标
1　准备修复塑料部件	1.1　理解任务指南并识别要处理的塑料部件。 1.2　获取并理解制造商规范和工作场所修复部件的程序。 1.3　获取并理解安全与环境要求。 1.4　识别与任务相关的潜在危害和风险并向工作场所主管报告。 1.5　识别修复部件所需的工具和设备并检查可用性
2　修复塑料部件	2.1　选择塑料焊接技术和黏合剂修复部件。 2.2　选择车身填料并修复部件。 2.3　完成修复直至预涂装状态。 2.4　根据工作场所要求检查修复的部件。 2.5　标记修复塑料部件并进行检查
3　完成塑料部件修复程序	3.1　进行最终检查并准备好部件喷涂,进一步处理或存放。 3.2　清洁工作区域,处理废弃和不可回收材料,收集和存放可回收材料。 3.3　检查和存放工具和设备,能正确进行标记和报告。 3.4　处理工作场所文档

必要知识和技能

必要技能
1. 学习技能用于: • 获取合适的塑料部件维修信息和程序。 2. 阅读技能用于: • 选择和理解以下关键信息; • 制造商文件、安全要求和修复塑料部件的工作场所程序; • 环境要求和工作场所程序,以确保工作场所清洁和安全。 3. 写作技能用于: • 询问和积极倾听,有效参与口头交流,澄清并清楚地传达信息。 4. 计算技能用于: • 使用基本的数学运算,包括加法、减法、乘法和除法,来计算数量。 5. 技术技能用于: • 设置和操作维修塑料部件所需的设备和工具
必要知识
1. 与修复汽车塑料部件有关的职场健康与安全(WHS)以及职业健康与安全(OHS)要求,包括以下程序: • 选择和使用个人防护设备(PPE),包括安全眼镜、耳罩和安全鞋; • 使用手动工具。

续表

必要知识
2. 环境要求,包括收集、存放和处置维修过程中产生的废物的程序。 3. 车辆塑料部件的类型和结构。 4. 塑料部件维修程序包括: • 塑料焊接; • 车身填料的类型和应用; • 黏合剂的类型和应用; • 塑料部件修复质量标准

鉴定证据指南

鉴定概述	具体描述
鉴定的关键方面及展示本单元能力的必要证据	在确定能力之前,个人必须证明他们能够根据本单元能力要素中定义的标准、实作指标、条件范围和基础技能完成修复两种不同的车辆塑料部件工作: 1. 一次塑料焊接修复。 2. 一次塑料填充修复
鉴定的环境和具体的资源	1. 汽车维修工作场所或模拟工作场所。 2. 用于修复车辆塑料部件的个人安全防护设备。 3. 两种不同的需要维修车辆塑料部件。 4. 适用于修复车辆塑料部件的工具、设备和材料
鉴定的方法	1. 被鉴定的能力应在工作场所或能准确反映真实工作场所的模拟环境中鉴定。 2. 鉴定必须包括直接观察任务。 3. 如果能力鉴定包括第三方证据,则个人必须提供证据,以证明他们与车辆塑料部件修复相关,如维修工作卡。 4. 鉴定人员必须通过对技能和知识的问答来验证能力证据,以确保正确的解释和应用

适用范围陈述

企业类型	企业可能在规模、类型和位置以及所提供的商品、产品和服务范围等是多样化的
部件设施	1. 汽车塑料部件可以包括: • 保险杠部件、前大灯灯罩。 2. 试验设施、设备、部件可以包括: • 满足塑料部件修复的工作场所; • 塑料部件修复的设备工具等

续表

常见的问题	关于常见问题类型的必要建议可包括与以下修复设施及过程相关: 1. 修复环境安全性未达到要求。 2. 塑料部件不能满足修复要求。 3. 传修复设备异常不能满足使用要求。 4. 其他辅助修复设施故障。 5. 修复过程中塑料部件及设备工具出现异常
项目团队	项目团队可能: 1. 是本单位或其他单位修复汽车塑料部件项目。 2. 有新的或特殊的修复汽车塑料部件要求。 3. 项目团队应感到受欢迎、尊重,而且在修复汽车塑料部件服务流程结束时感到满意。 4. 与项目团队交往可以是: • 面对面; • 通过电话; • 使用电子或书面的方式
给项目团队的建议	提供给项目团队的修复汽车塑料部件建议是符合法规或组织的强制要求和法律责任要求
员　工	员工可包括: 全职的、兼职的或临时受雇的员工。员工可能在常规工作或忙碌工作条件下操作
法律要求	法律要求包括: 1. 与职场健康与安全以及客户相关的国家法律和地方性法规。 2. 行业实施守则条例
信息、文件	信息、文件可以包括: 企业政策和规程,设备和产品制造商、部件供应商说明书,企业操作程序,行业、职场实施条例和客户的询问、请求

QPBWY06　车身板件拆卸和重新调整

能力单元描述

本单元的能力涵盖了车身板件拆卸和重新调整技术人员所应具备的能力,具体包括:任务计划和准备,车身板件的类型和结构识别,工具和设备选择和使用,车身板件的拆除、拆卸、重新组装、改装和重新调整,工作区域、工具和设备维护等。

能力要素和实作指标

能力要素	实作指标
1　拆卸车身板件和重新调整前准备	1.1　准备需要拆卸和重新调整的车身板件。 1.2　获取并理解设备制造商和工作场所相关的规范。 1.3　获取并理解相关安全要求。 1.4　识别相关的潜在风险并向工作场所主管报告。 1.5　识别并检查使用工具和设备
2　拆卸车身板件	2.1　按照工作场所流程和安全要求拆除车身板件，避免损坏部件、工具或设备。 2.2　按照工作场所流程和安全要求拆卸车身板件。 2.3　按照制造商规范检查车身板件。 2.4　正确记录车身板件检查结果
3　更换并重新调整车身板件	3.1　按照制造商规范、工作场所流程和安全要求组装车身板件。 3.2　按照制造商规范、工作场所流程和安全要求安装车身板件，避免损坏部件、工具或设备。 3.3　按照制造商规范、工作场所流程和安全要求调整车身板件并对齐车身部件。 3.4　检查车身板件并确保与车身部件对齐。 3.5　准确记录对准检查结果
4　完成汽车塑料部件修复工作	4.1　检查工作场所情况，并保证工作场所可用。 4.2　清洁工作区域，并按照环境要求和工作场所流程处置废料，收集和存放可回收材料。 4.3　按照工作场所程序检查和存放工具和设备，如需要进行标记和报告。 4.4　准确记录工作场所相关文档

必要技能和知识

必要技能
1. 学习技能用于： ● 有效获取相关的信息和流程。 2. 阅读技能用于： ● 从制造商规范、安全要求和工作场所流程中选择并理解相关的关键信息。 3. 写作技能用于： ● 清晰准确地填写工作场所所需文件。 4. 口头沟通技能用于： ● 通过提问和倾听，有效参与交流，解释并清晰传达信息。 5. 计算技能用于： ● 使用基本数学运算计算板件间的距离。 6. 技术技能用于： ● 使用相关的安装和操作设备和工具

续表

必要知识
1. 相关的行业/职业健康与安全要求,包括选择和使用防护设备、手动工具使用。 2. 车身板件的类型和结构。 3. 车身板件拆除、拆卸、装配和更换流程。 4. 车身板件测量和校准流程

鉴定证据指南

鉴定综述	具体描述
本单元展示能力的必要证据和鉴定的关键方面	在确定能力之前,个人必须证明他们能够根据本单元能力要素中定义的能力要素、实作指标和必要技能和必要知识完成以下工作: 拆卸并重新对齐以下两个不同的车身板件,包括挡泥板、车门
鉴定的环境和具体资源	1. 工作场所或模拟工作场所。 2. 相关个人防护设备。 3. 鉴定证据中规定的需拆卸和重新调整的车身板件。 4. 车身板件拆卸和调整所需的手工具、设备和材料
鉴定方法	应该使用一系列方法来鉴定实践技能和知识。以下方法的组合适用于本单元的鉴定: 1. 被鉴定能力应在工作场所或能准确反映真实工作场所的模拟环境中鉴定。 2. 鉴定必须包括直接观察任务。 3. 如果能力鉴定包括第三方证据,则个人必须提供证明他们与已拆卸和重新调整车身板件相关的证据,如维修订单。 4. 鉴定人员必须通过对技能和知识的问答来验证能力证据,以确保正确的解释和应用

适用范围陈述

安全要求	职场健康与安全和职业健康与安全要求包括: 1. 选择和使用个人防护用品。 2. 使用手动工具

QPBWY07　焊接设备设定和使用

能力单元描述

本单元的能力涵盖了焊接设备设定和使用技术人员所应具备的能力,具体包括任务计划和准备、焊接设备选择和设定、焊接技术、工作区域、工具和设备维护等。

能力要素和实作指标

能力要素	实作指标
1　焊接设备设定和使用前准备	1.1　获取并理解安全和环境相关要求。 1.2　理解工作任务,确定所需焊接设备、工具和材料。 1.3　获取并理解制造商指定焊接设备和相关材料规格、工作场所流程。 1.4　识别相关危险和风险,并向工作场所主管报告
2　焊接设备设定和材料	2.1　按照制造商规范、工作场所流程和安全要求获取并检查焊接设备、工具和材料。 2.2　按照制造商规范、工作场所流程和安全要求设定焊接设备。 2.3　正确识别并获取焊接材料
3　焊接设备使用	3.1　按照制造商规范、工作场所流程和安全要求设定待使用的焊接设备和材料。 3.2　理解并遵循任务说明书中焊接方法和预防措施工作。 3.3　按照制造商规范、工作场所流程和安全要求实施焊接并演示
4　完成焊接设备操作流程	4.1　按照任务说明和工作场所标准进行最终检查。 4.2　按照工作场所流程检查并存放焊接设备和工具,如有必要贴标签并报告。 4.3　按照工作场所流程报告焊接设备或工具的问题。 4.4　正确清洁工作区域,按照环境要求和工作场所流程处置废料,收集和存放可回收材料。 4.5　按照工作场所流程记录工作场所文档

必要技能和知识

必要技能
1. 学习技能用于: • 有效获取相关的焊接信息和流程。 2. 阅读技能用于: • 从制造商规范、安全要求和工作场所流程中选择并理解设定和安全操作焊接设备的关键信息; • 从环境要求和工作场所流程中选择并理解保证工作场所清洁和安全的关键信息。 3. 写作技能用于: • 清晰准确地填写工作场所所需文件。 4. 口头沟通技能用于: • 通过提问和倾听,有效参与交流,解释并清晰传达信息。 5. 计算技能用于: • 使用基本数据运算计算百分比,以及计算、校准和设定设备参数; • 阅读并理解焊接设备识图中的数字信息。 6. 计划和组织技能用于: • 根据任务要求确定操作流程,以保证按期完成。 7. 自我管理技能用于: • 在选择是使用工具和焊接设备时认识自身局限,并及时寻求帮助。

续表

必要技能
8. 解决问题的技能用于： • 识别任务实施过程中的危险或潜在危险，并采取措施使其最小； • 提出难解决的问题，并寻求工作场所主管帮助。 9. 技术技能用于： • 设定和操作焊接设备和工具
必要知识
1. 职场健康与安全、职业健康与安全和环境要求的关键方面，包括安全数据表以及焊接中使用和产生的有毒化学物质和气体、焊接相关的潜在危害和风险，包括火灾隐患和紫外线对皮肤和眼睛的伤害、使用个人防护设备，包括安全眼镜和电焊帽、耳罩和安全鞋、使用排烟系统和焊接间、焊接材料和废料处置。 2. 焊接设备类型，包括金属电弧焊、保护气体金属电弧焊。 3. 焊接中使用的助焊剂和保护气类型。 4. 焊接设备设定流程。 5. 不同焊接技术的类型和目的。 6. 不同焊接技术的关键步骤

鉴定证据指南

鉴定综述	具体描述
本单元展示能力的必要证据和鉴定的关键方面	本单元必备的能力需根据本单元能力要素中定义的标准、实作指标、必要技能和必要知识完成以下工作： 至少两次设定并使用焊接设备
鉴定的环境和具体资源	1. 工作场所或模拟工作场所。 2. 焊接设备和工具，至少包含以下一项： • 金属电弧焊机； • 保护气金属电弧焊机； • 焊接间、焊接幕和烟气抽排设备； • 助焊剂、保护气、焊条和电线
鉴定方法	应该使用一系列方法来鉴定实践技能和知识。以下方法的组合适用于本单元的鉴定： 1. 被鉴定能力应在工作场所或能准确反映真实工作场所的模拟环境中鉴定。 2. 鉴定必须包括直接观察任务。 3. 如果能力鉴定包括第三方证据，则个人必须提供证明他们与使用金属表面处理技术修复车身板件相关的证据，如维修订单。 4. 鉴定人员必须通过对技能和知识的问答来验证能力证据，以确保正确地解释和应用

适用范围陈述

安全和环境要求	职场健康与安全(WHS)和职业健康与安全(OHS)要求包括: 1. 选择和使用个人防护用品,如护目镜、焊接头盔、耳罩、安全鞋。 2. 使用烟气抽排系统和焊接面罩。 3. 焊接材料和废料处置
焊接设备、工具和材料要求	下列焊接设备之一: 1. 金属电弧焊机。 2. 保护气金属电弧焊机。 3. 焊接间、焊接幕和烟气抽排设备。 4. 助焊剂、保护气、焊条和电线
设定焊接设备要求	1. 检查气瓶是否泄漏。 2. 检查并调整气体压力。 3. 检查气体接地端和线夹
焊接任务和演示要求	产生以下类型焊缝: 1. 对接焊。 2. 搭接焊。 3. 塞孔焊

8.2 车身涂装能力模块

QPBWZ01 清除车身损伤区域旧漆膜

能力单元描述

本单元的能力涵盖了车身损伤区域旧漆膜清除时技术人员所应具备的能力。

能力要素和实作指标

能力要素	实作指标
1 准备工作	1.1 识别汽车车身部件,能正确评估受损板件表面。 1.2 选择打磨工具和砂纸型号。 1.3 使用打磨工具和设备
2 清除旧漆膜	2.1 对受损区域进行清洁除油。 2.2 选择磨头和砂纸型号去除损伤区域旧漆膜。 2.3 选择磨头和砂纸型号打磨羽状边。 2.4 选择磨头和砂纸进行磨毛。 2.5 对于打磨区域进行清洁除油
3 完成清除旧漆膜工作	3.1 进行最终检查,以确保打磨区域符合要求。 3.2 处理废弃物和不可回收材料。 3.3 收集和储存可回收材料。 3.4 检查和维护工具和设备

必要知识和技能

必要技能
1. 收集、组织信息的技能用于： • 理解和解释与受损区域旧漆膜清除相关的信息； • 收集并理解和打磨工具及设备相关的信息； • 收集和理解受损区域旧漆膜清除设备安全操作要领及相关信息。 2. 交流和读写技能用于： • 询问客户的要求和目的； • 与打磨设备供应商探讨设备操作和维护方法； • 向客户解释打磨过程和打磨结果分析； • 完成工单填写并提交。 3. 团队合作技能用于： • 和团队成员探讨打磨方案和过程； • 和团队成员探讨设备使用和维护方法。 4. 计算技能用于： • 评估受损区域面积； • 分析需要使用的砂纸数量。 5. 分析解决问题的技能用于： • 待去除旧漆膜部位的确定、标记和清洁； • 打磨工具和设备的检查和维修。 6. 技术技能用于： • 待打磨区域的准备和清洁； • 专业工具和设备的使用
必要知识
1. 设备供应商的一系列商品和服务，部门/区域的地点位置和电话分机。 2. 与损伤区域旧漆膜清除相关的行业/职场行为实施条例。 3. 车身材料的种类。 4. 车身涂料的种类和作用。 5. 车身损伤区域评估的方法。 6. 砂纸型号和选用。 7. 磨头类型和选用。 8. 打磨设备和工具的类型。 9. 打磨工具和设备操作方法。 10. 损伤区域旧漆膜清除的方法。 11. 打磨工具和设备维护保养方法。 12. 打磨区域清洁除油方法。 13. 打磨质量检测标准

鉴定证据指南

鉴定概述	具体描述
本单元展示能力的必要证据和鉴定的关键方面	本单元必备的能力应被充分观察到，并且能力可以迁移到变化的工作情况中，能够对以下关键方面的异常情况作出反应： 对两辆不同车辆车身损伤区域旧漆膜清除
鉴定的环境和具体资源	以下鉴定的环境和资源可以获得和使用： 1. 打磨车间。 2. 与损伤区域旧漆膜清除相关的国家行业标准及流程。 3. 无尘干磨所需要的个人防护设备。 4. 损伤区旧漆膜清除板件。 5. 无尘干磨所需的工具、设备和材料
鉴定方法	应该使用一系列方法来鉴定实践技能和知识。以下方法的组合适用于本单元的鉴定： 1. 被鉴定能力应在工作场所或能准确反映真实工作场所的模拟环境中鉴定。 2. 鉴定必须包括直接观察任务。 3. 如果能力鉴定包括第三方证据，则个人必须提供证明他们与清除损伤区域旧漆膜相关的证据，如维修订单。 4. 鉴定人员必须通过对技能和知识的问答来验证能力证据，以确保正确地解释和应用

适用范围陈述

企业类型	企业可能在规模、类型和位置以及所提供的商品、产品和服务范围等方面是多样化的
部件设施	1. 受损区域可以包括： • 车门板； • 翼子板； • 保险杠； • 引擎盖； • 行李箱盖。 2. 旧漆膜清除工具、设备和材料可以包括： • 无尘干磨系统； • 砂纸； • 清洁材料； • 旧漆膜清除所需的其他辅助工具和设备

续表

常见的问题	关于常见问题类型的，建议可与以下内容相关： 1. 无尘干磨系统未达到环境保护要求。 2. 砂纸型号不能满足要求。 3. 打磨设备无法正常工作。 4. 其他辅助设施故障
项目团队	项目团队可能： 1. 是本单位或其他单位清除车身损伤区域旧漆膜项目。 2. 有新的或特殊的清除车身损伤区域旧漆膜要求。 3. 项目团队应感到受欢迎、尊重，而且在清除车身损伤区域旧漆膜服务流程结束时感到满意。 4. 与项目团队交往可以是： • 面对面。 • 通过电话。 • 使用电子或书面的方式
给项目团队的建议	提供给项目团队的清除车身损伤区域旧漆膜建议是符合法规或组织的强制要求和法律责任要求
员　工	员工可包括： 全职的、兼职的或临时受雇的员工。员工可能在常规工作或忙碌工作条件下操作
法律要求	法律要求包括： 1. 和职场健康与安全以及客户所在国家法律或地方性法规。 2. 行业实施守则条例
信息、文件	信息、文件可以包括： 企业政策和规程，设备和产品制造商、部件供应商说明书，企业操作程序，行业、职场实施条例和客户的询问、请求

QPBWZ02　车身损伤区域的原子灰修复

能力单元描述

本单元的能力涵盖了车身损伤区域原子灰修复时技术人员所应具备的能力。

能力要素和实作指标

能力要素	实作指标
1　原子灰修复准备工作	1.1　认识原子灰，能正确选择原子灰。 1.2　进行原子灰施工的个人安全防护。 1.3　对待修复表面进行清洁除油。 1.4　使用原子灰施涂、干燥和打磨工具

续表

能力要素	实作指标
2 原子灰施涂与干燥	2.1 正确搅拌原子灰和固化剂。 2.2 按照制造商规范混合原子灰和固化剂。 2.3 按照技术规范在损伤区域涂刮原子灰。 2.4 使用红外烤灯对施涂原子灰区域进行干燥
3 原子灰打磨与修补	3.1 正确判断原子灰是否完全干燥。 3.2 明确打磨指示剂的作用及使用方法。 3.3 使用手磨板和 80 号砂纸打磨原子灰区域。 3.4 使用手磨板和 150 号砂纸打磨原子灰区域。 3.5 使用手磨板和 240 号砂纸打磨原子灰羽状边区域。 3.6 使用气动打磨工具和 320 号砂纸打磨原子灰周边区域。 3.7 准确判断原子灰修复区域是否符合标准,如果不符合标准能进行修补
4 清洁整理	4.1 处理废弃物和不可回收材料。 4.2 收集和储存可回收材料。 4.3 清洁和存储工具和设备。 4.4 按照 5S 的要求清洁整理工作场地

必要知识和技能

必要技能
1. 收集、组织信息的技能用于: • 理解和解释与损伤区域原子灰修复相关的信息; • 收集、整理并理解和原子灰性能与作用相关的信息; • 收集和理解损伤区域原子灰修复工具和设备安全操作要领等相关信息。 2. 交流和读写技能用于: • 询问客户关于损伤区域修复要求和目的; • 与设备供应商探讨设备使用和维护保养方法; • 向客户解释损伤区域原子灰修复过程和修复结果; • 完成工单填写并提交。 3. 团队合作技能用于: • 和项目组成员探讨损伤区域原子灰修复方案; • 和项目组成员探讨砂纸的选择; • 和项目组成员探讨设备使用和维护方法。 4. 计算技能用于: • 估算原子灰的使用量; • 计算原子灰和固化剂的混合比例。 5. 分析解决问题的技能用于: • 原子灰类型的选择; • 打磨砂纸的选用。

续表

必要技能
6. 技术技能用于： • 待修复板件的清洁除油； • 工单的填写
必要知识
1. 与损伤区域原子灰修复有关的个人安全防护。 2. 与环境要求相关的废弃材料的处理。 3. 原子灰类型与选择。 4. 原子灰的混合与搅拌方法。 5. 刮涂工具的使用方法。 6. 原子灰刮涂步骤和要求。 7. 红外烤灯的使用方法。 8. 手磨板的使用方法。 9. 打磨指示剂的作用。 10. 原子灰打磨方法及要点。 11. 原子灰打磨标准。 12. 原子灰修补方法

鉴定证据指南

鉴定综述	具体描述
本单元展示能力的必要证据和鉴定的关键方面	本单元必备的能力应被充分观察到，并且能力可以迁移到变化的工作情况中，能够对以下关键方面的异常情况作出反应： 对两辆不同的车辆车身损伤区域的原子灰修复
鉴定的环境和资源	以下鉴定的环境和资源可以获得和使用： 1. 打磨车间。 2. 与损伤区域原子灰修复相关的国家行业标准及流程。 3. 原子灰修复所需的个人安全防护。 4. 损伤区原子灰修复板件。 5. 损伤区域原子灰修复所需工具、设备和材料
鉴定方法	应该使用一系列方法来鉴定实践技能和知识。以下方法的组合适用于本单元的鉴定： 1. 被鉴定能力应在工作场所或能准确反映真实工作场所的模拟环境中鉴定。 2. 如果能力鉴定包括第三方证据，则个人必须提供证据，以证明他们与车辆损伤区域的原子灰修复相关，如维修工作卡。 3. 鉴定人员必须通过对技能和知识的问答来验证能力证据，以确保正确地解释和应用

适用范围陈述

企业类型	企业可能在规模、类型和位置以及所提供的商品、产品和服务范围等方面是多样化的
部件设施	1. 受损区域可以包括： • 车门板； • 翼子板； • 保险杠； • 引擎盖； • 行李箱盖 2. 原子灰修复工具、设备和材料可以包括： • 清洁材料； • 原子灰和固化剂； • 刮涂工具； • 红外烤灯； • 无尘干磨设备和工具； • 打磨指示剂； • 损伤区域原子灰修复所需的其他辅助工具和设备
常见的问题	关于常见问题类型的，建议可与以下相关： 1. 原子灰类型与受损板件材料不匹配。 2. 无尘干磨系统未达到环境保护要求。 3. 砂纸型号不能满足要求。 4. 打磨设备无法正常工作。 5. 其他辅助设施故障
项目团队	项目团队可能： 1. 是本单位或其他单位车辆损伤区域的原子灰修复项目。 2. 有新的或特殊的要求。 3. 项目团队应感到受欢迎、尊重，而且在车辆损伤区域的原子灰修复服务流程结束时感到满意。 4. 与项目团队交往可以是： • 面对面。 • 通过电话。 • 使用电子或书面的方式
给项目团队的建议	提供给项目团队车身损伤区域的原子灰修复建议是符合法规或组织的强制要求和法律责任要求的
员　工	员工可包括： 全职的、兼职的或临时受雇的员工。员工可能在常规工作或忙碌工作条件下操作
法律要求	法律要求包括： 1. 和职场健康与安全以及客户相关的国家法律和地方性法规。 2. 行业实施守则条例

续表

信息、文件	信息、文件可以包括： 企业政策和规程，设备和产品制造商、部件供应商说明书，企业操作程序，行业、职场实施条例和客户的询问、请求

QPBWZ03　车身板件中涂底漆喷涂和打磨

能力单元描述

本单元的能力涵盖了车身板件中涂底漆喷涂和打磨时技术人员所应具备的能力。

能力要素和实作指标

能力要素	实作指标
1　准备喷涂	1.1　认识中涂底漆，能正确选择中涂底漆。 1.2　进行喷涂前的个人安全防护。 1.3　调配中涂底漆。 1.4　对待喷涂区域进行清洁除油。 1.5　正确使用喷枪
2　喷涂与干燥中涂底漆	2.1　调试喷枪。 2.2　按照喷涂四要素喷涂中涂底漆。 2.3　干燥中涂底漆
3　打磨中涂底漆	3.1　判断中涂底漆是否完全干燥。 3.2　去除遮蔽材料。 3.3　使用打磨工具和设备打磨中涂底漆。 3.4　检查打磨效果。 3.5　对打磨区域进行清洁除油
4　清洁整理	4.1　处理废弃物和不可回收材料。 4.2　收集和储存可回收材料。 4.3　清洁和存储工具和设备。 4.4　按照5S的要求清洁整理工作场地

必要知识和技能

必要技能
1. 收集、组织信息的技能用于： • 理解和解释与中涂底漆喷涂相关的信息； • 收集、整理并理解中涂底漆性能和技术说明相关的信息； • 收集和理解中涂底漆喷涂工具和设备安全操作要领等相关信息。 2. 交流和读写技能用于： • 询问关于中涂底漆喷涂的要求和目的； • 查询中涂底漆的作用和使用技术说明； • 完成工单填写并提交。

续表

必要技能
3. 团队合作技能用于： • 和项目组成员探讨中涂漆的种类及特性； • 和项目组成员探讨中涂漆喷涂的操作要领； • 和项目组成员探讨喷枪调试和维护方法。 4. 计算技能用于： • 计算中涂底漆使用量； • 利用数理知识调配中涂底漆。 5. 分析解决问题的技能用于： • 遮蔽材料的去除； • 喷枪的调试、使用和清洗。 6. 技术技能用于： • 待喷涂部件的清洁除油； • 喷涂效果的检查； • 打磨效果的检查
必要知识
1. 与中涂底漆喷涂和打磨相关的个人安全防护。 2. 与环境要求相关的废弃材料的处理。 3. 中涂底漆的类型及性质。 4. 中涂底漆的选择。 5. 中涂底漆的调配。 6. 喷枪类型及选择。 7. 喷漆使用和维护。 8. 中涂底漆的喷涂操作步骤。 9. 中涂底漆的干燥。 10. 中涂底漆的打磨。 11. 打磨区域的清洁除油

鉴定证据指南

鉴定概述	具体描述
本单元展示能力的必要证据和鉴定的关键方面	本单元必备的能力应被充分观察到，并且能力可以迁移到变化的工作情况中，能够对以下关键方面的异常情况作出反应： 对两辆不同车辆车身板件中涂底漆喷涂和打磨
鉴定的环境和具体资源	以下鉴定的环境和资源可以获得和使用： 1. 喷漆房和打磨车间。 2. 与中涂底漆喷涂和打磨相关的国家行业标准及流程。 3. 中涂底漆喷涂所需的个人安全防护。 4. 待喷涂板件。 5. 中涂底漆喷涂和打磨所需工具、设备和材料

续表

鉴定概述	具体描述
鉴定方法	应该使用一系列方法来鉴定实践技能和知识。以下方法的组合适用于本单元的鉴定： 1. 被鉴定能力应在工作场所或能准确反映真实工作场所的模拟环境中鉴定。 2. 鉴定必须包括直接观察任务。 3. 如果能力鉴定包括第三方证据，则个人必须提供证明他们与车身板件中涂底漆喷涂和打磨相关的证据，如维修订单。 4. 鉴定人员必须通过对技能和知识的问答来验证能力证据，以确保正确的解释和应用

适用范围陈述

企业类型	企业可能在规模、类型和位置以及所提供的商品、产品和服务范围等方面是多样化的
部件设施	1. 待喷涂区域可以包括： • 车门板； • 翼子板； • 保险杠； • 引擎盖； • 行李箱盖 2. 中涂底漆喷涂和打磨工具、设备和材料可以包括： • 清洁材料； • 中涂底漆； • 喷枪； • 红外烤灯或喷漆房； • 无尘干磨设备和工具； • 打磨指示剂； • 中涂底漆喷涂和打磨所需的其他辅助工具和设备
常见的问题	关于常见问题类型的，建议可与以下相关： 1. 中涂底漆不够用。 2. 喷枪故障。 3. 无尘干磨系统未达到环境保护要求。 4. 砂纸型号不能满足要求。 5. 打磨设备无法正常工作。 6. 其他辅助设施故障

续表

项目团队	项目团队可能： 1. 是本单位或其他单位的中涂底漆喷涂和打磨项目。 2. 有新的或特殊的中涂底漆喷涂和打磨要求。 3. 项目团队应感到受欢迎、尊重，而且在中涂底漆喷涂和打磨服务流程结束时感到满意。 4. 与项目团队交往可以是： ● 面对面。 ● 通过电话。 ● 使用电子或书面的方式
给项目团队的建议	提供给项目团队的中涂底漆喷涂和打磨建议是符合法规或组织的强制要求和法律责任要求
员　工	员工可包括： 全职的、兼职的或临时受雇的员工。员工可能在常规工作或忙碌工作条件下操作
法律要求	法律要求包括： 1. 和职场健康与安全以及客户所在国家法律或地方性法规。 2. 行业实施守则条例
信息、文件	信息、文件可以包括： 企业政策和规程，设备和产品制造商、部件供应商说明书，企业操作程序，行业、职场实施条例和客户的询问、请求

QPBWZ04　车身板件面漆喷涂

能力单元描述

本单元的能力涵盖了汽车车身板件面漆喷涂时技术人员所应具备的喷涂面漆的能力。

能力要素和实作指标

能力要素	实作指标
1　准备色母及工具	1.1　识别车辆颜色代码，能正确选择色母和色卡。 1.2　正确搅拌色母。 1.3　选择喷枪类型。 1.4　对待喷涂板件进行清洁、抛光。 1.5　使用调色工具

续表

能力要素	实作指标
2　调色,确认色漆最终配方	2.1　对比色卡和车身颜色,确定实际调配所需的油漆量。 2.2　计量添加色母并充分混合涂料以产生均匀的颜色。 2.3　添加固化剂和稀释剂使涂料达到要求的喷涂黏度。 2.4　确喷涂试板并干燥。 2.5　对比试板和带喷涂表面,确定需要调整的色母。 2.6　对比试板和待喷涂车身板件,以微调颜色确定最终配方
3　施涂面漆	3.1　调配所需的色漆和清漆。 3.2　根据涂料工艺说明书喷涂色漆。 3.3　使用干燥设备进行色漆的干燥。 3.4　喷涂清漆并进行干燥。 3.5　根据喷涂效果判断漆面颜色和光泽度是否符合要求
4　清洁整理	4.1　准确记录配方数据并保存喷涂试板。 4.2　正确处理废弃物和不可回收材料。 4.3　正确收集和储存可回收材料。 4.4　检查和存储工具和设备

必要技能和知识

必要技能
1. 收集、组织信息的技能用于: • 理解和解释颜色配方的相关信息; • 收集并理解所用面漆技术说明的相关信息; • 收集和理解与调色和喷漆相关的制造商规范等相关信息。 2. 交流和读写技能用于: • 询问客户关于喷涂要求和目的; • 与涂料供应商探讨面漆及其配套产品使用说明; • 向客户解释喷涂过程和喷涂结果分析; • 清晰准确地填写涂料配方表。 3. 团队合作技能用于: • 和项目组人员探讨喷涂工艺流程; • 和团队成员探讨设备维护及使用方法。 4. 计算技能用于: • 计算根据实际调配所需的油漆量; • 根据比色结果计算微调色母量; • 计算添加固化剂和稀释剂的量。 5. 分析解决问题的技能用于: • 待喷涂板件的标记、清洁及抛光; • 喷枪的检查和调整。

续表

必要技能
6. 技术技能用于： ● 喷涂工具和设备的正确操作； ● 喷枪的清洗和维护
必要知识
1. 与车身喷涂相关的职场健康与安全(WHS)和职业健康与安全(OHS)要求。 2. 涂料制造商的一系列产品技术说明。 3. 颜色配方的查询方法。 4. 调色的基础和原理。 5. 调色的步骤和方法。 6. 色漆的分类与组成。 7. 清漆的组成与作用。 8. 喷枪的类型及选择。 9. 喷枪的调整和操作方法。 10. 喷枪的清洗方法。 11. 红外烤灯的使用方法。 12. 喷漆房的使用及维护方法

鉴定证据指南

鉴定综述	具体描述
本单元展示能力的必要证据和鉴定的关键方面	本单元必备的能力应被充分观察到，并且能力可以迁移到变化的工作情况中，能够对以下关键方面的异常情况作出反应： 对两辆不同颜色车辆的车身板件面漆喷涂
鉴定的环境和具体资源	以下资源应该可以获得和使用 1. 调漆室和喷漆房。 2. 与调色和面漆喷涂相关的国家行业标准及流程。 3. 调色和喷漆所需要的个人防护设备。 4. 翼子板或车门板。 5. 调色和面漆喷涂所需的工具、设备和涂料
鉴定方法	应该使用一系列方法来鉴定实践技能和知识。以下方法的组合适用于本单元的鉴定： 1. 被鉴定能力应在工作场所或能准确反映真实工作场所的模拟环境中鉴定。 2. 鉴定必须包括直接观察任务。 3. 如果能力鉴定包括第三方证据，则个人必须提供证明他们与车身板件面漆喷涂相关的证据，如维修计划。 4. 鉴定人员必须通过对技能和知识的问答来验证能力证据，以确保正确的解释和应用

适用范围陈述

企业类型	企业可能在规模、类型和位置以及所提供的商品、产品和服务范围等方面是多样化的
部件设施	1. 汽车车身板件可以包括： • 车门板； • 翼子板； • 保险杠； • 引擎盖； • 行李箱盖。 2. 调色和喷涂工具和设备可以包括： • 满足调色和喷涂所需的调漆室和喷漆房； • 零部喷涂所需的车身板件； • 调漆和喷涂所需的工具和涂料
常见的问题	关于常见问题类型的必要建议可与以下车身板件面漆喷涂及过程相关： 1. 喷枪口径不能满足产品要求。 2. 色母数量不能满足调色要求。 3. 板件表面状况不能满足喷漆需要。 4. 压缩空气压力不能满足喷涂需要。 5. 喷漆房抽排系统存在异常。 6. 其他辅助设施故障。 7. 喷涂过程中喷枪出现堵塞等异常情况。 8. 喷涂质量不能满足要求
项目团队	项目团队可能： 1. 是本单位或其他单位的车身板件面漆喷涂项目。 2. 有新的或特殊的车身板件面漆喷涂要求。 3. 项目团队应感到受欢迎、尊重，而且在车身板件面漆喷涂服务流程结束时感到满意。 4. 与项目团队交往可以是： • 面对面。 • 通过电话。 • 使用电子或书面的方式
给项目团队的建议	提供给项目团队的车身板件面漆喷涂建议是符合法规或组织的强制要求和法律责任要求
员　工	员工可包括： 全职的、兼职的或临时受雇的员工。员工可能在常规工作或忙碌工作条件下操作

续表

法律要求	法律要求包括： 1. 和职场健康与安全以及客户所在国家法律或地方性法规。 2. 行业实施守则条例
信息、文件	信息、文件可以包括： 企业政策和规程，设备和产品制造商、部件供应商说明书，企业操作程序，行业、职场实施条例和客户的询问、请求

后　记

《汽车制造试验和售后服务技术人员能力标准》是中国特色高水平“汽车检测与维修技术专业群”建设和重庆市教学改革重大项目“‘四新’视域下中国特色高水平专业群逻辑理路构建与实证研究”的重要成果。为此,我们要感谢澳大利亚政府教育、技能和就业部、澳大利亚行业技能委员会、澳大利亚资格证书框架委员会、技能服务机构、澳大利亚行业标准有限公司、澳大利亚创新和商务技能机构、澳大利亚汽车相关配套行业指导委员会、澳大利亚汽车轻型车辆行业指导委员会、澳大利亚汽车重型车辆行业指导委员会、澳大利亚汽车车身维修行业指导委员会、澳大利亚汽车战略行业指导委员会给予我们的帮助;感谢重庆市人力资源和社会保障局、重庆市智能制造职教集团、重庆市汽车维修行业协会的指导;感谢重庆长安汽车股份有限公司、长安福特汽车有限公司、中汽院智能网联科技有限公司、重庆长安汽车股份有限公司智能化研究院、重庆金康新能源汽车有限公司、重庆清研理工汽车检测服务有限公司、重庆车辆检测研究院有限公司、广汇汽车集团股份有限公司、重庆商社悦通汽车销售服务有限公司、重庆广本新亚汽车销售服务有限公司等企业的技术专家们的鼎力相助;感谢参与项目的同行们给予我们的大力支持和帮助。

全书由重庆工业职业技术学院全国高校黄大年式教师团队“汽车制造专业群教师团队”和国家级职业教育教师教学创新团队“汽车检测与维修技术”教学团队完成。其中,全书的写作思路和提纲由重庆工业职业技术学院、国家第三批“万人计划”教学名师、中国特色高水平专业群带头人赵计平教授提出,并由她负责全书的组织协调和统稿工作。本书内容的校对工作由国家第六批“万人计划”教学名师、教育部产业导师资源库职业院校技术技能大师李雷教授负责。重庆工业职业技术学院主笔各能力单元内容(使用能力单元编号表示),具体分工如下:赵计平(QPBHC01—QPBHC02、QPBTG01—QPBTG05、QPBSR01—QPBSR06)、李雷(QPBPK01—QPBPK02、QPBWX01—QPBWX07)、张晋源(QPBWV01—QPBWV10)、金明(QPBSQ01—QPBSQ02、QPBSS01—QPBSS02)、袁苗达(QPBTD01—QPBTD02、QPBWV11—QPBWV13)、倪尔东(QPBPH01—QPBPH02、QPBPI01—QPBPI03、QPBPJ01—QPBPJ05)、李仕生(QPBXM01—QPBXM03)、张扬(QPBZL01—QPBZL03)、吴小俊(QPBWZ01—QPBWZ04)、贺大松（QPBTE01—QPBTE03、QPBTF01—QPBTF03）、白云（QPBSP01—QPBSP03）、龙血松（QPBWY04—QPBWY07）、何婉亭（QPBHA01—QPBHA03、QPBHB01—QPBHB03）、樊艳丽（QPBWY01—QPBWY03）、王国明（QPBWW01—QPBWW09）、段妍（QPBSO01—QPBSO04）、程曦（QPBSU01—QPBSU02）、谢越（QPBST01—QPBST03）、白云生（QPBXN01—QPBXN02）。

由于水平有限，书中不妥之处难以避免，恳请读者批评、指正。

著 者

2022 年 9 月